会计名家培养工程学术成果库——**研究报告**系列丛书

出资者财务

Investor Finance

谢志华 ◎ 著

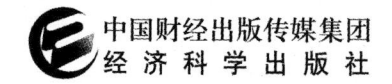

中国财经出版传媒集团
经济科学出版社

图书在版编目（CIP）数据

出资者财务 / 谢志华著. -- 北京：经济科学出版社，2018.5（2018.8重印）

（会计名家培养工程学术成果库.研究报告系列丛书）

ISBN 978-7-5141-9334-3

Ⅰ.①出… Ⅱ.①谢… Ⅲ.①企业管理-财务管理 Ⅳ.①F275

中国版本图书馆 CIP 数据核字（2018）第 097914 号

责任编辑：庞丽佳
责任校对：杨　海
责任印制：邱　天

出资者财务

谢志华　著

经济科学出版社出版、发行　新华书店经销
社址：北京市海淀区阜成路甲28号　邮编：100142
总编部电话：010-88191217　发行部电话：010-88191522
网址：www.cfeac.com.
电子邮箱：cfeac@cfemg.cn
天猫网店：经济科学出版社旗舰店
网址：http://jjkxcbs.tmall.com
固安华明印业有限公司印装
710×1000　16开　22印张　370000字
2018年5月第1版　2018年8月第2次印刷
ISBN 978-7-5141-9334-3　定价：68.00元
（图书出现印装问题，本社负责调换．电话：010-88191510）
（版权所有　侵权必究　举报电话：010-88191586
电子邮箱：dbts@esp.com.cn）

会计名家培养工程学术成果库编委会成员

主 任：程丽华

副主任：朱光耀

委 员：高一斌　杨　敏　王　鹏　郭道扬
　　　　孙　铮　顾惠忠　刘永泽　骆家駹
　　　　汪林平　王世定　周守华　王　华
　　　　樊行健　曲晓辉　荆　新　孟　焰
　　　　王立彦　陈　晓

出版说明

为贯彻国家人才战略，根据《会计行业中长期人才发展规划（2010~2020年）》（财会〔2010〕19号），财政部于2013年启动"会计名家培养工程"，着力打造一批造诣精深、成就突出，在国内外享有较高声誉的会计名家，推动我国会计人才队伍整体发展。按照《财政部关于印发会计名家培养工程实施方案的通知》（财会〔2013〕14号）要求，受财政部委托，中国会计学会负责会计名家培养工程的具体组织实施。

会计人才特别是以会计名家为代表的会计领军人才是我国人才队伍的重要组成部分，是维护市场经济秩序、推动科学发展、促进社会和谐的重要力量。习近平总书记强调，"人才是衡量一个国家综合国力的重要指标""要把人才工作抓好，让人才事业兴旺起来，国家发展靠人才，民族振兴靠人才""发展是第一要务，人才是第一资源，创新是第一动力"。在财政部党组正确领导、有关各方的大力支持下，中国会计学会根据《会计名家培养工程实施方案》，组织会计名家培养工程入选者开展持续的学术研究，进行学术思想梳理，组建研究团队，参与国际交流合作，以实际行动引领会计科研教育和人才培养，取得了显著成绩，也形成了系列研究成果。

为了更好地整理和宣传会计名家的专项科研成果和学术思想，

中国会计学会组织编委会出版《会计名家培养工程学术成果库》，包括两个系列丛书和一个数字支持平台：研究报告系列丛书和学术总结系列丛书及名家讲座等音像资料数字支持平台。

1. 研究报告系列丛书，主要为会计名家专项课题研究成果，反映了会计名家对当前会计改革与发展中的重大理论问题和现实问题的研究成果，旨在为改进我国会计实务提供政策参考，为后续会计理论研究提供有益借鉴。

2. 学术总结系列丛书，主要包括会计名家学术思想梳理，教学、科研及社会服务情况总结，旨在展示会计名家的学术思想、主要观点和学术贡献，总结会计行业的优良传统，培育良好的会计文化，发挥会计名家的引领作用。

3. 数字支持平台，即将会计名家讲座等影音资料以二维码形式嵌入学术总结系列丛书中，读者可通过手机扫码收看。

《会计名家培养工程学术成果库》的出版，得到了中国财经出版传媒集团的大力支持。希望本书在宣传会计名家理论与思想的同时，能够促进学术理念在传承中创新、在创新中发展，产出更多扎根中国、面向世界、融通中外、拥抱未来的研究，推动我国会计理论和会计教育持续繁荣发展。

会计名家培养工程学术成果库编委会
2018 年 7 月

前 言

　　传统上财务管理或者财务活动是由企业或者单位内部专业化的职能部门进行的，这一职能部门就是企业和单位内部的财务部门，也有的称之为会计部门。财务管理不仅仅是财务部门的职能，在企业或者单位的组织中，任何一个层级的主体都具有财务管理的职能，并有相应的财务行为与之匹配。

　　仅就企业而言，现代公司制企业采取两权分离的形式，使得企业分为股东大会、董事会和总经理办公会、职能部门、员工四个典型的层级，每一个层级都有财务管理的职能。股东是公司的出资者，出资者所进行的财务管理称为出资者财务（也叫出资人财务，这里之所以称为出资者财务主要是与经营者相对应）；董事会和总经理办公会统称为经营者团队，他们进行的财务管理称为经营者财务；在公司内部的职能部门中设立了财务部门或者会计部门，他们所进行的财务管理就是财务部门的财务；即便是员工也需要进行财务管理，称为员工财务。这里财务管理显然是按主体进行分类的。

　　1997年我们在《会计研究》发表了三篇论文，分别论及了出资者财务、经营者财务和财务部门财务（有时也称财务经理财务），之所以提出财务按主体分类，一方面，国有企业改革走现代公司制企业的道路，两权分离就成为了企业的重要特征，不仅国有企业如此，民营企业也是如此，也就是说每一个公司制企业都有自身的股东大会并行使出资者的权利；另一方面，国有资产管理体系改革必须要实现政资分开，形成代表国家行使国有产权权利的主体。政府行政部门专司国家行政管理的职责，而代表国家行使国有产权权利的主体专司国有资产管理的职责。作为微观企业的股东大会和作为整个国有资产监管的主体，根本上都是以出资者的身份行使权利，正是在这样的宏微观背景下，出资者的地位和权利得以凸显。在政资分开和两权分离的条件下，国有资产监管的主体和股东大会行使哪些权利，怎样行使权利就成为了国有资产和国有企业改革实践必须要解决的问题，出资者财务由此应运而生。

出资者与所有者并不是完全相同的概念，所有者是从财产的所有权视角提出的，称之为财产所有者，终极地说财产所有者只是国家所有者和自然人所有者；出资者是从接受投资的企业的视角提出的，无论是国家所有者还是自然人所有者，只有在对企业进行投资后才能成为出资者，出资者可以分为终极出资者和中间出资者，从而形成出资者系列。终极出资者就是国家和自然人，而中间出资者是指从事资本经营的企业，如投资公司、证券公司、基金公司、财务公司、集团公司的母公司等，从事资产经营的公司如果有对外投资也即成为了出资者。正因为出资者是相对于接受投资的企业而言的，所以，只要企业接受了投资，就必然有出资者，有出资者必然要对接受投资的企业或者经营者进行监管。由于终极出资人包括国家和自然人，这两者的使命和作用不同，导致了它们作为出资者在行使相应的权利时也存在相应的差异，主要表现在国家和自然人作为出资者行权的目的、内容和方式上的差别。

在两权分离的条件下，出资者对企业行使出资的权利，也称之为管资本的权利，经营者接受资本，行使经营权。出资者在行使权利时，其基本的行为是投出资本、监管资本的运用、进行存量资本结构调整、参与企业收益分配。投出资本就是通过对企业出资还是不出资，出多少资，怎样出资，行使出资者权利。为了进行投资，出资者也会进行筹资；监管资本的运用就是制定监管的标准，这些标准主要是财务标准，并监督这些标准的实施；进行存量资本结构调整就是通过增减资本、退出资本、收购兼并、分离分拆等方式改变所出资企业的资本规模和资本结构；参与企业收益分配就是对企业形成的收益通过讨价还价的方式与其分享利润。所有这些出资者行为主要属于财务的范畴，正由于此出资者的行为主要是财务行为，因而成为出资者财务形成的基础。

国有资产管理体制和国有企业的深化改革，一方面必然要进一步深化政资分开的改革，这意味着政府行政部门不能再代表国家行使出资者的权利，而作为国家行使出资者代表的国有资产监管主体的功能必须进一步强化，这一主体要由过去直接对企业管人、管事、管资产等具有行政特征的管理方式向管资本的方式转变，这种转变必然也必须要更多地通过出资者财务的监管行为得以实现，只有这样才能更好地实现企业自主经营、自负盈亏。另一方面也必然要进一步深化企业混合所有制的改革，更加充分地实现所有权与经营权分离。在两权分离的基础上，所形成的现代公司制企业必然要强化作为出资者的股东的监管，以保证出资者投入资本的安全和完整，实现资本保值增值，为此也更需要强化出资者的财务监管。其不仅对于国有资产管理体制和国有企业改革非常重要，对于其他所有制性质的企业而言也是如此。历史和现实地看，其他所有制性质的企业必然要经历公司化的过程，只有这样才能构建现代企业制度，而现代企业制度的有效运行离不开出资者财务监管。出资者财务的理论和实践必然对一切现代公司制企业的治理结构的健全和完善起到不可或缺的作用。

人类社会以分工的形式而存在，社会分工形成了人类社会中各式各样的社会主体，经济分工形成了多种多样的产业，而公司的出现形成了所有者与经营者的分离，并进一步演化为出资者与经营者的专业化分工。任何一个分工的主体或产业都有其存在的基本价值和需要发挥的功能作用，更为重要的是，在分工的体系中，各分工主体和产业之间存在着彼此相互依赖、相互促进的关系，它们彼此相互不可或缺、须臾不可分离。既然如此，宏观上的社会分工体系、中观上的产业分工体系和微观上的企业分工体系中的任何一个主体、任何一个要素都是不可或缺的，正是这种不可或缺性使得他们之间必须要建立一种协作关系。分工基础上的协作是宏观的整个社会和微观的单个组织稳定发展的前提。实现这一前提的内在机制就是分工体系中的各个主体和要素之间的相互制衡，以及由这种内在的制衡机制所形成的均衡状态，这才是所有事物之间内在关系的本质。出资者与经营者由于分离而形成了委托受托责任关系,这种关系的本质就是一种经济上的权利义务关系,如何构造和协调这种关系以实现两者之间的利益均衡就成为两权分离的前提条件,而出资者财务在其中发挥着不可替代的作用。

《出资者财务》一书的付梓出版仅仅是这一研究和实践领域的初始成果,它之所以重要是因为它开启了财务管理一个新的研究领域,它之所以还能完善和发展,一方面在于本书的研究仍然存在不足,另一方面伴随出资者财务的环境变化和实践的不断探索,出资者财务的理论和方法也必将更加得以丰富、得以完满。缺陷是美丽之母,而美丽是缺陷之望,正是由于缺陷,才有完美的必要,也正是有了美丽,缺陷才有了走向完美的可能。

谢志华

2018 年 1 月

目 录

第1章　出资者财务的历史回顾 / 001

　　1.1　出资者财务的形成背景和阶段 / 002

　　1.2　出资者财务的理论基础和文献评价与展望 / 022

　　1.3　出资者财务的实践过程 / 028

第2章　出资者财务的形成基础 / 041

　　2.1　出资者财务形成的条件 / 041

　　2.2　所有权与经营权的本质和形式 / 050

　　2.3　出资者系列和经营者系列 / 059

　　2.4　终极所有权与法人所有权和资本经营权与资产经营权 / 070

第3章　国有企业出资者管理与出资者财务 / 088

　　3.1　国有企业出资者管理从管资产向管资本转变 / 088

　　3.2　两权分离的理论基础与管资本的边界 / 104

　　3.3　出资者管资本的边界与出资者财务 / 113

　　3.4　财务管理按管理主体分类与财务管理体系 / 125

第4章　出资者与经营者的委托受托责任 / 137

　　4.1　出资者与经营者委托受托责任的关系和内容 / 137

　　4.2　出资者与经营者委托受托责任关系和内容的演进 / 148

第 5 章　投资偏好与委托受托责任 / 158

    5.1　出资者的投资偏好与委托受托责任关系及其内容 / 158

    5.2　出资者的投资风险偏好与投向 / 168

第 6 章　委托受托经济责任和审计责任的契约形式与内容 / 179

    6.1　委托受托经济责任的契约形式与内容 / 179

    6.2　委托受托审计责任的契约内容与形式 / 189

    6.3　委托受托责任关系与独立董事的定位和功能 / 200

第 7 章　出资者的信息需要和控制 / 215

    7.1　信息不对称的成因与对策 / 215

    7.2　信息对称的底线标准 / 227

    7.3　信息对称的内容扩展 / 236

第 8 章　出资者的筹资、资产使用和现金控制 / 248

    8.1　出资者财务与筹资控制 / 248

    8.2　出资者财务与资产控制 / 261

    8.3　出资者财务与现金控制 / 275

第 9 章　出资者的存量资本结构调整的控制 / 284

    9.1　存量资本结构调整与股东权益 / 284

    9.2　基于出资者视角的存量资本结构调整的行为控制 / 290

第 10 章　出资者的成本费用和收益分配控制 / 308

    10.1　出资者的成本费用控制 / 308

    10.2　出资者的收入分配控制 / 318

参考文献 / 332

后　记 / 339

第1章
出资者财务的历史回顾

20世纪90年代学术界提出了出资者财务,其形成的背景是国有企业改革的进一步深化。当时我国国有企业实行政企分开、政资分开、两权分离,由于这一改革,使得传统的国有企业管理体制的政企不分、以政代企、以政管企、政资不分、以政代资的问题开始被解决,国有企业的产权主体的代表国资委得以建立。在两权分离的条件下,国资委行使出资者的权利,而国有企业的经营者行使经营者的权利,这就使得财务管理仅仅只是属于国有企业财务管理部门的职责的传统被冲破,出资者、经营者有必要进行财务管理,从而以管理主体为分类标志形成了出资者财务、经营者财务和财务部门的财务。国有企业改革的早期,由于实行政企分开,政府行政部门不再管理企业,而新的代表国家所有者对国有企业行使出资者权利的主体并未到位,国有企业出现了内部人控制、国有资产流失、堑壕效应的混乱现象。所以,国有企业的产权主体代表国资委设立后,要求其作为国家终极所有权人的代表行使出资者权利,由于国有企业的经营者主要行使经营权,而国资委作为出资者的代表主要行使投资权、运营权、监管权和收益分配权,由此就形成了出资者财务。出资者财务的根本目的是保护国家和自然人终极出资者的权益、实现资本的保值增值。经营者在行使经营权的过程中也要进行财务决策、财务运营、财务监督、制订收益分配的方案等,相应形成了经营者财务和出资者财务。再加上传统的以现金流管理为基础的财务部门的财务,就形成了以管理主体为分类标志的出资者财务、经营者财务和财务部门的财务这样一种新的财务管理体系。出资者财务的提出和不断完善，为深化国有资产和国有企业改革、推进混合所有制经济发展提供了重要的理论基础。出资者财务的提出和完善经历了一个变迁的过程，有必要对其进行逻辑梳理，为出资者财务的理论和方法的形成提供历史的依据。

出资者财务是指企业的出资人（国家、自然人、法人）对其投资资本进行运营、管理、监督的一系列财务活动（谢志华，1997；谢志华，1998；郑绍祖，2008）。出资者财务的起源与发展依赖于当时特殊的经济体制改革背景，总体而言，出资者财务的发展经历了三个阶段，即起源与萌芽阶段（1988~1996年）、提出与发展阶段（1997~2013年）、完善与深化阶段（2014年至今）。

1.1 出资者财务的形成背景和阶段

1.1.1 国家财务的提出

出资者财务的形成与国家财务理论紧密相连，而国家财务理论的形成则是以改革开放初期国企改革为背景的。自1978年十一届三中全会将党的工作重心转移到经济建设上来开始，国有企业改革进入了全新的阶段。以"放权让利""搞活国企"为主题的1978~1984年间，国企改革通过"以税代利"的方式改变了政企不分的传统局面，在这一改革背景下，郭复初教授在1988年就提出了国家财务概念，力图将国家财务独立于国家财政之外，以"税利分流"的方式实现国家作为生产资料所有者独立地行使所有者权利。

早期国家财务的提出主要是着眼于与传统的国家财政相区分，传统的国家财政是以国有企业利润分配的形式取得财政收入，典型的国家财政是以征税取得收入，两者显然不一致。税利分流后，国家财政回归以征税取得财政收入的本来状态，而国家参与国有企业利润分配在理论上就不再适合于归属国家财政的范畴，有必要站在国家作为所有者的视角重新定义国家参与利润分配的理论属性。利润分配属于财务的范畴，从而形成国家财务，显然国家财务仍然是从国家财政取得收入的宏观视角提出的。

1.1.2 出资者财务的形成前提

1985~1992年间，国家在保证所有权权利的前提下，下放经营权给企业，按照所有权与经营权相分离的要求逐步推进政企分开。1993年中央提出了法人财产权概念，国有企业本身拥有法人财产权，以此为基础要求国有企业建立完善的现代企业制度，以更好地在国民经济中发挥主导作用。这样，国有企业的两权分离更加明确，出资者与经营者的权责更加清晰，为理论上提出出资者财务提供了主体前提。

出资者财务是基于微观视角提出的，在两权分离的企业，出资者必然要对经营者行使出资者权利，它不仅仅只是包括利润的分配权。在两权分离的条件下，出资者必然要对接受投资的企业行使出资权、运营权、监管权和收益分配权。2003~2013年，国企改革进入了现代产权制度改革新阶段，国资委成立标志着国有资产管理机构的正式运行，而《关于推进国有资本调整和国有企业重组的指导意见》也将国有资本存量结构调整这样一项出资者权利得以凸显。2013年至今，国企改革主要进行功能分类，并以这种分类为基础进行混合所有制改革，改革的结果一方面使得经营者权利进一步扩大和得以保证，另一方面也必须要强化出资者对经营者或者企业的监管功能，出资者财务的重要性进一步提升。党的十八届三中全会指出，要完善国有资产管理体制，改革国有资本授权经营体制，组建若干国有资本运营公司，使得国有资本经营进一步走专家化、专业化、公司化、市场化和法制化的道路，国有资本经营主体的行为主要是投出资本、监管资本的运用、进行存量资本结构调整和参与收益分配，这些都属于出资者财务的内容。正是通过两权分离形成了出资者主体，以及随后的国有资本经营主体的专家化、专业化、公司化、市场化和法制化，使这一主体的权责和职能更具独立性，从而为出资者财务的形成奠定了主体基础，所谓出资者财务，显然是相对经营者财务和财务部门的财务而言的，没有两权分离，特别是以后所形成的专注于资本经营的主体就不可能单独形成出资者财务。

如上所述，与出资者财务相联系的最早概念是国家财务。郭复初（1988，1991）提出了"国家财务"的概念，认为国家财务活动是国家以生产资料所有者的身份，为实现组织经济活动的职能，对企业或部门的一部分资金或创造的国民收入进行分配和再分配的经济活动，以满足经济发展的物质需要。显然，这里国家财务仍然是站在宏观视角提出的，原因在于，国家以生产资料所有者的身份从国有企业取得收入，用于满足经济发展的需要而不是企业本身发展的需要,这当然是国家在行使宏观经济管理的职能,而不是处理微观企业出资者与经营者的关系。郭复初(1988)认为,在经济体制改革深度推进的背景下,生产资料的所有权与经营权分离,由谁代表国有资产所有权、如何处理所有者与经营者间的关系等问题逐渐超越了企业财务理论的解释范围。此时,由于国务院直属国资局行使国有资产管理职能,以行政手段干预企业财务而导致"保财政收入而忽视资本保值增值、忽视企业活力、财政拨款使企业难以积极参与市场竞争、财政与财务资金相互挤占最终促成财政预算赤字等诸多问题"(郭复初,1991)。这一论述确实已经涉及了国家所有者与国有企业经营者之间的关系问题,但是更多的是从财政与企业财务的关系进行说明,其主要的内容仍然是财政资金与企业资金的边界没有划清,财政征收与企业发展的关系没有协调,这当然不是出资者与经营者的关系问题,而是财政与企业的关系问题,或者说是政企不分的问题。事实上,在当时由于国有产权主体的代表并没有明确,国有企业仍然归属于政府行政部门管理,而在资金上主要是由国家财政管理。虽然在财政部内设立了国资局,但国资局并不是从协调出资者与经营者关系的视角而设立的,其目的是为了集中统一管理和调配国有企业的资金。由于财政部是政府的行政机构,国资局设立其内进行国有企业资金的管理和调配,仍然是一种政企不分的表现。即使在国家与国有企业的资金管理和收益分配的政策上进行了各种调整和改革,也只是政企权力的一种调整,并没有真正涉及按照两权分离的要求确立出资者与经营者的权利义务关系。

国家财务是在改革开放初期以放权让利为背景的改革目标下提出的,这里所要解决的基本问题是,政企不分、以政代企,政府对企业的管控过多过死,企业不能实现独立核算、自主经营、自负盈亏。为了还权于企业、还钱于企业、让利于企业,必须要首先实现政企分开,我国国有企业的改革正是从这里出发的。政企分开也经历了一个历史的发展过程。这一过程分为两个阶段:一是扩大企业自主权阶段(1978~1984年,包括推广清远经验、推行经济责任制、实行"利改税");二是全面推行企业承包责任制阶段(1985~1991年)。这两个阶段,总的改革目标是放权让利,也就是政府向企业下放生产自主权、原料选购权、劳动用工权和产品销售权等经营权;与此同时政府也开始让利,让利的结果使得企业自身的积累增加,职工的工资增加。其特点是:其一,放权是以政府将权力回归企业,而让利是以政府将利益让渡给企业作为改革的切入点，无疑对企业产生了较强的激励效应，有利于调动企业的积极性。其二，放权让利是在政企不分的原计划经济体制框架内进行的，它只是行政权力回归企业，将应该留给企业的收益让渡给企业，没有触及到企业的所有权，或者更准确地讲是出资者权利的问题，也就是谁来充当国有企业的所有权（出资权）代表。国家财务是在政企分开的背景下提出的，所以其中心议题仍然是从资金的视角解决财政资金与企业资金边界不清、相互挤占的问题。

国家财务的提出也引起了广泛的争论，焦点在于"国家财务是否应该独立于国家财政"以及相应的理论基础。持相反意见的人认为，国家的政治权力通过国家财政来"统治"财产关系、"维系"财产关系，因而社会主义国家财政本身就包含了"国家财务"的所有内容，而且国家财政与企业财务各自分管宏观分配与微观分配，并不存在独立于两者之间的"国家财务"（李达昌等，1992）。而赞同者则依据马克思的分配理论认为，国家既是主权所有者的代表又是生产资料所有者的代表，因身份不同其职能和实现其职能的活动也不同。国家作为主权所有者，以维护国家主权完整为目的，以强制、无偿征税为手段，参与到社会产品与国民收入的分配与再分配，即是国家财政的本质；而当国家以生产资料所有者代表身份出现，作为直接投资人的角色属性促使其更为关注国有资产的安全与完整、保值与增值。因而"国家财务"有别于国家财政，应当独立于国家财政，而财政统管论已不合时宜（郭复初，1991；熊哲玲，1992；刘贵生，1992）。也有赞同者从所有权价值实现的角度，提出国家财务通过国有一般资产所有权，以价值形式参与社会经济运行，而国有资产既作为企业资产又作为社会资产，其盈利要求与社会需求需要同时得到体现（王福重等，1993；周自强，1994）。国家财务理论的这种进一步深化研究，其重点仍然在于使国家财务从国家财政中独立出来，通过这种独立试图解决旧体制下国家作为财产所有者与国家作为主权所有者合二为一，由财政统一对国有企业行使财权而导致政企不分的问题。这些深化研究与早期研究主要为了解决财政资金与企业资金边界不清、相互挤占、企业留存资金过少、资金使用权力受限的问题不同，直接讨论了国家财务主体如何独立的问题。

国家财务与国家财政从概念上进行分离确实具有重要的现实意义，这主要表现在国家财务主要是从国家作为财产所有者的视角提出的，而国家财政是从国家主权所有者的视角出发的。这就意味着国有企业与国家的关系，从过去单一的国家作为行政管理者与国有企业的政企关系，拓展至国家作为所有者与国有企业的关系，前者属于政企分开的范畴，后者属于两权分离的范畴。所以，上述争论的最大进展就是把国家作为财产所有者与作为主权所有者的双重身份在理论上进行了科学的分离，这就为未来明确国有产权主体的代表，实现国有企业的所有权和经营权相分离提供了理论基础。但问题仍然是，就争论的内容看，并没有真正涉及两权分离的企业的出资者与经营者权利义务关系问题，而只是讨论政府行政权回归企业和财权下放问题。

1.1.3 出资者财务的形成阶段（1988~1996年）

在将国家财务从国家财政中独立出来的理论探讨后，又进一步研究了谁来充当国家财务主体，行使国家财务监管职能的问题。讨论的主要内容是，以是否经营性为标准区分国有资产而分类管理（郭平，1994）、中央与地方设置国资管理部门行使国家财务职能而由专业财务公司从事国有资本运营（郭复初，1995）、形成国有资产管理部门财务管理与国有资产经营公司财务管理两大层次（郭复初，1996），等等。这种研究已经从研究国家财务与国家财政的独立扩展到谁来行使相应的国家财务监管的权力，但问题仍然在于国资管理部门或国有资本运营公司的设立，不只是为了进行国家财务监管，而主要是解决国有企业产权主体缺位的问题。国家财务监管在国有产权主体到位后，也只是其对国有企业监管的内容之一。更为重要的是，出资者财务并不只是针对国有企业提出来的，对于民营企业而言，通过改制转换到公司制企业，也会产生所有权与经营权的两权分离，所有者作为出资者如何对经营者进行监管，特别是通过财务的方式实现这种监管，也是必须要解决的根本问题。如果说国家财务有自身独立的主体，并行使相应的财务监管权力，只是解决国有企业政企不分和政资不分的特殊问题，那么它并没有延展至解决不同所有制的公司制企业出资者对经营者如何进行财务监管。实际上，出资者财务所涉猎的是任何一个公司制企业的所有者作为出资者为什么以及如何对经营者行使财务监管权，它包括出资者与经营者的基本权利和职责的界定，以及出资者拥有怎样的财务监管权、如何行使这样的财务监管权。

1.1.4 出资者财务发展阶段（1997～2013 年）

在提出国家财务后不久，有学者相继提出了所有者财务和出资者财务，在这一阶段呈现出了国家财务、所有者财务和出资者财务各家争鸣、异彩纷呈的格局，也就是出资者财务、所有者财务、国家财务三个领域的研究并行发展的阶段。

1.1.4.1 所有者财务的本质和内容

在讨论国家财务的同时，考虑到从终极所有权的视角看，所有权分为国家所有权和自然人所有权（私人所有权），由于国家财务只是站在国家所有者的视角提出的，没有考虑自然人所有者（私人所有者），所以，有学者在此基础上提出了所有者财务，在这里不再区分国家所有者和私人所有者，而是从所有者一般研究其财务监管问题。干胜道（1995）将企业财务、事业财务归为经营者财务，首次以与之对应的视角提出"所有者财务"的概念，并认为所有者财务是对国家财务认识的加深。干胜道（1997）提出了所有者财务主体、本质、目标、资本保全、企业整体价值等构成的所有者财务概念框架，并将股东财务、国家财务等作为其重要理论构成，并指出国家财务是以国家所有者为主体而发展出来的所有者财务分支。干胜道（1997）认为所有者面临的所有财务问题即是所有者财务，包括将资金投放于什么行业、什么地区，选择什么样的经营者进行资本委托授权，如何监督经营者行为，等等。他不仅说明了在两权分离背景下因所有者与经营者目标背离而使监督成为必要，而且从内部会计监督失效与事务所协同舞弊等角度分析了所有者监督行为的必然性。干胜道也通过分析税利分流、复式预算、国有资产管理局的成立、国有资本金的设立与运行等一系列宏观政策，将国家作为特殊的所有者，倡议将国有资本与国家财政资金分流运行、分开管理以搞活国有经济。综上回顾可以看出，所有者财务确实是从国家财务研究的基础上产生的，一方面，所有者财务继承了国家财务将国家财产所有者与国家主权所有者（国家行政管理者）分离的基本内核，提出对于国有企业和事业单位国家要行使财产所有权利，从而形成了所有者财务，这里的所有者实质上指的是国家所有者。但由于该研究将国家二字去掉，从而形成一般意义上的所有者财务，就使得国家所有者财务只存在于国有企业两权分离的背景不同，它也适应于其他的所有制性质的企业，特别是相对应地提出了经营者财务,每一个企业的经营者都不相同,这显然具有微观属性。只要是两权分离的企业,就存在所有者与经营者的对立,而无论所有者是国家所有者、私人所有者或者两者的结合,从而使得所有者财务具有了一般意义。另一方面,在提出所有者财务概念的同时,研究者还提出了所有者财务主体、本质、目标、资本保全、企业整体价值等构成所有者财务的基本概念框架,这些内容确实是站在所有者的视角,而不仅是站在国家财务主体的视角提出的,使得所有者财务具备了某些微观性的特征,任何一个企业的所有者,都是相对于特定企业而言,离开了这一企业,所有者和经营者都不复存在,这正是所有者财务微观性的根本体现。尽管如此,所有者财务仍然具有某些国家财务宏观属性的痕迹,甚至还保留了解决政企分开缺陷的痕迹。因为研究者仍然认为国家财务是以国家所有者为主体而发展出来的所有者财务分支,也就意味着所有者财务是以国家所有者为出发点而形成的。同时,还站在国家所有者的视角提出了所有者财务的内容之一是将资金投放于什么行业、什么地区,这显然具有宏观属性。严格意义上讲,所有者作为投资人都会根据自身的投资偏好选择投资对象,这一投资对象或者是企业或者是投资项目,它具有微观属性。

然而,许多学者对于以"所有者财务"创立一门与"经营者财务"并行的理财学科提出质疑。解群鸣(1998)认为所有者财务是计划经济向市场经济转轨的产物,最终将成为经营者财务的子系统。他指出中国国有企业代理链条长(人民代表大会→中央政府→国资局→股东会→董事会→经理)、终极所有者虚置、代理人权利义务在多层关系中被稀释,使得产权主体的目标难以贯彻始终,最终导致国有资产流失、内部人控制等诸多问题,而当产权进一步明晰,代理链条缩短(股东会→董事会→经理),所有者财务最终会回归到经营者财务中。周永强(1997)并不赞同将国家财务、所有者财务纳入到财务学科中作为独立的一个分支,认为国家财务在计划经济体制下原属国家财政的一个分支,现纳入财务学科难免有从一个极端到另一个极端之嫌,而所有者财务与经营者财务在基本财务理论与方法上没有实质性区别,仅仅是所站的角度不同。在质疑声中,干胜道(1999)发表了商榷文章,进一步明确了所有者财务理论提出的背景、立论依据与其学术和应用价值,主张所有权和经营权不可偏废、经营者必须接受所有者的财务监管。这里的争鸣实际上涉及所有者财务是否成立的问题,这也说明,早期所有者财务的提出,并没有明确地指出为什么所有者财务必须要与经营者财务分离,在两权分离的条件下,所有者与经营者各自所拥有的独立财务权利的边界到底在哪里,所有者到底拥有哪些财务权利,特别是所有者如何行使这些权利,包括对经营者进行哪些财务监管、如何进行监管。另外,从语义学上看,所有者财务也存在一定的缺陷,所有者与其相应的财产所有权是一个法律概念,而不是一个经济学意义上的概念,所有者作为财产所有权的主体,是对其财产行使权利,而不是对企业行使权利。只有当所有者将其拥有的财产投资到企业时,所有者才可以凭借投资的财产对企业行使权利,也就是说,所有者只有以其财产对企业出资时,才能对受资企业行使权利,这时的所有者已经是企业的出资者而不是单纯的财产所有者。出资者依照其出资的企业及其出资的份额对企业享有相应的权利,而不是凭借其拥有的财产权(所有者拥有的财产不一定都以出资的方式投入到企业)而对企业享有权利。不仅如此,出资者还可以分为终极出资者和中间出资者,终极出资者包括国家和自然人,而中间出资者可以是任何一个企业,它们将终极出资者的出资进一步对外进行投资,从而形成了出资者系列,所有者是不存在所有者系列的。

后续的研究进一步延伸至所有者财务的内容方面。刘阳等(2003)明确了所有者财务的主体是"人"和"法人",并指出所有者针对经营者的财务活动主要与法律赋予的资本权力有关,这些资本权力有经营者选择权、重大决策权、财务监督权、收益获取权、转让股份权,这些权力形成了管人、管事、管资产的格局。郭双等(2004)认为国家所有者财务管理要求作为国家代表的中介机构对经营者行为实施必要的约束与激励,主要包括界定财务责任、确定考评办法、建立监督机制、进行筹资约束、资产使用约束、对外投资约束、成本费用约束、资本重组约束、决定收益分配决策、决定会计政策、建立内控制度。阎薇(2005)论述了所有者财务存在的合理性并介绍了其与经营者财务间矛盾的协调,并指出产权改革要正确处理所有者财务和经营者财务间的关系。李世聪等(2006)认为国有资本经营预算是国有资本经营管理的重要部分,而国有资本经营管理则是所有者财务管理的范畴,他将国有资本经营预算主体界定为国有资本产权代表,将国有资本经营预算目标定义为资本权益分布调整与国有资本盈利,并对国有资本经营预算的内容进行了探讨。饶晓秋(2007)将企业所有者委托监督者对经营管理者进行监督的代理关系称为第四类代理关系，并论述了第四类代理成本会对所有者财务监督体制产生影响。有关所有者财务内容的研究，已经与出资者财务的内容基本重合，这显然是在出资者财务提出后，将出资者财务的有关内容引入所有者财务的必然结果，或者是研究者们认为所有者财务其实也就是出资者财务。事实上，如上所述，这两者是存在一定差异的。尽管如此，有关所有者财务和出资者财务内容的进一步延伸研究殊途同归，这本身就是一件好事，而且，在研究的过程中两者相互争鸣、相互促进，使学术理论进一步交融升华、意境融彻。

1.1.4.2 国家财务内涵外延的拓展

这一阶段"国家财务"的进一步研究是建立在郭复初教授的初始理论基础上的，研究的内容主要是如何对国家财务进行制度设计，从而可以通过实践予以落地，主要包括国有资本管理体系的建设、国有资产经营绩效评价等方面的研究。

在国有资本管理体系建设方面，石坚松等（2003）进行了国家财政与国家财务领域的划分，并就国家财务运作策略、国家财政与国家财务配合等方面指出了实现路径。张福康（2004）提出应建立新型的国有资产分类管理体制，按经营性和非经营性资产分类管理，按竞争性与非竞争性领域分别以国有资本营运管理和国有资产配置管理进行区别性、针对性管理。提出应建立三大体系四个层次的国有资本管理体系，三大体系为国务院领导下的国家财务经营总公司（负责经营性行业竞争领域国有资本营运）、非竞争领域行业总公司（负责经营性行业非竞争领域国有资本运营）、财政部下属非经营性国有资产与管理总公司，四个层次就是在国有资本经营性竞争领域管理体系内部，按国务院、国家和地方财务经营公司、控股公司、经营企业划分为四层委托代理关系。吴战篪等（2004）分析了国有资产管理体制的制度变迁，从 1988 年开始将其分为四个阶段，分别是国务院直属国资局阶段（1988～1994 年）、财政部下属国资局阶段（1994～1998 年）、撤销国资局阶段（1998～2003 年）、国资委新政阶段（2003 年 3 月至今），与此同时，他结合国家财务理论进一步论证了当前国资委设立的理论基础与合理性，认为国资委的成立标志着国家财务明确了独立的财务目标、成为了"财权完整"的国家财务主体、"分级管理"体现了地方拥有了部分产权。这些对国家财务的进一步研究确实与早期对国家财务的研究存在着一定的差异，主要表现在两个方面：一是早期的国家财务主要是研究如何从国家财政中分离出来，专司对国有企业的国有资产进行管理，但当时的目的是解决政企分开、权力下放的问题。提出国家财务就意味着税利分流，也意味着要实行利润留存，这主要还是基于解决国家与企业的财务分配问题。而这里的国家财务对国有资本管理体系的深化研究已经是在政资分开的层面展开的，也就是研究在政资分开的条件下国有资产的管理主体如何形成和运转，特别是对国有企业行使国有产权权利的主体如何形成、如何运转。二是早期的国家财务是在行政层面上研究国家财务如何从国家财政中分离出来，这里的国家财务是研究按照市场的规则如何形成国有资产管理和运作的主体，要实现国有资产管理主体的专业化、专家化、公司化。但问题仍然在于，它并没有研究在微观层面两权分离的条件下出资者和经营者的关系，特别是财务关系，并以这种关系为基础如何形成出资者财务的内容和实现方式，而只是研究国有资产管理和运营主体的体系如何形成。更重要的是，国有资产管理和运营主体不仅只是履行国家财务的职能，国有资产管理主体在履行国家财务职能的基础上，也要履行许多其他的职能，如履行国家经济战略落地与实现的职能、国家经济安全的职能。与此类似，出资者财务只是出资者所履行的职能之一，出资者也还需要履行其他职能，如任命董事会成员和高管人员。

在国有资产经营绩效评价方面，高峰等（1998）总结了国企财务管理存在的主体模糊、监管乏力、国有资产收益流失、国有资产存量不活、经营者考评机制不全五方面的问题，并一一针对上述问题提出构建国家所有者财务制度的思路。王锋（2003）提出了国家财务分析的框架，认为应在现有框架中加入国有企业的绩效评价，从国家财务经营绩效评价、国家财务调控效率分析、国家财务可持续发展能力分析这三个方面展开，结合了国家财务的微观考虑与宏观考虑。黄晓波等（2005）认为近年来国家有关部门试图通过国家财务规范来强化企业财务管理，但这种规范也带来了负面效应，诸如使国家与企业间投资与受资的财务关系不清、国家作为出资者与其他出资者间平等关系被打破、加剧企业业绩考核不确定性等。这些主要是站在国家财务的视角研究国有资产经营绩效评价，这些评价的内容不仅涉及对国有企业的评价，也涉及整个国有资产运行效率的评价；不仅涉及国有企业可持续发展能力的评价，也涉及国家财务可持续发展能力的评价。显然，这是继承了早期的国家财务的宏观属性的特征，与出资者财务的微观属性并不相同。它包括出资者选择怎样的投资对象进行投资，出资者对经营者如何进行财务监管，其中也包括从财务的视角，怎样对经营者或者接受投资的企业进行业绩评价。

另外，也有学者探讨国家财务究竟是属于宏观财务还是微观财务的问题。华金秋（2000）通过比较国家、企业、个人三个不同的财务主体的财务行为，明确将国家财务归为宏观层次的范畴，并提出三者间财务目标、财务预算等方面的差异。而郭复初（2013）强调了国有资本在国民经济中发挥着主导、调控、参与国际竞争的作用，将国家财务的目标定义在保值增值与发挥国家宏观调控作用上，通过明确国家财务的理论基础，提出国家资本的投向应该是公共产品、半公共产品与私人产品上，从而起到平抑物价、优化经济结构的作用。国家财务理论更为关注国有资本发挥的主导、调控等作用，具有目标与作用的宏观性、财务控制手段的微观性特征。国家财务理论包括了国家财务独立论、投融资论、分配论、调控论、监督论、评价论等理论体系，其主要出发点仍在国家作为生产资料所有者所进行的财务活动。但由于国家身份的宏观性，在经济上还承担了弥补市场失灵的职责，所以，以上的这些论述，脱离不了国家财务是从国家财政中分离出来的理论痕迹，由于国家财政的宏观属性，从国家财政中分离出来并与其并行存在的国家财务也就自然具有了宏观属性，它属于宏观经济调控的范畴。作为微观层面的出资者财务与此不同，它所需要解决的基本问题是出资者与经营者的财务关系如何界定、如何协调和处理，如何通过出资者财务监管保证经营者或者企业能够实现资本的保值增值。

1.1.4.3 出资者财务的发展

谢志华（1997）以我国产权制度改革特别是国有企业公司化改革为出发点，首次提出"出资者财务"概念。这一概念的提出是以两权三层次分离的理论为基础，两权三层次分离是指国家和自然人所有权与经营权分离、国家和自然人所有权与法人所有权分离、国家和自然人所有权与资本经营权分离。分离的结果，使得所有的公司享有了法人所有权和经营权；从事经营的公司又分为资产经营公司和资本经营公司，这两类公司都享有法人所有权，但经营权的属性不同，资产经营公司主要代替所有者从事生产经营活动，资本经营者主要代表所有者从事投资活动。实际上，国家和自然人向公司出资，公司又可以对外出资，这样就形成了出资者系列，相应也形成了经营者系列。任何一个层级的出资者都必须对公司进行投资，并对接受投资的公司或者经营者实施监管，才能保证国家和自然人所有者投入公司的财产的安全，防止经营者内部人控制和所有者财产流失（谢志华等，1997）。由于终极所有权人将资本委托给资本经营公司经营、资本经营公司又投资资产经营公司、资产经营公司以母公司的身份投资子公司，子公司再形成孙公司，因而形成一个出资链条。在这个链条中，有专司资本经营的公司也有专司资产经营的公司。资本经营是以两权分离为基础的，所有者投出资本不仅是为了取得对公司的所有权，而且可以选择不同的公司或者有选择性地对公司建立所有权关系，正是这种选择性，使得投出资本表现为一个经营过程。谢志华（1999）进一步分析了资本经营、资产经营、商品经营三者之间的差别，认为资本经营不是经营实物（资产或者商品），而是经营资本关系，出资者为实现资本报酬（包括资本利得和投资利润）最大化，会投出资本、监管资本运用和进行存量资本结构调整。投出资本是为了建立资本关系，监管资本的运用是为了维护资本关系，而存量资本结构调整是为了改变资本关系。无论是投出资本、监管资本运用还是存量资本的结构调整，主要属于财务的范畴，从而形成了出资者财务。出资者财务与国家财务、所有者财务存在明显的差异，就出资者财务与国家财务比较而言，国家财务是宏观的，出资者财务是微观的；国家财务是就国家所有者与国有企业的关系而言的，出资者财务不仅涉及国家所有者与国有企业的关系，也涉及私人所有者与民营企业的关系，或者不同性质的所有者与企业的关系，它讨论的是出资者与企业的一般关系；出资者财务是以两权分离为基础形成的，而国家财务是在税利分流的基础上提出的，由于税利分流，国家财政主要征税，而国家财务主要是分利，所以要求国家财务从国家财政中分离出来，并且在分离后要进一步下放企业自主权和实现利润留存；国家财务重点研究政资分开后如何形成国有产权主体，而出资者财务主要研究两权分离后出资者如何进行投资，如何对经营者进行财务监管，如何进行存量资本结构调整；国家财务主要研究国有资产管理主体如何形成，各自发挥怎样的作用，而出资者财务的主体就是出资者，也就是谁对企业出资谁就是该企业的出资者，并不需要在之外单独建立出资主体，任何企业的出资者都是明确的。

就出资者财务与所有者财务比较而言，所有者是相对于财产所有权而形成的概念，而出资者是相对受资企业而形成的概念，也就是所有者只要将其财产以出资的形式投入企业才能与企业之间存在出资关系。从这个意义出发，出资者的概念既包含了财产所有者，又包含了财产所有者对企业出资的双重含义；更为重要的是，就一个财产的所有者而言它只有一个主体；而出资者既有终极出资者、也有中间出资者，一个所有者的财产在对企业出资后企业还可以继续对外出资，从而形成一个出资者系列；在中间出资者系列中，由于不同的企业从事不同的经营活动，包括从事资本经营和资产经营的企业，中间出资者就分为从事资本经营的出资者和从事资产经营的出资者，这两类出资者对外出资的目的存在差异，从而出资者财务的内容和方式也存在一定的差异，而所有者财务并没有对此进行区分。

出资者财务是相对经营者财务、财务部门财务而提出的。在公司制企业中，由于两权分离，既存在出资者也存在经营者，还存在传统意义上进行财务管理的财务管理部门，这三个主体都有财务管理的职能。出资者为了实现自身资本的保值增值必然要对企业投出资本，投出资本后为了维护资本的安全，必然要对企业的运用资本的情况进行监管，同时，还要根据接受资本的企业的经营状况和外部环境的变化进行存量资本结构的调整，包括追加和减少资本、收购兼并、分离分拆，等等。不难看出，这些出资者的行为主要属于财务的范畴；而经营者财务称之为决策财务，两权分离后经营者行使经营权，而在经营过程中经营者必然要进行筹资决策、投资决策、生产经营决策、人事决策，等等，其中，投融资决策属于财务决策的范畴，所有这些决策的目的都是为了实现企业利润最大化；财务部门的财务就是企业内部专司财务管理的部门，根据经营者所做出的财务决策和经营决策组织现金流入和流出的过程，在这个过程中财务管理部门必然要根据企业生产经营活动的实际需要，组织好现金流入和流出的总规模和结构的均衡，所以，财务部门的财务也称之为现金流财务。现金流财务需要财务部门根据生产经营的实际需要进行筹资，将筹得的资金投放到生产经营活动的各个方面，最终要保证现金既不出现冗余也不发生短缺。

谢志华（1999）认为出资者系列管理行为中投资、监管、资本结构调整三项行为都是财务管理行为，是属于微观财务范畴，并确定了经营者责任目标为资本保全（数量保全与质量保全）与资本增值（数量增值与质量增值）。同时提出了出资者财务管理的主要内容，包括参与收益分配，决定收益分配方式、进行现金控制以及选择最优的现金控制方法（五种现金控制方法）、负债约束、资产使用约束、成本约束、会计制度控制等多个角度阐述了出资者对经营者实施财务控制的方法。除谢志华以外，李洪辉（1998）以政府出资者视角论述了现有财务制度局限性与财务监督的诸多问题，并提出要以"两权分离""委托代理关系"为基础建立出资者财务理论，他提出了出资者财务理论应遵循的四项原则并对出资者财务管理内容进行了描述，但未能就具体理论的演进和逻辑关系进行阐述。李全伟（2003）提出出资者财务管理的对象是资本经营，应重塑国有出资者制度、建立出资者权力得以正确行使的制度与组织保障、建立国企经营者的激励与约束机制、完善公司治理结构。

这一阶段的出资者财务研究主要集中于回答出资者财务是什么、怎样形成、内容是什么、管理的形式是什么，以及出资者系列中各环节的相似性和差别性是什么。这些研究都紧紧围绕微观层面的出资者与经营者的财务关系的界定、协调和处理予以展开。不可否认，由于出资者财务认为终极出资者是国家和自然人，因而具有宏观属性的国家财务的某些内容与微观属性的出资者财务存在一定的偶合性，但必须明确两者的研究视角是存在根本的差异的。

1.1.4.4　三者间的联系与区别

谢志华（2000）认为在政资分开的背景下以政府为主体的财务和以出资者为主体的财务必然分离，从而形成了出资者财务，而之所以不称为所有者财务，是因为终极所有权归属于国家与自然人，而出资者财务的主体还包括作为中介的企业出资者。他认为出资者是出资主体而非行政主体，其行为具有微观性，也就是说每一个企业的出资者是以受资的企业为基础而形成的，每一个企业的出资者在界定、协调和处理与经营者的关系时，都会有自身的特点，不是千篇一律。出资者财务的微观性与国家财务、国家所有者财务以致国家财政的宏观性明显不同。

三者间的共同点在于以两权分离为基础，企业的财务主体都区分为出资者（所有者或者国家所有者）与经营者两个方面，也就意味着都认可企业的财务管理可以按照管理的主体进行分类，从而形成出资者财务（所有者财务或者国家所有者财务）、经营者财务和财务部门的财务。出资者财务（所有者财务或者国家所有者财务）的形成表明了它们在两权分离的条件下对自身的资本保值增值的充分关注，也就是说两权分离意味着它们必须要界定、协调、处理好与经营者的关系，特别是财务关系，以实现资本保值增值的目标。

如上所述，有学者认为国家财务是所有者财务或出资者财务的分支，其实不然。国家财务并不从属于所有者财务或出资者财务,是一个独立的概念,国家财务与所有者财务或出资者财务在管理主体、管理对象、管理方式都存在明显的差异:其一,管理主体不同,国家财务是以国家作为生产资料的终极所有者为基础形成的,这一主体的国家性必然带来其行为的宏观性,而所有者财务或者出资者财务不仅包括国家所有者,也包含自然人所有者,由于自然人所有者是微观主体,那么与此相应的国家所有者也是在微观意义上存在的主体。因为无论是国家所有者还是自然人所有者相对于接受资本的企业而言都是具体的、微观的,或者说由于国家和自然人对某一企业出资才成为了该企业的所有者,而不像国家财务中的国家所有者是相对所有的国有企业而言的。同时,所有者财务或者出资者财务中的所有者和出资者也是相对于接受资本的企业的经营者而言的,经营者是一个微观主体,它一定是某一企业的经营者,这也说明了所有者或者出资者的微观性。所有者财务与出资者财务的主体也有差异,财产的所有者只是国家和自然人,而出资者除了国家与自然人作为终极出资人外,企业也可以作为出资人对别的企业进行投资,从而形成中间出资者。其二,管理对象不同,国家财务管理的内容主要涉及投资、监管和评价,投资的对象包括了公共产品、半公共产品和私人产品,既涉及经营性领域也涉及非经营性领域,既注重投资的经济性,也关注投资的社会性,既涉及投资的盈利性,也要发挥投资的经济调节作用,而且更多地关注投资的产业和区域布局,具有宏观属性。国家财务在行使监督职能时,除了对每一个接受国家投资的企业进行监督外,也要对整个经济运行的安全和秩序进行监督。而国家财务在对投资效率进行评价时,更多的是着眼于全部投资活动的运行效率及其投资业绩。所有者财务的管理内容更多地涉及财产所有权的保护以及对企业财产的运行状况和效率的监管。如果说所有者的财产所有权区分为法律意义上的所有权和经济意义上的所有权,那么所有者财务的管理内容则与经济意义上的所有权密切相关。所有者要在两权分离的基础上对投入企业的财产行使某种占有、使用、处置和分配的权利,而不是以确保自身财产的安全和运行有效,这里所有者的财务管理行为是一种微观行为。出资者财务是建立在出资者系列和经营者系列并存基础上的,就出资者系列而言,每一个层级的出资者都必然要投出资本,监管资本的运用,并对存量资本结构进行调整,最终要实现资本保值增值。出资者财务的管理内容是微观的,而且是由出资者系列共同完成出资者的财务管理。其三，管理方式不同，国家财务的重要使命就是要管理好国有资产以及经营国有资产的所有企业、事业单位，为了对庞大的国有资产和企业、事业单位进行财务管理，必须要构建国家财务管理的运行体系、规范体系和监管体系，并通过这三大体系的构造对所有的国有资产和企业、事业单位进行监管，这种监管方式既具有宏观的普遍适用性，又必须要落实到具体的监管对象上。而所有者财务和出资者财务都是站在接受资本的微观企业的立场，界定、协调和处理所有者和出资者与接受资本的企业和经营者的关系，通过投资选择不同的企业和经营者，通过监管资本的运用确保受资企业和经营者的行为符合所有者或出资者的愿望，通过存量资本结构的调整改变所有者或者出资者在企业资本结构中的地位。

总之，这一阶段国家财务和所有者财务就其与国家财政、传统的企业财务之间的差别的探讨，为出资者财务的形成提供了良好的理论背景，特别是国企改革的深化和国有资产管理体系的初步建立，则为出资者财务的形成提供了深厚的实践基础，伴随整个改革和实践的进程又使得出资者财务的理论和方法进一步完善。

1.1.5 出资者财务体系建立健全阶段（2014年至今）

1.1.5.1 出资者财务理论体系构建

这一阶段是出资者财务理论和方法的研究更加深入、体系构建更加完善的阶段。在十八届三中全会上明确了国有企业要进行"混合所有制改革"以及"改革国有资本授权经营体制"，谢志华在研究授权经营的基础上进一步提出了所有权与经营权两权五层次的分离理论，剖析了两权分离的公司制企业和资本经营产生的根源，系统地构造了出资者财务的理论和方法体系。

谢志华（2014）分析了两权分离的公司制企业形成和发展的根本原因，在人类发展的历史进程中，生产力的两个要素——人和资源的结合上存在两个矛盾：一是拥有资源的人不一定是优秀的人，而优秀的人却不一定拥有资源，社会要提高生产力，就必须将拥有资源但不优秀的人手中的资源转移到优秀的人手中去，转移是必然的、必要的，问题在于采取何种方式；二是当把资源交给了一个优秀的人后，一个更加优秀的人又出现了，社会要提高生产力，就必须把资源从相对不优秀的人手中转移到更为优秀的人手中去，转移的速度越快社会生产力就会越高，这里所要解决的核心问题是资源的流动性。为了解决第一个矛盾，早期人类社会主要采取了暴力转移的形式，也就是一个先进的阶级推翻另一个落后阶级，实现资源的转移。每一次暴力转移不仅是在社会生产力降到最低的时候发生，而且暴力转移本身也会带来人类资源的极大浪费。之所以暴力转移根本的原因在于资源转移采取了剥夺的方式，被暴力推翻的阶级对资源的所有权和经营权一并转移到先进的阶级手中，这当然是被推翻的阶级所不能容忍的。为了实现从暴力转移向和平转移形式的过渡，就必然要采用两权分离的公司制企业，两权分离使得拥有资源但不优秀的所有者仍然能够拥有资源的所有权，而资源的经营权则通过两权分离转移到优秀但不拥有资源的人手中。这样，通过优秀的经营者将资源利用的效率达到最大，资源的所有者和经营者都可以分享这一更大的资源利用成果，从而使得资源的暴力转移向和平转移得以真正实现。

为了使资源能够快捷地从一个相对不优秀的人（企业）手中转移到更优秀的人（企业）手中，也就是解决生产力两个要素结合的第二个面临的问题，在创立两权分离的公司制企业后，公司制企业又进一步由有限责任公司向股份公司和上市公司转变，这种转变的根本目的就是要解决资源从一个相对不优秀的人（企业）手中转移到更优秀的人（企业）手中的时间问题，转移时间为零，生产力必然最高，这也就是所谓转移速度，在公司制企业之间的这种转移速度称为股权的流动性。上市公司的出现或者说资本市场的形成，特别是在技术上出现互联网以后，这种流动性得到了前所未有的提高。资本市场实际上是一种资源的配置机制，从世界历史的经验看，市场配置资源比政府更为有效，这也是我国采取市场经济制度的重要原因。

实质上，上述生产力两个要素的结合所面临的两个问题的解决，前者主要解决微观层面的专家化和专业化经营问题，通过职业化的经营者经营资源可以提高微观企业资源的使用效率；后者主要解决宏观层面的资源配置效率问题，通过上市公司以及由此形成的资本市场所带来的股权（或者股票）的高速流动，从而使得整个宏观经济的资源配置效率大大提高。从根本上这两个问题的解决都最终依赖于两权分离的公司制企业的形成，公司制企业使所有权与经营权相分离，也使国家和自然人拥有的财产权与公司所拥有的法人财产权相分离，相对应地形成了法人所有权和终极所有权，公司既有了法人财产权也凭借这种法人财产权行使经营权权利（谢志华，2014）。伴随资本市场的产生，加速和深化所有权与经营权的分离，不仅所有者的生产经营行为（也称为资产经营或商品经营）实现了专业化和专家化，而且所有者的投资行为及其由此而形成的监管行为也由专业化和专家化的主体进行，它们所进行的这种行为就是资本经营，资本经营的主体就是代替国家和自然人终极所有者行使投资以及对投出资本的运用进行监管的权利，这种资本经营主体的专业化、专家化、公司化、市场化运作大大地提高了资本市场的运行效率，从而提高整个社会的生产力（谢志华，2015；谢志华，2014）。

不难看出，两权分离的深化和发展使得经营权进一步分为资本经营权和资产经营权，相应形成了资本经营者和资产经营者，也就形成了国家和自然人终极出资者与资产经营者和资本经营者的委托受托责任关系，以及资本经营者作为法人出资者与资产经营者之间所形成的委托受托责任关系，由于它们之间的委托受托责任关系的内容不尽相同，从而使得不同出资者对不同经营者的财务管控的内容和方法存在明显的差异（谢志华，2015）。谢志华（2016）认为出资者投资方式的不同将对授权监管和授权经营的具体内容和方式产生影响，间接投资或者股票投资的情况下，经营者获得的授权较多，主要依靠外部监管；直接投资或者说直接设立公司的情况下，经营者获得的授权较少，出资者直接监管程度较高；股权投资或者直接购买公司股权的情况下，经营者获得的授权和出资者的监管介于前两者之间。

从出资者与受资者形成的委托受托责任关系来看，出资者依托出资所形成的所有权权利而进行的各项行为一般都具有财务属性，这也是出资者财务形成的基础（谢志华，2014），这种财务具有微观属性。出资者在赋予经营者受托责任的基础上也必然要对经营者履行责任的过程和结果，或者说履行责任的情况进行监督，这种监督既可以由出资者进行，也可以由出资者所委托的专业化、专家化的审计进行，这样出资者与审计之间就形成了委托受托审计责任关系，审计受托对经营者进行监督，与经营者之间形成了监督与被监督的关系（谢志华，2014），这种监督是代表出资者进行的，而且这种监督最重要的是确保经营者所提供的财务报表的真实性、可靠性和及时性，以尽可能减少出资者与经营者之间的信息不对称，显然它具有出资者财务监管的属性。

在两权分离后，出资者与经营者之间的权利边界的界定，以及相互关系的协调和处理，必然要落实到出资者和经营者各自享有哪些具体的权力，也就是两者之间的权力安排，以及如何行使相应的权力。两者之间的权力安排关键是要确定两权分离后出资者所拥有的基本权力，这种权力安排一方面要保证两权分离后经营者能够以专家化、专业化的身份行使经营权，另一方面，出资者为了实现资本保全和资本增值，防止经营者的背德行为和逆向选择行为。

1.1.5.2 出资者财务内容体系构建

出资者的基本权力以及与经营者的关系的协调与处理涉及哪些方面？谢志华（2015）认为在两权分离后出资者首先必须对经营者确定相关的委托受托责任，这些责任包括财产责任、经营责任、法律责任、社会责任和会计责任，经营者只有履行这些责任，两权分离才有可实现的基础。其中，会计责任主要就是经营者向出资者提供财务会计报告的责任，要求所提供的财务会计报告必须真实、可靠和及时。没有经营者所提供的财务会计报告，出资者既不可能了解经营者履行受托责任的情况，也不可能作出是否继续聘任经营者的决策，既然如此出资者就不可能委托经营者经营。所以，出资者的重要权力之一就是要制定相应的财务会计政策或财务会计制度，要求经营者提供相应的财务会计报告，并委托审计对财务报告的质量进行监督；为了更加具体和准确地界定出资者与经营者之间的委托受托责任关系，必须要将上述经营者所应履行的责任以契约的形式明确和固定下来，公司预算就成为了一种必然的选择。公司预算是出资者与经营者之间确定、履行或解脱委托受托财务责任的一种契约形式，通过"基于事"与"基于人"的预算，从而使出资者委托经营者的责任既能够落实到事上，也能够落实到责任人上，这就保证了出资者与经营者的委托受托责任关系能够得到具体和最终的落实。预算属于财务管理的范畴，它是出资者进行财务管理的重要实现形式。

出资者通过公司预算对自身与经营者的权力进行界定并协调和处理与经营者的关系，也是通过各种具体的行权行为得以实现的，这些行为包括：（1）投资控制，出资者通过对公司投资和不投资来对接受投资的公司进行控制，出资者在决定投和不投时，是根据其风险偏好来进行相应的选择。如终极出资者的所有权性质会影响出资者的投资风险偏好，自然人出资者的风险偏好具有多样性、商业性和竞争性等特征；而国家出资者的风险偏好具有国家安全性、国家宏观性、国家战略性和公共服务性等特征。（2）现金控制，现金具有一般等价物的特征,其流动性很强,现金资产往往容易被侵吞,出资者必然要对现金资产的安全性进行控制。同时,公司经营活动的过程也是现金流入流出的过程,通过现金管理也有助于出资者了解公司的经营活动过程。所以出资者对现金的控制包含了知情权和控制权两个方面,知情权要求现金集中管理、收支两条线,控制权要求现金管理的安全性和管钱的人与管事的人分离,管钱的人与管账的人分离。(3)筹资控制,公司筹资可以分为资本性筹资和债务性筹资,凡资本性筹资都属于出资者的权力,而债务性筹资只要不影响到出资者的权益,也就是不会使出资者形成破产的压力和风险,经营者都应该享有负债筹资的一定权力,这是由负债筹资的财务杠杆效应所决定的。同时,如果通过资本市场负债筹资,为了保障债权人的利益和出资者的权益,通常这类筹资也要获得出资者的认可。(4)资产控制,公司的资产是用来经营的,经营者经营资产,公司或者经营者拥有资产经营的基本权力,所谓两权分离,主要是经营者享有对资产的经营权。尽管如此,经营者或者公司在进行资产经营的过程中也必须要维护出资者的权益,这种权益表现为出资者的投资风险偏好。不同的出资者投资风险偏好不同,体现在将其资本投入什么公司,以及投入什么经营领域,这意味着经营者必须将出资者投入的资本用于本公司的经营,也意味着经营者必须将出资者投入的资本用于特定的经营范围,也就是公司章程中规定的经营范围,超越这两种都会影响出资者的权益,从而必须得到批准。(5)成本控制,成本分为与个人收入有关的成本和与个人收入无关的成本,凡是与个人收入有关的成本,出资者都必须制定成本开支的范围和标准,否则任何个人为了取得更多的收入都会从成本中捞取好处;成本既可以用来计算利润也可以用来收回出资者投入的本金,也就是说,出资者投入公司的资本都会转化为公司经营的资产,公司的资产在经营的过程中会以提取成本(费用)的形式,从销售收入中得以补偿,这种补偿实质上就是收回出资者的投入本金,称之为资本数量保全,既然如此,出资者必然要对提取成本费用的数量进行控制,以确保资本安全。(6)存量资本结构调整控制,存量资本结构调整包括公司的资本规模的扩张与收缩、出资者及其出资份额的调整、公司的收购与兼并和分立与分拆等事项,这些事项都直接影响出资者的权益,出资者必须对其进行控制。(7)收益分配控制,在公司中的初次收益分配既涉及公司要素提供者自身的利益,也会影响出资者的利益。在公司新创造价值的分配序列中,出资者以税后利润的形式参与分配，处在整个分配序列的末端，出资者为了保证自身利益，必然参与收益分配，并对其进行控制。

这一阶段的出资者财务理论，实现了两权五层次分离理论、授权经营理论、授权监管理论相互融合的态势，更为重要的是，在理论框架形成的基础上进一步提出了出资者财务的基本内容，也就是出资者财务包括投出资本、监管资本的运用、进行存量资本结构调整和参与收益分配等；在两权分离的条件下，出资者为了维护自身的利益必然要对接受投资的公司或者经营者的许多行为进行有效地控制。

1.2　出资者财务的理论基础和文献评价与展望

出资者财务的理论基础主要有两权五层次分离理论、委托受托经营理论、委托受托监督理论（谢志华，2016）。

1.2.1　两权分离：三层次到五层次

出资者财务理论是以所有权与经营权的两权分离为基础的，所有权与经营权的两权分离经历了两权三层次分离（谢志华，1988）到两权五层次分离认识的深化过程（谢志华，1997；谢志华，2014）。而这一认知过程也正是经济不断深化发展的过程。

早期的两权分离仅仅指终极所有者（国家和自然人）的所有权与生产经营者的经营权间的分离。伴随着市场经济的进一步发展，市场体系进一步健全和完善，市场的专业化、专家化、中介化和公司化得到进一步强化，终极所有者的许多功能在这种强化过程中被进一步分离出来，两权分离开始由所有权与经营权的分离向两权三层次，最终两权五层次分离转变。两权三层次分离的第一层次分离就是国家和自然人终极所有权与生产经营权也称资产经营权的分离，国家和自然人作为终极出资者通过投资成为公司股东，而经营者以专业化和专家化的身份从事生产经营活动（资产经营）而履行经营责任，相应地也形成了生产经营公司；第二层次分离是指国家和自然人终极所有权与法人财产权的分离，公司作为法人拥有法人财产权，而经营者作为公司的法定代表人行使公司法人财产权权力，并以这种权力为基础开展各项生产经营活动；第三层次分离就是国家和自然人终极所有权与资本经营权（早期也称之为投资权）的分离,随着市场特别是资本市场的日趋复杂和多变性,投资行为也变得日趋复杂,投资主体呈现专家化、专业化、中介化和公司化的趋势,终极所有者的行为能力无法胜任作为投资主体的专业能力要求,而不得不将财产委托给专业和专家的主体经营,这一主体的经营行为不在生产经营领域,而是投资领域,也就是代表国家和自然人终极所有者行使资本经营权,从而形成了国家和自然人终极所有权与资本经营权的分离,在市场上相应地形成了投资公司、资本营运公司、基金公司和财务公司等,资产经营公司也获得了法人财产权,经营者以这种法人财产权为基础,从事资本经营。在两权分离的条件下,国家和自然人作为终极所有者向从事生产经营的公司和投资的公司出资相应地也就成为了终极出资者,两权分离也就表现为出资者对出资的所有权与经营者的经营权的分离。

伴随着大规模的公司制企业的出现,在公司制企业内部又产生了子公司和分公司,以此为基础,在两权三层次分离理论的基础上又进一步提出了两权五层次分离的理论,其中增加的两个层次也就是第四层次的分离是以母子公司的关系为基础而形成的,在母子公司关系的条件下,母公司向子公司出资,母公司成为资本经营权主体,受托国家和自然人所有者进行投资,将资本投入生产经营公司,形成了以资本经营权为基础的法人所有权与生产经营权(资产经营权)相分离,相应产生了子公司;还有第五层次的分离是以总分公司的关系为基础而形成的,在总分公司关系的条件下,总公司在旗下设立分公司,必然向分公司注入经营所必需的各种资产,分公司实际占有和使用这些资产,但分公司并不是独立的法人,它只是行使对这部分资产的经营权,或者说只是行使部分生产经营权权力,从而形成基于资产经营的法人财产权与部分资产经营权的分离。显然,总公司是一个资产经营的主体,拥有对所有这些资产的法人财产权权力,而分公司并不拥有这种权力,其根本的责任就是运用这些资产履行部分生产经营职能,如销售分公司履行销售职能。

两权五层次分离的结果形成了多层级的出资者,也就是出资者系列,也形成了不同层级的经营者,也就是经营者系列,每一层级的出资者与经营者之间都形成了委托受托经营责任关系,为了确保经营者履行出资者赋予的经营责任,还必须对这种责任的履行情况进行监督。由于监督的专业性和复杂性,出资者也难以由自身担当此任,由此就产生了专业化、专家化、中介化的审计监督主体（包括监事会的监事审计、注册会计师审计等）。审计监督主体受托出资者专门对经营者或者公司进行监督，从而与出资者之间形成了委托受托审计责任关系。由此，出资者财务的理论基础就是在两权五层次分离理论的基础上，进一步衍生出的委托受托经营理论和委托受托授权监督理论。

两权五层次分离理论完整地解构了终极所有权人与现代公司体系间以授权委托关系形成的特定出资链条与受资链条，且站在这一理论框架上，演化出授权经营理论、授权监督理论，形成了分析当前公司中各利益相关者关系的完整架构。

1.2.2 授权经营：资本经营与资产经营

如上所述，伴随着市场经济的进一步发展，市场的复杂程度越来越高，市场的变化速度越来越快，国家和自然人终极出资者因其行为能力所限难以亲力亲为地进行各种经营活动，为此就必须要授权经营。早期的授权经营主要是将生产经营活动的经营权授权给经营者，经营者作为专业化、专家化的职业主体受托从事生产经营活动，也就是资产经营活动。

后来国家和自然人终极出资者的投资行为也授权经营，因为投资风险不断加大，投资的不确定性以及投资预期的难度不断加大，投资活动本身的运营难度也不断提高，投资行为的专业化水准要求相应不断提高，特别是资本市场的出现，投资主体有必要通过资本市场进行投资，而资本市场变化莫测、动荡不稳，更是加剧了投资的难度。国家和自然人终极出资者就不得不将投资行为授权给专业化、专家化的经营者经营，形成了经营者受托资本经营。

伴随着公司规模的不断扩大，特别是跨国公司的出现，公司的层级增加。不仅国家和自然人终极出资人授权经营，而且被国家和自然人授权的资本经营者和资产经营者也会再行授权，也就是资本经营者作为出资者授权资产经营者进行经营形成授权经营关系，资产经营者作为出资者授权另一个资产经营者进行经营形成授权经营关系。这样，授权经营关系就形成为一个关系链，应该看到不同的授权关系其内容既有共同点也有不同点。就出资者与资本经营者关系而言，资本经营者对出资者承担了投资责任，也就是必须要确保投出的资本能获得资本利得和投资利润。就出资者与资本经营者的关系而言，资产经营者对出资者承担了财产责任、经营责任，也就是出资者投入公司的财产要保证其安全就是资本保全，同时还必须保证通过资产经营实现资本增值。尽管如此，无论资本经营者还是资产经营者都必须要对出资者承担法律责任和会计责任。

1.2.3 授权监督：所有权监督与经营权监督

两权分离形成了所有权与经营权，所有者必须要对经营者进行监督，或进一步说，出资者必须要对经营者进行监督，我们把这种监督称为所有权监督。所有权监督是凭借所有权权力进行的，其监督的对象就是经营者。有经营权也必然凭借经营权来进行监督，这种监督称之为经营权监督，如果说所有权是产生于两权分离的需要，那么经营权监督是产生于分层管理的需要。两权分离使得所有者与经营者之间产生了委托受托责任关系，所有者为了协调与经营者的这种关系，特别是保证经营者履行受托责任，就必然要对经营者进行监督。早期这种监督就是由所有者亲自进行的，但随着监督的广度、深度特别是复杂程度的增强，所有者难以承担此任，而不得不受托专业化、专家化的监督主体进行监督，由此就产生了审计。审计代表所有者对经营者受托责任的履行情况进行监督，以防止经营者发生背德行为和逆向选择行为。这样，在所有者抑或出资者之间就形成了委托受托审计责任关系，审计主体对出资者所承担的审计责任包括鉴证责任、审查责任和评价责任。鉴证责任主要是对经营者或者公司提供的会计报表信息的真实性、可靠性和及时性进行监督；审查责任主要是对经营者或者公司的经营行为的合规性和合法性进行监督；评价责任主要是对经营者和公司的经营行为的经济性、效率性和效果性进行监督。正是审计主体要通过对经营者或者公司履行这些审计责任，从而形成了出资者与经营者之间的委托受托审计责任关系的内容。

与此不同，经营权监督是产生于分层管理的需要，他是在经营者取得经营权后，在企业内部采取了科层组织架构的形式，从而在不同层级的管理者之间形成了委托受托责任关系，这种责任关系的本质就是决策与执行的关系。为了保证高一层次的决策在低一层次得到有效地执行，就产生了监督的需要，这种监督是由高一层次的管理者亲自进行的，并不需要产生独立的、专门的监督主体。

两权五层次分离形成了出资者系列与经营者系列，出资者包含终极出资者与中间出资者，而经营者包含资本经营者和资产经营者，出资者和经营者性质的不同使得相互之间的委托受托责任关系的内容存在差异，从而使得其监管的方式也必然会存在一定的差异。

1.2.4 出资者财务文献评价与展望

在我国改革开放近四十年，国企改革三十多年的历程中，形成和完善国有产权主体，发挥国有产权主体在国有资产管理和经营中的作用，特别是在国企改革中的作用，一直是国有资产管理和国有企业改革的重大问题，而解决这一问题的重要方面就是如何形成国有产权主体对国有资产特别是国有企业进行财务监管。进行财务监管就必然要形成相应的理论，从上面的文献回顾可以看出与此有关的理论形成和发展的基本线索。

1.2.4.1 在理论概念上提出了国家财务、所有者财务和出资者财务

国家财务、所有者财务和出资者财务的提出都是以政资分开、政企分开和两权分离的改革背景为基础的。一方面，政资分开政府部门行使国家行政权力，而作为国有产权主体的代表行使国有产权权力，无论是国家财务、所有者财务还是出资者财务都是紧紧围绕国有资产产权代表所行使的这种国有产权权力所提出的，它与政府部门的行政权力具有极大的差异，正是这种差异就为国家财务、所有者财务和出资者财务的提出形成了厚重的基础。另一方面，政企分开要求政府行政部门不再直接管理企业，而是要由国有产权主体的代表对国有企业行使产权权力，在两权分离的条件下国有产权主体的代表如何对国有企业行使这种权力就成为了必须解决的问题。正是基于解决这一问题的需要，理论界相继提出了国家财务、所有者财务和出资者财务的理论概念，这些概念的提出为国有产权主体的代表对国有资产和国有企业行使财务监管权力提供了依据。

1.2.4.2 国家财务、所有者财务和出资者财务重心各有侧重

国家财务、所有者财务和出资者财务都有各自的研究视角和重心。国有产权主体的代表在进行国有资产管理时必然会涉及两个层面，就是对整个国有资产的管理和对国有企业的管理，国家对国有企业投入了国有资本，作为出资者必然要对国有企业进行管理，这样就形成了国资、国企的两条改革路径。国家财务主要是站在整个国有资产管理的视角提出的，具有宏观特征；所有者财务既有站在整个国有资产管理视角的特点，也有站在国有企业管理视角的特点，具有宏观和微观结合的特征；而出资者财务只是站在两权分离的公司制企业的视角提出的，它既涉及国有的公司制企业，也涉及民营的公司制企业和混

合所有制的公司制企业。正是从这个意义上讲，一方面出资者财务不仅只是针对国有企业提出的，它适用于任何所有制性质的公司制企业，对于任何一个特定的两权分离的公司制企业，都有自身的股东大会也就是出资者，都必须要行使出资者权力，国有性质的公司制企业也是如此。另一方面，出资者财务的提出是建立在两权分离的公司制企业的微观基础上的，它具有微观特征，这意味着任何一个特定的公司制企业的出资者都会有自身特定的财务监管要求。

1.2.4.3　国家财务、所有者财务和出资者财务都研究了财务管理的内容和方式

在这三个财务理论概念提出的同时，研究者们将这种研究进一步拓展至其实现方式也就是研究如何进行财务监管包括监管的内容和监管的方式。应该说，由于出资者财务是建立在微观的两权分离的公司制企业的基础上的，并且在理论上以两权五层次分离为基础提出了出资者系列和经营者系列，从而形成了出资者财务和经营者财务两者的分野，并通过这两者的比较而形成的差异构造了出资者财务的监管内容和监管方式，具有完整的体系性和可实践性。目前而言，国家财务和所有者财务在这方面还需要进一步深化研究以便能够使其落地，从而生根开花。

1.2.4.4　国家财务、所有者财务和出资者财务的深化研究出现了某种趋同的趋势

从上面的回顾中可以看到，国家财务、所有者财务和出资者财务的研究出现了某些相似之处。之所以这样，根本原因在于国家财务和所有者财务由过去比较关注国有资产管理开始转向国有企业管理，也就是在国有企业实行两权分离的公司制企业改制后，特别是采取混合所有制企业的改革目标后，对国有企业的国有资产的管理问题与过去相比发生了重大的变化。在过去由于所有的国有企业都属国家所有，国家可以从整体上由国有产权主体的代表对国有资产也包括对整个国有企业进行宏观管理。但是，国有企业公司制改革特别是混合所有制改革后，企业的产权主体多元化，这样就使得每个公司必须要通过其股东大会行使产权权力，从而导致产权权力行使的微观化。正是这一微观化的结果使得国家财务和所有者财务开始研究两权分离的条件下，国有产权主体的代表如何对某一具体的企业行使产权权力，在财务上就表现为如何行使出资者的财务监管权力。

1.3 出资者财务的实践过程

第二次世界大战以后,国有经济曾经在诸多国家中为战后经济的复苏起到举足轻重的作用。然而,随着经济的逐步发展,国有企业资源浪费、效率低下、缺乏核心竞争力等问题逐渐暴露出来,20 世纪 80 年代西方国家掀起私有化浪潮,通过处置等诸多方式将国有企业私有化,以刺激经济活力。西方国有企业的私有化结果使得企业的产权主体得以明确,在私有化的公司中,私人所有者作为投资者,必然要对所投资的企业进行监管,其监管的内容大都具有财务特征。

我国的国有企业改革并没有按照西方的方式进行。改革开放初期也就是 20 世纪 80 年代,国民收入分配格局发生重大变化,国有企业赖以生存的注资渠道从财政转移到银行,国有企业从过去的低负债经营转变为高负债经营。其结果产生了高的银行利息与低的国企效率之间的矛盾,国有企业难以及时还本付息形成了银行的大量坏账。为此,必须要改变国有企业的资本结构,通过增加国有企业的资本金以降低由于负债而形成的到期还本压力。这样,国有企业就成为了国家出资、企业自身经营的两权分离状态,国家成为了国有企业的出资者,出资者主体就得以独立存在,从而为出资者财务提供了主体前提。

在国家成为国有企业的出资主体后,但由于政资不分,政府行政部门行使出资者的权力导致国有企业的经营自主权仍然得不到落实。随着国有企业改革的不断推进,大致经历了三个阶段:政企分开与两权分离阶段(1985~1998 年)、政资分开与国有产权主体初步建立的阶段(1999~2012 年)、出资者代表专业化经营的阶段(2013 年至今)。

1.3.1 政企分开和两权分离阶段(1985~1998 年)

早在 20 世纪 80 年代后期,当时国有企业改革已完成放权让利阶段(1978~1984 年),国有企业获得了主要的自主经营权利,通过利税改革实现了对国企的放权让利,国有企业的财权进一步扩大。随后的国企改革步入政企分开和两权分离的阶段。1988 年 4 月,第七届全国人民代表大会第一次会议对 1982 年版《中华人民共和国宪法》进行了第一次修订,将宪法第十六条关于"国营企业在服从国家的统一领导和全面完成国家计划的前提下,在法律规定的范围内，有经营管理的自主权"的规定修改为"国有企业在法律规定的范围内有权自主经营"，这一处修改一直沿用至今。此次修宪，明确了国有企业自主经营权的法律地位，避免了中央政府、地方政府及其资产管理机构对国企自主经营的行政干预，从最高立法层面为国企政企分开和自主经营权提供了法律依据。当然，这也为建立两权分离的现代公司制企业铺平道路。

1993年12月29日第八届全国人大常委会第五次会议通过的《中华人民共和国公司法》第四条第二款规定："公司享有由股东投资形成的全部法人财产权，依法享民事权利，承担民事责任。"《公司法》首次确立了"法人财产权"的概念，对国有企业建立完善的现代企业制度提出了明确的要求，也为出资者财务或出资人制度的形成奠定了法理基础。"法人财产权"的提出，解决了国有企业名义上具备法人地位，但实际上不具备独立财产权，并进一步导致自主经营权难以落实的问题。在公司的实际经营中，公司必然也必须实际地占有、使用、处置、分配所有者投入公司的财产才能进行生产经营活动。为了落实公司的自主经营权力，必然需要赋予公司具有法人财产权，法人财产权从产权角度明晰了公司的财产边界以及财产权力，使得公司不仅拥有了经营权，而且也拥有了法人财产权，公司凭借法人财产权自主开展经营活动。

在政企分开后，政府不再直接监管企业后，又产生了国有企业成为"无主"企业的问题，所谓"无主"就是国有企业的产权主体缺位，国有企业得不到作为出资者的产权主体的有效监管。在政企分开政府不再直接管理企业的条件下，必须要重塑国有产权主体的代表并行使产权权力，既不能走以政代资的老路，更不能使国有企业的国有产权主体缺位，为此必须要实现政资分开，重新构筑国有产权主体的代表，只有这样，两权分离才有实体的存在形式。

1.3.2 政资分开和国有产权主体初步建立的阶段（1999～2012年）

随着国有企业改革的不断深入推进，国有资产管理体制改革相对滞后带来的矛盾越来越激化。一方面，政府的公共管理职能与国有资产出资者职能没有分开，"产权清晰、权责明确、政企分开、管理科学"的现代企业制度很难真正建立起来；另一方面，国有资产监管职能分散在政府多个部门，自1998年成立国有资产管理局至2003年止，政府仍然建立了一个相互约束、相互监督的国有资产管理体制，将出资者权利分散给国有资产管理局、财政部、大型企业工作委员会、经贸委、中组部、主管部局等部门，人们形象称为"五龙治水""九龙治水"，权利、义务和责任不统一，管资产和管人、管事相脱节，国有资产监管缺乏明确的责任主体，出了问题没人真正负责，国有资产保值增值的责任也就不可能真正落实。在国有企业改制中出现改制形式单一，片面强调国有经济从一切竞争性领域退出的情况，在国有产权转让中出现暗箱操作、低估贱卖，隐匿转移甚至侵占私吞国有资产的现象，引起社会各界广泛关注，反响非常强烈。究其原因，关键是国有资产出资者没有真正到位。为了改变这一局面，自1999年首次提出由出资者代表行使所有者职能，我国正式步入构建出资者制度的阶段，这一阶段也是推进政资分开的阶段，党的十六大给出了构建出资者制度的基本框架，配合成立国资委、出台相关法规条例，出资者制度得以正式建立。

1999年9月党的十五届四中全会通过了《中共中央关于国有企业改革和发展若干重大问题的决定》（简称《决定》），《决定》指出："政府对国家出资兴办和拥有股份的企业，通过出资人代表行使所有者职能，按出资额享有资产受益、重大决策和选择经营管理者等权利。""积极探索国有资产管理的有效形式。要按照国家所有、分级管理、授权经营、分工监督的原则，逐步建立国有资产管理、监督、营运体系和机制，建立和健全严格的责任制度。国务院代表国家统一行使国有资产所有权，中央和地方政府分级管理国有资产，授权大型企业、企业集团和控股公司经营国有资产。要确保出资人到位。"这一内容的核心就是要明确国有企业中的产权主体即出资者，这也是我国国有企业改革政策文件中最早出现出资者职能并规定其权利范围的描述。《决定》从根本上解决了国有资产无人负责的所有者虚位问题，也为推进政府公共服务职能与国有资产出资者职能的进一步分离提供了明确的方向。但由于国有资产归属于国务院不同的部门管理，由国务院统一代表国家行使国有资产所有权存在"五龙治水"的多头管理问题，管人的无权管事，管事的无权动资产，这也促使了国资委的诞生与"管资产和管人、管事相结合的国有资产管理体制"的形成。出资者或者代表的形成，为出资者财务提供了主体基础。

在明确了出资者的所有者身份之后，财政部于2001年4月发布《关于印发〈企业国有资本与财务管理暂行办法〉的通知（简称《办法》），该《办法》是有关国有资产财务关系协调的基本法规。它以资产财务关系直接归财政部门管理的各类非金融企业为对象，对国有资本投入的管理、企业资产营运的监管、企业重大财务收支的监督、国有资本收益的管理、企业财务考核与评价、违法违规的法律责任等内容作出具体规定。总的来说，《办法》按照建立现代企业制度和保障出资者权益的需要，合理界定财政部门在企业资产与财务管理方面的权利和义务，规范了企业资产管理和财务管理行为。实际上，早在 2000 年《如何以建立出资人制度为中心开展企业资产与财务统一管理工作——财政部企业司负责人答本刊记者问》（秦中艮、周文荣，2000）一文中，财政部企业司负责人就指出"以出资人管理制度为中心，建立企业资产与财务管理制度框架体系""对投入企业中的国有资本建立一套规范的监督管理体系"。文中明确指出出资者管理制度的八个方面，分别从资产经营者责任、财务责任考核、外部财务监督、企业投融资行为、成本费用管理、资产重组行为、企业分配政策、内部约束机制进行了规范。总之，《办法》与财政部企业司负责人的答复，构建了以出资者管理制度为中心的企业资产财务制度基本框架体系，打破了我国国有企业资本管理与财务管理始终处于分割状态的尴尬局面，也为财政发挥与维护出资者权益提供了制度保障。实际上，"出资人管理制度为中心的企业财务管理制度框架"是以出资者财务理论为基础构建的，也正因为这样，在实践上和在国家政策层面说明了出资者财务理论存在的现实基础和政策必要，同时，在出资者财务主体得以明确的基础上，又进一步构造了出资者财务的内容框架。

2002 年 11 月，党的十六次全国代表大会顺利召开，大会指出要"继续调整国有经济的布局和结构，改革国有资产管理体制""在坚持国家所有的前提下，充分发挥中央和地方两个积极性""国家要制定法律法规，建立中央政府和地方政府分别代表国家履行出资人职责，享有所有者权益，权利、义务和责任相统一，管资产和管人、管事相结合的国有资产管理体制""关系国民经济命脉和国家安全的大型国有企业、基础设施和重要自然资源等，由中央政府代表国家履行出资人职责，其他国有资产由地方政府代表国家履行出资人职责"。党的十六大明确了出资者制度的四个基本问题，即什么是国家出资的企业、谁来代表履行国有企业出资者职责、国企出资者职责应当有法可依、出资者职责和权益内容。国家出资的企业指国有独资公司，国家参股、控股公司，非公司制国家出资兴办的企业。这一问题在十六大会议之前便得到广泛讨论，通过十六大以及后续制定的《企业国有资产法》得以进一步明确。国有企业出资者职责应当与社会公共管理职能分离,其应当由中央政府和地方政府分别代表国家履行出资者职责,中央管命脉,地方管其他。出资者职责应当有法可依,也是为了后续出台《企业国有资产监督管理暂行条例》奠定基础。通过明确出资者职责和权益内容,其出资者职责由中央和地方政府承担,则必然需要统一的产权管理机构来统领国有资产管理工作,避免多头领导与干预问题。设立统一的产权管理机构也就是后来的中央和地方的国有资产管理监督委员会,它代表国家享有公司法规定的资产收益、重大决策和选择管理者等出资者权益,并且对国有资产保值、防止国有资产流失承担监管责任。党的十六届二中全会,明确了国资委的机构性质、职能配置、监管范围、与企业的关系等一系列重大问题。总而言之,党的十六大及十六届二中全会是国企改革的重要转折点,它标志着国有企业开始了政资分开的进程,也是我国国有资产管理进入"有法可依"的时代,它为我国出资者制度的构建指明了前进的方向,明确了出资者的责任主体与职权范围。

随着国有经济有进有退的战略性调整陆续地展开,战略性重组使得国有资本与国有资本、国有资本与民间资本、国有资本与国外资本的交易日趋活跃,规模不断扩大。交易的结果带来了国有企业股东主体和股权结构的实质性变化。因此,当国有企业涉及股权变动时,国有企业代表国有资产的出资者必须到位,并能发挥真正的作用,否则就会因为国有企业的出资者缺位而导致国有资产面临巨大流失的风险。同时,国有资产和国有企业"有进有退"以及战略性重组,其中的竞争性国有企业的经营目标必须要回归到资本保值增值上来。而党的十六大之前的国有企业承担了太多的政策性目标与责任,诸如增加就业、社会保障等,这都源于政资不分、以政代资的国有资产管理体系。要使国有企业特别是竞争性国有企业能够真正回归市场,按市场法则经营,重要的前提之一是国有资产监督管理机构必须与政府行政管理机构分开,也就是政资分开。所以,我国专司国有产权代表的机构国有资产监督管理委员会的产生就是自然而然的必要。如果说,前面所论及的财政部所提出的出资者财务监管的内容,是以财政部作为政府行政主体提出的话,那么国有资产管理监督委员会的组建,使得出资者不再是纯粹的政府行政机构,而是作为国家所有权的代表独立行使产权权力的主体。以此为基础提出出资者财务监管的各项政策就真正回归了出资者的角色,也使得这种财务监管更具有了出资者的特征。

2003年3月,根据第十届全国人民代表大会第一次会议批准的国务院机构改革方案和《国务院关于机构设置的通知》,国务院国有资产监督管理委员会(简称国资委)作为国务院直属特设机构设立。2003年5月作为国资委开展工作的配套法规《企业国有资产监督管理暂行条例》(简称《条例》)于国务院第8次常务会议讨论通过。《条例》着重突出了国有资产监督管理机构的出资人地位、明确了国有资产监督管理机构的出资人职能。第一,出资人地位的明确。《条例》指出,"企业国有资产属于国家所有。国家实行由国务院和地方人民政府分别代表国家履行出资人职责,享有所有者权益,权利、义务和责任相统一,管资产和管人、管事相结合的国有资产管理体制",而且"国有资产监督管理机构不行使政府的社会公共管理职能""国有资产监督管理机构应当支持企业依法自主经营,除履行出资人职责以外,不得干预企业的生产经营活动"。通过上述规定,国资委作为出资人代表,同其他一般出资人一样,一方面要按照《公司法》等法律法规合法行使出资人权利,履行出资人职责,行使诸如重大事项决策权等,另一方面,也应当按出资份额,通过股东大会或董事会,以产权为纽带的方式履行出资人职责,不得以行政命令的方式干预企业生产经营。这一规定,确立了国有资产监督管理机构的角色定位,进而明确了国有资产监督管理机构对所出资企业负责人管理、重大事项管理、国有资产管理和国有资产监督等方面的职权和行使方式,从而界定了国有资监管机构同所出资企业的关系,正确处理了出资者权益与企业法人财产权以及出资者与经营者的关系。这既保证了国有资产监督管理机构依法履行出资者职责,维护所有者权益,做到不越位,不直接干预企业经营自主权,又保障了企业经营自主权,促进企业依法行使自己的法人财产权,实现自主经营,自负盈亏。第二,出资者职能的确立。条例对国有资产监督管理机构规定了六项职责:(1)依照《中华人民共和国公司法》等法律、法规,对所出资企业履行出资人职责,维护所有者权益;(2)指导推进国有及国有控股企业的改革和重组;(3)依照规定向所出资企业派出监事会;(4)依照法定程序对所出资企业的企业负责人进行任免、考核,并根据考核结果对其进行奖惩;(5)通过统计、稽核等方式对企业国有资产的保值增值情况进行监管;(6)履行出资人的其他职责和承办本级政府交办的其他事项。其中,依照《公司法》等法律、法规,对所出资企业履行出资人职责，包括资产受益、重大决策和选择管理者等方面权利，也正对应着党的十六大所概括的"管资产和管人、管事相结合"的原则。

此后，国务院、国资委出台了诸多政策规范国有资产监督管理工作、国有企业投资行为、地方国资监督管理机构监管行为等。如2006年4月国务院国有资产监督管理委员会令第15号《地方国有资产监管工作指导监督暂行办法》进一步明确中央应当"尊重地方国资委出资人代表权益，鼓励地方国资委探索国有资产监管和运营的有效形式"；2011年5月国务院国有资产监督管理委员会令第25号《地方国有资产监管工作指导监督办法》明确上级国有资产监督管理机构应当指导下级国有资产监督管理机构依法规范履行出资者职责，建立健全业绩考核、财务预决算管理和财务审计、资本收益和预算管理、经济责任审计、监事会监督、参与重大决策、企业领导人员管理、薪酬分配、重要子企业监管等工作制度，加强国有资产监管；2006年6月国务院国有资产监督管理委员会令第16号《中央企业投资监督管理暂行办法》、2006年7月《关于印发〈中央企业投资监督管理暂行办法实施细则〉的通知》规定了国有资产监督委员会对企业投资活动监督管理的原则与具体办法。

2008年10月，第十一届全国人大常委会第一次会议通过《中华人民共和国企业国有资产法》（简称《企业国有资产法》），这部立法是我国近三十年国企改革经验的总结，它的颁布标志着世界上拥有最庞大国有资产的中国朝着国有资产制度化建设方面迈出了重要的一步。《企业国有资产法》在总结国有资产产权体制与管理体制改革的基础上，对出资者、履行出资者职责的机构、出资者对出资企业的权利、行使出资者权利应当遵循的基本原则等关系出资者地位、职责以及出资者与出资企业关系的重大事项作了明确规定，这些规定对于最终厘清国有资产所有者、出资者、出资者的代表者、监管者、经营者之间的关系、进一步推进并完成我国经济体制改革特别是理顺政府与国家出资企业的关系具有重要意义。根据该法，"国务院代表国家行使国有资产所有权"，也即国务院是国有资产所有者的代表，而国家则是国有资产的终极所有者。"国务院和地方人民政府分别代表国家对国家出资企业履行出资人职责，享有出资人权益""国务院国有资产监督管理机构和地方人民政府按照国务院的规定设立的国有资产监督管理机构，根据本级人民政府的授权，代表本级人民政府对国家出资企业履行出资人职责"，这些规定从立法层面明确了国有资产所有者和国有资产所有者代表、国家出资者和出资者代表之间的关系，也进一步明确了国有资产监督委员会作为履行出资者职责的机构不再承担一般公共管理职能，而承担公共管理职能的机构也不再履行出资者职责，为公共管理职能与出资人职责的有效分离提供了坚实的法律基础。"履行出资人职责的机构代表本级人民政府对国家出资企业依法享有资产收益、参与重大决策和选择管理者等出资人权利；依照法律、行政法规的规定，制定或者参与制定国家出资企业的章程"，这些出资者职责机构所拥有的权利也正是出资企业股东所享有的权利，受到《公司法》的保护。总之，《企业国有资产法》理顺了几大关键角色之间的关系，对促进政府社会公共管理职能与出资者职能分离、理顺出资者与出资企业间的关系、推行政企分开起到重要的作用。但是，《企业国有资产法》仍未能完全实现由国有资产监督委员会统一行使出资者的职责，该法仍有"可以授权其他部门、机构代表本级人民政府履行出资人职责"的规定；同时，政资分离也并不彻底，国有资产监督委员会的法律地位是国有资产监督管理机构，也就是说，它既是履行出资者职责的主体，又是国有资产监督的主体。也就是既当运动员又当裁判员，这两者显然是不能相融的。

如果说前面所论及的财政部所提出的出资者财务监管的内容，是以财政部作为政府行政主体提出的话，那么国有资产管理监督委员会的组建，使得出资者不再是纯粹的政府行政机构，而是作为国家所有权的代表独立行使产权权力的主体。以此为基础提出出资者财务监管的各项政策就真正回归了出资者的角色，也使得这种财务监管体现出了出资者的特征。

1.3..3　出资者代表专业化经营的阶段（2013年至今）

为了进一步解决国务院国资委既是裁判员又是运动员的体制缺陷，提高国有资产经营效率、防止国有资产流失，实现出资者代表的专业化、专家化、公司化、法制化和市场化，实现出资者的代表与资本经营者的分离就成为必要。2013年11月党的十八届三中全会提出了国务院国资委要从过去管资产、管人、管事向"以管资本为主管理国有资产"转变，国有资产管理体制要求实现裁判员与运动员的分离，国务院国资委以出资者的身份行使对国有资本的监管功能，而国有资本的运营要由专业化、专家化、公司化、法制化和市场化的主体进行，这就意味着形成了专司资本经营的主体，通过这一主体将资本投向各类企业或者项目，这些企业或者项目专司资产经营，也就形成了资本经营和资产经营的分离。国有资本授权经营体系进一步完善，形成了国务院和各级人民政府—国有资产管理监督委员会—国有资本经营主体—国有资产经营主体的授权体系。为贯彻十八届三中全会的精神，2015年11月国务院印发了《关于改革和完善国有资产管理体制的若干意见》，在确定"权责明晰、突出重点、放管结合、稳妥有序"的基础上，明确提出要通过国有资产监督管理机构的"职责定位、监管重点、职能转变、监管手段"来推进其监管机构向"管资本"转变，科学界定"国有资产出资人监管的边界"，重点管好"国有资本布局、规范资本运作、提高资本回报、维护资本安全"。为构建"管资本"为主的国有资产管理体制，"将国有资产监管机构行使的投资计划、部分产权管理和重大事项决策等出资人权利，授权国有资本投资、运营公司和其他直接监管的企业行使""将依法应由企业自主经营决策的事项归位于企业""将国有资产监管机构配合承担的公共管理职能，归位于相关政府部门和单位"。这一系列规定，使出资者权利的内涵更加明确，国务院国资委不再直接"管资产、管人、管事"，而是定位在"专司国有资产监管"，与公共管理职能彻底分离，从源头上保障政企分开、政资分开。在此基础上通过设置国有资本投资、运营公司行使出资者的代表的权力，直接作为市场主体参与市场过程，就能将资本交由更为专业、更为市场化、治理结构更为完善的公司运营，必然提升国有资本的运营效率。由于国有资本投资和运营公司的设立，还可以有效地避免国务院国资委直接对企业管资产、管人、管事的行政行为，而且通过投资、运营公司使得出资者行为能够转化为市场行为。"政府授权国有资产监管机构依法对国有资本投资、运营公司履行出资人职责。国有资产监管机构按照'一企一策'原则，明确对国有资本投资、运营公司授权的内容、范围和方式，依法落实国有资本投资、运营公司董事会职权"，可以看出，国有资产监管机构对资本投资运营公司行使的出资者监管，通过公司内部董事会对公司重大事项发挥影响作用。同时，国有资本投资运营公司"以财务性持股为主，建立财务管控模式，重点关注国有资本流动和增值状况；或以对战略性核心业务控股为主，建立以战略目标和财务效益为主的管控模式，重点关注所出资企业执行公司战略和资本回报状况"，其监督和管控的重心回归到出资者的财务监管的本位。

2017年4月，国务院办公厅发布《关于转发国务院国资委以管资本为主推进职能转变方案的通知》(简称《方案》)指出"由管资产转变为管资本,关键是要调整优化国资委的监管职能",《方案》从强化管资本职能,落实保值增值责任;加强国有资产监督,防止国有资产流失;精简监管事项,增强企业活力;整合相关职能,提高监管效能;全面加强党的建设,强化管党治党责任等5个方面对国资监管职能作出优化调整。《方案》明确界定了国有资产出资者监管的边界,国务院国资委作为国务院直属特设机构,根据授权代表国务院依法履行出资人职责,专司国有资产监管,不行使社会公共管理职能,不干预企业依法行使自主经营权。方案列示的43项被精简的国资监管事项,试图从国资监管层面再作突破,把规范的权力让渡给企业,让企业更加独立,增强国企活力。

2017年5月国务院办公厅发布《关于进一步完善国有企业法人治理结构的指导意见》(简称《意见》),《意见》指出,"以管资本为主改革国有资本授权经营体制,对直接出资的国有独资公司,出资人机构重点管好国有资本布局、规范资本运作、强化资本约束、提高资本回报、维护资本安全。对国有全资公司、国有控股企业,出资人机构主要依据股权份额通过参加股东会议、审核需由股东决定的事项、与其他股东协商作出决议等方式履行职责""出资人机构依据法律法规和公司章程规定行使股东权利、履行股东义务,有关监管内容应依法纳入公司章程""加强董事会建设,落实董事会职权"等这一系列的内容规范都体现出出资者权利的行使逐渐通过内部权力机构股东会、内部决策机构董事会来完成,而出资者对公司的监管也表现在重大事项决策、资本收益等作为股东的出资者权益上,这一切都需要完善的公司内部治理结构才能完成,因而进一步完善公司内部治理、强化内部控制才是切实实现出资者监督职能的根本。

至此,出资人制度在两权分离的基础上形成了完整的授权经营的链条。国有资产归全民所有,而国家作为国有资产的终极所有权人,授权国务院作为所有权代表。国务院和地方人民政府作为出资人履行出资人职责,享有出资人权益,同时分别授权各级国有资产监督管理机构(国资委)作为出资人代表承担出资人责任,国有资产监督管理机构不承担公共管理职能(2008年《企业国有资产法》)。国有资产监督管理机构对国有资本投资、运营公司履行出资人职责,而国有资本投资、运营公司对授权范围内的国有资本履行出资人职责,于是便形成了国资委对资本经营公司的出资、资本经营公司对资产经营公司，资产经营公司对子公司的出资链条，而作为股东的各级出资人，在良好的内部治理环境下，通过股东会、董事会、监事会等权力机构、决策机构、监督机构来实现对资本收益、重大决策、人事任免等重大事项的影响，从而保障国有资本的保值增值。

通过上述国有资产授权经营体系的改革，至少可以得到三个基本的结论：一是实现裁判员与运动员的分离，国有资产监督管理委员会行使裁判员的职责，主要对国有企业的国有资产的安全和有效运用实施监管，不再直接进行国有资本的运营，也不直接干预国有企业的生产经营活动，通过监管在保证国有资产安全的基础上，实现国有资本保值增值。二是国有资本运营主体与国有资产经营主体分离，也就是资本经营主体与资产经营主体分离，国有资本经营主体代表国家行使国有资本运营的职能，从而与国有资产监督管理委员会的监管职能相区别，国有资本经营主体是专司国有资本运营的运动员，而国有资产监督管理委员会成为了专司对国有资本运营和国有资产经营进行监督的裁判员，这样国有资本运营主体就可以按照市场法则进行国有资本运营活动，成为真正的市场主体。同时，国有资本运营主体与国有资产经营主体分离，实现专业化、专家化经营。三是国有资本运营主体包括国有投资公司和运营公司都行使出资者代表的职能，其主要的业务是筹资、投资、监管资本的运用、进行存量资本结构的调整（收购兼并、分立分拆等）、参与接受投资企业的收益分配。这些业务活动都属于出资者的财务活动，这样改革的结果既使得出资者的代表实现了专业化、专家化、公司化、法制化和市场化，也使得出资者所进行的基本活动就是进行资本运营，而资本运营活动主要属于财务活动的范畴，出资者财务体系由此而更加完善。

1.3.4 出资人制度的企业实践

我国国有企业进行了多次与出资人制度相关的改革试点工作，包括建立了现代化企业制度、强化公司治理和内部控制制度、构造国有资产授权经营体系等，为我国深化推进政企分开、政资分开、两权分离，构建出资人制度提供了丰富的实践经验。

1994年为建立"产权清晰、责权明确、政企分开、管理科学"为特征的现代企业制度，国务院确定和部署了现代企业制度的试点工作，选择不同类型、不同地区、基本能代表国有企业整个状况的 100 家企业进行试点，在 1997 年试点基本结束时，取得了诸多成效。第一，试点企业打破了产权单一化的格局，出现了产权多元化的趋势，产权多元化能够使监管机构搭乘其他出资者对资产监督的便车，减轻监管压力并提升监管质量。第二，企业法人财产制度形成。明确了试点企业资本金结构和资本金数额，确立企业拥有法人财产权，对两权进一步分离以及企业逐渐成为自负盈亏的法人实体提供了产权制度保障。第三，公司法人治理结构初步形成。公司内部治理形成了以股东会为权力机构、董事会为决策机构、经理层为执行机构、监事会为监督机构的基本构造，清晰地界定了各主体的基本职能。

2003 年国资委挂牌成立之后，出资者职能向国资委集中，国有企业的兼并重组后，都交由国资委进行监管，国有资产监督管理委员会成为了这些企业的出资者。《国务院办公厅关于公布国务院国有资产监督管理委员会履行出资人职责企业名单的通知》明确规定了中国核工业集团公司、中国航天科技集团公司等 189 家由国务院国有资产监督管理委员会履行出资者的职责。但当时也有如中国铁路总公司，根据《国务院关于组建中国铁路总公司有关问题的批复》其出资者职责由财政部代表国务院行使。从这一阶段也可以看出，国资委成立之后，政府内部逐渐将散乱的国有产权管理功能向国有资产监督管理委员会集中，同时也配合股份制改革，进行产权多元化。经过这一时期的改革以及国有企业的兼并重组，国企数量减少到 11 万多家，央企控制了重要行业和关键领域逾 80% 的市场份额。

在进入"管资本"时期之后，从 2014 年起，国务院国有资产监督管理委员会先后选择了国投、中粮等 8 家央企开展国有资本投资公司试点，并选择诚通、国新两家央企开展国有资本运营公司试点。这些试点单位围绕着"与国资委、出资企业的关系，国有资本专业化运营的路径，内部市场化管理机制"三大问题，展开了积极探索。国有资产监督管理委员会按照"一企一策"的原则，明确对国有资本投资、运营公司拓展授权内容，加大授权力度。如主战资本市场的中国诚通集团，国有资产监督管理委员会一方面把之前授予国投、中粮的权限授予诚通，另一方面取消了对诚通主业变更、重大投资的审批权限，这也是将投资审批权限归还给资本运营公司的过程。与此同时，国有资产监督管理委员会调整了中国诚通董事会的人员构成，充实了适应国有资本运营公司需要的证券、金融专业背景的外部董事，强化了诚通董事会的战略引领能力。针对出资企业的履职重点，中国诚通更加聚焦股东权利，注重资本回报和收益。一方面，中国诚通对出资企业通过派出董事、监事等方式依法履职，积极履行股东职责，通过送达《管理建议函》和《风险提示函》等市场化方式发挥股东作用，该管的绝不缺位，不该管的绝不伸手。另一方面，中国诚通要求各受资企业必须提高证券化、多元化、市场化水平，实现战略性和收益性的平衡。如果受资企业既无法给中国诚通带来经济利益又不符合国家战略，那么便会面临被迫撤资的局面。

实际上，在大型企业集团的出资者财务的实践可以追溯到20世纪90年代中期，中国新型建材集团有限公司就以红头文件的方式下发了出资者财务的管理办法，南京港口集团也提出了出资者财务控制的一整套办法。不少大型民营企业集团在母公司主要从事资本经营，子公司主要从事资产经营的格局下，为了实现资本保值增值的目标，也都构建了出资者财务管理的体系。

所以，出资者财务不仅在理论和方法上进行了深入的探讨，而且在国家对国有企业的改革实践以及企业本身的管理实践中，都得到了验证和运用。

第 2 章
出资者财务的形成基础

1553 年,英国以股份募资的方式设立了历史上第一家以股份多少作为出资的公司制企业——莫斯科尔公司。几百年来,西方国家已经建立了一套比较完善的公司制的企业制度。公司制企业的基本特征是两权分离,两权分离的制度日趋完善,发展到今天形成了股东大会、董事会、总经理办公会的分离形式。股东大会对公司拥有所有权,董事会主要享有公司的重大经营决策权,总经理班子拥有经营执行权。历史上,为什么会要通过公司制的形式形成所有权与经营权的分离,大多认为通过两权分离和标准化的股份可以向社会募集资金,实现企业的规模化经营,以及可以寻找更加优秀的专业人才担当企业经营之职。实际上,两权分离的公司制企业的作用不仅在于此,更意味着人类社会的发展模式发生了重大的变化,可以说,两权分离意味着人类社会发展的世纪转换。

2.1 出资者财务形成的条件

出资者财务的形成有其充分必要条件,只有当这些条件充分具备时,出资者财务的理论和方法体系才能成熟,以此为基础所形成的实践也才能更为有效。

2.1.1 出资者财务形成的必要条件

2.1.1.1 社会生产力发展中的两个矛盾

人类社会发展的决定性因素是生产力，而生产力主要由两个要素构成即人和资源，只有把人类有限的资源交给最优秀的人使用，社会生产力才能得到极大的提高，社会才能极大地满足人们的物质生活的需要。但是，在人类发展的漫长历史过程中，有关生产力的两个要素的结合模式始终存在两个最为基本的矛盾：矛盾之一是优秀的人不一定是资源的所有者，而资源的所有者却不一定是优秀的人。如果要使社会生产力得到极大的提高，就必须要将相对不优秀的人手中所拥有的资源转移到更加优秀的人手中，这是一种社会发展的必然需要，问题在于采取何种转移方式；矛盾之二是资源的所有者愿意把资源转移给一个相对优秀的人手中之后，一个更为优秀的人产生了，社会只有快捷的把资源转移到这个更为优秀的人手中，社会生产力才能得到更大的提高，这也是一种社会发展的必然需要，问题在于采取何种转移方式才能达到快捷的程度。

2.1.1.2 解决第一个矛盾的方式

为了解决优秀的人不一定是资源的所有者，而资源的所有者却不一定是优秀的人的矛盾，也就是必须把资源从所有者手中转移到优秀的经营者手中，人类社会发展的历史经历了一个十分痛苦的裂变过程。在资本主义原始积累（含原始积累）以前的一切社会，要把相对不优秀的所有者的资源转移到没有资源而相对优秀的人手中，采取的基本转移方式是暴力转移，也称之为一个阶级推翻另一个阶级，被推翻的阶级腐朽而没落却拥有资源，而新生的阶级作为先进生产力的代表却不一定拥有资源。通过这种阶级斗争的方式，实现资源的转移，并进而将人类社会划分为原始社会、奴隶社会、封建社会、资本主义社会和社会主义社会极至共产主义社会，每一个社会都有其主体的阶级，正是这个主体的阶级的性质决定了社会的性质。以阶级斗争的方式实现资源转移，新生的阶级的先进性程度越高，生产力发展的水平也就越高。尽管如此，由于采取阶级斗争暴力转移的方式，每一次转移都必将带来人类生产力的极大下降，原因很简单，暴力转移只是在社会生产力已经下降到极低从而导致民不聊生时才发生，这时生产力已经降至极低的水平；同时，每一次暴力转移都是通过战争的方式进行的，而战争必然要耗费人类社会的大量资源。所以，在人类发展的漫长历史过程中,人们总是重蹈覆辙,生产力由盛而衰,生产力水平由高而低。人类社会苦苦地探索,我们能否通过非暴力的形式实现资源从相对不优秀所有者手中转移到更加优秀的人手中?直到资本主义的原始积累,这一问题并没有得到根本的解决。马克思在资本论指出,资本来到这个人世间,浑身都充满了肮脏的血,这实际上就是对资本的原始积累的描述。14~15世纪在英国以及欧洲其他国家,资本的原始积累是从圈地运动开始,新生的资本家把地主和农民从土地上赶出去,让其成为养羊的雇佣工人,而资本家则收取羊毛进行羊毛纺织形成了纺织业。很显然,资本家是先进生产力的代表,而纺织业作为工业革命的产业之一,它比之于农业产业更具有先进性,所以,资源从地主和农民手中转移到资本家手中是必然的也是必要的。但是,它仍然采取的是暴力转移方式,暴力转移方式必然会带来社会资源的极大浪费和生产力的急剧下降。其他资本主义国家的原始积累也不无两样,也就是说,资本主义的原始积累在解决第一个矛盾上比之于以前的一切社会没有任何进步的地方。暴力转移方式形成的根本原因就在于资源的所有者把资源转移给优秀的人时必须将所有权和经营权同时转移,所有者变得一无所有,这是所有者不可想象的事情,他们必然采取武装抵抗的方式保护自己的所有权,而想获得资源的另一方也必然要采取武装夺取的方式取得资源的所有权和经营权,暴力转移当然不可避免。在资本主义原始积累以后,生产力的两个要素的结合的第一个矛盾仍然呈现,社会是否仍然采取暴力转移的方式来解决这一矛盾?社会开始痛定思痛,不能再沿袭旧有的模式,为此,创造了两权分离的公司制企业制度,通过两权分离资源的所有者拥有所有权,而社会相对优秀的人则拥有资源的经营权,在资源通过经营取得收益后,则在所有者和相对优秀的人也称为经营者之间进行分配。两权分离使得暴力转移的方式转化为和平转移的方式,正是这样,之后人类社会开始由一个阶级推翻另一个阶级的暴力革命的社会向相对和谐的社会转变。基于此,我们可以把人类社会发展阶段按照生产力的两个要素的结合模式划分为暴力转移的阶段以及和平转移的阶段。自第一个矛盾通过和平转移的方式得以解决后,问题并没有完全了结,在两权分离后如何实现所有者与经营者之间的权、责、利关系的有效协同就成为了十分现实的问题。

2.1.1.3 解决第二个矛盾的方式

在实行两权分离的公司制企业后,虽然解决了从不优秀但拥有资源的人手中向优秀的人转移资源不再采用暴力转移形式的问题,但是第二个问题仍然存在,这就是将通过两权分离已经委托经营者经营的资源如何从相对不优秀的人手中转移到更优秀者手中,转移的速度越快对提高整个社会生产力越好,这实质上就是流动性问题。首先,有限责任公司的形成为这种转移提供了前提条件,在无限责任的条件下,企业的财产边界是不明确的,企业的所有者用于个人消费的钱和用于企业投资的钱并没有分离,从而形成了无限责任。由于这种不分离,伴随着企业所有者个人和家庭的消费,企业财产的数量也处于不断地变化之中,从而导致无法计算所有者在企业中的投资价值。在有限责任公司设立后,所有者用于个人消费的钱和投资于企业的钱被分离开来,一旦所有者将自身的财产投资于公司,这一财产就成为了法人财产,就不能为其消费所使用。由于公司的财产被固定,也就是公司的法人财产权的边界得以明确,公司的财产价值就能够被确认和计量,以此为基础就能确定公司股权的价值。正是这一特征,使公司的股权有了确定的价值从而使持股的股东能够将股权转让,因为股权转让或者流动的前提是必须能够准确地计价;也正因为此,作为购买方的投资者也才能够依价购买,特别是投资者将财产投入公司后,其财产的边界清晰明确,并受到法律的保护,也就是法人财产权得以独立,得以保护,投资者投入公司的财产的安全就得到了保证,也才愿意向公司出资。正是这种出资使得公司的股权能够不断地被买卖,从而流动起来。

公司制企业经历了有限责任公司到股份有限公司、股份有限公司到上市公司的变迁,这种变迁无不与股权的流动性密切相关。有限责任公司向股份公司转换,一方面使得公司的股权实现多元化,任何潜在的投资者都可以购买公司的股权;另一方面在一定范围内股份公司的股权实现了标准化,任何潜在的投资者可以更容易按照标准化的股权确定交易价格,从而提高股权交易的流动性。在股份公司得到进一步的发展后,产生了上市公司,上市公司催生了证券市场。通过证券市场,上市公司可以在整个证券市场范围内进行股权交易,募集所需资金。任何投资者都可以通过证券市场购买公司的股票,公司的社会化程度和公司的股权多元化程度就得以更大地提高;不同公司之间的股权可以通过证券市场进行交易,特别是在互联网技术被采用后,这种交易的速度是前所未有的。正是由于证券市场大大提高了股票的流通速度,就使得资源能够更快地从相对不优秀的经营者手中转移到优秀的经营者手中,当这种转移的时间为零时，证券市场的资源配置效率达到最大。从公司所解决的第二个问题的视角看，公司的本质就是一种资源的配置机制，如果没有上市公司就没有证券市场，如果没有证券市场就没有股票的高速流动。正是上市公司的出现使得资源的配置效率达到了前所未有的高度。当一个公司的投资者都将其股票卖出的时候，就意味着这个公司不被投资人看好，从而要将资源从相对不优秀的经营者手中转出，也就是出售股票导致相对不优秀的公司的股票的价格下跌，公司再融资必然出现困难，公司与其他企业之间的业务活动也可能受阻。当投资者都去购买一个公司的股票的时候，就意味着这个公司被投资人看好，从而在将资源从相对不优秀的经营者手中转出后，又转入更优秀的经营者手中，这必然导致公司的股价上涨，再融资顺畅，市场交易关系更加活跃。

正是两权分离的公司制企业的产生，形成了所有者与经营者两个独立的主体，它们的利益既有一致性也有矛盾性，这种矛盾集中起来就是投资者与上市公司之间的信息不对称，投资者参与上市公司治理的角色定位不明确、不到位，经营者的背德和逆向选择行为时有发生。

正是为了协调解决这种矛盾，所有者必然要凭借其出资权（股权）对公司进行控制，财务控制就是其中之一。

2.1.2 出资者财务形成的充分条件

2.1.2.1 公司制企业的缺陷与出资者控制

历史地看，自然人企业向公司制企业转换具有内在的必然性，自然人企业的基本特征是自己的钱自己经营，由此，带来的所有收入都归自然人，其激励效应最大；一旦发生损失都必须由自然人承担，其约束效应也最大。自然人企业最大的优势是激励和约束效应达到最高。但也存在劣势，就是自己的钱自己经营是以自己的资本规模为前提的，无法实现规模效应；自己的钱自己经营也是以自己的能力为前提的，无法实现能力效应。正是自然人企业的这种缺陷促使了自然人企业必然向公司制企业转换，公司制企业的基本特征是将整个社会的资本尽可能多的交给最优秀的人经营，一方面，当把社会资本更多地集中到某一公司时，该公司就实现了规模化经营，从而产生规模效应；另一方面，为了经营大规模的资本，必须要有相应能力的人才能做到，公司制企业通过两权分离寻找最为优秀的经营者担当此任，从而产生能力效应。大规模的经营需要能力强的经营者，两者之间形成了相互的协同性。

但是，大规模经营所产生的群体劳动导致了员工偷懒和相互搭便车行为的产生（在中国称之为"大锅饭"效应），而两权分离寻找最为优秀的人担当经营者也导致了经营者背德和逆向选择行为的产生。所以，两权分离的公司制企业并非只是产生有益的作用，同时也存在这两个方面的问题。为了解决员工偷懒和相互"搭便车"的问题，必须强化每个岗位的预算刚性和自身利益的独立性，使每个员工在大规模群体劳动的前提下仍然感觉到为自己而工作，也只有通过自身努力工作才能得到相应的回报。为了解决经营者背德和逆向选择的问题不仅要清晰地界定两权分离后出资人和经营者之间的权力义务关系，更要通过强化出资者对经营者的监控，既确保出资者利益不受到侵害，又使得经营者能够发挥其专业能力并获得相称的利益。这显然要比解决员工偷懒和"搭便车"问题要复杂和深刻得多。

2.1.2.2 出资者财务控制和财务行为

两权分离的公司制企业的产生以及资本市场和上市公司的形成确实解决了生产力的两个要素结合中所存在的两个根本的矛盾，同时也解决了自然人企业无法实现规模效应和能力效应的根本缺陷。前者使得整个社会的资源配置不再通过暴力形式而是和平形式进行，从而在宏观层面使得社会生产力得到极大提高；后者使得每一个公司制企业的规模与经营者能力之间有可能达到最佳的匹配，从而在微观层面使得每一公司的生产力达到最大。但是，如果公司制企业所带来的种种问题不能得到有效的解决，上述两个层面的作用的发挥就会大打折扣。围绕这些问题，理论界和实务界进行了长期的探索和实践，并形成了相关的理论和实务。

代表性的理论和实务主要有：

贝利、米恩斯和钱德勒等的"两权分离理论"。1932年《现代公司与私有产权》一书对美国200家大公司进行了分析，结果是这些大公司中很大比例是由未持股的高管人员控制的，公司实际已由职业经理组成的"控制者集团"所控制，形成了事实上的两权分离。钱德勒认为，股权分散的加剧和经营管理的专业化使得经营者不仅垄断了专门的经营管理信息，而且实际地掌握了对企业的控制权。这不无说明，在两权分离以后，作为所有出资人与经营者之间的权力界定和权力协调成为最为关键的问题，所有者为了自身利益必然为要对经营者进行控制，而经营者往往进行反控制，最终，双方通过博弈达成协调。

20世纪30年代，美国经济学家伯利和米恩斯提出了"委托代理理论"，倡导所有者主动实现所有权和经营权分离，所有者保留剩余索取权，而将经营权利让渡。这样就产生了所有权与控制权分离所形成的直接问题，作为失去控制权的所有者如何监控拥有控制权的经营者，这就成为了委托代理理论所要解决的核心问题。这里问题的根本是所有者和经营者利益的不一致，承担风险的大小不对等，两者掌握的信息不对称，经营者有绝对优势，经营者为追求自身利益的最大化，很可能有与所有者和公司的利益不一致的行为。为确保资本安全和资本收益，就必然要引入公司治理机制，对经营者的激励和约束确保其行为与所有者的目标一致，从而解决代理风险问题。

事实上，所有者与经营者的关系协调的基础是双方掌握的信息对称性程度，正是由于经营者相较于所有者在掌握的信息上有绝对的优势，从而导致了所有者对经营者的监控缺乏信息基础，由此就产生了信息不对称理论。信息不对称理论认为掌握信息比较充分的一方往往处于比较有利的地位，而信息贫乏的一方，则处于比较不利的地位。所以，在所有者与经营者的信息关系中，所有者往往处于不利的地位，为了改变这种不利的地位就必然要强化经营者对所有者的信息披露机制，使得所有者不仅能够了解公司的财务和经营状况，并能够利用动态的信息对公司进行监控。

为了解决委托代理关系中所发生的种种问题，必然要发生代理成本，代理成本包括监督成本和约束成本。代理成本主要是指股东与经营者之间订立、管理、实施那些或明或暗的合同的全部费用。只有当代理成本大大低于委托经营者经营管理所带来的超额收益时，两权分离才有合理性。历史和实践地看，两权分离的公司制企业已经成为现代企业制度，是企业发展的基本方向。既然如此，一方面企业必须要向现代企业制度转换，另一方面必须要解决两权分离后委托代理中关系中所存在的种种问题，公司治理就成为了必然的选项，因而形成了一整套公司治理的理论与方法。

狭义的公司治理主要是指公司的股东，董事及经理层之间的相互制衡和协同关系；广义上，公司治理则是指公司与利益相关者包括股东、债权人、员工、客户（包括供应和需求两方）、社会公众、政府之间的相互制衡和协同关系。在两权分离后所有者拥有所有权，经营者拥有经营权，理论上说，所有者不得干预经营者的生产经营活动，那么，所有者通过什么来对经营者进行监控以达成所有者的目标？在长期的公司治理实践中发现从财务的视角实现所有者对经营者的监控更符合两权分离后所有者和权力界定的特征，由此就产生了财务治理的理论和实践。财务治理是公司治理的核心内容，公司治理的目标在很大程度上取决于财务治理。财务治理是在公司制条件下，公司的利益相关者与经营者和公司在财务收支控制、财务剩余索取、财务监督、财务利益分配和财务人员配置等方面划分权限，从而形成相互制衡和协同的关系。财务治理也分为广义的财务治理和狭义的财务治理，广义的财务治理是指公司与所有利益相关者包括股东、债权人、员工、客户（包括供应和需求两方）、社会公众、政府之间的相互制衡与协同的财务关系，它表现为一组财务契约，通过财务契约，合理确定利益相关者在财务上的权、责、利关系的相互制衡和协调关系。通过出资人向公司投入资本形成了出资人与公司之间的股权关系；通过债权人向公司进行借款形成了债权人与公司之间的债权债务关系；通过公司雇佣员工，员工向公司提供劳动所形成了多劳多得、按劳付酬的劳动契约关系；通过经营业务过程中所形成的客户向公司供应商品或向公司需要商品形成的公司客户与公司之间的商品供求关系，由于在商品供求过程中必然要按量论价、按质论价，并发生资金往来，从而形成以价格为基础的交换关系和以结算为基础的信用关系；由于公司担当了环境保护、劳动就业、缴纳税金、社区服务等社会责任，而社会及其社会公众也必须为公司提供良好的经营环境，从而形成了社会及其社会公众与公司之间的社会责任关系，这些社会责任的履行都必然涉及由于资金转移而引起的财务关系；通过政府的各项与公司有关的经济政策的落实与执行，形成了政府与公司之间的缴纳税收、财政支持以及国家信用关系。如此等等，不难看出，公司与所有利益相关者之间都存在着相互制衡和相互协同的财务关系。狭义的财务治理主要是指以两权分离为基础而形成的出资者（所有者）与经营者和公司之间相互制衡和协同的财务关系，这种关系也是以契约的形式予以规定，其中最为主要的契约就是公司章程。由于本书主要是讨论两权分离的作用和问题，所以，这里讲到的财务治理主要是指狭义的财务治理，由于狭义的财务治理主要是指出资人（所有者）与经营者和公司之间的相互制衡和协同的财务关系，也称为出资者财务。实际上，在两权分离后，一方面经营权赋予了经营者，另一方面经营者又存在背德和逆向选择行为的可能性，所以，为了保证经营者在行使经营权的过程中不产生背德和逆向选择行为，出资者不能"一分了之"，至少，必须要确保经营者背德和逆向选择行为尽可能不发生、少发生，在此基础上，由于经营者获得了经营权，也要使经营者的决策不至于导致公司失败，并且要保证大多数决策都能相对较优，从而使公司可持续发展。只有这样，出资者的利益才能得到最终和充分的保证。所以，出资者财务有着两个基本的目标，之一是防止经营者背德和逆向选择行为的发生，这称为底线目标，之二是能够保证经营者所制定的决策使公司可持续发展。这两个方面的目标更多的是从出资人对经营者和公司的监控视角出发的，其中最核心的内容是财务监控。

出资者除了对经营者和公司的监控外，在两权分离的基础上，作为出资者也有自身独立的财务行为，最为基本的财务行为就是投资或称为投出资本。任何出资者要想成为公司的股东就必须要将自身的资本投入到公司之中，只有这样，才可能与公司及其公司的经营者之间发生财务关系。投资本身就属于财务行为，并且，一定是从出资者角度而产生的行为，只要是出资者就必然要进行投资，并通过投资与接收投资者之间形成股权关系。必须说明的是，出资者有的可能直接参与到公司内部治理，也就是用"手"表决，也有可能只是通过资本市场的证券买卖从外部对公司进行治理，也就是用"脚"表决，在财务治理上也具有这种内外治理的特征。出资者除了投出资本的独立财务行为外，还可以通过资本的流动调整自身投出资本的方向、规模和结构，出资者通过将自身投出的资本从一个产业转向另一个产业，从一个地区转移到另一个地区，从一个公司转移到另一个公司，从一个产品转移到另一个产品，从而实现投出资本方向的调整；出资者通过将自身投出的资本退出或者扩张从而实现投出资本规模的调整；出资者还可以通过减资或增资，通过收购兼并实现资本结构的调整。所有这些都具有出资者自身独立的财务行为特征。出资者财务在调整出资者与经营者和公司的财务关系中有着两种基本方面：一是通过以财务手段监控经营者和公司的行为协调相互之间的财务关系，二是通过出资者自身的财务行为调整相互之间的财务关系。

总之，不难看出，两权分离对整个社会和公司既带来了极大的有利作用也产生了一些负面的问题，只有解决这些负面的问题，才能使两权分离的作用发挥到最佳状态。要解决这些负面的问题就必须要对两权分离的公司制企业及其经营者形成制衡的关系，由此就产生了公司治理。在两权分离的条件下，公司治理的主要内容和方式是财务治理，而财务治理又分为广义财务治理和狭义财务治理，狭义财务治理是财务治理的基础和核心，狭义的财务治理就是站在出资者的角度如何协同出资者与经营者和公司的财务关系，协同这种财务关系也称为出资者财务。两权分离形成了出资者，而出资者为了行使自身的财务权力，协调自身与经营者和公司的财务关系就产生了出资者财务。

2.2 所有权与经营权的本质和形式

出资者财务与两权分离有着密切的关系，两权分离是出资者财务的形成基础。要准确地理解出资者财务就必须要深刻的把握所有权与经营权的本质和形式，特别是两者的边界。只有这样才能从出资者的角度划定好与经营者在财务权利上的边界，或者说认清所有权与经营权的本质和存在形式是界定出资者与经营者财务责任和权利的基础。

2.2.1 所有权与经营权的内涵和外延及其对所有者与经营者责任和权利的界定

企业经历了由独资和合伙的自然人企业向公司制企业的历史变迁，自然人企业的根本特征是所有权与经营权合一，从而形成了无限责任的企业制度；而公司制企业则是所有权与经营权分离，相应必然形成有限责任的企业制度。由于公司制企业实行所有权与经营权相分离，所有者行使所有权，经营者行使经营权，就产生了原来由所有者所拥有的所有权与经营权如何在所有者和经营者之间进行界定的根本问题，也就是所有权与经营权的内涵和外延到底是什么？如何界定两者的权力边界？搞清这两个问题是建立出资者财务的理论前提。从法律的视角看，所有权是对物的排他的、绝对的占有、使用、收益、处置的权利以及以这种权利为内容的一种制度。罗马法就指出所有权就是"对物完全的权利"（dominium），后来，进一步将所有权称之为"proprietas"，这就具备了"财产"的含义，也称之为财产所有权。所有者将财产投入到公司从而形成了对公司的财产所有权，而经营者受托经营这些财产就形成了财产经营权。由于所有权本质上是对财产归属的一种法定权力，它所要表达的是财产最终归谁所有。同时，财产的归属权也会通过一定的形式得以实现，包括对财产的占有权、使用权、收益权和处置权。

其中占有权是对财产在事实上或法律上的控制。财产所有者一般会占有自己的财产，这是所有权人行使所有权的具体表现，在大多数情况下占有权与所有权是一致的，但也可能发生分离。占有权一旦从所有权中分离出来，一般不能包括使用、收益和处置权，只是限于对财产实际控制的权利；使用权是不变更财产的所有权归属而依法运用财产的权利。也是所有权人行使所有权的具体表现，但也可能发生分离。转让使用权可以分为有偿转让和无偿转让，以及临时、长期或永久转让；收益权是分享财产所产生的果实和利益的权利，是所有权的一项重要权能。一般来说在所有权的四种权能中，收益权具有排他性，而其他三种权能不具有排他性，可以流动和交易。收益权一般属于财产所有者，但也可能由财产的非所有权人行使；处置权是指所有权人的财产依法进行转让和消费、赠与或出卖，使所有权转让或消灭的权利。处置权也可以基于法律规定和所有权人的意志与所有权分离，但这种分离并不导致所有权的消灭。在两权合一的条件下，所有者的这些所有权权利都是由自身行使的，伴随两权分离的出现，所有者对其投入公司的财产是否还有必要行使所有这些权利是所有权和经营权是否分离的前提条件，也是分离后能否确保所有者的利益充分实现的基础。

经营权是指经营者对投入公司的财产的占有、支配、使用、处置的权利和一定范围内收益的分配权。无论两权合一还是两权分离，经营权都是财产所有者拥有的权利，也可以在财产所有者的认可下分离出来。两权分离的公司制企业就是财产所有者将其所拥有的这些权利部分甚至全部委托给经营者行使，这大大提高了公司的运营效率。这里最为关键的是必须科学合理的界定公司出资者与经营者的责任和权利边界。不难看出，经营权是公司的所有者委托或者授予经营者的一种权利，是所有权得以存在的四种权能的一种分化状态。出资者与经营者之间形成一种委托代理关系。经营者在经营所有者投入的财产的过程中必须根据资本保值增值的目标，在所有者的监管下，按照赋予的权利开展经营活动。

2.2.2 出资者所有权与法人财产权的内涵与外延及其对出资者与经营者责任和权利的界定

公司制企业实行出资人制度，出资者将资本投入公司，经营者经营出资者投入公司的资本或其所转化而成的资产。出资者对公司的所有权与经营者对公司的经营权相分离，不仅如此，出资者所有权与法人财产权也产生分离。

出资者所有权与法人财产权，作为一对密不可分的产权形式，是社会生产发展到一定阶段的产物。当市场规模不断扩大，竞争强度不断增加，企业生产经营规模也不断扩大、经营范围多样化，加之企业的出资者逐渐社会化和大众化，所有者进行经营的专业化能力逐渐变得不太适应，而不得不寻找更加专业化的人士专事经营活动。所有者逐步从经营中退出，也不再完全直接控制自己所拥有的财产，这就必然要求所有权与经营权实行有效分离。在自然人企业的条件下，实行无限责任制度。出资者个人的财产就是企业的财产，一旦企业破产，出资者个人的财产就必须实行无限赔付；在公司制企业的条件下，社会广大的投资大众向公司出资，每个出资者只对自身投入企业的资本承担有限责任。这种企业制度较好地满足了出资者不再直管企业从而也无法承担无限责任的现实要求；同时，也使得经营者只能对出资者所投入公司的资本行使权力。这既保护了出资者的财产安全，也限制了经营者的权利行使。

一旦出资者只以投入企业的资本承担有限责任，就使得每个出资者本身的全部财产与投入到公司的财产形成了两个量，也使得公司的所有出资者本身的全部财产与投入到公司的总财产形成了两个量。正是这两个量的差异，使得公司的经营者不得以每个出资者的全部财产和所有出资者的全部财产对内对外承担责任和行使权利。另外，公司的财产与所有出资者的总财产以及每个出资者的总财产是完全不同的量。从承担财产责任和享有财产权利的视角出发，公司不再可能以单个出资者和全体出资者（通常是自然人）的身份对外承担责任和行使权利。公司只能以出资者投入企业的财产承担责任和行使权利，由于公司本身不具备自然人特征，但又必须承担责任或行使权利，就必须在法律上规定公司具有人格特征，能够以公司的财产为基础行使权利和承担责任，这样就形成了公司法人。既然公司法人能够对公司的财产行使权利和承担责任，自然就产生了法人财产权。法人财产权意味着公司作为法人对自身财产所拥有的独立支配的权利。法人财产权是公司法人制度的产物。它是就整个公司而言,绝不是指公司中的某一组成部分,不能把法人财产权理解为公司股东财产权、董事会财产权、法定代表人财产权或经理财产权等。法人财产权制度的形成使得任何一个出资者不再为企业破产承担无限责任,这既保护了他们投资公司的积极性,也为他们自身生活的稳定性从而整个社会的稳定性创造了条件。

出资者所有权与法人财产权有着密切的联系,但又存在明显的差别。两者的联系是法人财产权是以出资者投入公司的财产为基础而形成的。出资者所有权是法人财产权的基础,并最终受制于出资者所有权。尽管法律上赋予法人自主经营、独立核算、自负盈亏,并依法承担民事和商事法律责任,但是就出资者与接受投入财产的公司而言,出资者享有对公司的最终权利。当然也承担公司的最后责任;尽管公司在经营活动中享有对法人财产的占有、使用、收益和处置的权利,但是,这些权利的运用都必须按照公司法和公司章程的约定进行行使,特别是事关出资者权益变动和可能直接面临财产风险的重大决策、收益分配决策以及经营者的选择和对公司的监管等都属于出资者的基本权利、离开了这些权利出资者就不可能向公司投入财产,法人财产权就失去了存在的可能。两者也存在明显的边界,正是这种边界的存在使得他们成为了两种不同的权利,主要表现在以下方面:(1)两种权利的依托基础不同。出资者所有权是依托出资者自身的财产而形成的,出资者如果没有自身的财产就不可能享有出资权。法人财产权是依托公司的财产而形成的,而公司的财产则是依托出资者投入的财产形成的。虽然没有出资者投入的财产就不可能有公司的财产,但是一旦出资者将财产投入公司就不能随意退出;同时,公司实行有限责任制度,其财产从对外承担责任的视角具有特指性和完整性,从而成为法人的特定财产。既然法人依其财产对外承担责任,当然也必须享有相应的权利。(2)两种权利的行权主体不同。出资者所有权的行权主体就是出资者本身,而法人财产权的行权主体是法人。既然行权主体不同,不同的行权主体就应该享有不同的权利,并且两个行权主体所行使的不同权利之间应该存在相互的衔接关系和制约关系。实际上,在法人企业中,按照公司治理的要求至少存在以下行权主体,包括股东大会、监事会、董事会和经理办公会,他们在行使权利时既存在权利分工又存在权利制约。(3)两种权利的行权方式不同。出资者所有权的行权方式是按照各自的出资比例享有表决权;同时,也按照出资比例承担破产责任；法人财产权的行权方式是以法人财产权为基础，通过董事会和总经理班子的经营决策会议并按照一人一票的方式行使权利；同时，相应董事会和总经理班子的成员也要对决策的失误承担责任。（4）两种权利的行权内容不同。出资者作为一个整体享有公司法和公司章程所确定的基本权利，主要是事关所有者权益变动的决策事项和有可能导致出资者遭受直接的财产风险的重大决策事项，重要的人事任免事项等；在法人存续期间公司对其法人财产享有公司法和公司章程赋予的占有权、使用权、收益权和处置权，出资者不得抽回所出的资本，除按有关规定行使出资者权利外不得直接占有、使用、处置企业的资产。

从上面的论述可以看出，就一个具体的公司制企业而言，两权分离是在两个层面展开的：一是所有权与经营权相分离，从而公司的经营者获得了经营权。没有所有者授予经营者的经营权，经营者行使经营权就无从谈起；二是出资者所有权与法人财产权相分离，从而公司获得了法人财产权。公司的法人财产权是公司的经营者行使经营权的基础，没有公司法人财产权，经营者要行使经营权就变成了无米之炊。只有赋予公司法人财产权，公司才可以对出资人投入的财产依法行使占有、使用、收益和处置的权利。正是凭借公司的这一权利，作为公司法定代表人的经营者抑或经营者团队才具备了行使经营权的基础，或者说尽管公司拥有了法人财产权，但公司作为法人并不能直接行权，而是必须依托公司的经营者才能行使这一权利，这就是两者的内在关系。但不可否认的是，经营者的经营权和公司的法人财产权最终都是从所有者的权利中分离出来的，并且离开了出资者投入企业的财产，经营权和法人财产权便都失去了行使权利的对象和基础。问题更在于，任何所有者抑或出资者都不可能将所有权利赋予经营者或者公司法人，所以，在两权分离后，所需要解决的基本问题仍然是两者之间的责任、权利如何界定以及如何匹配。

在这里有必要进一步澄清所有权与产权的关系。在改革开放初期，经济学界也提出了法律意义上的所有权和经济意义上的所有权的概念，后者与前者之间存在密切的关系。所谓法律意义上的财产所有权，就是指民法意义上的财产所有权，它具有绝对的排他性，表现在任何一个物只能有一个所有权存在，而不是相反，这显然是讲财产的所有权归属（原始所有权或最终归属权）；经济意义上的所有权一般就是指产权，而产权不仅包括原始所有权，而且还包括法人财产权（法人所有权），这就使得投入法人的财产有了两个所有权，即出资者所有权或原始所有权，受资公司的所有权即法人所有权。产权以所有权为核心，所有权的性质决定产权性质，以至决定产权是否存在，但他们之间仍然存在明显的差异。所有权是由法律赋予所有者的绝对独占权，所有者可以自由行使对其财产的各种权利；产权是不同所有权主体在交易中形成的权利关系，是相对权利。它不是由法律赋予，而是由契约及其他方式规范的权利关系，它对参与特定交易活动的经济主体的行为进行约束。所有权包括占有、使用、收益、处置的权能。所有权的各项权能是完整的，称为"完全物权"；产权是一组权利，在交易中产权可以对四种权能进行分解，产权分解后所有者对所有权的行使就受到了一定的限制。在产权所分解的四种权能中，所有者的收益权具有排他性，占有权、使用权和处置权不具排他性，可以流动交易。正是现代公司制企业实现了所有权与法人财产权（法人产权）和经营权的分离，从而使产权能够进入市场进行交易。总而言之，经营权、法人产权（法人财产权）的存在使得所有权中的四种权能必须也能够被分解。所以，界定所有权与经营权的责任和权利边界必须以此为基础，进而在确定出资者的财务责任和权利时也必须以此为基础。

2.2.3 国家所有权与私人所有权的性质及其对出资者与经营者责任和权利的界定

从终极出资者的角度看，只有国家和私人。当国家和私人的财产投入到公司中，就形成了国家对公司的所有权和私人对公司的所有权。国家和私人投入到公司的财产还可以被接受财产的公司进一步投入到其他公司中，尽管投出财产的公司对接受财产的公司形成了出资关系，但它不是终极出资者，而只是中间出资者。终极出资者的所有权性质对出资者和经营者责任与权利的界定有着直接的影响。国家所有权是指国家行权主体依法对国有财产享有的占有、使用、收益和处置的权利；私人所有权则是自然人或者自然人集合依法对其自身的合法财产享有的占有、使用、收益和处置的权利。由于两种所有权的行权主体的性质不同，使得经营者担当的责任与权利存在明显的差异。

终极出资人包括国家和私人所有者。国家作为所有者是一个抽象的主体，并不能直接行权，这就产生了委托国家权力机关行使所有权的必要；而私人所有者作为自然人或其集合也可能由于专业能力难以胜任而无法行权，也必须要委托专业化的主体行使权力。两者的不同是国家作为所有者其所有权也必须委托国家权力机关行使，而私人所有者至少可以行使原始的和最终的所有权权力。尽管如此，无论国家所有者还是私人所有者一般都将经营权交由专业的经营者行使，两者也存在一定的差异。国家所有者本身不可能经营自身的财产，必须要交由专业化的经营者经营，两权分离在所必然；而私人所有者本身可以行使经营者的权力，只有当自身的能力难以驾驭整个企业经营的时候，两权分离才成为必要。另外，私人所有者最早是将生产经营权交由经营者进行经营，而投出资本、监管资本的运用和进行资本结构调整主要是由自身进行，这通常称为资本经营。后来进一步专业化而从私人所有者手中分离出来。而国家所有者自始至终都是通过授权进行这些资本经营的行为，也就形成了国有资本授权经营的概念和运作模式。有关这些内容在后面还将进一步说明。

除了国家所有权主体和私人所有权主体的上述性质外，更为重要的特性是国家所有权表明国有财产为国家所有或者全体人民所有，国家所有权的行权主体是国家权力机关。一方面国家机关受全体人民的委托行使国家权力，自然作为国家所有权的行权主体的国家机关必须要代表全体人民的利益；另一方面国家机关行使国家权力必须确保整个国家有序和协同运转，从经济的角度讲就是要保证宏观经济的可持续发展。国家行政机关通过采用各种宏观调控的手段，确保经济的安全、稳定和可持续发展，国家行政机关作为国家所有权的行权主体当然可以通过对拥有所有权的企业的行为的调控，满足经济的宏观调控的要求。与此不同，私人所有权表明私有财产为特定的自然人和自然人集合所有，私人所有权的行权主体是自然人或自然人集合。首先，他们具有私利性属性。任何单个的自然人或自然人集合对公司进行出资是为了谋求私人利益，而不是直接谋求全体人民的利益；其次，他们具有微观属性。任何单个的自然人或自然人集合既不可能也不会从整个国家的宏观整体出发行使权利。在他们作为出资者向公司出资时，也必然只是从微观的或者更直接的说是出资项目或公司的获利性角度进行行权。正是国家所有权及其行权主体与私人所有权及其行权主体所存在的这种差异，导致国有企业（独资和控股企业）的经营者比之于其他所有制性质的企业的经营者所承担的经营责任也存在不同。主要表现在国有企业的经营者常常要承担国家责任包括保证国家经济安全、维护国家宏观经济运行秩序、确保国家宏观经济持续稳定发展等；同时也要承担更多的社会责任，包括环境保护、社会就业、社会资助、公共福利等诸多方面。正是由于这些国家责任和社会责任的要求，一方面国家所有者在确定投资方向、投资规模、投资结构时与私人所有者会存在明显的不同，另一方面对已投资的国有企业经营者的授权与其他非国有企业的授权会存在显著不同，与此相对应，对经营者的监督、考核、评价上也会存在不同的要求。这些由所有权的性质所引起的国有企业不同于非国有企业的种种差异，决定了以国家所有权为基础所形成的两权分离的公司制企业的国家所有者与经营者的责任和权利的界定必然存在差异。只有科学合理地界定这种责任和权利的边界，才能使国有企业及其经营者发挥其他非国有企业及其经营者不同的作用。其中科学合理地界定国家所有者与经营者的责任和权利的主要内容之一就是财务责任和权利。

2.2.4 资本经营权与资产经营权的内涵和外延及其对出资者与经营者责任和权利的界定

如上所述，经营权本身是财产所有者拥有的权利，但也可以在财产所有者的认可下分离出来。两权分离的公司制企业就是财产所有者将其所拥有的这些权利部分甚至全部委托给经营者行使。经营者行使经营权是以所有者将其财产投入公司并对所有者投入的财产可以行使部分占有、使用、处置和收益的权利为前提的。总体上说，就世界各国的理论和实践看，所有者并没有将所有的财产占有、使用、处置和收益的权利受托给经营者行使。即使在美国等发达国家，公司制企业出现内部人控制的条件下，所有者也没有完全把这些权利受托给经营者，大多数情况下，所有者享有基本的收益权。为了保证经营者的行为与所有者的目标达成一致，公司制企业必须通过公司章程明确规定所有者抑或出资者在投入公司财产的占有、使用、处置和收益的权利，而经营者只能根据所有者的授权在这四个方面行使权利。尽管如此，也必须看到，一旦经营者获得了这四个方面的授权就必须要运用这些授权展开经营活动，经营者用这些授权所展开的经营活动是经营者所享有的基本权利，这正是两权分离的公司制企业的经营权的表现形式。如果经营者无法利用这些授权独立和完整地进行经营活动，两权分离就可能是一纸空文，经营者的经营权就无法落地。如出资者授权经营者行使这些产权权利，但却在采购原材料时必须得到出资者的批准，经营者所进行的采购行为就会受到掣肘。相应的问题是，由于出资者干预了公司的日常经营活动就必然使得出资者和经营者的权责界定被打乱，从而导致两权分离无法实现应有的目的和效率。所以，经营者必须在获得出资者财产的占有、使用、处置和收益的授权的条件下，能够独立进行自身的经营活动。

两权分离经历了一个历史发展过程。所有者最早将资产经营权委托给经营者，后又进一步将资本经营权委托给经营者，前者称为授权资产经营，后者称为授权资本经营。资产经营实际上就是经营者运用所有者投入公司的财产进行生产经营活动；而资本经营则是经营者运用所有者投入公司的财产进行资本运作，包括投融资活动和收购兼并行为等，资本运作与生产经营活动最大差异是前者不涉及产品的购进、生产、储存和销售等活动，只是进行资本的筹措、投放等与资本运动有关的行为。进行资产经营的主体就是从事生产经营的公司，而进行资本经营的主体则包括投资公司、资产管理公司、基金管理公司、财务公司、证券公司，以及不从事生产经营活动的大型集团的母公司等。不难发现，如果说所有权与资产经营权分离，那么，从事资产经营的公司的经营者主要享有生产经营权。而所有权与资本经营权相分离，则从事资本经营公司的经营者主要享有资本运作权，资本运作权的主要内容都与财务责任和权利密切相关。事实上，两权分离的历史过程无不表明所有者最早受托经营者的只是生产经营权，而资本运作的权利仍然由自身享有。随着社会经济的发展，特别是资本市场的不断健全和成熟，资本运作越来越复杂，专业化程度要求越来越高，所有者自身也很难担当此任，而不得不将资本运作也交由专业化的经营者进行，从而形成了所有权与资本经营权的分离。资本经营权从所有者手中分离出来，使得财产所有权中的财产占有、使用、收益和处置的权能进一步被受托给专门进行资本运作的经营者，而这部分受托的权能主要与财权密切相关。所有者通过这两次两权分离本身所拥有的权利越来越减少。尽管如此，所有者必然会在资本经营者之间进行责任和权利的界定，而后则通过资本经营者在资产经营者之间进行责任和权利的界定。他们之间的简单关系链条是所有者、资本经营者而后是资产经营者。由于所有者与资本经营者之间的责任和权利界定主要与财务有关，所以，作为出资者的所有者必然涉及出资者财务的问题；而资本经营者与资产经营者之间的责任和权利界定也涉及财务方面，作为出资者的资本经营者也必然关心出资者财务的问题。

当资产经营者和资本经营者基于所有者的授权独立进行生产经营和资本

运作时，一方面，生产经营或资本运作属于经营者的权力范围，所有者或者出资者不得进行干预；另一方面，资产经营者和资本经营者也必然要根据经营需要开展财务活动进行财务管理，他们具有自身独立的财务活动和财务管理行为，可以称为经营者财务。即便是在经营者独立进行生产经营或资本运作活动时，所有者或者出资者仍然会与经营者发生财务关系，主要表现在四个方面：一是所有者或者出资者必然要对经营者确定预算目标；二是经营者进行生产经营或资本运作、执行预算的结果必须通过财务报告予以披露，为此，所有者或出资者必然要确定相应的财务会计制度，从而形成出资者的会计；三是所有者或出资者必须要对经营者预算完成的情况和财务报告的真实性进行监督，从而形成出资者监督或称所有权监督；四是所有者或出资者必然要对经营者完成其责任目标的情况进行考核、评价并据以进行收益分配，这当然与财务密切相关，属于出资者财务的范畴。

总之，通过对所有权与经营权的本质的分析，以及对所有权和经营权的各种存在形式的分析不难发现，所有者以及由此形成的出资者系列必然要与经营者以及由此而形成的经营者系列之间进行责任和权利的界定，在所界定的责任和权利的内容中，财务责任和权利是其最为重要的组成部分，它是出资者财务的形成基础。至少在两个方面都与出资者财务有关：其一，所有者投入公司的财产的占有、使用、收益和处置权必须在所有者和经营者之间进行界定，而这四个方面无不与财务关系密切；其二，经营者通过自身的经营活动，履行所有者或出资人所赋予的经营责任时，也会涉及所有者抑或出资者与经营者的财务关系，为此也必须要在两者之间界定相应的财务责任和权利。

2.3　出资者系列和经营者系列

2.3.1　两权五层次分离与出资者系列和经营者系列

所有权与经营权的两权分离是一个整体的概念，伴随着经济社会的发展，所有权与经营权分离的内涵不断深化，外延不断扩展。时至今日，两权分离进一步拓展至两权五层次分离，相应形成了出资者系列与经营者系列，正是这种分离以及所形成的两个系列，使得所有者与经营者的委托受托关系也相应发生变化。

公司制企业与自然人企业的最大区别是两权分离。伴随公司制企业由有限责任公司向股份公司、股份公司向上市公司的历史演变，公司的规模不断扩大，公司的层级不断增加，两权分离的层次相应不断增加；同时，随着社会分工和企业内部分工体系的进一步细化和深化，所有者的职能也进一步专家化、专业化、中介化，为所有者提供各种专业化和专家化职能的公司也纷纷产生。正是在这样的大背景下，两权分离经历了一个历史的变迁过程。早期的所有权与经营权的分离仅仅只是指终极所有者（主要是自然人、有时也有政府）所拥有的所有权与生产经营者所拥有的经营权之间的分离，它们之间所形成的委托受托责任是指受托生产经营责任。随着市场范围的不断扩大，市场要素的不断增多和市场需求的不断变动，市场风险急剧上升。一方面，从事生产经营的公司所面临的商品市场风险不断增加，所有者的投资有可能面临失败的风险；另一方面，资本市场不断健全和完善，所有者更多地通过资本市场进行投资，由于资本市场比之于商品市场的风险更大，所有者通过资本市场进行投资的风险加剧。所有者的投资必然面临资本市场和商品市场的双重风险。为了尽可能地降低这种风险，一是要聘用专业化和专家化的人才和人才队伍进行专门的投资运营，以提高投资效率，二是要尽可能地发现和避免投资风险，包括控制专门的投资运营主体的投资风险和监管投资运营主体违背所有者意愿所形成的风险。正是基于这样的需要，两权分离就进一步拓展为两权五层次分离的形式，如图2-1所示。

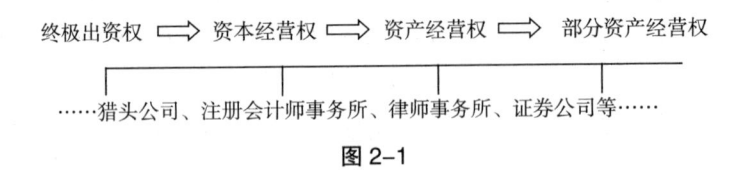

终极出资权 ⇨ 资本经营权 ⇨ 资产经营权 ⇨ 部分资产经营权

……猎头公司、注册会计师事务所、律师事务所、证券公司等……

图 2-1

按照历史的发展轨迹，最早出现的两权分离也可以称为第一层次的分离，就是终极所有者通过投资所形成的出资权与资产经营权的分离。终极所有者以其投入公司财产的所有权为基础，获得公司的股权，终极所有者成为了公司的出资者或者股东；而经营者则享有了对终极所有者投入公司财产的经营权，经营者通过开展生产经营活动履行所有者受托的经营责任，也称为资产经营活动。之所以将这一分离称为第一层次分离，不仅在于它是两权分离在时间上最早出现的分离形态，而且也在于当自然人企业向公司制企业转换时，自然人企业的终极所有者用自己的钱进行经营活动，没有出现对外投资，也就不会产生对外投资活动的授权经营问题。这时对终极所有者而言，自身直接从事生产经营活动越来越力不从心，必须委托专业化专家化的经营者从事生产经营活动，受托经营就成为了历史的必然。

一旦终极所有者受托经营者从事生产经营活动，就必然产生终极所有者自身所拥有的全部财产与经营者能够经营的财产的分离。在自然人企业，终极所有者自身的财产也就是企业的全部财产，终极所有者必须承担无限责任。在两权分离的公司制企业形成后，经营者不再是终极所有者，他不可能以终极所有者全部财产的名义从事生产经营活动，而只能以终极所有者投入公司的财产进行生产经营活动。由此就产生了终极所有者的全部财产与投入公司用来经营的财产的分离。这种分离在数量上表现为，全体终极所有者的全部财产与公司用来经营的全部财产的不同，以及每个终极所有者的全部财产与其投入公司用来经营的财产的不同。正是这种差异，公司（或者经营者）不可以以终极所有者全部财产对外行权，而只能用投入公司的财产对外行权。原本这些财产都属于终极所有者，终极所有者拥有所有权，但终极所有者将这些财产投入公司后，公司（或者经营者）必须用其进行生产经营活动（尤其是在对外开展生产经营活动），相应就必然要实际地占有、使用、处置和分配这些财产。由于公司（或者经营者）并不是这些财产的终极所有者，却要实际地占有、使用、处置和分配这些财产，就必须赋予他相应的财产权，由此就产生了法人财产权的必要。法人财产权是相对于终极所有者的自然人财产权而言的，公司的成立使得自然人的财产权与公司的财产权在数量上出现了差异。公司不是自然人，终极地说不享有最终财产权。但是为了保证公司能够有效地开展生产经营活动，又必须要享有财产权，这样就需要在法律上假定公司具有如同自然人的财产权利，从而形成了法人财产权。所以，两权分离不仅使得生产经营者享有了经营权，同时也使得经营者作为公司的法定代表人享有了法人财产权，终极所有者的所有权与法人财产权发生了分离。

公司制企业的产生使得终极所有者对公司形成了投资行为，站在所有者的视角就是一种对外投资，这与自然人企业完全不同。在公司制企业的演变过程中，早期终极所有者将财产直接投入公司，直接持有公司的股份而成为公司的股东,持股往往具有长期性;随着公司经营业绩的趋坏,作为公司的股东就想把公司的股权卖掉,当某一公司的业绩趋好时,又想通过购买该公司的股权而成为其股东,股东便开始有了股权流动的要求。股权的流动意味着作为终极所有者的股东必须对公司未来发展的趋势做出比较准确的判断,否则会给股东带来不应有的损失,而这种判断必须拥有基本的专业能力。为了提高股权的流动性,出现了上市公司以及由此而产生的证券市场。在证券市场任何,投资人都可以不直接对企业进行投资,而是通过证券市场的证券买卖对企业间接投资。证券市场一旦形成就产生了某一公司的股票的供求关系,并通过这种供求关系影响该股票的市场价格。尽管长期地看,公司的股票价格是由公司的价值所决定,但短期看股票的价格仍然会处在由供求关系所引起的价格波动中。这就使作为终极所有者的股东在进行股票投资时,不仅要获得对所投资企业进行专业判断的能力,也必须获得对证券市场进行专业判断的能力。随着经济社会的发展,公司的规模越来越大,经营的结构日趋复杂,面对的市场需求变化多端。同时,证券市场越来越趋于全球化,其影响因素也越来越多,证券市场变化的规律性也很难把握。所有这些都要求在证券市场进行投资的主体必须有足够的专业能力,而这种专业能力是任何一个单个的自然人都可能难以胜任的。所以,在证券市场上以至整个投资领域都必须形成高度专业化、组织化的投资主体。这一投资主体经历了一个由自然人主体向民间投资协会、再由民间投资协会向公司法人、最后由公司法人向机构法人变迁的过程。这一过程不仅体现了投资主体的专业化和专家化,更是表现出了投资主体的高度组织化。由于作为终极所有者的自然人难以胜任投资行为,而是委托专业的投资主体进行投资,自然就形成了终极出资权与资本经营权的分离。终极所有者将投资权也受托资本经营者,资本经营者受托进行投资的责任以及由这一责任所引起的其他受托责任。从事资本经营的主体最终都以公司的形式出现,终极所有者将投资权受托资本经营者,同时也必须将其所拥有的投入公司的财产委托经营者经营,经营者实际地占有、使用、处置和分配这些财产,也就使公司(或经营者)也享有了法人财产权,任何一个公司的经营者都必须以法人财产权为基础才能行使经营权。这样,两权分离就进一步拓展为终极出资权与资本经营权相分离,终极出资权与资产经营权相分离,以及伴随这两个分离而形成的终极出资权与法人财产权相分离,受托资本经营和资产经营的公司(或经营者)都以公司的形式对终极所有者受托经营的财产享有法人财产权。

由于终极出资权与资本经营权相分离后，资本经营权主体受托进行投资，必须进一步将终极所有者投入公司的财产再投入到从事生产经营活动的公司，也就是受托资产经营者进行经营，由此就产生了以资本经营权为基础的法人所有权与资产经营权的分离，这一分离是以终极出资权与资产经营权相分离为前提的。只有当终极所有者愿意将经营权受托给资产经营者时，资本经营权主体才具有了向资产经营权主体进行授权的可能性。当资本经营权主体将终极所有者投入的财产再转投给资产经营权主体时，对这一财产的实际占有、使用、处置和分配的权利也就受托给资产经营权主体，资产经营权主体也相应地拥有法人财产权。资本经营权主体受托进行专业化投资，终极所有者必然要根据自身的投资风险偏好选择资本经营权主体，资本经营权主体也会根据自身所承担的投资责任选择从事生产经营的主体，并进行有效的风险组合，以最终实现终极所有者的投资风险偏好。

资产经营权主体也就是从事生产经营活动的公司可以在其下设立分公司。分公司不是独立法人，但是分公司确实拥有某一特定方面的经营权利，如销售分公司拥有销售经营权。为了保证这种经营权的实现，分公司也必须要匹配相应的必不可少的资产。但由于分公司不是独立的法人，分公司不可能对这些资产享有法人财产权，但它却实际地占有、使用这些资产并以此为基础开展经营活动，分公司只是拥有经营权。在这种情况下，意味着资产经营主体的法人所有权与分公司的部分资产经营权出现了某种程度的分离，分公司必须要对投入的资产的安全负责，并通过资产的经营实现收益目标。

通过上述分析可以从逻辑上发现，两权分离演进到今天形成了五层次分离：第一个层次是终极出资权与法人财产权的分离，只有赋予经营者法人财产权，资本经营者和资产经营者履行经营责任才具备了前提条件；第二个层次是终极出资权与资本经营权的分离，资本经营者获得了以法人财产权为基础的投资经营权；第三个层次是终极出资权与资产经营权的分离，资产经营者获得了以法人财产权为基础的生产经营权；第四个层次是终极所有者通过资本经营者将资本投给资产经营者时，产生了基于资本经营的法人财产权与资产经营权的分离，通过这种分离形成了投资公司与接受投资的公司或者母子公司的体系；第五个层次是基于资产经营的法人财产权与部分资产经营权的分离，通过这种分离形成了总分公司体系。

通过两权五层次分离形成了出资者系列和经营者系列。国家和自然人作为终极出资者享有了法律意义上的所有权，而资本经营权主体和资产经营权主体作为中间出资人享有法人所有权也即经济意义上的所有权，终极出资者和中间出资者形成出资者（这里的出资者是指拥有所有权的出资者，不包括债权人）系列；这五个层次的分离也形成了经营者系列，包括从事资本经营的经营者享有资本经营权，从事资产经营的经营者享有资产经营权，从事部分资本或资产经营的分公司享有部分资本经营权或资产经营权，他们形成经营者系列。上述关系如图2-2所示：站在出资者的角度对各层的经营者而言形成经营者授权经营系列；站在出资者自身的立场，在授权经营的条件下必须要对经营者进行监管，出资者监管除了终极出资者的监管外，其他各层的监管也要通过授权进行，形成出资者授权监管系列。

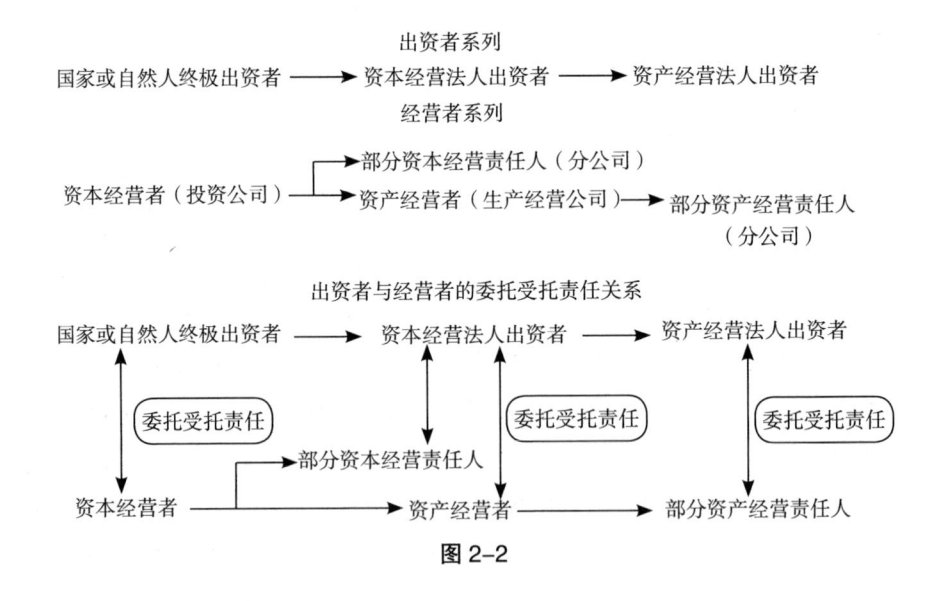

出资者系列
国家或自然人终极出资者 ⟶ 资本经营法人出资者 ⟶ 资产经营法人出资者

经营者系列
资本经营者（投资公司）⟶ 部分资本经营责任人（分公司）
　　　　　　　　　　　⟶ 资产经营者（生产经营公司）⟶ 部分资产经营责任人（分公司）

出资者与经营者的委托受托责任关系
国家或自然人终极出资者 ⟶ 资本经营法人出资者 ⟶ 资产经营法人出资者
　　↕委托受托责任　　　　　　↕委托受托责任　　　　　　↕委托受托责任
　　　　　　　　　　⟶ 部分资本经营责任人
资本经营者　　　　　⟶ 资产经营者　　　　　⟶ 部分资产经营责任人

图2-2

尽管在实际的出资过程中，某公司的出资者可能包括国家或自然人终极出资者、资本经营法人出资者和资产经营法人出资者，并不完全遵从上述出资者的出资顺序关系。但是，从理论上进行这种抽象是必要的。更为重要的是无论某公司的出资人是终极出资人还是中间出资人，如果这个公司从事资本经营就应该享有资本经营的基本权利，如果从事资产经营就应该享有资产经营的基本权利。而分公司所享有的部分资本或资产经营权的大小则由独立的公司法人自行决定，每个公司都会存在一定的差异。从法律上讲，无论是资本经营公司的分公司还是资产经营公司的分公司都不是独立法人，它与独立法人之间不存在出资关系，也就导致分公司的责任人并非是完整意义上的经营者。尽管如此，分公司的设立与公司内部的一般部门还是存在明显的差异。相对而言，分公司存在相对独立的资本经营或生产经营活动，也必然会占用公司的一部分资产，并与出资的公司之间存在委托受托责任关系，所以有必要将其纳入经营者系列。

2.3.2 出资者和经营者的专家化、组织化、专业化、市场化和规范化

如上所述，出资者系列和经营者系列的形成经历了历史的变迁，并基本遵循专家化、组织化、专业化、市场化和规范化的路径进行演变。

出资者和经营者的专家化。正如我们在论述两权分离的公司制企业之所以产生，是由于在两权合一的自然人企业的所有者的经营能力不具备专家化特征，导致经营效率下降。通过两权分离，一方面所有者拥有最终的所有权，另一方面委托专家化的经营者进行经营，这必然大大提高资本回报率。所有者通过授权而实现专家化，最初是在生产经营活动领域发生的。主要在于早期的自然人企业所有者又是经营者，主要从事生产经营活动，所有者通过直接设立企业将自己的财产投入其中并从事生产经营活动。随着商品市场的不断发展，交易的广度和深度不断提高，使得生产经营日趋复杂，而所有者自身的经营能力很难担当，而不得不授权专家从事生产经营活动。随着资本市场的建立和完善，所有者主要通过资本市场将自己的资本投入到公司中去。由于资本市场的易变性和运行结构的复杂性，使得所有者的投资行为也日趋复杂，所有者自身难以胜任投资行为而不得不委托专家专门从事投资活动。经过这两次专家化就形成了专门从事资产经营和资本经营的主体。从事资产经营和资本经营的主体还可以进一步将其部分经营权委托给更专业化的分公司责任人进行经营，如专门从事销售的分公司的负责人就是在销售领域的专家。由此不难看出，不仅所有者的生产经营行为实现了专家化，而且所有者的投资行为也实现了专家化。

出资者和经营者的组织化。两权分离不仅意味着所有者的许多职能由专家行使，并且这种专家不是单一个人而是一个有效协同的组织群体。正是通过

这种组织化使得专家化的行权能力得以有效保障，出资者抑或所有者才愿意实行两权分离，并使所有者和经营者的委托受托契约关系能够长期持久地延续。由于所有者主要将资本经营权（主要是投资和监管投资的运用权利）和资产经营权委托经营者经营，所谓出资者和经营者的组织化也是围绕这两个方面展开的。就资本经营权主体的组织化而言经历了一个由自然人、民间投资协会、公司法人到机构法人的历史演变。自然人作为投资者也是终极所有者最大的问题而并非是投资专家，所以当他们的投资陷于失败或亏损时，自然人就有可能通过民间协议委托具有投资专家能力的人进行投资，这样就形成了民间投资协会。民间投资协会的专家化程度得以提高，但是仍然存在以下问题：（1）专家选择的范围十分狭小，主要是自然人周边熟悉和认可的专家；（2）自然人与民间投资专家的协议的规范化程度较低，常常容易引起纠纷；（3）民间投资协会的组织化程度较低，它通常主要包括自然人出资者的理事机构、一些投资专家以及相应的会计人员，没有健全的内部治理结构以及与投资业务相关的业务运营机构。公司法人作为投资者主要是从事生产经营的公司同时也进行投资业务，在公司内部会设立一些与投资业务有关的部门如投资部、证券部等部门。公司法人具有非常完善的内部治理结构，同时，由于围绕投资业务建立了相关的业务运营机构，其业务的组织化程度也相对较高。存在的根本问题是公司法人的内部治理结构并不是基于资本经营或者投资业务的需要而构造的，公司内部的专家化和专业化更偏重于生产经营活动，而资本经营活动的专家化程度必须进一步提高。当资本经营主体由机构法人担当时就成为了专营主体，机构法人包括投资公司、财务公司、基金公司、证券公司、资产管理公司等，其基本业务就是筹资、投资、监管以及资本运营业务。机构法人的组织设立是完全按照资本经营的要求进行的，这不仅表现在公司的内部治理结构上，强调确保投资决策的正确性和防范投资风险的发生，而且也表现在公司的内设业务部门也是按照资本经营的业务结构所设立，并在内部按照业务结构实现专家化和专业化。就资产经营主体的组织化而言，由于每一个资产经营公司的经营业务的规模和结构极不相同，所以每一个公司会随着自身业务规模的扩大和业务结构的改变而调整公司的业务组织结构。尽管如此，只要是公司就必须要有相应的内部治理结构，内部治理结构通常由股东大会、董事会、监事会和经理办公会构成。从事资本经营的机构法人也具有类似的治理结构特征，只是在这种治理结构所需要的专家能力特征具有较大的差异。同时，股东大会、董事会、监事会和经理办公会之间的委托受托责任的内容和形式也不尽相同。如机构法人的董事会主要进行对外投资决策，而公司法人的董事会主要进行基于生产经营需要的投资决策。

出资者和经营者的专业化。从社会生产发展的历史进程看，经历了一个分工协作的演变过程。分工是协作的基础，分工只有通过协作才能充分实现其效益。分工的最大好处就是使得被分工的每一个行业或领域都能实现高度的专业化。如果说专家化是所有者通过寻找优秀的专业人士进行授权，那么，专业化则是在整个社会中通过社会分工为所有者提供专家化的基本条件。只有整个社会有了专业分工，专家化才有了存在的基础。随着市场经济的不断发展和完善。在市场中形成了各种各样的专业化分工和专业化领域。其中，适应两权分离的需要也产生了各种各样的专门的行业和领域。在以商品市场为主体的社会经济中，所形成的最主要的服务于所有者需要的行业是职业经理人行业；在资本市场出现后，所形成的服务于所有者需要的行业是投行业；当所有者将自身的资本投入到从事生产经营的公司后，为了确保所有者的财产安全和利益的取得，所有者必然要对经营者进行监督，为此就形成了服务于所有权监督的审计行业；为了满足所有者寻找优秀经营者的需要产生了猎头行业；为了满足所有者将资本通过资本市场投入到相关公司的需要产生了咨询业；为了满足所有者规范委托受托责任关系的需要产生了律师行业，如此等等。所有这些行业的产生都无不与所有权与经营权相分离的不断深化和延展相联系，正是通过这种紧紧围绕两权分离的专业化才使得两权分离成为现实。一方面为所有者提供了所需的专家体系；另一方面行业专家也需要去寻找合适的所有者。

出资者和经营者行为的市场化。早期的以生产经营为基础的两权分离是商品市场交易的规模、交易的频度和交易的复杂性所致。伴随着市场的这种状况，公司的规模扩大、公司的经营结构复杂，所有者自身很难胜任经营职责，而不得不寻找职业经理人进行经营。两权分离的进一步发展与资本市场的关系密切。随着资本市场的出现，所有者主要通过股票投资持有公司的股份，并在资本市场上进行股票买卖，而公司也相应发展成为公众公司。如果说早期的两权分离的公司制企业主要是所有者与从事生产经营的经营者之间产生两权分离，那么这时的两权分离所要解决的最关键的问题是经营者是否履行了受托责任。相应的财务报表也是为了报告受托责任的履行情况，所有者利用财务报表也是为了考核经营者是否实现了其保值增值的目标。当上市公司出现后，作为公众公司通过资本市场向整个社会募集资金，而出资者通过资本市场购买股票，对发行股票企业形成股权关系，由此就出现了通过资本市场产生两权分离的形式。在这种形式下，由于出资者主要通过资本市场进行股票的买卖并对购买股票的公司进行管控。所以，上市公司所提供的财务报表不仅要报告受托责任的履行情况，更需要有助于出资者进行股票买卖的决策抑或投资决策，财务报表的目的就拓展为决策有用。与此同时，出资者还需要通过财务报表对购买股票企业进行管控，财务报表的目的又进一步发展为治理和定价功能。不难看出，现代公司制企业两权分离的实现形式是通过资本市场实现的，与早期的公司制企业所有者直接聘用经营者的两权分离的形式存在明显的差异。不仅如此，在通过资本市场进行两权分离的条件下，出资主体大众化，特别是不少出资者主体的目的不是为了真正对公司进行出资，而是专注于证券投资，这样就形成了投资大众。为了保证投资大众的利益，产生了许多专门为投资者提供服务的行业，或者反过来说，所有者的投资职能被进一步专家化后又通过市场化的方式得以实现。在股票的一级市场，为了使出资者所购买股票的公司不至存在很大的风险，就形成了证券商，他们通过对拟上市公司进行评价、辅导、监督为出资者提供专业保障；在股票的二级市场上，为了帮助投资者能够有效地进行证券买卖，就形成了各种基金管理公司、投资咨询公司等，基金管理公司、投资咨询公司等作为一种专业证券投资机构或咨询机构，受托于投资者进行二级市场的投资；在整个股票市场，为了保证上市公司信息披露的真实性和可靠性，就形成了注册会计师事务所，它为投资者对上市公司的管控提供信息专业服务；也为了保证上市公司的规范运作，维护投资人的合法权益，就形成了律师事务所；在资本市场中为了进行交易定价，就形成了资产评估事务所；为了帮助投资者更好地寻找和培养职业经理人，在市场上就形成了猎头公司。如此等等，所有这些市场机构是市场的构成主体，通过他们的行为才产生了市场的规范和有效运行，他们与投资者之间形成了市场的供求关系，正是这种供求关系既推动了两权分离的深化与延展，也有效地实现了投资者与所有这些市场机构之间的利益均衡。或者说，没有一种比市场能更好地实现两权分离的委托受托双方的利益均衡的机制，这就是市场化的本质。尽管如此，并非所有的投资者与这种市场机构之间的关系都表现为所有者与经营者的关系的，只是进行资本市场证券交易的投资者与这种市场机构的关系是一种市场供求关系，而所有者与经营者的关系则是一种委托受托责任关系。市场供求关系是通过相互的市场博弈所达成的契约予以协调，是一种等价交换关系，一旦交换完成双方的权利义务关系也就终结。为了规范这种市场等价交换关系，投资者与市场机构之间权利义务关系的合约逐渐演化成标准合约，如基金管理公司发行的基金证券等。正是由于这些合约的标准化使得这些合约可以在市场上进行买卖，并通过这种合约的买卖调整、终止投资者与这些市场机构的关系。而委托受托责任关系虽然也是通过出资者与经营者的讨价还价所形成的契约予以确定并进行调整，但是，这种关系一旦建立经营者就对出资者形成了保值增值的责任，经营者必须要履行这种责任。为了确保这种责任的履行，出资者与经营者之间必须进行合理分权，由此就产生了授权与受权关系。出资者与经营者之间所形成的委托受托契约并不能在市场上进行交易，它的调整必须征得出资者和经营者的相互认可，它的终止则是以经营者是否履行完出资者的受托责任为标志。事实上，每一个市场机构作为一个公司，也有自己的出资者，他们是公司的股东，他们与公司的经营者之间也会形成委托受托责任关系，每个公司的经营者也必须要履行受托责任，履行这种受托责任当然要享有相应的权利和分享相应的收益。如基金管理公司一方面为证券市场的广大投资者提供专业服务，基金管理公司通过发行基金股票从市场上募集投资者的资金，然后将其投入到上市公司，也就意味着基金管理公司代行了投资者对上市公司进行投资的专业职能，由于基金管理公司对上市公司进行了投资也必然要对上市公司的风险进行管控。另一方面，基金管理公司也必须为本公司的出资者谋求资本的保值增值，而为实现这种保值增值的经营活动，不是生产经营活动，而是证券买卖活动，属于资本经营的范畴。总之，随着经济社会的发展，特别是市场的不断完善，终极所有者的职能逐渐被分离出来，通过专家化和专业化方式被替代，有的职能通过市场主体的市场运作得以实现，而所有者委托经营者从事资本经营和生产经营的两权分离关系仍然通过委托受托契约予以确定、调整和终止。

出资者和经营者行为的规范化。两权分离如果不能在委托人和受托人之间建立规范化的委托受托责任关系，出资者的根本利益就不能得到保证，也就是资本不能实现保值增值，两权分离就不可能实际地发生。实际上，在两权分离的发展过程中，出资者与经营者通过不断地博弈来明确两者之间的委托受托关系，并使之规范化，也包含法律化。在这个博弈的过程中，出资者和经营者总结了处理相互关系的各种规律，从而形成为确保两权分离成功实现的各种规范。即使时至今日，也不能说这种规范就已经达到了非常完善的境地，经营者对所有者的背德行为和逆向选择行为时有发生。正是基于这样的事实，出资者与经营者之间的委托受托责任关系的内容和协调机制还必须进一步完善。特别是当两权分离的内容不断深化和延展，从而出现两权四层次分离的条件下，有效地规范所有各个层级的出资者和经营者的委托受托责任关系就变得十分重要。并且，这种规范是一个动态完善的过程。只有不断地实现出资者与经营者委托受托责任关系的规范化，两权分离才可以持续不断地深化和延展下去。所有各个层级的出资者和经营者委托受托关系都包括相互的责任界定、权利界定和利益界定。

总体上，所有权与经营权的两权分离有着丰富的内容，它经历了一个长期的演变过程。终极所有者作为终极出资者拥有法律意义上的所有权。而其他权力则逐渐受托专家化的经营者履行，其中包括资本经营权和资产经营权。资本经营权和资产经营权主体也拥有法人所有权也即经济意义上的所有权，它们也可以对外进行投资，从而与终极出资者共同形成出资者系列；资本经营权主体和资产经营权主体也可以将经营权进行委托从而形成经营者系列。出资者财务就必须以出资者系列与经营者系列之间所形成的委托受托责任关系为基础，研究各个层面的出资者与经营者的委托受托财务责任关系。

2.4 终极所有权与法人所有权和资本经营权与资产经营权

2.4.1 终极所有权与法人所有权的差异

由出资者系列所形成的所有权依出资者的性质不同区分为终极所有权和法人所有权。国家和自然人作为终极出资者拥有终极所有权，也称为法律意义上的所有权；公司法人作为出资者拥有法人所有权，也称为经济意义上的所有权。终极所有权与法人所有权依其主体的性质不同而存在明显的差别；终极所有权也依其主体区分为国家所有权和自然人所有权，两者存在显著的差异；法人所有权还因其主体区分为进行资本经营的公司法人和进行资产经营的公司法人，也存在一定的差异。这些差异对不同出资者主体的出资者财务会形成一定的影响。

投入公司的财产如果追溯其终极出资者最终都只可能是国家或自然人，某一公司的出资者可能是由国家、自然人和其他企业混合形成，但这并不会改变所有公司的最终出资者都是国家和自然人的这一本质，因为一切财产最终都归结为国有财产和私有财产。尽管也存在集体财产，但集体财产也是由数个自然人所拥有。在自然人企业向公司制企业过渡的过程中，早期的自然人企业的出资者都是自然人本身；而国家独资的企业的出资者就是国家。随着公司制企业的出现，公司成为法人并拥有法人所有权，他们依此向其他企业出资，才形成了法人出资者。由国家和自然人所拥有的终极所有权与法人所拥有的法人所有权不仅存在相同之处也存在明显的差异。

任何一种所有权都包括对财产的占有、使用、处置、收益在内的各项权能，都应具备完整的财产权利。公司制企业的形成使得公司所拥有的财产权与国家和自然人所拥有的财产权产生了分离。这种分离主要表现在两个方面：一是国家和自然人各自投到公司的财产与他们自身所拥有的全部财产是两个完全不同的量，从而以此为基础所形成的财产所有权能产生分离并各不相同；二是国家和自然人的全部财产与他们投到公司的全部财产也是两个完全不同的量，从而以此为基础所形成的财产所有权能产生分离并各不相同。正由于此，公司法人不可以以国家和自然人的名义行使财产所有权权利，公司一旦设立起来就成为财产实体和法人，并与其出资者在财产上完全分离，进而成为彼此相互独立的不同所有者，各自具有独立的法律地位。美国的（Adolf.A.Berle）指出："这时，被称为公司的法律上的实体，作为财产所有者而出现了。"这就意味着国家和自然人也不可以直接以公司的名义行使财产所有权权利。公司法人的一切生产经营活动都以公司的名义进行，公司独立自主经营，自负盈亏。这一点与自然人企业的所有者同企业财产完全一体化，出资者和企业责任不可分割是完全不一样的。这一点也与传统的国有独资企业的国家所有者享有所有权，企业只是享有部分经营权的情况存在根本的不同。事实上，公司法人设立后作为一个独立的法律和经济主体，必然要在市场中与其他外部的利益关系人发生各种经济关系和法律关系。在协调这种关系的过程中，一方面公司法人必须要有独立的财产权利，才可能与其他外部利益关系人发生和协调关系，另一方面也只有公司拥有这种独立的财产权利，其他外部利益关系人才愿意与公司发生和协调关系。在这种市场经济的关系中，公司法人是完全独立于出资者之外的产权主体，对公司财产的运用拥有全部的权利负有全部的责任。尽管如此，公司作为法人享有完整的所有权，并没有否定出资者对其出资财产所享有的所有权，但这种所有权只是体现在公司的内部关系中，主要表现在公司的出资者是通过公司股东大会行使所有权权利，而股东大会是公司的内设机构；并且，任何一个单个的出资者都不可以直接对公司行使所有权权利，必须通过股东大会以出资者整体的名义行使所有权权利。明显不同的是公司与其他外部利益关系人发生关系时，是以公司的法人财产权为基础的，如公司以抵押形式向债权人借款，所抵押的资产只能是公司拥有所有权的财产。公司的出资者以股东大会为载体，在公司内部行使所有者权利，每个出资者按投入公司的资本额在股东大会中享有股东权利。公司的出资者以股东大会为载体行使所有者权利是以两权分离为基础的，这种权利包括聘用经营者、进行重大决策、参与出资收益分配等的权利。总之，一旦公司成为法人主体，就享有了所有权的完整权利，这正是法人所有权与终极所有权的相同之处。

国家和自然人终极所有权，作为一种所有权权利，当然具有所有权的完整权能。在没有两权分离的条件下，国家和自然人既是这种权利的拥有主体也是这种权利的行为主体。即便是在两权分离的条件下，国家和自然人仍然是这种权利的最终归属主体，即法律意义上的所有权的拥有主体。在两权分离时，国家和自然人拥有对其出资的所有权，并通过出资以全体出资者的名义对公司拥有所有权，国家和自然人赋予经营者的只是经营权。但由于经营者在行使经营权时，必然要实际的占有、使用、处置所有者投入的财产，并享有相应的分配权，也就是经济意义上的所有权，这在事实上就使得国家和自然人不得不让渡经营者在行使经营权时所必要的所有权权能。尽管如此，国家和自然人对其所有权权利的让渡是采取委托受托的方式，委托或者不委托、委托多或少及其委托的形式都是由所有者所确定的。正如上所述，一方面国家和自然人所有者拥有对其出资的最终所有权，另一方面在委托受托经营的条件下，不仅委托权是国家和自然人所拥有，而且，即便是在授权经营的条件下，所有者仍然拥有聘用经营者、进行重大决策、参与出资收益分配等的权利。在两权分离的条件下，国家和自然人终极所有者的这些权利反映的是所有者与经营者委托受托的内部关系。但当国家和自然人终极所有者在通过资本市场参与公司的股权买卖时，他们不仅实际地拥有全部所有权权利，并且也行使了所有权权利。这一点与法人所有权具有完全相同的性质，或者更准确地讲，无论国家和自然人终极所有权还是公司法人所有权，所有权主体在对外行使所有权权利时，他们也必须实际地拥有完整的所有权权利。

尽管国家和自然人终极所有者以及公司法人所有者在对外行使权利时都拥有完整的所有权权能。但是，就国家和自然人终极所有者与法人所有者因出资而形成的委托受托内部关系而言，两种所有权仍然存在明显的差异，主要表现在：一是国家和自然人终极所有者拥有终极所有权，也就是说公司法人所拥有的财产的最终所有权是归属于国家和自然人终极所有者，在初始出资时，公司的财产是由国家和自然人投入的，这也就决定了在公司终止时，公司的财产最终归属于国家和自然人终极所有者；二是国家和自然人终极所有者只有在委托公司的经营者进行经营时，才会对公司出资，没有国家和自然人终极所有者的委托授权经营，也就没有终极所有者的出资，没有终极所有者的出资，公司法人的财产所有权就成了无本之源。当然这并不否认一旦终极所有者对公司出资，公司就对其投入的财产拥有了法人所有权；三是国家和自然人终极所有者拥有委托授权经营的权利，当委托公司的经营者进行经营时，国家和自然人终极所有者不仅凭借其所有权拥有委不委托、委托多少和采取何种委托方式的权利，而且对出资的公司按其出资额享有聘用经营者、进行重大决策、参与出资收益分配等的权利，这些权利所形成的最终基础是国家和自然人的终极财产所有权权能；四是国家和自然人终极所有者拥有所出资公司收益的最终分配和归属权，尽管公司法人所有者也拥有完整的收益权能，这只是相对公司法人所有者所出资的企业而言，接受法人所有者出资的企业收益分配和归属权直接属于法人所有者，但法人所有者自身的收益连同出资企业所分配的收益最终都归属于国家和自然人终极所有者。

2.4.2 终极所有权的国家所有权与自然人所有权的差异

国家和自然人对其财产拥有所有权，通过将其财产投入到公司，作为出资者对其投入公司的财产拥有所有权，并以出资者整体对公司拥有所有权。如上所述，国家和自然人所有权具有许多相似之处，包括都是一种终极所有权即法律意义上的所有权，在对外行使所有权权利时都具备完整的所有权权能（占有、使用、收益、处置等权能）。在两权分离的条件下，两者都拥有委托授权的全部权利并仍然享有聘用经营者、进行重大决策、参与出资收益分配等的权利。但是，由于两种所有权的主体性质不同。使他们在行使所有权权能时仍然存在明显的差异，主要表现在以下五个方面：

其一，两者的自行权能力不同。国家作为所有者因其作为一个抽象的载体而不具备直接行使所有权权能的能力，国家是通过国家机构行使国家权能，当然，国家所有者也必须通过特定的国家机构行使所有权权能。在改革开放之前，由于政企合一、政资不分，行使国家所有者权能的国家机构就是政府或者政府部门。由于政出多门，作为完整的国家所有权权能被各政府部门肢解，无法实现国家所有权权能的完整性，后来改为主要由国家经贸委行使国家所有权权能。又由于国家经贸委既是政府部门又是国家所有者权能的行使者，仍然是政资不分。此后，单独设立了专司国家所有权权能的主体国有资产监督管理委员会，政府的行政部门与行使国家所有权权能的主体得以真正分开。但是，国务院国资委仍然是政府的组成部门，具有行政运转的特征，而在市场经济条件下，企业的出资主体应该通过资本市场运作进行出资，并行使出资者权利，所以，将国家所有者的全部权能赋予国务院国资委仍然存在逻辑上的缺陷和操作上的困难。党的十八届三中全会提出要建立国有投资公司和资本运营公司行使资本经营的权能，即主要经营和管理资本，这就是为了实现所有权主体主要通过资本市场进行运作的目标。与国家作为所有者不同，自然人作为所有者具有自行权能力，任何自然人都可以通过自身的行为行使所有权权能，特别是在资本市场极其发达的条件下，每个自然人都可以参与其中，通过资本市场行使所有权权能。但是，受限于自然人本身的专家化和专业化水平，也受限于自然人的组织化程度，自然人也会将自身的所有权权能进行委托。尽管如此，在初始，自然人仍会行使所有权权能，而国家所有者在初始就将所有权权能赋予专门的机构进行。当国家和自然人都通过专门的机构行使所有权权能时，对其所出资的企业必然要行使相应的所有权权能。其存在两种基本的方式：一是行使所有权权能的专门机构直接对出资企业行权；二是通过出资企业的股东大会对出资企业行权。

其二，两者的权力特征不同。国家作为所有者是以国家权力为基础的，国家权力的基本表现形式就是制定法律并保证法律的实施。如上所述，国家作为抽象的载体并不能直接行权，而是要通过国家所建立的各种组织机构行使国家权力。国家为了行使所有者权力，当然也需要设立行使这种权力的专门组织机构。这一组织机构可以凭借国家权力制定国有资产的相关法律法规，所有运用国有资产的主体都必须依法占有、使用和处置国有资产，并对运用国有资产所取得的收益依法进行分配，国家所设立的国有资产监督管理委员会就具有这一特征。值得注意的是，在市场上进行国有资本运营的主体作为市场主体之一，它们并不具备以国家专门组织机构的名义制定法律法规的权力。这些主体包括：国有或国家持股投资公司、国有或国家持股资本运营公司以及国有或国有持股的从事生产经营的实体企业，这些公司或企业作为市场主体，它们也必须遵守国家的法律法规进行市场运作，同时，还必须遵循国家有关国有资产监管的法律法规。与此不同，自然人作为所有者不具有国家行权能力，自然人所有者不可以以国家法律法规的形式表达其意愿、行使其权力。当自然人所有者将自己的财产投入到公司制企业时，是以股东大会的名义通过制定公司章程，表达自己的意愿、行使所有者权力。当然，国家作为所有者通过其行权主体将国有财产投入到公司制企业时，也只能是以股东大会的名义通过制定公司章程表达自己的意愿、行使所有者权力。但进入股东大会的国有股东代表仍然必须按照国有资产监管的法律法规的要求行使股东权力，这正是国家作为所有者的根本特征之一。

其三，两者的主体数量特征不同。国家作为所有者是单一所有权主体，正是由于这种特征，使得国家所有者可以制定统一的有关国有资产监管的法律法规，以表达其意愿、行使其权力。当国家作为单一所有权主体时，其利益诉求是唯一的，其权力意志也是唯一的，这就为国家所有者制定统一的国有资产监管的法律法规提供了前提。不仅如此，当国家所有者将其财产投入到公司制企业时，为了对经营者进行有效的激励和约束，也可以制定统一的办法，并通过公司的股东大会将其贯彻到底，特别是对于国家控股包括股权控股和实质性控股的公司制企业更是可以实现这一点。自然人所有者是由无数自然人构成，每一个自然人都有自身独立的利益。正是自然人主体利益诉求的差别性，使得自然人主体很难制定统一的有关自身财产的监管办法。自然人要行使其所有权权力，必须通过股东大会在谋求多数决定的前提下表达其意愿、行使其权力。

其四，两者的公共性程度不同。国家之所以产生是为了谋求和维护公共利益。国家所有者不仅要实现利润最大化，而且更需要谋求和维护公共利益，国家所有者谋求和维护公共利益主要是通过其出资的方向以及收益分配得以实现。就其出资方向而言，国家作为所有者不仅要把财产投入到利润最大化的产业和企业中去，也需要将财产投到涉及国家安全、公共服务、社会福利的产业和企业中去（如上海就把国有企业分为竞争类、功能类、公共服务类），还需要将财产投入到新产业的孕育中去，最后，国家财产更需要投入到关系到国计民生重要的行业、企业和项目中去。即便是国家所有者把财产投入到获利大的行业和企业中去，对于已有的获利在进行分配时，不仅只是满足再投资的需要，更为重要的是必须将所获得的收益用来提供公共产品和维持公共秩序。自然人所有者进行出资的根本目的就是谋求自身利益的最大化，尽管所出资的企业也需要承担一定的社会责任，但就自然人本身进行出资的属性而言，确实是为了实现利润最大化。社会责任的履行或许是一种社会强制，或许是为实现利润最大化创造更好的前提。值得说明的是，国家所有者在进行国家安全、公共服务、社会福利和关系国计民生重要的企业的出资时，应该尽可能使受资企业按市场机制运行。如城市的公共服务企业、热力公司和自来水公司，这些公司应该尽可能按市场价格进行收费，国家不应直接对这些公司进行补贴，而是要将补贴发放给公共服务的直接受益者。这样做不仅实现了国家所有者进行出资的公益性目标，也能使企业按照利润最大化原则进行经营，这是一种双赢的运行机制。

其五，两者的强制性程度不同。国家所有者通过国家设立的专门机构行使所有者权能，它可以通过制定法律法规并监管其执行来行使这种权能。一旦国家出资的企业或者经营者不能充分的履行甚至违反这些法律法规，就可以绳之以法。从这个意义出发，国家所有者在行使所有者权能时具有强制性，这有助于国家出资的企业或者经营者能够更好地依法经营，实现国有资产的保值增值。事实上，国家作为出资投入企业的财产具有全体人民共有的特征，也即公共财产，任何侵吞公共财产的行为以及导致公共财产经营失败的行为都必然影响公共利益或者全体人民的利益。当然，为确保这些行为不至发生的强制性程度最高，一旦发生这种行为依法强制处置的程度也最高。自然人所有者作为一个自然人，不是国家机器中的一部分，仅仅只是一个自然人，所以在行使所有者权能时，其意志或者诉求不可能通过自身以法律法规的形式予以表达，也不可能直接对出资的企业或者经营者绳之以法。自然人所有者的意志或者诉求主要通过公司章程予以规定，公司章程的法律强制显然不如国家的法律法规。同时，当自然人出资的企业或者经营者出现违法违规的行为时，也必须通过国家的法定程序进行法律保护和追究违法者的责任。

2.4.3 法人所有权的资本经营法人所有权和资产经营法人所有权的差异

在出资者系列中，终极出资者将财产投入到资本经营公司，资本经营公司又将财产投入到资产经营公司，两者还可以将部分财产投入到分公司。每一个层级的出资者在行使所有者权利时，既存在相同之处，也存在一定的差异。有关终极所有权与法人所有权的异同已在前面述及，这里主要讨论法人所有权的资本经营法人所有权和资产经营法人所有权的异同。从事资本经营的公司包括投资公司、资本运营公司、财务公司、资产管理公司、基金公司等，这些公司不从事任何生产经营活动的实际业务，只是从事筹资、投资、对接受出资企业的监管以及对存量资本结构进行调整（主要包括收购兼并、分立分拆等业务）；而从事资产经营的公司是为了直接进行资产的采购、储存、生产和销售的公司，或者更狭义地说是进行产品的采购、储存、生产和销售的公司。无论是从事资本经营的公司还是从事资产经营的公司，作为公司法人，他们享有法人所有权，这种法人所有权表现在他们对外关系和对内关系的协调和处理中。在对外关系的协调和处理中，公司法人以其财产对外行使所有权权能，具有财产的占有、使用、处置、收益等完整的权利；在对内关系的协调和处理中，出资的公司作为股东通过参与受资公司的股东大会享有聘用经营者、进行重大决策、参与出资收益分配等的权利。

但是，由于资本经营公司和资产经营公司在业务上存在根本的差异，导致出资者对其行使所有权的内容和方式也会存在明显的差异。当国家和自然人终极出资者以及法人出资者把财产投入资本经营公司，由于资本经营公司的基本业务是投资业务，出资者不仅拥有聘用经营者、进行重大决策、参与出资收益分配等的权利，同时为了监管资本经营公司或者经营者的行为，必然会通过股东大会制定相应的行为规则，并在公司章程中予以明确规定。这些行为规则主要是围绕投资的领域、投资的规模、投资的风险控制、投资的信息披露、投资的业绩评价等予以制定；要投资必然要进行筹资，由此，出资者也要对筹资的规模、筹资的形式和筹资的风险进行有效的控制；而存量资本结构调整主要涉及收购兼并和分立分拆等业务，都会直接影响出资者的所有者权益，出资者必然要对其相关行为制定相关规则。

当国家和自然人终极出资者以及法人出资者把财产投入资产经营公司，由于资产经营公司的基本业务是生产经营业务，出资者不仅拥有聘用经营者、进行重大决策、参与出资收益分配等的权利，同时为了监管资产经营公司或者经营者的行为，必然会通过股东大会制定相应的行为规则，并在公司章程中予以明确规定。这些行为规则主要是围绕生产经营的范围、生产的规模以及与此相应的资产规模、资产的使用、生产的成本费用标准、经营风险的控制、经营和财务状况的信息披露以及业绩评价考核予以制定；进行生产经营也必然要进行筹资，出资者必然要对筹资风险进行控制。资产经营公司也可能涉及收购兼并和分立分拆等业务，这本身就属于出资者的所有者权益，出资者必然要对其相关行为制定相关规则。

不仅由于资本经营公司和资产经营公司的业务性质不同，导致出资者对其行使所有权权能会存在差异，而且由于资本经营公司享有资本经营法人所有权，资产经营公司享有资产经营法人所有权，他们在进行资本经营和资产经营的过程中，法人所有权行使的内容和方式也存在差异，资本经营的法人所有权的行使主要通过投资的投与不投、投多投少以及投资方向的改变实现所有权权利，也通过制定投出资本的运用标准及其监管实现所有者权利，最后还通过收购兼并、分立分拆、股权转让实现所有权权利，这里主要采用的是用手表决的形式。如对所投资的子公司或分公司所进行的控制就采用这种方式。当资本经营公司通过资本市场交易行为实现所有权权利时，主要采用的是用脚表决的方式。资产经营法人所有权的行使主要是通过生产经营范围的确定与改变，资产的投资规模大小的限制、生产经营费用标准制定及其执行等实现所有权权利，这里主要采用的是直接行政控制的方式。如对分公司的控制就是用这种方式。不难看出，拥有资本经营法人所有权和资产经营法人所有权的公司，不仅出资者对其行使所有权权能的内容和方式存在差异，而且，他们作为出资者对于受资的企业行使所有权权能的内容和方式也存在差异。

正由于所有权的性质不同，相应的所有权主体通过出资行使所有权权能时，会存在不同之处。从总体上把握这些不同之处是分别针对不同的受资企业构建出资者财务的基础。

2.4.4 资本经营权与资产经营权的分野

由经营者系列所形成的经营权依经营对象的性质不同区分为资本经营权和资产经营权，资产包含了生产经营的商品，资产经营权也就包括了商品经营权。从人类进入商品经济以后到19世纪末之前，企业的基本形态是所有权与经营权两权合一。在两权合一的自然人企业中，所有者也是经营者，所有者集所有权和经营权于一身，经营者并没有独立化、专业化和专家化，也不存在所有权与资本经营权和资产经营权的分离。在自然人企业中，所有者向企业投资的过程就是直接购进资产的过程，并以资产购进为起点展开各项生产经营活动。这至少意味着企业的所有者并不存在一个单独的出资的过程，实际上，自然人企业采取无限责任的形式，其个人的财产也就是企业的财产，当然就不会存在单独的出资行为，也就不会存在作为出资者的资本经营行为；同时，所有者以购进的资产直接从事生产经营活动，也就是所有者直接进行资产经营，资产经营行为并没有从所有者手中独立出来，也就没有产生独立化、专业化和专家化的经营者的必要。

19世纪末期后，公司制企业迅速发展，所有权与经营权分离，金融市场也逐渐发展起来，股东从生产经营过程中脱离出来，转向金融市场运作。这时的股东不再直接从事生产经营活动，股东将其资本投入到公司中，公司将资本转化为资产，公司以法人的形式对这些资产享有占有、使用、处置和收益的权利。股东聘用独立化、专业化和专家化的经营者对这些资产进行经营，所有者的资产经营行为从其手中独立出来。在这里不难看出，在公司制企业，由于两权分离产生了两个独立的主体，即所有权主体和经营权主体。公司的股东（也即所有权主体）向公司投资已转化为一个独立的出资过程，股东自身的财产不再就是公司的财产，而只是出资的部分才成为公司的财产。公司的股东正是通过出资才对公司拥有了股权关系，公司的股东也可以通过股权的转让改变股权关系，显然，公司的股东在独立的运营其资本就形成了资本经营。当股东将股权在不同的公司之间进行转移时，公司的股东被改变，而经营权主体则依股东的性质和股权转移的性质呈现以下特征：

其一，当终极出资者转移其股权时，只是改变了公司的股权结构，公司作为独立法人仍然存续，这也正是资产经营权独立存在的基础。所以，在两权分离的条件下，股权转移不再直接以资产转移为前提。这必然导致股权的转移速度加快，股权转移的风险增大，主要在于股权转移与资产的转移相脱节。

其二，当法人股东转移股权时，原接受股权投资的公司可能发生以下变化：一是股东只是将其股权份额出让给其他股东，原公司存续。对存续公司而言，变化的只是股权结构；二是股东将股权出让给其他股东时，原公司不再存续，而被受让股权的法人股东所兼并，并以其名义存续；三是股东将股权转移至一个新的公司，原公司终止经营，这称为创立合并；四是股东共同出资设立一个新公司，原公司存续；五是股东收回股本，原公司撤销。尽管伴随股权转移，原公司是否存续存在以上五种可能，但有一点是共同的，即股本转移不必以股东是否有资产经营能力为前提。作为出资人的股东不再直接经营资产，而是独立地进行股权转移改变股权关系。可见两权分离是资本经营的存在基础。尽管如此，资产经营却不取决于两权分离，在没有两权分离的自然人企业，作为所有者和经营者合一的企业出资者本身就从事资产经营活动。

资本经营权主体和资本经营一旦独立形成就经历了一个日趋完善和专业化的过程。在这个过程中，金融市场特别是资本市场的不断建立健全为其提供了良好的基础。证券交易所和上市公司的出现，股权转移由股东在证券交易所完成，股权转移的价格也由市场决定，股本转移的效率极大地提高。证券市场是一个完全独立的资本市场，其运行并不受公司进行资产经营的商品市场的掣肘，股票价格的变动可以仅仅由于证券市场的供求关系而引起，这无不表明资本经营权主体所进行的资本经营活动更具有独立性，这当然加大了股权转移的风险。

随着资本市场规模的扩大，交易复杂程度的增加，影响资本市场因素的多样性和易变性，对从事资本经营主体的要求也越来越高，必然要走专业化和专家化的道路。为了满足这种市场的内在需要，在资本市场的发展过程中逐渐形成了代替出资者或者股东进行资本经营的专业和专家组织，这些组织包括专门从事投融资的机构投资者如投资公司、信托公司、财务公司、基金管理公司、证券公司等，也包括为其提供支持性服务的会计师事务所、律师事务所、资产评估事务所等。从初始的资本经营由终极出资者担当转到了当今由专业化和专家化的机构投资者担当，两权分离不仅在所有权与资产经营权之间发生，也在所有权与资本经营权之间发生，所有者的行为不断的由专业化、专家化的主体来担当，社会生产力才得以不断地提高。

由上可知，可以得出以下结论：一是，资本转移从必须伴随资产转移到只需依资产评估定价，最终通过证券市场定价，资本经营经历了一个日趋独立的过程，并且形成了自身独立的交易市场；二是，股票可以在证券市场上自由的买卖，成为了一种金融产品，在买卖的过程中必然形成差价，也就是资本利得，它是资本经营的独立收益形式；三是，资本利得的形成源泉是资本经营能够在全社会范围内实现资源的更加合理有效配置，资源得以更加充分的利用；四是，伴随资本市场的日趋成熟、日臻完善，资本经营主体不断专业化和专家化，正是这种专业化和专家化使得两权分离又进一步拓展至所有权与资本经营权的分离，也正是这种专业化和专家化使得资本经营权主体在整个社会范围内进行资源有效配置的能力得以大大提高，社会资源的利用愈加充分。

2.4.5 资本经营与资产经营的关系

一旦资本经营权与资产经营权独立存在，资本经营权主体所从事的资本经营与资产经营权所从事的资产经营就会存在明显的差别，否则这两个主体、两种权利就不会独立。厘清资本经营与资产经营的差别，才能为他们的独立存在提供基础。

资本经营和资产经营的差别到底如何？可以从一个相关的案例分析入手。一家有着很高品牌效应的国内公司与一家国外公司洽谈合作意向，有着很高品牌效应的公司的出资就是其公司的名号，即无形资产出资，名号使用期限为20年，被评估的价格为10亿元人民币。双方就合作提出了三种方式：一是国内公司以名号投资入股，在国外公司所在地开设一个新的合资公司，国内公司以无形资产持有新公司49%的股份，可以简称为投名号；二是国内公司考虑到新设公司在国外，通过持股对新设公司进行远程控制十分困难，决定将名号卖给国外公司使用20年，国内公司收到10亿元人民币的现款，也可以简称为卖名号；三是国内公司考虑到国外公司在使用其名号时，有可能损害公司的形象，决定公司的名号也不能为国外公司所使用，但可以允许国外公司作为国内公司所生产商品的特许经营商。由于国内公司的商品具有很高的知名度或者品牌效应，在将商品出售给国外公司时价格相对较高，在未来20年所出售的商品总量乘以高出的价格差额并折现为现在的收益也是10亿元人民币，可以简称为卖商品。以上述三种合作方式为背景相应产生了资本经营、资产经营和商品经营三个概念。

很显然，投名号为资本经营，卖名号为资产经营，卖商品为商品经营。从形式上看，投名号之所以为资本经营是因为国内公司与国外新设公司之间建立了股权关系；卖名号之所以为资产经营是因为国内公司将其无形资产出售给了国外公司，是资产的买卖行为；而卖商品之所以是商品经营是因为国内公司将生产的商品出售给了国外公司，是商品的买卖行为。

从实质上看，资本经营与资产经营存在根本的差别，可以以资产负债表为基础进行这种差别的深入分析。资产负债表分为左右两方，他们表达了什么样的实质内涵？它的右方是负债和所有者权益，负债和所有者权益只是其表现形式，而实质则是债权人和股东与公司之间的利益关系。就负债而言，表现为债权人与公司的债权债务关系。由于债权债务关系的核心是到期还本付息，所以债权债务关系更关注的是债务的期限结构和利率结构；就所有者权益而言，或者更直接地说就股本而言，表现为股东与公司之间的股权关系。由于股权关系的核心是控制权和收益权，所以股权关系更关注的是出资者与经营者的权利义务关系以及收益分配关系。既然资产负债表的右方是表达债权人和股东与公司的利益关系，那么，站在债权人和股东的立场，其中债权人就是要通过债务是否发生、发生多少、期限多长、利率多少、违约后如何处置，以确立债权人与债务人的权利义务关系；而股东就是要通过是否入股、入股多少（尤其是股权比例）、持股期限、权益行使、责任承担、收益分配等，以确立股东与公司或者经营者之间的权利义务关系。从这个意义出发，无论债权人还是股东并不直接的经营资产，而是通过以出资为基础经营与公司（或者经营者）之间的关系，也就是说资本经营是经营关系，或者说是通过出资者与公司之间的关系的经营以实现出资者利益最大化。

出资者到底经过哪些行为实现资本经营？任何一个出资者进行资本经营，初始都是以投出资本为前提的，如果出资者不投出资本，就不可能与公司之间产生权利义务关系，也就失去了经营的基础。出资者在投出资本时，其目的就是实现自身利益最大化，为此出资者必然要将自身的资本投入到投资回报率最高的公司（或项目）中去。如何选择投资回报率高的公司和项目，并将资本投入其中，就成为了资本经营的重要内容之一。一旦出资者将资本投入到公司（或项目）中去，就必须要确保接受资本的公司（或项目）能够实现出资者预期的投资回报率，为此，出资者必须对接受资本的公司（或项目）利用其投入资本进行资产经营（或商品经营）的状况进行监管。进行监管就必须要制定监管的标准，并依据该标准实施监督和控制。当出资者将资本投入公司并通过监管实现了预期的投资回报率时，特别是当投资回报率达到最高时，出资者可以将其资本进行转移和转让，使其在所出资公司（或项目）中的股权结构得以调整。如果当预期的投资回报率没有实现时，出资者也可以通过股权转移和转让、收购、兼并、重组、分拆等形式使得预期的投资回报率得以实现。当然出资者所在公司（或项目）的股权结构也必然会得以调整。当然出资者也可能在所投公司（或项目）的预期投资回报率得以实现或未实现时撤出资本，这时，出资者与公司（或项目）之间不再存在出资关系，资本经营行为也就终止。归结起来，可以把出资者进行资本经营的行为概括为投出资本、监管资本的运用和调整存量资本结构。如上所述，资本经营就是站在出资者的角度，通过出资，经营与公司（或项目）的权利义务关系，或者简称为经营关系。那么，由于资本经营的行为包括投出资本、监管资本的运用和调整存量资本结构，则资本经营就可以定义为出资者经营资本关系，通过投出资本建立资本关系（与受资的公司或项目），通过监管资本的运用维护资本关系，通过存量资本结构的调整改变资本关系，其目的就是要实现出资者收益最大化，其收益包含资本利得和利润分配。

不难看出，资本经营并不直接涉及资产经营（或商品经营）。当然，在资本经营的过程中，涉及到投资项目的选择和资本的转移定价又必然离不开相关公司（或项目）的资产经营状况。

资产负债表的左方是资产，公司（或项目）的经营者经营这些资产就形成了资产经营。资产以有形资产和无形资产的形式而存在，而资产的实质则是作为经营的要素的各类资产之间所形成的技术关系，一定数量的固定资产必须与一定数量的流动资产相匹配，一定数量的无形资产必须与一定数量的有形资产相匹配，如此等等都无不表达了技术关系，而这种技术关系更深层次的本质是，各种生产要素之间如何形成科学合理的比例关系，才能最大限度地实现资产的价值转移和价值创造。不难看出，资产经营是以资产作为具体的经营对象，各类资产之间所形成的关系只是技术关系，它是实现资产的价值转移和价值创造的自然基础。所以，它并不像债权债务关系和股权关系是一种社会关系。

进行资产经营，经营者首先必须将出资者投入企业的资本用于购建各类资产。购建行为是资产经营的起始行为，没有资产的购建，生产经营活动就会成为无本之源。购建资产并不是资产经营的目的，资产经营就是要将购建的资产投入到生产经营活动之中，通过生产不仅实现购建资产的价值转移，更要实现新生产资产的价值增值，最终通过销售新生产的资产收回转移价值、实现价值增值。归结起来，资产经营就是站在经营者的角度，为实现利润最大化，经营出资者投入公司（或项目）的资本所形成的资产，简称为经营资产。由于资产经营的行为包括购建资产，以购建的资产为基础进行新资产的生产活动，通过销售新资产实现购建资产的价值转移和价值增值。所以资产经营就是经营者运用出资人所投入的资本进行资产的购建、生产和销售的行为。不难看出，资产经营与资本经营存在根本的差异：

第一，两种经营活动的主体不同。资本经营的主体是以出资者的身份出现的，而资产经营的主体则是接受出资的受托经营者，这从资产负债表的两方的关系就可以得到确证。尽管资本经营的主体是以出资者的身份出现，这时相对于接受出资的公司和项目而言。一旦资本经营主体独立化、专业化和专家化，也就是说从终极所有者中分离出来，资本经营主体相对于终极出资者仍然是经营者，只不过他所经营的是资本而不是资产，资本经营主体的主要业务是投资业务，这里的投资不是指公司（或项目）内部的资产购建，而是以股权或者出资的方式对外对公司所进行的投资。只有和只要这种投资发生，资本经营行为就发生，资本经营主体又成为了出资者，这就是资本经营主体的两重性。一个从事资产经营的公司，如果也对外进行投资，展开各种股权转移和转让、收购、兼并和分拆等经营活动。这种情况下，公司既进行资产经营活动，也进行资本经营活动，公司也具备了资本经营和资产经营的双重主体角色。

第二，两种经营活动的对象不同。资本经营是经营资本关系，而资本关系显然涉及出资者之间以及出资者与接受资本的公司（或项目）之间的关系。就出资者之间的关系而言，主要是指股权结构，包括大股东与小股东、大股东与大股东、小股东与小股东之间的股权结构等；就出资者与接受资本的公司（或项目）之间的关系而言，主要是指两者之间的权责关系和利益分配关系，以及如何保证这种关系的协调运转；在股权转移和转让、收购、兼并、重组、分拆的过程中，最为基本的关系就是股权转移或转让的价格，这一价格必须有助于股权转移或者转让的利益各方的均衡。资产经营就是经营资产，资产有其实体存在性，或以有形资产而存在，或以无形资产而出现。正由于资产有实体性，资产经营就是要将这种有实体性的资产通过空间的位移和形态的改变，实现资产价值的转移和增值。在前面的案例中，方案一是将名号作为出资投入到国外新设立的公司中，占有49%的股份，这当然是通过以无形资产出资，而与新公司之间建立了资本关系或者股权关系，属于资本经营行为；方案二是将名号作为无形资产出售给国外公司而不在新设公司中占有股份，由于出售名号这一无形资产，使得公司购建和生产的无形资产的转移价值和新增价值通过销售得以实现，公司获得了10亿元的销售现款，公司的总资产和净资产都得以增加。由于这里产生了无形资产的购建、生产和销售活动，属于资产经营行为，而经营的对象物就是无形资产。公司的所有资产都可以作为经营的对象，但大多数情况下，公司的资产都是为了生产经营商品而购建的，公司所生产经营的商品本身也是公司总资产的一部分，在资产负债表中就是指存货，存货资产川流不息的周转为企业不断地带来价值增值或者利润，通常把这种生产经营商品的行为称之为商品经营。在案例的方案三中，通过将公司具有品牌效应的商品授权国外公司特许经营，得到无形资产收益10亿元人民币，就属于商品经营行为。

  第三，两种经营活动的内容不同。资本经营活动包括投出资本、监管资本的运用和存量资本结构调整。投出资本的关键是为了实现出资者的预期投资报酬率，对可能出资的公司（或项目）进行可行性分析，以实现优中选优。监管资本的运用就是为了确保出资者预期投资报酬率的实现，对经营者运用投入资本所进行的经营资产的行为可能出现的风险进行管控，以规避和防止风险的发生，从而保证预期投资报酬率的实现。存量资本结构的调整包括股权转移和转让、收购、兼并、重组、分拆等行为。这些行为的目的有可能是使预期投资报酬率更高，也有可能是为了规避可能的投资报酬率下降的风险。资产经营活动包括资产的购建、生产和销售行为。资产的购建是为新资产的生产提供物质条件，而新资产的生产和销售一方面是为了实现和收回资产的转移价值，另一方面是为了实现或获得新资产的新增价值。正由于资本经营活动和资产经营活动的内容不同，相应的公司组织架构也存在明显的差异。资本经营公司通常会设立筹资部门、投资部门、收购兼并部门、研究部门、金融产品开发部门、风控部门等业务机构，而资产经营公司通常会设立采购部门、仓储部门、生产部门、销售部门和售后服务部门，由于资产经营必然涉及资金的使用，财务部门作为资金支持部门也被设立。总之，资本经营和资产经营活动的内容不同，决定了公司定位的差异以及内设机构的差异。

第四，两种经营活动的方式不同。资本经营是通过金融市场特别是资本市场进行的，股票市场是其最典型的经营场所之一，通过股票市场上的股票交易获取价差，形成资本利得。在资本市场上，通过资本权利（或股权）的转移和让渡、收购、兼并、重组、分拆等方式进行整个社会资源的再配置，资本权利（或股权）在市场上流动的过程就是实现资源在全社会最优配置的过程，资本经营更具有进行全社会资源配置的功能。从某种意义上讲，资本利得是对资本经营主体的资源配置作用的回报。资产经营是以商品市场作为交易的场所，这一市场的设立，必须有利于资产高速便捷的流动，通过商品市场的商品交易获得利润。在资产经营中，通过资产的规模经济和范围经济实现规模效应和相关多元化效应。资产经营强调在公司内部的每个经营环节和不同的经营部门进行有效的资源配置，以实现经营成本的最低化和收入的最大化。

第五，两种经营活动的目的不同。由于资本经营是经营资本关系，在公司制企业中，这种资本关系就是股权关系。股权关系一方面涉及权力关系；另一方面也涉及利益关系。就后者而言，所谓利益关系关键是指在出资以及出资后的股权转移和转让，以及收购、兼并、重组、分拆等资本经营活动中的交换价格关系。资本经营主体就是要通过资本经营活动在这种交换价格的关系中取得价格优势，当资本经营主体在资本权利（或股权）的让渡过程中的卖出价大大高于其买入价，资本经营主体就获得了资本利得。资本利得并不是由公司的生产经营活动所取得的利润而形成，它是资本经营主体在资本市场上通过资本权利（或股权）买卖所形成的价差。尽管资本权利（或股权）买卖的价格最终取决于所出资的公司利润的高低，但是一旦资本市场独立存在，资本市场的供求关系的变动也会直接决定这种买卖价格的变化，正是这种买卖价格的变化，就使得资本经营有利可图，获取资本利得就成了资本经营最主要的目的。不可否认，资本经营也会通过出资分享接受资本公司的利润，但这一利润是由从事资产经营的公司所取得的。资产经营公司通过资产的购建、新资产的生产、资产的销售不仅要收回资产的转移价值，更需要获得资产的新增价值，使资产价值增值就成为了资产经营的直接目的。资产经营主体通过开展各种经营活动使公司的新增价值不断增加，最终为出资者带来更多的利润。当出资者取得对公司的资本权利是为了更好地使经营者进行资产经营，以谋求长期的资产经营利润，从而获得长期的投资回报时，这种资本经营就是建立在资产经营基础上的，资产经营能否达到预期盈利目标成为资本经营的出发点和归宿。当然，出资者仍然可以在最后的时刻（投资到期时）转让资本权利（或股权），获取资本利得。

尽管资本经营与资产经营存在明显的差别，但资产经营是资本经营的基础。长期地看，只有资本经营所获得的利润最大化才能使资本经营所获得的资本利得最大化。资本权利（或股权）转移的价格最终是由资产的变现价值或者以资产的收益能力为基础所确定的价值为基础的。

由于资本经营与资产经营所存在的明显差别，使得出资者对相应的经营者的激励和约束机制必然存在差异。就出资者与资本经营者的激励和约束关系而言，资本经营者的主要业务是投出资本、监管资本的应用和存量资本结构的调整。所以，出资者的激励措施就必须与资本经营者经营这些业务的效益挂钩，也就是主要与资本利得挂钩。同时，在对资本经营者的主要行为进行约束时，也主要针对投资风险、监管风险和并购风险进行管控；就出资者与资产经营者的激励和约束关系而言，资产经营者的主要业务是资产的购进、生产和销售，相应出资者的激励措施就必须与资产经营者的资产经营效益挂钩，也就是要与收入、成本费用和相应的利润挂钩。同时，在对资产经营者的主要行为进行约束时，也主要针对资产的市场供求风险、产品生产的成本和质量风险、销售的现金回笼和售后服务风险进行管控。当然，无论对于资本经营者和资产经营者，出资者都必须对他们的背德行为和逆向选择行为进行有效的管控。这些正是出资者财务建立的基础，也是区分以资本经营和资产经营为基础的出资者财务差异的基础。

第 3 章
国有企业出资者管理与出资者财务

党的十八届三中全会对如何完善国有资产管理体制提出了明确的要求，国有企业的出资者管理要由过去的管资产为主向以管资本为主转变。通过加强国有资产监管，改革国有资本授权经营体制，组建若干国有资本运营公司，支持有条件的国有企业改组为国有资本投资公司。无论是国有资本运营公司还是国有资本投资公司，其主要职责是进行资本经营，而资产经营则由他们所投资的企业进行，这些企业要尽可能地进行公司化改造，对于自由竞争的行业主要向混合所有制的公司制企业转变。

党的十九大报告进一步强调，要完善各类国有资产管理体制，改革国有资本授权经营体制，加快国有经济布局优化、结构调整、战略性重组，促进国有资产保值增值，推动国有资本做强做优做大，有效防止国有资产流失，深化国有企业改革，发展混合所有制经济，培育具有全球竞争力的世界一流企业。

国有资产管理体制和国有资本授权经营体制的改革，组建国有资本投资公司和运营公司，以及深化国有企业改革，发展混合所有制经济都无不与出资者财务关系密切相关。

3.1　国有企业出资者管理从管资产向管资本转变

3.1.1　国企改革的简要回顾

国有企业的改革最早源自1978年，经历了分权和授权两个阶段，可以用

图 3-1 来说明。

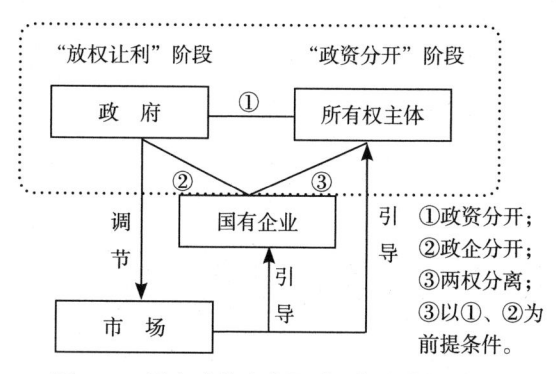

图 3-1 国企改革实践及"两权分离"的实现

引导①政资分开；
②政企分开；
③两权分离；
③以①、②为前提条件。

第一阶段是放权让利（政企分开）阶段，其根本特征就是要使企业的经营权归位，也称之为政企分开。在传统的计划经济体制下，政企不分、以政代企是当时国有企业管理的基本特征。十一届三中全会后，中央提出了一系列扩大企业自主权的方针和政策，其目的就是要实现政企逐渐分离，不断扩大和恢复企业经营自主权，推动国有企业经营权层面的改革。1979年4月中央工作会议提出扩大企业自主权，同年国务院颁布《关于扩大国营工业企业经营管理自主权的若干规定》等五个改革企业管理体制的文件。政府不仅向企业下放生产自主权、原料选购权、劳动用工权和产品销售权等经营权，同时还开始让利，这使得企业自身的积累增加，职工的工资增加，综合这两者称之为放权让利，其特点是：（1）放权让利是以政府将权力和利益让渡给企业作为切入点，无疑对企业产生了较强的激励效应，有利于调动企业的积极性。（2）放权让利是在原国有经济体制框架内进行的，未触及所有权问题，包括谁来充当国家所有权主体，以及国有企业所有权结构的调整。它只是将本该属于国有企业的经营权利从政府手中重新归位。放权让利也经历了扩大企业自主权到实行"承包制"的历史过程（从1987~1992年，国有企业经历了两轮承包制改革），当改革进行到承包制的时候，出现了"以包代管，一包到底"的极端形式。在政府不再直接管理企业的条件下，行政权力也就不再对企业的行为进行管控，从而形成不了约束力，而这时又尚未形成所有权主体，致使企业处于无人管控的状态，国有资产流失也从这时开始出现。对国有企业的"过度分权"主要表现在行政主体不再对国有企业行使权力，而国家作为国有企业的所有者其行权主体并未形成，称之为所有权主体缺位，这必然损害作为国有企业所有者的根本利益，国家财政负担不降反增。为了解决国家所有者缺位的问题，当时又采取了由各部委分别代行"国家所有权主体"的职能。其结果是：（1）没有形成所有权主体的统一代表，而是所有权"资出多门"，当时也称之为"政出多门"，各政府部门各行其是、行业保护严重；（2）"政企不分"的问题又重新出现，政府各行政部门作为产权主体的代表行使国家所有权权利，因为其是行政主体，在行使权利时仍然采取行政办法，这必然导致了新的"政企不分"；（3）同时还出现了"政资不分"的问题，政府各行政部门代行国家所有权权利，也因为其是行政主体很容易以行政办法行使所有者权利，极易导致政资不分。为应对所有权"资出多门"的问题，国家将行使国家所有权主体代表的职能集中到国家经贸委，由于经贸委本身就是行政主体，主要承担国家微观经济运行的监管职能，使"政资不分"的问题并未从根本上得到解决。

　　从图3-1可以看出，国有企业改革的逻辑进程应该是先实现政资分开，构造能够代表国家所有者行使权利的主体；与此同时，实行政企分开，政府不再直管企业，而是由新构造的能够代表国家行使所有者权利的主体对国有企业行使所有者权利；在新的行使国家所有权的主体形成后，再按照两权分离的原则重新构造所有者与经营者之间的权利义务关系；由于政府不再直管企业，而是通过调节市场，由市场引导企业的行为，政府真正成为了宏观经济的调控者，而不是微观经济的直接管理者。与此同时，政府也通过调节资本市场，由资本市场引导企业投资者的行为。由于现实的改革进程是从放权让利的政企分开开始，而与此同时并没有构建代表国家行使所有者权利的主体，所有权主体缺位，导致企业放任自流，国有资产流失。而后来为了构建代表国家行使所有者权利的主体，所采用的最简单的办法就是仍然由行政主体代行，结果又重蹈覆辙，不仅回到了政企不分的老路上，还出现了"资出多门"（或"政出多门"）的现象。从这里不难看出，第一阶段所显现的国有企业改革的根本问题就是没有形成能够代表国家独立行使所有权权利的主体。

　　第二阶段是政资分开阶段。其核心就是要构造能够代表国家独立行使所有权权利的主体，在此基础上才能真正实现政企分开和两权分离。1987~1992年，国有企业改革从单纯的经营权回归向所有权层面的过渡。最早进行的所有权层面的改革主要是始于1986年国有企业股份制的试点，其目的就是要通过股份制引进其他产权主体，使得企业能够受到产权主体的约束。但这些试点大都在国有中小企业中进行，影响面不广泛、影响程度不高，但国家已经开始关注所有权主体缺位的根本问题。当然解决这一问题不能仅仅靠引进其他产权主体，无论怎样，只要企业中存在国有资产，就必然存在谁来代表国有产权主体行使所有权权利的问题。1992~2002年进行了现代企业制度的改革。党的十四届三中全会通过的《中共中央关于建立社会主义市场经济体制的若干问题的决定》中，提出了国有企业建立现代企业制度的目标和步骤。其目标就是要使国有企业成为"产权清晰，权责明确，政企分开，管理科学"的现代企业。这里最为重要的仍然是产权清晰，产权清晰的前提是代表国家独立行使所有权权利主体的构建，一旦这一主体得以形成就能够真正独立代表国家行使所有权权利，也只有这一主体的形成才可能在两权分离的基础上进一步明确所有权权利和经营权权利。2003年国务院国资委设立，各地方也纷纷效仿，设立了独立行使国家所有权权利的主体。代表国家行使所有权权利的主体单独设立确实较好地解决了政资不分的问题，各政府行政部门包括国家经贸委不再对国有企业直接行使权利，国有企业统一由国资委进行监督管理，"资出多门"的问题也被解决。党的十六大明确提出建立"国有资产管理体制"，最初采取的是"国有资产授权经营体制"。在此体制下逐渐形成了现行的国家、国资委、集团公司（投资公司、国有资产经营公司）、国有生产经营企业"三层次"资产授权经营体系。国资委接受国家委托，代表国家所有者对国有企业的国有资产管理行使四大权利：管资产、管人、管事、管导向，正因为直接进行这四个方面的管理，特别是管资产，这种授权经营就具有了资产授权经营的特征。政资分开使国有资产授权经营体系能够独立存在、独立运行，政府其他行政部门不再直接干预企业的生产经营活动，企业只需要遵守国家的法律法规，按照市场规律进行生产经营活动，从而使企业从过去面向政府真正开始转到面向市场。应该说这一国有资产管理体系是较为完善的，而且，实践也证明这一管理体系确实为国有资产的运用带来了良好的效益。尽管国资委是代表国家独立专门行使所有者权利的主体，但是其组织结构、人员管理和运行模式仍然具有很强的政府行政部门的特征，一旦这种特征与直接管资产、管人、管事相结合就很容易产生以下问题：

1. 国资委偏好或者易于采取行政办法管资产、管人和管事，这很容易导致国有企业又成为行政的附庸，从而出现新的实质上的"政企不分"。如果说以前的"政企不分"突出表现在政府行政部门用行政办法直接管制企业，那么，在国资委设立后，由于国资委是独立且专门代表国家行使所有者权利的主体，在形式上其行政特征确实在弱化，至少它是代表国家所有者行使所有者的权利，而不是行使国家行政权力。同时，国资委也不会由于自身担当其他国家行政权力而导致在行使国家所有权代表的权利时采用行政办法。不过，从实质上看由于国资委作为政府部门的组成单位，国家对其的评价标准仍然是行政性的。特别是在监管庞大的国有资产和数量众多的国有企业的背景下，国资委如果完全按照所有者代表的身份和方式进行监管，很容易力不从心。再加上国资委被赋予了直接管资产、管人和管事的权利，就比较容易采取行政的"一刀切"方式进行监管。

2. 一旦国资委偏好和易于采用行政办法行使国家所有权代表的权利，又导致了政资实质上不能完全分开。波兰经济学家布鲁斯（Brus）和拉斯基（Laski）在定义国家作为所有者的职能和国家作为行政管理者的职能相分离时提出了五个方面：（1）国家作为所有者与作为负责行政、国防、政治秩序，并由法律授权稽征税收的角色相分离；（2）与作为制定工商业、保健、安全以及其他标准规则的角色分离；（3）与作为宏观经济政策中心的角色分离；（4）与作为社会基础设施的政策机关的角色分离；（5）国有企业部门必须与非企业部门分离，政府在非企业部门作用更大。"政资分开"正是在这个意义上进行定义，应该说国资委的成立确实实现了国家作为所有者的代表与国家作为行政管理者的代表的分离，国资委担当的是国有资产监管的职责，而政府行政部门担当的是国家行政管理的职责。尽管如此，"政资分开"仍未彻底，主要表现为国资委作为政府的行政部门之一，仍然偏好于用行政管理的办法监管国有资产的使用和国有企业；国资委在考评国有企业时，有些标准仍然是基于国家作为行政管理者的视角制定的，这就必然使得国有企业的行为一方面要面向市场；另一方面也必须要面对国家行政管理的要求。

3. 未能真正实现两权分离的要求。国资委作为国家所有权的代表主要行使所有权权利，而国有企业主要行使经营权权利，这是两权分离的基本要求。在两权分离的实践中，由于国资委直接管资产、管人、管事导致两权分离的边界模糊不清,甚至可能由于所有者代表的身份而越过所有权权利直接参与企业经营权的行使之中。事实上,由于还存在某些实质上的"政企不分"和"以政代资"(以政府行政行为模式代替所有者行为模式)的现象,很难实现真正的两权分离,国有企业也不可能最终实现自主经营、独立核算、自负盈亏。

4.国资委作为政府的组成机构,在国家调节市场、市场引导企业的大格局中,应该具有调节市场的职能,而不是被市场引导。在投资主要通过资本市场进行的条件下,资本投资必然要通过资本市场来引导,也就是说国资委控制国有企业的资本投资行为应该受市场引导。但国资委却由于直接控制国有企业的资本投资权而被资本市场调节,从而产生了一个悖论,国资委调节市场,市场又引导国资委。这一点也可以通过图3-1得以说明,在图3-1中政府调节市场,市场不仅引导企业也要引导所有者,或者更直接地说就是要引导资本市场的投资者。

正是基于"政资分开",设立了代表国家独立和专门行使所有权的国资委,形成比较完整的国有资产授权经营体系,国有资产管理和国有企业运行出现了良好的气象。但也正因为在设立国资委后,主要采取重在管资产的监管体系,自然就产生了上述问题。为了解决这些问题,进一步完善国有资产授权经营体系,十八届三中全会明确指出要由过去的管资产为主向以管资本为主转变。这种转变不仅要解决管资产所出现的各种问题,而且必须要建立一个符合市场规律的国有资产授权经营体系。

3.1.2 国企改革的进一步思路

国企改革走到今天已经基本实现了图3-1的格局。但是,国有资产授权经营体系需要不断地完善。总的方向就是要以管资产为主转向管资本为主,那么其理论基础到底是什么,如何实现这种转换?

3.1.2.1 理论基础

在国有资产管理体系中,会形成出资者系列和经营者系列。出资者系列授权经营者系列进行经营,他们之间产生了委托受托关系。出资者系列主要通过管资本确保经营者的行为与出资者的目标达成一致;而经营者系列主要是通过授权经营资产和资本履行受托责任。

在出资者系列中,国家和自然人是终极所有者,也可以称为终极出资者。

国家和自然人作为终极出资者对所投资企业的相应资产享有终极所有权。由于国家以抽象的概念而存在，不能直接行使所有者权利，所以国家作为终极所有者的权利必须要通过授权的代表代为行使。国家作为终极出资者要授权具有行权能力的主体行使所有权权利。什么样的主体可以代为国家行使这种权利呢？从理论上说只有国家一级权力可以代表国家行使所有者权利。国家一级权利可以分为立法权、行政权和司法权，行使这些权力的主体都有可能成为国家所有权的代表。每一个国家可以根据自身的情况选择其中之一作为国家所有权的代表，决定的因素是立法权、行政权和司法权在国家经济社会中的重要程度。在我国行政权的作用相对更为重要，所以在政府内，设立代行国家所有权的主体更符合我国实际，这正是国资委作为政府的行政部门之一的根本原因。自然人作为终极出资者由于其具有形式上的行权能力可以自行行权，也就是说任何自然人个人都可以进行代表自身所有者权利的决策，诸如要不要进行投资；要不要选择经营者进行经营；要不要对经营者的行为过程进行监管；要不要对经营者进行分配，等等。问题在于，所有这些决策的关键不仅在于要不要做，而是取决于这些决策的科学性与有效性，这显然是需要有专业的知识提供支撑。并非所有的自然人都具备这种专业能力，从而导致自然人无法实际有效的行权。这时他们也会采取委托代理的方式行使终极出资者的权利，如委托律师等。所以，无论国家还是自然人，作为终极出资者都是可以通过授权其代理人代行终极出资者权利，只是国家作为终极出资者必须要委托国家权力机构行使终极出资者权利。在我国是通过在政府内部设立国资委的方式行使国家作为终极出资者的权利。

　　国家作为所有者，不仅不能直接行使终极出资者的权利，也不能由自身直接从事生产经营活动也即资产经营活动。国有企业从产生开始，其生产经营活动就是由任命或者聘任的企业经营者进行的，尽管授权的程度在不同的时期大不相同。在计划经济时期政企不分，国有企业的厂长经理作为经营者虽然不能享有全部经营权，但仍然拥有部分经营权；在放权让利的改革政策之下，国有企业的厂长经理的经营权逐步扩大，特别是在"政资分开"并对国有企业进行公司化改造之后，实行公司化的国有企业的两权分离程度大大提高，公司拥有了相对独立的经营权。归结起来就是国家作为所有者不能直接从事生产经营活动，经营权必须被委托。在"政资不分""政企不分"的计划经济时期，政府行政部门既是国家所有者的直接代表，又是国有企业的直接管理者，政府行政部门以国家所有者代表的身份采用行政办法运用行政权力对国有企业的生产经营活动进行直接管理，国有企业的厂长经理的经营权相对较小。由于生产经营活动也即资产经营是一种专业行为，是政府的行政行为力所不及的，必须要通过任命或聘用职业经理人才能确保资产经营效力的不断提高，这是国有企业改革发展的必然之路。这一点在企业变迁的历史中得到了印证，企业经历了自然人企业向公司制企业的过渡，自然人企业是自己出资自己经营，所有权和经营权合一，所有者和经营者合一。但并非所有的自然人所有者都是优秀的资产经营专家，都擅长从事生产经营活动。为了提高资产的经营效率，自然人所有者开始将自己所拥有的财产受托给最优秀的职业经理人进行经营，由此就产生了两权分离的公司制企业。所以，企业变迁历史中最早的两权分离是自然人的终极所有权与资产经营权的分离。通过这种分离，自然人所有者将生产经营活动授权给资产经营者，实现了经营的专家化和专业化，经营效率得到了极大提高。而国有企业向两权分离的公司制企业转换相对比较缓慢，主要是因为作为国家终极出资者代表的行政部门有着自身的既得利益而不愿意放权或分权，而自然人却是为了自身的利益自愿地采取两权分离的企业制度。作为国家终极出资者代表的行政部门之所以不愿意放权或者分权有着两个方面的现实利益：一是如果放权或者分权，相关行政部门的权力就会被实际削弱，没有权力的行政部门也就不再具有权威性和权力性；二是如果通过两权分离使得国有企业逐渐转化为公司制企业必然导致国有企业的股权结构发生改变，这就涉及企业的所有制性质问题。从政府行政部门作为公权力的代表的角度而言，本质上他们会有一种对企业所有制性质的公有偏好，公有制企业或许更有利于政府行政部门公权力的运用和实现。尽管如此，从企业制度的变迁中可以看出，现代企业制度是以两权分离为基础的，股权结构多样化的公司制企业是企业制度发展的目标模式。正因为这样，党的十八届三中全会明确指出国有企业的改革要向混合所有制的公司制企业转化。

　　国家作为所有者不仅不能直接从事生产经营活动也即资产经营，也不能直接从事投资活动以及由此而决定的筹资活动也即资本经营。在计划经济时期，国有企业的资金由政府无偿提供，也就是由政府对国有企业直接进行投资，资本经营活动由政府行政部门直接进行，也就是政府行政部门代行了国家所有者的各种权利，这正是导致"政资不分""政企不分"的症结所在。在实行"政资分开"而设立国资委后，国资委控制着对国有企业的资本投资权，这显然属于资本经营的范畴。在市场经济条件下，特别是在资本市场比较健全成熟的基础上，投资活动主要通过资本市场进行。国资委作为政府的行政部门之一负有调节市场的责任，却不能被市场引导，这显然是与市场引导投资活动特别是资本投资活动相背离的。实际上，在国有资产管理的实践中，国有大型集团的母公司开始行使资本投资或者资本经营的权利，有的国有企业内部还成立了专事资本经营的公司。有鉴于此，党的十八届三中全会也提出"组建若干国有资本运营公司的国有资本授权经营改革方向"。因此，国家作为所有者的资本经营职能也必须要授权具有专家化和专业化的主体代为行使。在面对市场从事资本经营的条件下，作为政府组成部门之一的国资委在逻辑上也不适合代表国家所有者直接行使资本经营权。两权分离的公司制企业的历史变迁也不无说明了这一点，早期的两权分离主要是终极所有权与资产经营权分离，资产经营主体实现了专家化和专业化；后来终极所有权进一步与资本经营权相分离，资本经营主体也实现了专家化和专业化。这种不断专家化和专业化的结果使得终极出资者的权利被不断分离，最终终极所有权就被定义为法律意义上的所有权，而终极出资者投入到公司的财产所形成的法人所有权则被定义为经济意义上的所有权，经济意义上的所有权离开了资产经营权或者资本经营权就失去了存在的前提和意义。

综上所述，现行国有资产授权经营体系的缺陷是从事资本经营的主体（国有资本运营公司等）尚未建立健全，而是由作为政府组成部门之一的国资委代行部分权利，这样就导致了国资委既是市场的调节者，又是被市场所引导的主体，这当然不符合国资委的基本特征。同时，国资委以资本经营主体的身份对国有企业直接管资产、管人、管事，也不符合两权分离条件下的出资者和经营者的权利界定的要求。

3.1.2.2 授权体系

从上面的分析可以看出，在市场经济条件下，以两权分离的公司制企业为基础，任何所有者的财产都会形成一个完整的授权经营体系。自然人的财产不仅受托给资产经营者经营，而且自然人的财产投入到什么样的行业和企业也受托给资本经营者经营，甚至自然人的终极所有权也聘请专家化和专业化的主体代为行使；国有财产的终极所有权由国家权力机关代为行使，我国是由政府行政机关代行。国有财产的资本经营权和资产经营权也授权专家化和专业化的主体代为行使，这些专家化和专业化主体就是具有很高组织化程度的公司。这些公司享有法人所有权，能够运用法人所有权独立从事经营活动。公司的根本特质之一就是股权结构不是单一的，而是混合的多元化的股权结构。所以要实现国有资产授权经营体系的有效运转必须至少实现以下几个职能的分离：一是国家作为所有者的职能与国家作为行政管理者的职能的分离（"政资分开"）；二是国有资产监管主体（作为终极出资者的代表不从事经营活动，只从事监管活动）与国有资产经营主体的分离；三是国家和自然人终极财产权与法人财产权的分离；四是资本经营权与资产经营权的分离。在现实这四个分离的基础上再形成它们之间有序的授权经营体系。

纵观国外的经验，各国的国有资产授权经营体系并不相同：

1.美国体系。美国的国有资产的来源主要有两类：一类是："政府赞助企业"，如房利美、公共服务企业等；另一类是联邦政府收购企业，为防止濒临倒闭的大型企业给社会带来无法承受的影响，政府通过临时收购的行为实现国有化，在重组后再进行私有化，如花旗集团、通用汽车、AIG 保险等。

在美国国有企业授权管理和经营体系（如图 3-2 所示）中，以"民营方式"实现对国有企业运营是其最大的特点。美国针对实行国家所有制的企业建立以国会为主的监管体制和以国会立法为核心的监管制度。每一个国有企业的成立，其设立目的、董事会组成、经营范围及经营方式的具体细节都会以国会通过的单行法律为监管依据。在推进国有企业市场化的过程中，美国主要通过发售股票的形式实现，并鼓励私人进入公用事业，通过特许经营和经营权招标的方式实现与私人的合营。

从具体的管理和经营内容和方式来看，美国一部分重要的国企是由政府的有关部门根据国会各种决议设置的专门常设委员会管辖。政府主要通过有关部门的行政指令来确定企业投资规模与方向；利用价格、税收等经济手段对企业活动进行调节；由国家派遣监督员或监督团，对企业实施资产监管；同时，为确保国家对企业发展及分配方面的决定权，政府还有权决定企业的劳动人事、部分产品定价及利润分配制度。另一部分国有企业出租给私人垄断组织自主进行生产经营。

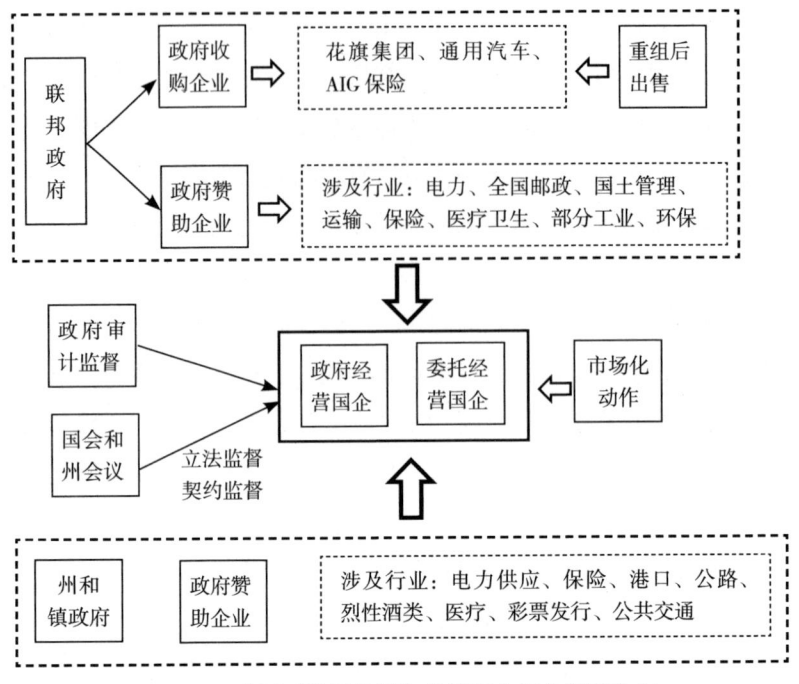

图 3-2 美国"分层分类"的国资市场化管理体制

2. 法国体系。法国国家持股局在国家独资或参股的大部分企业中行使国家作为股东的权利。隶属经济部、财政部与工业复兴部，只设国家一级。管理范围辐射全国，其下设总秘书处和三个下属机构（按相应的行业板块划分）。人员主要来自经济、财政与工业复兴部，部分来自于政府各行业主管部门，也招聘一些企业界专业管理人士（如图3-3所示）。

国家持股局的职能：(1)实现国家财产的保值增值；(2)负责参与确定企业长期发展战略；(3)监督企业的并购、重组和私有化等资本运营项目；(4)参与企业与国家签订的目标合同的起草并监督合同履行；(5)定期评估企业管理者的管理工作以及企业财务管理工作；(6)向企业派出国家代表参与企业日常经营管理，并可就企业议事机构中国家代表之外成员的任命和免职提出建议。

国家持股局的行为受到来自多方面的监管。首先是经济部、财政部与工业复兴部作为持股局的共同上级主管部委对其行使行政监管权；其次是来自议会的监督；最后是来自国家审计法院的监督。从具体监管内容和方式来看，法国政府对国有企业的管理和监督主要集中在价格与投资控制、人事任免、企业经营方向和财产管理等方面。在公司一级实行董事会负责制,董事长和总经理由政府总理或主管部门提名,并通过政府颁布法令正式任命,董事长一经任命,不得再兼任行政职务。法国国会对国有资产经营活动负有监督管理职能,这种监督管理职能的实施主要通过调查和诉讼方式实现。

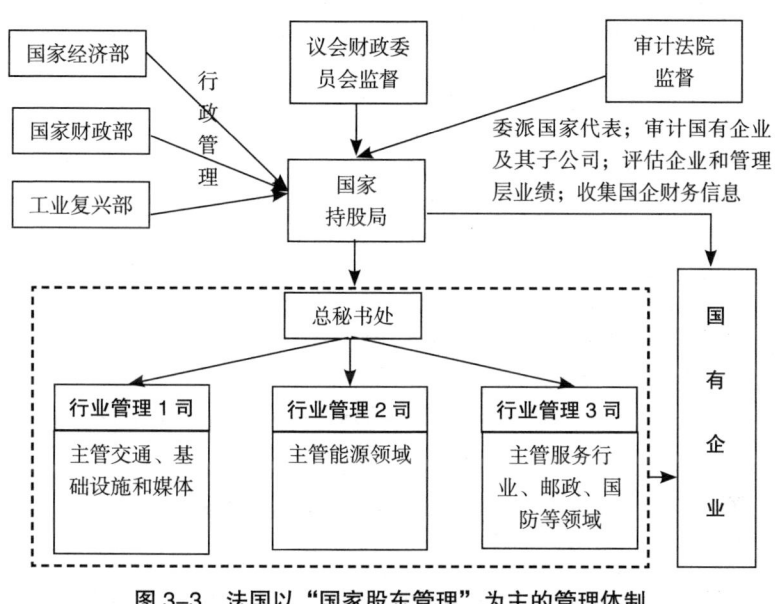

图 3-3 法国以"国家股东管理"为主的管理体制

3. 新加坡体系。新加坡的国有企业分为两类,分别采用不同的授权管理和经营模式(如图 3-4 所示)。即政府控股公司和法定机构,政府控股公司又可以进一步分为纯粹型控股公司和混合型控股公司。前者仅为控股而存在,如淡马锡等。后者则本身也经营实体业务,如发展银行等。通常纯粹型控股公司控制和投资国有资产,混合型控股公司则受控于纯粹型控股公司,并负责投资和经营其下属企业。法定机构,如建屋发展局等。法定机构是在特定立法下设立,并担负特定职能的政府机构,是在形式上隶属于政府但又独立于政府各部委的半官方专卖局,它具有政府行政和企业的双重职能,即代表政府行使部分行政权力,同时又是自主经营的政府企业。

4. 日本体系。日本国有企业按经营方式分为直营企业、特殊法人事业、第三部门和国有民营企业 4 种(如图 3-5 所示)。(1)直营企业是指由国家和地

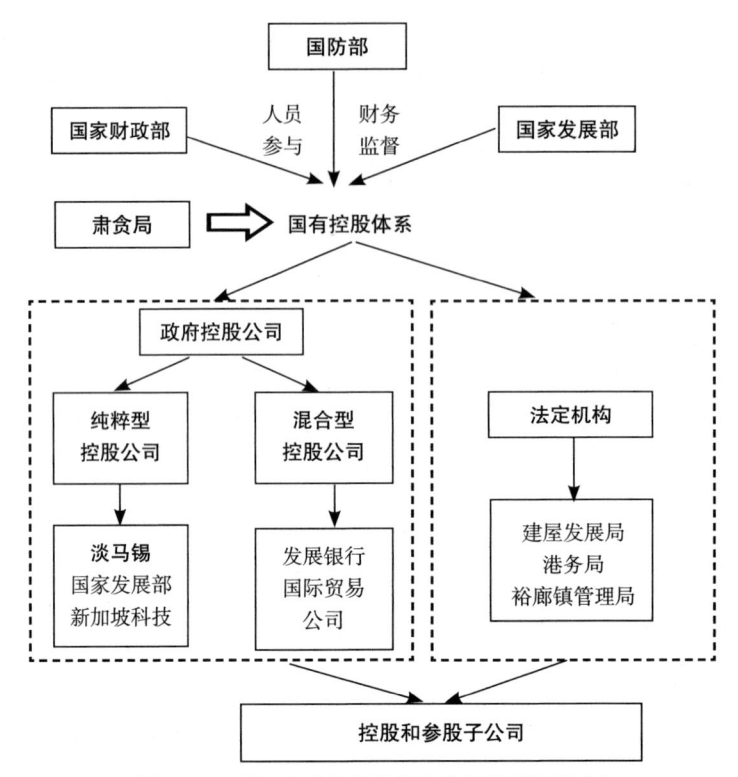

图 3-4 新加坡"分类监管"的国资管理体制

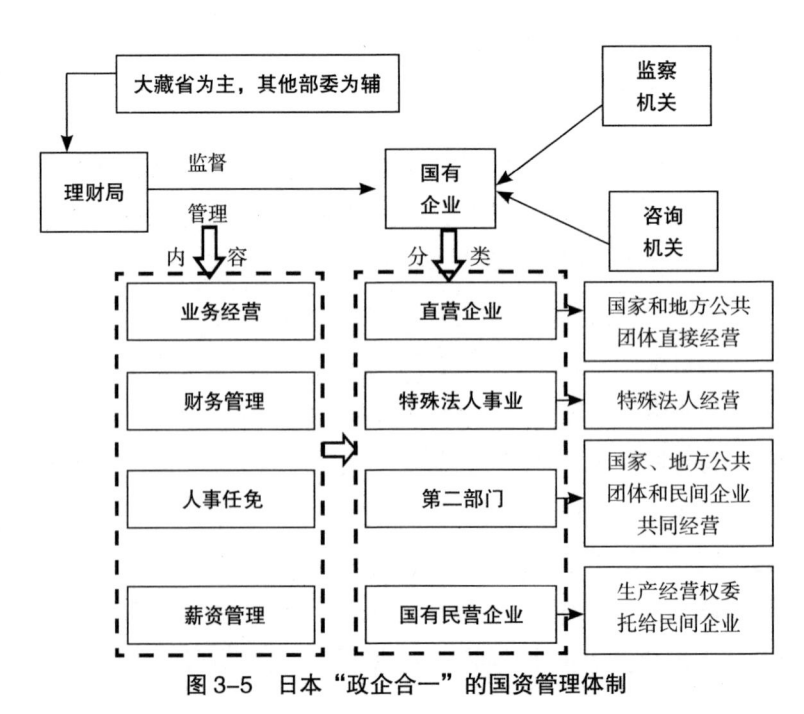

图 3-5 日本"政企合一"的国资管理体制

方公共团体直接负责经营的完全归国家所有的企业，包括铁路、邮电等行业。（2）特殊法人事业团体是指依照国家特殊法律设立的专由特殊法人经营的多为从事政策性和公益性事业的团体，包括公社、公团和金库等。（3）第三部门是指由国家、地方公共团体和民间企业共同投资建立的事业体，集中在地区开发和城市建设领域。（4）国有民营企业。国家将企业的生产经营权委托给民间企业，同时以社会公共福利的最大化为目标对民间企业进行监管，包括航空、地方铁路、公路运输等行业的企业。

日本国企监管实行高度集权下的"政企合一"模式。相比其他西方国家国有企业的授权，日本国有企业不论是业务经营、财务管理（财务监督和预算管理）、人事任免还是薪资管理等方面都极度缺乏自主权。

5. 印度体系。印度国有企业主要分为三类：（1）部属企业一般不是独立经济实体，没有经营自主权，重大经营活动需要得到主管部门批准，企业收支纳入政府预算管理，实质上是政府分支机构（如图3-6所示）。（2）公营企业是印度目前国有企业的主要组织形式，这类企业是根据特定的法律建立的，企业拥有较大的独立性。（3）政府公司是根据公司法注册成立、拥有全部或多数股份的国有企业。

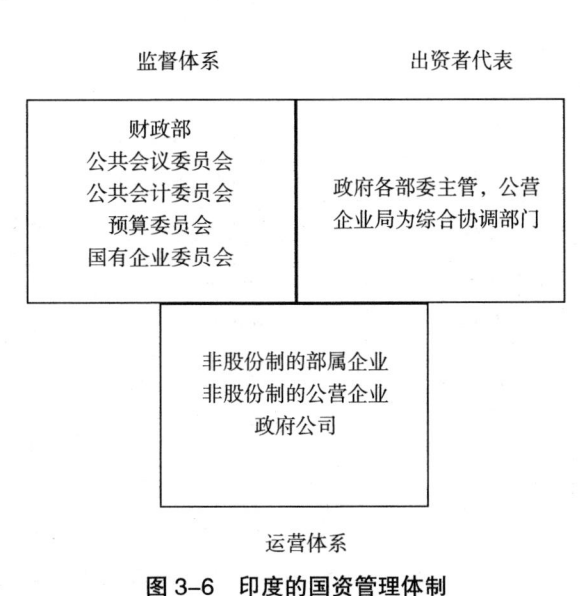

图3-6 印度的国资管理体制

在授权体制上，印度设置了一个具有咨询、服务和监督性质的国有资产管理职能机构——公营企业局，与政府各主管部门以及审计委员会共同行使管理国有企业的职能。公营企业局并不独立行使国家所有者职能，只是一个为政府各部门更好地行使所有权职能提供服务的综合协调机构。但在进行协商的同时，它有对所有国有企业的经营活动进行全面监督的职责。从整体上看，印度政府对国有企业的管理主要是通过各主管部门实现的。主管部门通过下达计划指令对所属国有企业进行全面控制，负责任命董事长和总经理。

印度政府对国有企业的管理是典型的集权管理，其主要方式包括政府对企业实行直接人事管理、工资管理和外汇使用管理，对国有企业实施强有力的经济计划并实行许可证制度等。财政部对企业财力预算进行监督，国有企业除按税法缴纳所得税之外，一部分税收利润以股息方式上缴财政部。同时，印度国会下属的公共会议委员会、预算委员会和国有企业委员会也有一定的国有资产管理职能。公共会计委员会主要负责审查国有企业提交的各种经营报告；预算委员会主要审查国有企业预算和改革方案；国有企业委员会代表国会专职负责对国有资产的管理。

综合世界主要国家的国有资产授权模式的特点，大体可分为四种：一是以财政部作为国有资产授权核心的模式（如德国、法国）；二是以控股机构作为国有资产授权核心的模式（如意大利、新加坡）；三是以综合协调机构为中心的多部门国有资产管理模式（如印度）；四是对国企授权后，对国企主要依靠法律进行监督和依靠市场进行约束，对经营者激励程度（特别是薪酬水平）要高于其他国家（如美国）。相比之下，在德国和法国对国企主要采用政府的行政监督和所有权监督。与我国相比，国外企业的激励和监督方式更加市场化，新加坡模式与我国比较接近，但新加坡对竞争性国企和非竞争性国企采用不同的授权模式。就我国而言，也应该区分竞争性国企和非竞争性国企，采用不同的授权模式。这里主要讲竞争性国企提出授权经营的体系，这一体系的结构是：

1. 国家的行政管理体系与国家的国有资产经营体系相分离，两个体系按照各自的分工形成自身的组织体系，并在整个组织体系内进行授权，行政管理组织体系内的授权称为行政授权，它遵从科层结构的运转原理；国有资产经营体系内的授权称为经营授权，它遵从两权分离的要求，实现出资权与经营权的权责有效界定。

2.在国家的行政管理体系中设立国资委，其职责就是对整个国有资产的运营状况进行监管，这类似于现在的证监会、银监会、保监会的职能。国资委一旦只是对整个国有资产的运行状况进行监管，它就不再直接管资产、管人、管事，而是以国家终极出资者代表的身份制订确保国有资产保值增值的各项法律法规和方针政策，特别是对造成国有资产流失的行为以及在国有资产经营中的渎职行为进行监管。国资委的监管就是要守住国有资产经营的底线，规定在国有资产经营过程中，各经营主体不许为的行为，并通过监管确保这些行为不致发生。此外，国资委必须从宏观上调控国有资本的投资规模、投资结构及其流向，实现国有资产经营与整个宏观经济的平稳运行相协调，实现国有资产经营与整个经济社会的发展要求相协调。有效的实现方式是将国家投资的企业的预算与国有资本经营预算协同起来，将国有资本经营预算与国家财政预算协同起来。

3.在国有资产经营体系中，设立专事资本经营的主体，十八届三中全会将这种主体称为国有资产运营公司。国有资产运营公司直接在资本市场上进行投融资活动，一方面接受国资委的监管，另一方面按照市场法则开展资本经营活动，通过资本投资形成对所投资公司的股权关系，并按照股权管理的大小行使资本权利，参与所投资公司的治理。从事资本经营的公司所经营的对象就是资本，所管理的对象当然也是资本，不仅如此，通过将资本投入公司仍然是以资本所有者的身份参与所投资公司的治理，仍然是着重于从资本权利的角度进行管理，这就是所谓的从主要管资产转向主要管资本。在20世纪亚洲金融危机期间，香港特区政府为了阻击外国投资者对香港股票市场的搅局，投入救市基金500亿港元收购股票，稳定股价。如何管理好所持有的500亿港股，特区政府并不是由金融管理局直接管理运营这些港股，而是将这些港股设立为盈富基金，并成立港股管理公司专门经营这些港股。港股管理公司参与股票市场运作，具有高度的专家性和专业性，经营效益非常好。它与我们所设立的国有资产运营公司具有类似的性质。

4.在国有资产经营体系中，通过国有资本运营公司的资本投资活动自然会形成接受投资的公司，这些公司就是从事资产经营的主体，它们完全面向市场，通过资产的购进、生产、销售等经营活动为所有者带来利润。这些公司要按照混合所有制的要求形成股权结构,并按照公司治理结构及其治理要求予以运行,任何资本投资者都以参与股东大会的形式参与公司治理,维护自身权益,并形成对经营者的激励和约束,这里必须保证经营者的资产经营权利又不致损害出资者的利益。

在我国国有资产的授权经营体系中,一方面,出资者通过出资形成了出资者系列,另一方面接受出资公司的经营者也成为一个系列,就是经营者系列。在这两个系列中,每一个层级都存在着出资者与经营者的权利义务关系,明确地界定这种关系是有效地实现两权分离、保证经营者能够充分履行责任的前提条件。

3.2 两权分离的理论基础与管资本的边界

国有企业实行公司化改造也就要求国家所有权与国有企业经营权相分离,在两权分离的基础上,作为行使国有产权权力的代表,在行使所有权权力时,必须由过去政企不分下对企业的直接行政管制,以及采取公司制形式后仍然通过管资产的方式过度干预国有企业经营权,向通过行使出资者权力也就是管资本的方式转变。从本质上说,就是要清晰地界定国有公司制企业的出资者与经营者的权力边界,各负其责,各行其事。那么,在长期的理论研究和实践中所形成的有关两者的权利义务关系内容就具有十分重要的借鉴意义。

公司制企业是以两权分离为基础的,一方面两权分离的公司制企业的产生有其自身的理论基础,另一方面两权分离的公司制企业的运行与发展也有其自身的理论基础。这些理论基础不仅揭示了公司制企业的特殊性质,也为公司制企业的有效运转,特别是出资者财务提供了理论支撑。两权分离的公司制企业的产生、运行和发展所依据的理论基础主要包括以下方面。

3.2.1 产权理论及其诠释

两权分离的公司制企业的产生使得企业从自然人过渡到法人,公司作为法人享有法人财产权,以区别于自然人财产权。科斯是现代产权理论的奠基者,与其他经济学者不同,他致力研究的不是经济运行过程,而是经济运行背后的财产权利结构,也称为运行的制度基础。产权清晰有利于提高资源配置的效率,而不是有利于交易的双方。没有产权的社会是一个效率绝对低下、资源配置绝对无效的社会。产权（或财产权）实际上是一种契约关系，是占有权、使用权、处置权、收益权等多种权力的组合，或者说是一种多种权力的结构。能够保证资源配置高效率的产权具有四个特征：一是明确性，产权是财产所有者的各种权利以及对限制和破坏这些权利时处罚的完整体系；二是专有性，产权是因一种行为而产生的所有报酬和损失都可以直接与有权采取这一行为的人相联系；三是可转让性，产权权利可以被转让到最有价值的用途上去；四是可操作性。清晰的产权可以较好地解决外部不经济的问题，外部不经济指某项活动使得社会成本高于个体成本，即某项事务或活动对周围环境造成不良影响，而行为人并未因此而付出任何补偿，根本的原因在于产权不清晰。

正是基于产权理论的要求，在公司制企业的全部财产既不等于全体股东的所有财产，每一个股东投到公司的财产也不等于其全部财产的条件下，公司就不可以以全体股东或者某一股东的财产对外行使产权权利。为了清晰地界定公司的财产权利以区别于全体股东和任一股东的财产权利，并使公司能够对外承担财产责任，就必须在法律上赋予公司具有类似于自然人的人格特征，即法人，并以法人财产对外行使产权权利。法人财产权的确立使得法人的产权具备了明确性、专有性、可转让性和可操作性，这既使得法人财产权能够得到有效保护，又使得法人财产权可以有效有偿转让。公司法人财产权的形成既是两权分离的结果也是两权分离的前提，如果公司法人财产权不能被清晰地界定，两权分离的公司制企业不仅不可能产生，即便是产生也不可能正常有效地运转。原因在于当公司的产权边界不清晰时，公司外部的相关利益各方就不可能与公司发生交易关系，即使发生交易关系也是为了掠夺公司财产。既然公司法人财产权的清晰界定是两权分离的前提，那么，要实现两权分离并使得两权分离能够有效地存在和运行下去，就必须确保公司法人财产权的权利的完整性，任何主体都不得随意侵犯这种权利。就所有者与公司法人财产权的关系而言，一旦将财产投入公司就必须确保财产的到位，不得随意撤资。其他公司的任何利益关系人也不得侵吞藏匿公司的财产。就所有者与经营者的委托代理关系而言，所有者只有确保公司法人财产权的完整性，经营者才能全面有效地履行所有者所赋予的责任。也就是说保证公司法人财产权的清晰性和完整性是经营者履责的前提。

3.2.2　分工理论及其诠释

亚当·斯密最早提出了劳动分工理论，在当时起到了十分重要的作用。通过劳动分工劳动效率大大提高。劳动分工理论是分工理论的起点，为后来分工理论的发展奠定了基础。后来的专业分工、管理职能分工、社会分工等理论，都与斯密的这一学说有着"血缘关系"。分工发生在微观和宏观两个层次：微观层次的分工是劳动分工。劳动生产力提高的最大推动力是运用劳动力时所表现出的更大的熟练、技巧和判断力，显然这都是分工的结果。宏观层次的分工是社会分工。社会分工是社会经济不断发展的结果，但社会分工又进一步推动了社会经济的不断发展。分工理论一方面强调了专业化和专家化所带来的好处；另一方面在专业化分工的基础上只有实现协同才能最终实现生产力的最终提高，分工而不协同，分工的效力就不可能实现。

自然人企业所有权与经营权不分离，从而所有者与经营者也没有进行专业分工。两权分离的公司制企业所有权与经营权相分离，其前提是所有者与经营者的专业化分工。在企业形态的演变过程中，由于自然人企业的所有者又充当经营者，一方面所有者的经营能力受其自身自然能力和社会能力的局限并非最优秀，因此，从社会生产力提高的内在必然看，必须要形成专业化和专家化的经营者；另一方面在企业经营管理的实践中一些优秀的经营管理人才脱颖而出，使得他们成为专业化和专家化的经营者。特别是当所有者自身经营管理企业难以为继，而相应的职业经理人市场也逐步形成和发展时，经营者的专业化和专家化成为必然。两权分离所形成的专业化分工是微观层次的分工，这种分工经历了所有者与资产经营者的分工、所有者与资本经营者的分工。资产经营者专施资产的购进、生产和销售等资产运营活动；资本经营者专施投资、资本的监管和存量资本结构的调整等资本运营活动。正是通过这种分工使得企业经营管理效率得以大大提高，企业创造价值的能力也得以大大提升。分工理论意味着所有者和经营者各自担当公司设立和运营的不同角色，正是这种不同的角色分工使得两者必须有着明确的职责权限边界。作为所有者既要承担出资的职责，也要享有出资者的权益；作为经营者既要承担经营的职责，也要享有经营者的权益。如何清晰界定专业分工下两者的职责权限边界就成为了实现所有者与经营者分工基础上实现有效协同的前提。由于分工存在于所有者与资本经营者、所有者与资产经营者、资本经营者与资产经营者之间，所以界定两者的职责权限的边界就进一步演化为这些两两之间的职责权限的边界界定。

所有者与经营者的专业化分工带来了公司经营管理效率的大大提高，从而使得公司的收益能力也大大增强。如果说在所有者既行使所有权又行使经营权的条件下所取得的收益是一定的前提下，那么通过专业化分工公司所带来的超额收益就必须在各分工主体之间进行合理分配。这种分配的结果使得所有者和经营者都能分享分工所带来的红利，如果两者分享的红利不能实现有效地利益均衡，分工效应就很难实现。事实上，分工理论表明所有者和经营者的关系是专业分工关系，所有者出资、经营者经营是其分工的内容。专业分工关系意味着所有者与经营者在公司的设立和运营中两者承担的专业角色不同，他们不仅是专业化的分工者，更是相互的合作者，分工与协作两者须臾不可分离，是一个问题的两个方面。一方离开了另一方谁都不能实现自己的专业行为目的。正是在这个意义上讲，作为分工者的所有者和经营者，他们在地位上具有同等重要性，只有相互协同才能真正使公司制企业的效率大大超出自然人企业。既然所有者与经营者是分工后的"一根藤上的两个蚂蚱"，在专业分工的基础上如何实现两者行为的协同化或者一致化就成为两权分离的公司制企业能否真正实现其效率的前提。为此，最重要的是必须使所有者和经营者的利益达成一致。通过所有者和经营者的分工及其分工后的协同能够大大提升公司的经营效率，从而使公司的收益不断增加，并使所有者和经营者都能够共享这部分收益。只有当分工所产生的收益为分工的各方共享并实现两者的利益均衡时，分工后的协同才能真正实现，这里除了共享还必须要使共享的方式合理有效。

如果说产权理论主要诠释了两权分离的根本前提是法人财产权的独立存在和清晰、完整，那么分工理论则诠释了只有在法人财产权已经存在的前提下，经营者才可能在专业化分工的条件下以经营专家的身份担当经营之责，所有者充当出资角色与经营者充当经营角色的专业分工才能实现。

3.2.3 委托代理理论及其诠释

委托代理理论是契约理论的主要内容之一。所研究的委托代理关系是指一个或多个行为主体根据一种明示或隐含的契约授权相关联的行为主体为其提供服务，为了让这些主体的服务得以实现同时配置相应的权利，并根据提供服务的效果（包括数量效果和质量效果），让其分享相应的收益。授权者就是委托人，被授权者就是代理人，他们之间形成委托代理关系。委托代理源于专业化分工，由于专业化分工可以提高效率，委托代理也就成为可能。只要形成了专业化，被专业化的相关各方就必然会产生一种相关关系，这种关系就是委托代理关系。在这种关系中，代理人由于其专业优势而代表委托人的意愿进行行为。罗斯最早提出了现代意义的委托代理概念："如果当事人双方，其中代理人一方代表委托人一方的利益行使某些决策权，则代理关系就随之产生。"委托代理理论认为：委托代理关系形成于生产力的不断提高以及相应的规模化生产。生产力的发展使生产的规模不断扩大、生产的复杂程度不断提高，委托人由于种种原因不能有效地行使所有的权利，而不得不寻找代理人行权；同时相伴而生，所必需的专业化分工产生了具有专业知识的代理人，他们在特定的专业领域能够代理委托人行使权利。

对于所有权和经营权分离所导致的所有者和经营者的分离，委托代理理论和分工理论的诠释具有相同的基础但却存在明显的差异。它们的基础都是专业化分工，没有专业化分工既不存在分工理论对两者分离的诠释，也不存在对委托代理理论对两者分离的诠释。专业化分工使所有者的出资职能与经营者的经营职能相分离，也使所有者与经营者之间产生了委托代理关系。分工理论强调所有者的出资职能与经营者的经营职能的分工与协作，两者不可或缺。而委托代理理论强调所有者委托经营者受权经营，从而所有者与经营者之间形成了委托受托经济责任关系。两者之间的地位并不是完全相同的，如果仅仅只是从专业化分工的角度考察两者，两者都不可或缺从而形成了同等重要性。那么，一旦两者在分工基础上正式形成合作契约，就必然会产生委托受托契约关系。委托受托契约关系从签约的视角看签约双方的地位平等，但签约后就签约的内容以及合约的履行看，签约双方就形成了委托代理关系。签约后所有者与经营者的委托代理关系至少包含了以下特征：所有者相对于经营者是处于委托方的有利位置，是所有者委托经营者受权经营，具有不可逆性；经营者受所有者的委托承担经济责任，经营者是委托受托关系中的责任主体；经营者接受所有者的授权进行经营。一旦经营者不能按照所有者的要求履行经济责任，所有者可以收回授权；在经营者履行所有者所赋予的经济责任的过程中，所有者享有监控的权利，以确保经营者能够履行所有者所委托的责任。总之，在所有者与经营者的委托代理关系中，经营者如果不能按照双方签订的契约行事，所有者享有对经营者解聘的终极权利。正如我们在讨论公司法人的法人财产权时所指出的那样，公司在对外行使法人财产权时，享有完整的权利，作为法定代表人的经营者也享有完整的权利，这是分工所致；在公司内部所有者所享有的出资权与经营者所享有的经营权是一种授权受权关系，它是内部产权关系，在这种关系中公司法人或者经营者并不享有完整的财产权利。从法理上，财产权可以分割、让渡和配置，所以所有者将一部分相关权利交给经营者是一种理性的选择。这时，公司的法定代表人——经营者拥有了所有者所赋予的相关权利。授权一方所愿意授权的大小以及受权一方期望接受权利的大小是双方合作博弈的结果，取决于博弈双方的力量较量，这是委托代理契约关系所致。所有者与经营者之间的这种权利安排，本身就是一种契约设计，其目的也是为了尽可能地减少交易成本。正因为能降低交易成本，才有存在的基础。按照公共选择理论，由众多的所有者或者股东对公司经营进行决策，其交易成本会大到得不偿失，并使公司经营无法正常进行。这就有必要选择专家化的经营者作为代理人对授权的事项通过一次性决策替代股东无数次的决策。

既然所有者与经营者之间存在委托代理关系，经营者就必须履行所有者所赋予的经济责任。只有在能够履行这种责任的前提下，所有者才能够授权经营，履责是授权的前提，所以经营者与所有者的关系也可以称为委托受托责任关系。在这种委托受托责任关系中，经营者的受托责任主要包括财产责任、经营责任、法律责任和会计责任。财产责任是指经营者必须保证所有者投入的财产的安全，当所有者以资本形式投入公司时，就是要实现资本保全；经营责任是指经营者必须通过经营所有者投入的财产为所有者带来更大的收益。当所有者以资本形式投入公司时，就是要实现资本增值。法律责任一方面是指经营者必须按照国家法律的要求开展经营活动，不可越过法律红线；另一方面是指经营者必须按照公司章程开展经营活动。公司章程实质上就是委代理契约，在这个契约中明确地规定了所有者与经营者各自的职责权限或者说权利义务关系，双方必须共同遵守。会计责任是指在两权分离的条件下所有者为了了解经营者三项责任的履行情况，经营者必须向所有者提供相应的财务会计报告。该报告必须全面、真实、可靠地反映经营者履行责任的情况，并且提供的报告必须具有相关性和及时性。正由于经营者要履行所有者赋予的经济责任，就必须要对经营者的履责赋予相应的权利，只有做到权责对称，所有者与经营者之间的职责权限或者说权利义务关系才能清晰界定。正因为所有者与经营者之间存在这样的委托受托责任关系，如何合理有效地确定这种责任关系的内容以及这种内容的表达形式就成为了委托代理契约的核心，它至少包含了三个极为重要的方面：一是经营者到底承担哪些受托责任，这些受托责任以什么数量和质量指标进行规定；二是为了确保经营者能够有效地履行责任，并且不会导致所有者与经营者由于权力界定不清而发生责任推诿，所有者如何根据经营者所承担的责任恰当地进行授权；三是怎样才能科学合理地评价经营者履行受托责任的业绩，并根据业绩的好坏确定经营者应该获得的报酬。这里关键是业绩评价的标准以及报酬的支付形式。

如果说分工理论主要诠释了所有者承担出资之责而经营者承担经营之责的专业化分工所导致的企业经营管理效率的提高，那么委托代理理论则是诠释了在分工的条件下只有合理有效地形成所有者与经营者之间的委托代理关系，才能真正实现分工所带来的经营管理效率的提高。委托代理关系是一种委托受托责任关系，委托受托责任关系是以责任履行为内容、以授权为基础、以利益分享为目的的完整的权责利关系体系。

3.2.4 信息不对称理论及其诠释

信息不对称理论是指在市场经济活动中，有关交易的信息在交易双方的分布是不对称的。表现为交易的一方比另一方拥有更多的相关信息，并且交易双方都非常清楚各自在信息占有方面的相对地位。拥有信息优势的一方，往往处于比较有利的地位；而处于信息劣势的一方，则往往处于比较不利的地位。由于信息的这种不对称状况，必然会导致交易完成前的逆向选择和交易完成后的背德行为（道德风险）。逆向选择是指交易双方在合同签订之前，进行交易的一方拥有某种信息优势，而这种信息优势可能影响另一方的利益。拥有信息优势的一方可能利用这种信息优势做出对自己有利、而对另一方不利的事情，市场效率以致整个经济效率就会相应降低。在经理人市场上，所有者和经营者在签订委托代理合约之前，经营者具有信息优势，他熟知自身的经营能力，而所有者却对此不具有信息优势，结果有可能导致所有者选择的经营者并不是理想的或最优的，甚至可能是拙劣的经营者。道德风险则是指交易双方在签订合同之后，拥有信息优势的一方在使自身利益最大化的同时可能损害另一方的利益，并且不对这种损害承担后果。在经理人市场上，所有者和经营者在签订委托代理合约之后，由于所有者远离经营现场，经营者必然具有信息优势。加之所有者与经营者的效用函数不一致，所有者追求自身利润最大化，而经营者追求薪酬收入、奢侈消费和闲暇时间最大化，这必然导致两者的利益冲突。

事实上，在两权分离的条件下，所有者必然要选择优秀的经营者，否则两权分离就失去了存在的意义；在选择优秀的经营者后，必然赋予经营者相应的经济责任，并通过激励和约束机制促使经营者履行经济责任；而经营者必须向所有者报告经济责任的履行情况，并据此评价其经营业绩的好坏。在所有者选择优秀经营者的过程中，为了防止逆向选择，必然要求经营者提供其经营能力的相关信息，这种信息的提供也逐步向专业化和专家化的方向迈进，猎头公司的产生就是这个原因；在所有者监控经营者履行经济责任的过程中，一方面要求经营者提供履行经济责任的动态信息，另一方面所有者也有必要采取有效的措施对经营者履职过程进行监控，包括建立健全有效的内部控制制度和公司治理机制，形成科学合理的风险管理体系等。其最终的目的就是过程的控制能够自动实现的结果（履行所有者所委托的责任）；在所有者评价考核经营者履行经济责任的过程中，首先，必须要经营者提供履行经济责任的会计报告。其次，必须要对会计报告的真实性进行鉴证，这种鉴证也逐渐向专业化和专家化的方向迈进，审计师的产生就基于此。在会计报告真实可靠的基础上，再对经营者进行业绩评价和考核，这里关键是什么样的会计报告信息能够揭示经营者的真实业绩、反映经营者的能力。在整个过程中，无不表明信息的重要性。信息的透明度越高，信息的不对称性程度就越低，所有者与经营者的委托代理关系的协同性就越高，两权分离的经济效应也就越大。从这个意义出发，即使所有者与经营者之间的信息不对称是必然的，但整个趋势也是必须不断地改善这种不对称性，这既是实现两权分离的前提，也是不断提供两权分离的经济效应的内在必然。

如果说委托代理理论主要诠释了在分工的条件下，只有合理有效地形成所有者与经营者之间的委托代理关系，才能真正实现分工所带来的经营管理效率的提高。那么，信息不对称理论一方面说明了委托代理关系中最为重要的关系是信息的对称性关系，或者说对处于信息优势一方的经营者必须约定其信息披露的各种规则，两权分离才能实现并发挥其效应。另一方面如何保证经营者按照约定的各种规则披露信息，使得"有法必依，有法必行"就要求所有者要建立科学有效的监管体系和监管机制。只有这两者的有机结合，才能不断地降低所有者与经营者之间的信息不对称程度，使得所有者与经营者的委托代理关系处于不断协同的状态。

3.2.5 公司治理理论及其诠释

广义的公司治理是指公司的权力安排；狭义的公司治理是在公司所有权层次上所有者如何向经营者进行授权并确保经营者有效行权。公司治理理论从其目的出发又分为以维护所有者权益为基础的单边治理理论和以维护利益相关者权益为基础的多边治理理论。由于这里主要讨论作为出资者的所有者与作为受托人的经营者两者的委托代理关系，所以主要以单边治理理论为基础进行诠释。单边治理理论认为：公司作为法人，必须具备人和物两个基本的要素，公司是一个由物质资本所有者组成的联合体。公司的权力必须在所有者之间分配，因此，公司法人治理结构所要解决的基本问题是所有者通过激励和约束制度的设计使经营者在自己的利益范围内从事经营活动。主要的内容包括：（1）作为公司所有者的股东不仅对公司的财产享有"剩余索取权"，而且还对公司的经营享有最高、最后的直接控制权。（2）股东大会与董事会之间是一种信托关系，董事会对股东负信托责任。（3）董事会与高管之间是一种委托代理关系，董事会负责聘任或者解聘高管人员，高管人员在董事会的授权下从事经营活动并受董事会的监督。

从公司治理理论不难看出，在两权分离的所有者与经营者的委托代理关系中至少存在两个层次的关系，即股东大会与董事会之间的委托代理关系、董事会与高管层之间的委托代理关系。为了确保每一个委托代理关系中的信息的对称性程度的不断提高，特别是防止逆向选择和背德行为的发生，必须要分层构建激励约束体系。由于股东大会与董事会、董事会与高管层委托代理关系的内容和实现方式不同，由此所构建的激励约束体系也必然存在差异。同时，作为公司所有者的股东大会享有最高、最后的直接控制权，那么这些直接控制权的内容和实现方式究竟是什么，必然对两个层级的委托代理关系的有效协同形成直接的影响。只有在这些方面建立健全有效的公司治理体系，两权分离才能实现，两权分离的经济效应才能不断提高。

如果说信息不对称理论说明了委托代理关系中最为重要的关系是信息的对称性关系，从而必须要不断地减少信息不对称以避免逆向选择和背德行为的发生，那么，公司治理理论则表明在多重委托代理关系中，为了确保信息的对称性和避免逆向选择和背德行为的发生，必须要在公司内部建立一套科学合理的内部治理机制。通过这一机制的有效形成既能为两权分离提供最终前提，也能为两权分离的有效运转提供基础保障。

上述各种理论，实际上为国有企业的出资者与经营者科学合理地划定权力边界、协调两者之间的权利义务关系提供了依据，也为国有企业的国有资产管理由以管资产为主向管资本为主转变提供了方向。

3.3 出资者管资本的边界与出资者财务

两权分离使得公司制企业得以形成，公司制企业以法人的形式而存在，任何出资者只以其出资的财产对公司承担有限责任；而自然人企业以自然人的形式存在，任何与企业经营相关的自然人以其自身的全部财产承担无限责任。在公司制企业中，出资者的财产所有权与公司的法人财产所有权相分离，经营者在从事经营活动时以法人财产所有权为基础对外行使权利并承担责任，享有完整的法人财产权权利。但是，对内就出资者与经营者的关系而言，由于法人财产所有权的形成基础是公司的出资者通过出资而投入公司的财产，也就是说，如果没有出资者通过出资投入公司的财产，公司的法人财产权就失去了赖以存在的基础。在两权分离的条件下，出资者与经营者之间的最基本关系就是委托受托关系，这种关系的发生、存在、实现都无不以出资者对经营者的授权为基础。也就是说，经营者必须在出资者的授权范围内从事经营活动，经营者并不享有自然人企业条件下既是所有者又是经营者的所有权利。至少作为出资者仍然享有所有权权利，所谓两权分离条件下受托经营者的权利只是经营权，而且，所有权权利的主体最终可以决定是否对经营者进行经营授权。尽管如此，一旦公司制企业形成，在公司章程所确定的经营期限内，出资者不得退资，但可以转让，这不无说明公司制企业的法人财产权的独立性和规范性。与此同时，经营者依托法人财产所有权从事经营活动，其经营权也应该具有完整性。如果经营者的经营权不完整或者得不到依法有效保护，不仅法人财产所有权的独立性难以有效实现，而且，经营者的受权权利与所承担的责任不匹配，引起两权分离的边界不清晰，以致出资者与经营者的委托受托契约关系难以真正顺和有效协调，两权分离的目标最终无法实现。所以，在两权分离的公司制企业，一方面必须确保在对外关系中公司法人财产所有权的独立性和完整性；另一方面，在对内关系中必须明确地界定出资者的所有权与经营者的经营权的合理边界，从而实现经营者所承担的经营责任与履行这种责任所必要的授权的有效匹配，同时，也能保证经营者作为公司的法定代表人在对外关系中能够依法独立的行使法人所有权权利。

3.3.1 所有权与经营权的形成和边界

既然公司制企业是以两权分离为基础形成的，准确和清晰地界定所有权与经营权的边界就成为了两权分离的前提。根据产权理论和分工理论的原理，至少在两个方面存在明确界定所有权与经营权的必要以及两者之间的基本边界：

第一个方面，公司一旦形成就以独立的法人而存在，独立的法人拥有自己的财产，从而形成法人财产所有权。法人财产所有权是经营权存在的基础，也是界定出资者的所有权与经营者的经营权边界的前提。公司拥有法人财产所有权表明它与出资者自身的财产所有权相分离，这种分离意味着：一是公司的财产不是出资者自身的财产，它具有自身独立的形态，这不仅表现在数量上的不同，而且也表现在这些财产的用途不同。数量上的不同是由于有限责任所导致的，而用途上的不同则在于并非出资者自身的财产都用于经营活动，也必然要用于消费活动，但出资者投入到公司的财产只能用于经营活动。既然出资者投入公司的财产只能用于经营活动而不得用于消费活动，公司的法人财产就成为一种具有特定用途的财产，必须区别于出资者自身的财产。二是在两权分离的条件下，经营者拥有经营权，经营者为了对外从事经营活动行使经营权，必须要以公司的法人财产权作为基础，否则，经营权就成为了无本之木、无水之源。早期的两权分离主要是所有权与资产经营权或者商品经营权相分离，经营者为了从事经营活动就必然要与公司外部发生各种经济关系。在市场经济条件下，这些外部经济关系本质上都体现为公司法人与外部各利益主体之间的财产关系。公司主要通过市场与外部各利益主体之间发生关系，市场是交易的场所，公司法人与外部各利益主体之间的关系就是交换关系，而交换本质上就是财产权的转移。公司法人与外部各利益主体之间的交换关系是通过各种交易活动而产生、处理、协调和终结的。两权分离的条件下，公司与外界发生的各种交易活动都是由经营者进行的，包括购销活动、借贷活动等，所有这些交易活动都与公司的法人财产密不可分，如果经营者不能享有公司的法人财产所有权，也就不可能对外从事这些交易活动，两权分离后经营者所享有的经营权也就变成了一纸空文。三是在两权分离的条件下，经营者拥有经营权，经营者行使经营权也体现在进行内部经营活动上。内部经营活动包括采购的原材料和产品的出入库、对原材料进行加工生产出顾客需要的产品、将生产的产品转移至销售部门进行销售准备等。进行这些经营活动，必然伴随着人、财、物等不可或缺的要素的流动，这一方面会引起这些要素自然性态的变化，另一方面也会产生价值转移，并构成最终产品的转移价值部分。在进行内部经营活动的过程中，无论是各种要素的流动，还是伴随各种要素流动所发生的价值转移和价值创造的活动，都无不以公司法人财产权作为基础。如果没有公司法人财产权，经营者就不能对公司所拥有的法人财产进行实际的占有、使用、处置和分配。财产的占有、使用、处置和分配权既是所有权的集中表现，也是经营权的存在基础。如果经营者不能对公司的法人财产享有占有、使用、处置和分配的权利，在经营活动过程中的各种要素的流动以及伴随各种要素流动所发生的价值转移和价值创造行为就不可能发生，经营权权利就根本无法行使，所有权与经营权的分离也不可能实现。

　　第二个方面，公司一旦产生就形成所有权与经营权分离，这种分离是专业化和专家化的结果。经营者作为职业经营专家行使经营权，而所有者只行使所有权，经营权成为了一种相对所有权独立存在的权利形态。在自然人企业，理论上和实际上根本就不存在所有权与经营权的两种权利的属性划分，原因在于自然人自己的全部财产与其用于经营的财产之间根本就不存在财产边界，是合二为一的。既然如此，就不可能产生自然人专门用于投入经营活动的财产及其相应的财产权，也就不可能产生对这部分相应财产的经营权。自然人用于消费和用于经营的财产是没有边界的，也就不可能产生与经营权相对应的所有权，没有相对应的所有权当然就没有经营权存在的可能。公司法人财产权一方面表明了所有者对公司所投入的财产是其形成的基础，另一方面，它也为公司经营者的经营权提供了基础。从这个意义出发,所有者的全部财产与投到公司的财产的分离是两权分离的形成前提,也是经营权能够独立行使的存在前提。一旦公司的所有权与经营权相分离,这两种权利就必然存在明确的边界,它不仅是公司的经营者作为分工结果的专家行使权利的前提,也是经营者作为所有者的受托人履行责任的基础。只有责任而没有权利,经营者很难履行责任,即便是履行了责任,由于权利的不对称也很难进行业绩评价,归结起来,经营权是一种相对所有权的独立权利。由于两权分离经历了一个历史的变迁,最早是所有权与资产(商品)经营权的分离,后来又产生了所有权与资本经营权的分离,由此就形成了资产经营权和资本经营权。这两种经营权的经营对象不同,也就决定了这两种经营权内容的不相同。就资产经营权而言,至少表现在以下几个方面:一是所有者向公司投入资本,为了进行资产经营,经营者必须将所有者投入的资本转化成用来从事经营活动的资产。在将资本转化为资产的过程中,经营者必须拥有将资本用来购买和建造资产的权利,也必须拥有为了有效从事经营活动而合理布局资产结构的权利;一旦资本转化为资产,经营者为了开展经营活动,必须享有对资产的实际占有、使用、处置和分配的权利。这两者是经营者进行经营活动的基础,经营者从事经营活动不是以投入的资本作为经营的对象,而是以投入的资本所转化而成的资产作为经营的对象,这就是资产经营的本质。二是当所有者投入公司的资本转化为从事经营活动的资产后,经营者按照所有者所设定的经营范围,川流不息永续地展开各项经营业务。这些经营业务的权利不仅是经营者在两权分离后作为分工的经营专家所必然享有的权利,而且也是所有者在两权分离后委托受托契约中授权经营者的基本权利,即所有者主要享有出资权,而经营者主要承担经营责任,为实现权责对等也必然要享有经营权利。实际上,经营者的经营权就是表现为运用公司法人所拥有的全部资产,进行购进、生产、存储、销售和售后服务等全部业务的决策权、执行权以及执行过程的控制权。同时,为完成这些经营业务也必须要有其他配套的或附属的业务活动,如为进行经营业务必然需要资金,经营者就享有与此相对应的财权;进行经营业务必然需要人力资源,经营者就享有与此相对应的人事权;进行经营业务必然需要使用物的资源,经营者就享有与此相对应的对物的占有、使用、处置和分配的权利。在早期的所有权与资产经营权相分离的条件下,所有者仍然保留了对公司的投资权,投出资本后对经营者将这些资本转化成资产并进行经营的监管权,以及对投出资本的总量和结构进行调整的权利。伴随着所有权与资本经营的分离,所有者的这些权利进一步授权给资本经营者。就资本经营权而言,也至少包括以下方面:(1)所有者向公司投入资本,为了进行资本经营,经营者必须将所有者投入的资本一方面转化成用于经营活动所需要的各种资产为经营业务提供物质基础;另一方面也直接将所有者投入的资本再投入到从事资产经营的企业中去,从而直接开展资本经营业务活动。当所有者投入的资本转化为各种资产后,经营者为了开展各种经营活动,就必须对这些资产享有占有、使用、处置和分配权。(2)资本经营者所从事的资本经营活动包括对外投出资本,监管资本的运用,以及对存量资本结构进行调整,所有这些活动只要在所有者所规定的风险控制范围内,经营者就享有决策权、执行权和执行过程的监督权。为了保证资本经营业务的有效进行,也必须要有其他配套的或附属的业务活动,包括资金的筹措和使用、人力资源的配备以及为进行经营业务所必需的物力资源的配备,为此经营者就必须享有相应的财权、人事权和相应的物力资源的占有、使用、分配和处置的权利。可见所有权与资产经营权和资本经营权相分离后,资产经营者和资本经营者所享有的经营权利因所承担的经营责任的内容不同而存在明显的差异。

  两权分离使得经营者享有了经营权,但所有者仍然拥有所有权。那么所有权表现在哪些方面?两权分离经历了所有权与资产经营权的分离以及所有权与资本经营权的分离,由于所有者的经营权经历了这样两次专业化和专家化分离,相应所有者所拥有的所有权也会存在差异。就所有权与资产经营权的分离而言,所有者所拥有的所有权主要包括:第一,最重要也是最基本的权利是对经营者的聘用权。两权分离的委托受托关系之所以能够发生和存续,是由于所有者愿意聘用经营者。如果所有者不乐意聘用经营者而是自身经营,根本就不存在两权分离的可能性。正因为聘不聘用经营者取决于所有者的意愿,也就成为了所有者的最重要和最基本的权利。聘用权实质上内含了所有者与经营者之间的委托受托责任关系,所有者必然对经营者赋予经营责任,经营者必然对所有者承担责任,只有两者达成一致,聘用合约才能达成。聘用权实际上还包含了对经营者的业绩考核和评价的权利,这种权利决定了经营者是不是能够被持续聘用,从这个意义出发它仍然属于所有者聘用权的内容。第二,当所有者聘用经营者时,也就意味着所有者愿意将自身的资本投入到公司,决定对公司投资或者不投资也取决于所有者的意愿。所有者之所以愿意将自身的资本投入到公司是因为公司能够为所有者带来所期望的投资报酬，这一报酬的实现不仅取决于经营者的能力还取决于公司的内外部环境。所以，如果说聘用经营者只是对经营者个人能力的分析和判断，那么决定对公司进行投资则是对整个公司（包括经营者能力）未来发展趋势的分析和判断。所有者所期望的投资报酬实质上是指所有者进行投资的风险偏好，每一个作为投资人的所有者都有其投资的风险预期以及与这种预期相适应的报酬率。所有者正是根据这种风险预期所适用的报酬率决定其投资的方向和投资的规模。由于所有者投入公司的资本转化为资产后，相应的投资风险就转化为资产经营风险，所有者为了确保自身投资风险偏好的实现，必然要锁定经营者进行资产经营的风险。也就是说在所有权与资产经营权相分离的条件下，投资者风险偏好的选择和实现是通过资产经营风险的控制得以体现的，所有者的投资风险偏好必将贯穿在经营者的经营的各个方面和经营的全过程。而当资产经营风险的大小与所有者的投资风险偏好不一致时，与此相应的经营行为就会被所有者调整和约束。第三，当所有者将自身的资本投入公司由经营者进行运营后，所有者享有对公司资产经营活动进行监管的权利。监管的目标就是要确保经营者的行为不得损害所有者权益，并符合所有者的风险偏好。就前者而言，最低的目标就是不得以任何形式（如化公为私、在职消费）侵吞所有者投入的资本，最高的目标是通过采取有效的激励措施使得经营者在符合所有者风险偏好的前提下，实现所有者利益最大化。第四，所有者可以根据自身的意愿决定是否追加资本或者减少资本，对于投出的资本可以根据自身的意愿决定是否退出或者转让、是否与其他所有者投出的资本进行整合，也就是凡涉及资本权益变动的事项，所有者都拥有最终的决定权。第五，所有者享有对收益的分配权，所有者投资的根本目的就是为了实现收益最大化，但并非所有的收益都归于所有者，所以，所有者通过与其他收益分配主体的讨价还价确保自己的分配份额，在此基础上，进一步确定归属于自己的收益是否留存于公司还是进行分配。第六，所有者拥有对公司存续、分拆、合并、终止的最终裁决权，原因很简单，公司是通过所有者投入资本而形成的，所有者必然拥有最终裁决权。

就所有权与资本经营权相分离而言，所有者的权利既有与上面相同的部分也存在明显的差异。主要在于资本经营权主体并不直接从事资产经营活动，而主要是受托所有者行使投资专家的职能。所有者相对于资本经营权主体仍然拥有的所有权包括:(1)聘用经营者的权利。由于资本经营不同于资产经营,在所有者与资本经营者的委托受托责任关系中,受托责任的内容存在明显的差异,从而导致所有者对经营者的聘用所确定的标准、对经营者的业绩考核和评价的内容也存在明显的差异。如果说资产经营者对所有者的受托责任主要是通过资产经营实现利润最大化,从而实现所有者投资报酬最大化,那么,资本经营者对所有者的受托责任主要是通过资本经营,更直接地说是通过对外投资,不仅要实现所投项目的利润最大化,更要实现资本利得的最大化,后者是资本经营的直接收益。资本经营者毕竟已经代替所有者行使投资专家的功能,所以,对资本经营者的受托责任的确定以及相应的业绩考核或评价都必须围绕投资及其相关活动进行。(2)投出资本的权利。无论资产经营或者资本经营都离不开所有者的出资,当资本经营权从所有者的权利中分离出来后,所有者并不直接对资产经营的公司行使出资权,但必然对资本经营的公司直接行使出资权,并通过资本经营公司对资产经营公司行使间接的出资权。没有所有者对资本经营公司的直接出资,资本经营主体就不存在行权的基础,所有权与资本经营权就不可能分离。所有者对资本经营公司的出资既是资本经营的起点,也是资本经营的基础。任何所有者在对资本经营公司进行出资时都有自身所期望的投资报酬,这种投资报酬是与投资的风险偏好相对应的。所有者的这种投资的风险偏好是直接通过资本经营公司的对外投资活动得以发生和实现,或者更直接地说,在所有权与资产经营权相分离时,所有者的投资风险偏好是直接通过资产经营活动得以发生和实现,而在所有权与资本经营权相分离时,所有者的投资风险偏好不再直接通过资产经营活动得以发生和实现。尽管如此,资本经营公司对外投资活动的风险控制必然最终表现在资产经营公司的经营风险上。所以,所有者的投资风险偏好的传导机制是所有者通过投资方向和投资规模的选择将自身的投资风险偏好传导给资本经营公司,资本经营公司按照所有者的投资风险偏好通过投资方向和投资规模的选择将投资风险的偏好进一步传导给资产经营公司,并通过资产经营公司经营风险偏好的选择、发生和实现确保出资者投资风险偏好或者说期望的投资报酬的最终实现。不难看出,资产经营公司的经营风险偏好是所有者投资风险偏好实现的最终基础。所有者为了实现自身的投资风险偏好,必然要对资本经营公司对外投资的风险偏好进行控制，这与所有者对资产经营公司的经营风险偏好的控制存在明显的不同。而当资本经营公司对外投资风险的大小与所有者的投资风险偏好不一致时，与此相应的经营行为就会被所有者调整和约束。实际上，所有者是根据自身的投资风险偏好与资本经营公司投资的风险类型的相适性对资本经营公司做出最终的选择。（3）监管资本运用的权利。一旦所有者对资本经营公司出资，就必然要对其资本的运用进行监管，由于资本经营公司主要是从事投资活动，对资本经营公司监管的内容、监管的标准、监管的方式与资产经营公司也必然存在差异。除了监管资本经营公司不得侵吞所有者的资本以及通过成本获得个人消费外，更为重要的是必须确保资本经营公司的投资风险不能超出所有者的风险偏好。正因为这样，资本经营公司的经营范围、经营类型的选择以及内部的组织构造都必须要考虑所有者对投资风险控制的要求。所有者为了激励资本经营公司的经营者实现投资报酬最大化也必然要采取与资本经营相应的激励机制。（4）收益分配的权利。在所有权与资产经营权相分离时，只存在资产经营公司对所有者一个层次的收益分配。而在所有权与资本经营权相分离后，不仅存在资本经营公司对所有者的收益分配，而且也存在资产经营公司对资本经营公司的收益分配。收益分配的层次体系是，资产经营公司对资本经营公司进行分配，资本经营公司再对所有者进行分配。由于所有者享有收益分配权，其收益分配的权利传导机制则是所有者确定对资本经营公司收益分配的要求，资本经营公司根据这一要求再确定对资产经营公司的收益分配要求。资本经营公司一方面必然从资产经营公司分享投资收益，另一方面通过自身的资本经营也会取得收益。所有者在确定对资本经营公司收益分配的要求时就必然要综合考虑两者的收益，并通过资本经营公司直接取得分配的收益。在所有者行使收益分配权时也必然要考虑两者（资本经营公司和资产经营公司）的可持续发展。现实中，为了实现这两者的协调就产生了资本经营预算与资产经营预算（也称资本经营预算与生产经营预算）相衔接的问题。

　　无论对于资产经营权还是资本经营权，所有者都拥有作为出资者的终极权利，这种权利就是法律意义上的所有权，包括所有者出资、撤资、转移资本、资本融合等的权利。一言以蔽之，凡涉及所有者权益变动的一切行为，所有者都享有最终决定的权利。同时，在经营者进行资产经营和资本经营的过程中，其经营行为不得改变所有者的投资风险偏好，如果改变必须得到所有者的认可。

3.3.2 出资者财务与经营者财务的形成和边界

长期以来财务行为只是由财务部门进行，伴随两权的分离，原有财务部门的财务行为仍然存在，而所有者和经营者的分工使得财务的主体进一步从财务部门扩展到所有者和经营者，由此形成了出资者财务和经营者财务。之所以称出资者财务而不是所有者财务，是因为两权分离后，所有者成为了终极出资者，终极出资者通过投资向资本经营公司出资，而资本经营公司又通过投资向资产经营公司出资，如此衍生就形成了出资者系列。任何一个层级的出资者都必然要行使财务权利，也就形成了出资者财务。

在两权分离后，所有者将经营权受托于经营者，资产经营者获得了从事资产的购进、生产、存储和销售的基本权利，资本经营者获得了代行所有者投出资本、监管资本的运用和存量资本结构调整的基本权利。从事这两种经营活动，都需要人、财、物的投入，经营者也必然享有相应的人权、财权和物权。尽管如此，所有者仍然拥有所有权，无论对于资产经营者还是资本经营者，一方面所有者拥有对所出资公司的财产的终极所有权，另一方面凭借这种终极所有权可以对所投资的公司行使出资者权利。出资者的权利主要表现在两个方面：一是凡涉及出资者在公司的所有者权益的变动都必须得到出资者的认可，二是凡涉及出资者的投资风险偏好被经营者或者公司改变时，也必须得到出资者的认可。那么这两种权利与财务有着什么样的直接联系呢？

首先，必须明确的是在两权分离以后，出资者的所有权与经营者的经营权必须有着明确的边界。当所有者授权经营者进行经营以后，所有者不仅要赋予经营者经营责任，而且也必须授予经营者相应的经营权利。只有实现经营责任和经营权利的对等，两权分离的经营权才是完整的。有责有权才能实现所有者与经营者委托受托关系中的权利与义务的对等；对经营者的业绩考核和评价才能建立在完整、客观和互不推诿的基础上。既然两权分离后经营者享有经营权，所有者的所有权中就不能再包含经营权的因素，所有者也不得越权干预经营者的经营权。一般而言，在微观经济活动中存在经营活动和财务活动，对资产经营公司而言，经营活动就是购进、生产、存储、销售和售后服务等活动，这是经营者的基本经营权利。为了进行经营活动，公司也必然要进行筹资、投资、营运资金管理和收益分配，进行生产经营活动也必然要进行资产的购买、占有、使用、处置等，这都属于财务活动，进行财务活动必须拥有财权。对资本经营公司而言，为了开展资本经营活动也要进行资产的购买、占有、使用、处置等，也属于财务活动。进行资本经营必须要进行筹资，在筹得资金后为了对资产经营公司形成资本关系必然要进行投资，在进行投资后为了确保资本权益和实现出资者的风险偏好必须要进行监管，通过监管并实现收益后必然要对收益进行分配，最后还必须根据所投资企业的经营状况进行存量资本结构的调整，包括增资减资、收购兼并、合并分立、撤资终止等。不难看出，进行资本经营的公司的经营行为本身就属于财务的范畴，属于财务行为。由于资本经营公司受托所有者代行出资者的功能，所以，相对于资产经营公司而言，资本经营公司的经营行为就是出资者的财务行为。与终极出资者的差别主要表现在它是专业化、专家化、公司化和规范化的出资主体。尽管资本经营公司自身的经营行为与其作为出资者的出资行为基本是合二为一的，并且属于财务范畴。但是，资本经营公司仍然是经营主体，享有的是资本经营权，在两权分离的条件下，所有者也不得干预这种经营权。

从上面的分析可以看出，无论资产经营还是资本经营的公司都主要从事经营活动，并享有与此相应的经营权。在经营的过程中为了满足经营活动的需要必然要相伴财务活动。对资产经营公司而言，财务活动（资金运动）与经营活动（也称为商品运动）相对独立，并为经营活动提供支持；对资本经营公司而言，财务活动与经营活动两者基本合二为一，并最终表现为财务行为或者资金运动。正由于资本经营公司和资产经营公司不仅存在经营活动也存在财务活动，所以，两权分离后经营者不仅享有开展经营活动的权利，也享有进行财务活动的权利，这是经营者财务的形成基础。

站在终极出资者和作为资本经营公司对资产经营公司进行投资的出资者（法人出资者）角度看，任何出资者都应该享有所有权，并不得越权干预经营者权利。既然经营权已赋予经营者，那么出资者所享有的所有权就基本属于财务权力的范畴。两权分离后，出资者系列的各层级出资者依托出资所形成的所有权而进行的以下行为大多具有财务的属性。

行为之一是确定经营者的责任目标。在两权分离的条件下，各层级的出资者与相应的经营者之间形成了委托受托关系，这种关系的核心是委托受托责任。如果经营者不能履行所有者的委托受托责任，出资者就不会对经营者进行经营授权，而如果出资者能够凭借自身的能力通过经营活动就能实现目标，也没有必要对经营者进行经营授权。出资者所不能的正是经营者所能的，这是委托受托责任的存在基础。既然出资者必须受托责任，而经营者也愿意受托责任，出资者才愿意对经营者行使聘用权，经营者也才愿意被出资者所聘用。一旦经营者被聘用，就必须按照受托责任的要求进行经营活动，并最终实现或超过所要求的经营目标。出资者也是按照受托责任的要求对经营者进行监管，对其经营结果进行考核、评价。可见出资者对经营者的聘用、监管、考核和评价都无不以委托受托责任为基础，而委托受托责任的基本目标就是实现出资者投入资本的资本保值增值，这一目标是由一系列的财务指标和财务标准所构成的，当然属于财务的范畴。

行为之二是获取经营者履行受托责任的信息。两权分离后，各层级的出资者与相应的经营者之间产生了信息不对称，如果在聘用经营者之前出资者不能获得有关经营者能力的信息，就不可能做出选择经营者的最终决断；如果在聘用经营者之后，出资者不能获得经营者履行受托责任的过程及其结果的信息，出资者也不可能聘用经营者；为了考核经营者履行受托责任的情况，并对其实施奖罚，出资者还必须获得所投资公司的财务状况和经营成果的信息。所有这些信息主要是通过会计报表进行披露，为了确保会计报表所披露的信息真实、相关，出资者必然要确定会计信息确认、计量的标准和报告的形式。通常把这种满足出资者需要的会计称为财务会计，而满足纳税需要的会计则称为税务会计，满足出资者需要的财务会计也属于财务的范畴。

行为之三是投出资本。出资者的基本职能就是向公司投资。在向公司投资时，出资者必然根据自身的投资报酬的预期和风险偏好决定投资的方向和规模，并以此确定投入什么样的公司。投资行为是财务的基本行为。为了投资，出资者也可能进行筹资，对于终极出资人而言主要是依靠自身的资金进行投资，但当自己的资金不足时，也可以通过筹资募集资金。而对于法人出资者则主要是通过募集资金进行投资。筹资行为也是财务的基本行为。

行为之四是确定预算体系。为了确保出资者对经营者的受托责任的实际履行,出资者必然要求经营者确定详细的预算体系。该预算体系一方面必须说明经营者通过展开哪些经营活动实现受托责任目标,也可以称为基于事的预算;另一方面必须说明经营者怎样把预算指标分解落实到公司内部每一个部门和员工身上,使出资者的受托责任目标有实现的主体基础,也可以称为基于人的预算或责任预算。实际上,预算体系是出资者在两权分离的条件下对经营者实施经营监管的标准以及监管的方式,而预算体系具有基本的财务属性。

行为之五是监管投出资本的运用。出资者将资本投入公司后必然将其转化为资产,以此为基础展开经营活动。在经营活动过程中,经营者必须将出资者的风险偏好贯穿始终,当经营行为超出出资者的风险偏好时,必须受到出资者的监管或者被出资者认可。为此出资者必须确定有关风险偏好的控制标准,如经营范围的规定、资产购置规模的规定、负债筹资规模的标准等,这些标准一般都是由财务指标构成的。在经营活动过程中,经营者也必须确保出资者的资本的安全,不得侵吞资本和任意进行在职消费。为了实现资本保全,控制经营者侵吞资本和在职消费的行为,出资者必须制定有关资本保全和成本费用开支标准的各项制度或标准,这些显然都属于财务的范畴。在此基础上出资者可以通过自身也可以借助审计进行监督。

行为之六是进行存量资本结构的调整。如前所述,存量资本结构的调整包括增资减资、收购兼并、合并分立、撤资终止等行为,一方面这些行为大多是财务行为,另一方面这些行为的发生和进行都无不以会计和审计作为基础,它们或本身就是财务行为或者具有很强的财务属性。

行为之七是进行收入分配。收入分配本身属于财务管理的内容,收入分配必须以会计报表所揭示的收益信息为基础;收入分配不仅要在政府、出资者、经营者和员工之间进行,也必须在公司和出资者之间进行,前者是对全部新创造的价值在公司各要素提供主体之间进行的分配,后者是税后利润在出资者和公司之间所进行的分配。收益分配的政策和分配方式都属于财务的范畴。

总之,出资者依托出资所形成的所有权权利而进行的各项行为一般都具有财务的属性,这就是出资者财务形成的基础,它是与经营者财务相对应的。

3.4　财务管理按管理主体分类与财务管理体系

3.4.1　财务管理主体与财务管理体系

传统上，财务管理被认为是财务部门或者财务经理的行为，但事实上，即便是早期的自然人企业的财务管理也不能被认为仅仅是财务部门或者财务经理的行为。在自然人企业中不存在两权分离，财务管理最早是由企业主自己进行。随着经营规模的扩大，企业主开始将部分财务管理的事务交由会计等专业岗位办理。伴随着管理职能的分工，财务管理就成为了企业内部的专职岗位，这样就出现了财务专业岗位的财务。尽管如此，企业主仍然会担当财务管理之职，这样就形成了企业内部的两个财务管理主体，相应产生了企业主和财务管理岗位的两种财务管理。

自然人企业是无限责任主体，企业的财产是自然人自身的财产，不存在企业财产所有权与经营权分离的可能性，财务管理的主体也不会存在所有者与经营者分离的可能性。两权分离的公司制企业以法人的形式存在，实行有限责任，公司有效运行的前提是必须要由四个主体提供四种要素：（1）政府为公司运行提供环境要素，包括公共产品和公共秩序。（2）所有者为公司运行提供物质要素。现代社会物质要素都是以资金投入为基础的，所有者投入的资本最终都要转化为物质要素。除了所有者投入的资本，债权人也会向公司提供贷款，这些贷款最终也要转化为物质要素。但债权人所提供的贷款不构成对公司的所有权而只是债权，所以，严格意义上讲，所有权与经营权的分离是针对所有者而不是债权人的。（3）经营者为公司运行提供决策要素，它必须将公司的资源与外部需求有效结合起来，决定公司经营什么、怎样经营才能实现价值最大化。没有经营者的决策，公司的资源就不能与外部需求有效地结合起来，政府所提供的环境和所有者投入的资本就无法产生价值。（4）员工为公司运行提供执行要素，这里的员工是指除经营者以外的公司内部的部门、岗位的所有人员，正是通过员工的执行行为才能使得经营者的决策得以实现，公司的价值也得以最终实现。

政府为公司提供环境要素也会获得相应的收入，一般是税收收入。政府向公司征税不属于财务管理的范畴，属于公共财政的范畴，政府通过征税形成财政收入，并以此为基础安排财政支出。而所有者、经营者和员工都具有财务管理的职权，这里进行财务管理的员工主要是指财务经理，由此就形成了所有者财务、经营者财务和财务经理财务。但是，所有者财务只是以所有权与经营权相分离为基础的，这里的所有权和经营权具有理论抽象性。在现实中，所有权与经营权相分离表现为两权五层次分离：终极所有权与法人所有权相分离（公司拥有了法人所有权）、终极所有权与资本经营权相分离（产生投资公司或资产运营公司或母公司）、终极所有权与资产经营权相分离（产生生产经营公司）、以资本经营权为基础的法人所有权与资产经营权相分离（产生子公司）、以资产经营权为基础的法人所有权与部分资产经营权相分离（产生分公司），这样就形成了出资者系列和经营者系列。所以，所有者财务就转化为出资者财务，如采用所有者财务容易造成只有一个出资主体，实际上出资主体是一个系列即终极出资人向从事资本经营的公司出资，从事资本经营的公司又向从事资产经营的公司出资，从事资产经营的公司也可以对外进行出资，等等；更为重要的是，所有权与经营权分离中的所有权是从法律的角度进行诠释的，它意味着投入公司的财产最终归属权是终极出资者，不包含其他的中间出资者。而对于某一公司来说，其出资者有可能是终极出资者（国家或自然人）也可能是中间出资者（公司法人等），只有称为出资者才更具有全面性。另外，用"出资者"而不是"出资人"是为了与"经营者"相对应，这样就形成了出资者财务。所以，公司制企业按财务主体所形成的财务体系就包括出资者财务、经营者财务和财务经理财务（事实上员工也需要依其岗位的性质进行财务管理）。其中，出资者财务是区别于自然人企业的重要特征之一，在自然人企业不存在所有权与经营权分离，也就不会存在出资者财务与经营者财务的分离。

  由于终极出资者分为国家出资者和自然人出资者，也可以进一步将出资者财务分为国家出资者财务和自然人出资者财务，对于前者也有人将其称为国家财务。在这里必须注意的是，国家财政与国家财务的根本差异。国家既可以作为所有者对出资的企业行使所有权权力，也可以作为公共产品的提供者和公共秩序的维护者对所有的企业行使行政管理的权力。国家为了行使行政管理权，必然要取得相应的收入以满足行使权力的支出需要，国家通过税费的形式从企业取得财政收入，并通过财政支出将这些收入用于提供公共产品和维持公共秩序。国家的这种财政收支行为是基于国家的行政权力发生和终止的，它是针对所有的企业行使的一种权力，与单个企业的生产经营活动没有直接的关系。国家通过财政政策对所有企业的行为进行调控，但这种调控不是以国家出资者的权力为基础，而是以国家行政管理者的权力为基础。国家作为出资者对企业行使权力与国家作为行政管理者对企业行使权力有着根本的区别：

1. 行使权力的对象不同。国家作为出资者只能对所出资的企业行使权力，国家作为行政管理者可以对所有企业行使权力。

2. 行使权力的目的不同。国家作为出资者行使权力的目的是实现资本保值增值。国家作为行政管理者行使权力的目的是为了提供公共产品和维持公共秩序，从而为所有企业的生存和发展提供良好的外部环境和平等竞争的基础。

3. 行使权力的方式不同。国家作为出资者行使权力的方式是对出资企业进行直接监管和采用各种激励和约束措施或者通过间接的市场操作。国家作为行政管理者行使权力的方式是通过财政政策、货币政策和市场监管调节市场，再通过市场引导企业。所以，绝不能把国家财政混同于国家财务，更不能用国家财政代替国家财务。准确地说，国家财务是国家出资者的财务，而国家财政是国家行政管理者的财政；国家出资者的财务管理是以财产所有权为基础的，而国家行政管理的财政管理是以行政权为基础的；国家出资者财务是针对所出资的企业，而国家财政是针对整个市场和所有企业。

当然，国家出资者财务与自然人出资者财务因其出资主体的特征不同，也会存在一定的差异：国家作为出资者是单一主体，便于制定统一的出资者财务管理规定和办法；自然人出资者是由众多的自然人形成，由于各自利益的差别，无法制定统一的出资者财务的各种管理规定和办法。国家作为出资者是以国家权力为依托的，可以将出资者财务的各种管理要求以国家法律和法规的形式予以确定。自然人出资者只能表达自身的诉求，不能凭借国家权力行使出资者财务的权力。国家作为出资者代表了全体人民的利益，具有很强的社会属性，因此，国家在制定各种财务管理的规定和办法时，不仅要考虑资本保值增值的需要，还要满足公共利益和国家安全的需要。实践中，采取国有资本经营预算制度就是其重要的体现。自然人出资者主要考虑如何实现自身的资本保值增值的要求，即使在强调企业社会责任的条件下，自然人出资者的这一出资动机仍然是其基本的出发点和归属点。

必须看到的是，从各自独立的分析视角看，尽管国家出资者财务与自然人出资者财务存在上述差异，但是仍然存在作为出资者在财务管理上的共同属性。共同属性之一是在现代公司制企业的条件下，无论国家出资者还是自然人出资者其资本最终都要投入到某一具体的公司，一旦资本投入到一个公司，国家出资者和自然人出资者都是这一公司的出资者，他们享有完全相同的权利与义务，也就是同股、同权、同利、同责。共同属性之二是在现代公司制企业的条件下，国家出资者和自然人出资者都必须通过股东大会行使出资者权利，包括出资者财务的权利，而不是由国家出资者或某一自然人出资者行使权利。共同属性之三是在现代公司制企业条件下，国家出资者和自然人出资者作为终极出资者与其他出资者主要是指中间出资者（包括公司法人、其他企业和组织）共同作为公司的出资者行使相应的权利，在行使权利中他们与国家和自然人终极所有者也享有同等的权利和义务。不难看出，终极出资者和中间出资者通过出资最终都要落实到某一具体的公司，在他们所出资的公司通过股东大会平等地行使出资者权利包括财务权利。共同属性之四是在现代公司制企业条件下，无论何种形式的出资者，无论每一个出资者有哪些不同的利益诉求，最终都必须通过股东大会达成一致，并以整个股东的意愿形成公司章程。所以，任何的公司的出资者就是指全体股东，出资者的权利就是指全体股东的权利，出资者财务就是指全体股东所要行使的财务管理权利。更进一步说，无论哪一个出资者他们都必须将资本投入到某一具体的公司，并只能在出资的公司行使出资者财务的权利；他们在行使权利时，不是以各自的身份独立行动，而是以全体股东或者出资者的身份行使权利；他们所要行使的权利都集中体现在公司的章程中。

在出资者系列中又形成了终极出资者和中间出资者，终极出资者就是国家和自然人，中间出资者是从事资本经营的公司。终极出资者对从事资本经营的公司进行出资，而资本经营的公司又对从事资产经营的公司进行出资，这实际上是纯粹学理的分析。从事资本经营的公司的出资者有可能是终极出资者，也可能是终极出资者与中间出资者的结合，从事资产经营的公司的出资者具有相似性。所以，就每一个公司而言，行使出资者权利的是股东大会，而不管股东大会的股东的构成属性，正是从这个意义上讲，任何一个公司的出资者都是以股东整体出现的，他们通过股东大会达成一致，行使出资者的权利。当然，独资企业的出资者可能是终极出资者，也可能是另一公司或者其他企业和组织。在终极出资者出资的条件下，作为终极出资者的国家或自然人的意愿直接决定了出资者的基本财务权利。在由中间出资者出资的条件下，它是通过出资的公司或者其他企业和组织行使出资者权利的，公司或者其他企业和组织的意愿也直接决定了出资者的基本财务权利。不同之处在于公司或者其他企业和组织不是终极出资者，它们的意愿必将受终极出资者或者上一层次的出资者的影响。

3.4.2 出资者财务、经营者财务和财务经理财务权限的边界确定

在两权分离的公司制企业下，财务按管理主体分为出资者财务、经营者财务和财务经理财务。任何一个独立的公司都有自身的股东大会，股东大会就是公司的出资者；对于集团公司而言，他们不仅有母公司，还有子公司以致多层级的公司，这就形成了出资者系列。尽管如此，对于一个独立的公司而言，他们仍然有自身的股东大会，它是公司的直接出资者；对于有控股关系的公司而言，尽管母公司对子公司可以直接行使出资者的权利，但按照公司章程的规定这种权利一般都要通过股东大会行使；在集团公司的结构中，出资者又可以分为专司资本经营的出资者和专司资产经营的出资者，前者主要是集团的母公司，它不从事任何生产经营活动，专施投资之职，是代行所有者的投资职能的专业化主体。后者主要是集团的子公司及以下层级的公司，它们在从事生产经营活动或者说资本经营活动的同时，还对外进行股权投资。当集团的母公司对子公司享有控股权时，母公司作为出资者往往会制定统一的出资者财务规则，并通过子公司的股东大会予以贯彻和落实。那么出资者财务、经营者财务和财务经理财务的内涵和外延是什么？

3.4.2.1 出资者财务的内涵与外延

无论终极出资者国家和自然人还是专施资本经营的公司出资者或者专施资产经营的公司出资者，作为出资者都具有共同的行为特征。表现在以下方面：

1. 任何出资者只有将其资本投到公司才能成为这一公司的出资者，投资行为是出资者能够存在的前提，也是出资者在投资后能够对所投资的公司行使权利的基础。投资行为是基本的财务行为，离开了投资，筹资就变得毫无必要，日常的现金流入流出管理也失去了存在的基础，不可能形成收益，收益分配也

就不可能发生。出资者的投资行为是为了形成对所投公司的股权关系,而不是直接为了从事生产经营活动。为了生产经营活动所进行的投资作为一种财务行为一般被认为是财务服务行为,而为了对公司形成股权关系所进行的投资作为一种财务行为则被认为是一种独立的财务经营行为,也称为资本经营行为。如果说生产经营活动的经营对象是实物商品,那么,独立的财务经营行为的对象就是货币商品(也称为金融商品),包括货币及各种货币的衍生物,货币的衍生物是指各种有价证券。出资者既可以通过投资购买所出资公司的股权(可以股票形式出现),也可以出售所出资公司的股权以获取资本利得,这里存在一个完整的货币商品运动过程,即用货币购买货币商品(股票或者股权),再将货币商品(股票或者股权)出售,以获得资本利得。

2. 任何出资者将其资本投入到公司后,为了确保公司的经营行为符合出资者的利益,必然会对接受投资的公司进行监管。只有通过这种监管才能防止经营者的背德行为和逆向选择行为,从而实现出资者的预期。在经营权赋予经营者后出资者一般不得干预经营者的经营行为,也就是说出资者对经营者的监管是以不干预经营者的经营行为为前提的,所以要实现对经营者行为的监管,自然应从财务的角度进行。出资者进行监管的目的有两个方面:一方面是确保资本安全,为此必须防止经营者侵吞资本的行为;另一方面是确保资本增值,资本增值与出资者的风险偏好密切相关,当出资者的风险偏好高时,投资报酬就高,反之亦然。资本增值只有通过经营者的经营活动才能实现,而在整个经营过程中,为了实现出资者既定风险偏好下的报酬,经营者就必须按照出资者的风险偏好开展经营活动,出资者也必然对经营者超越风险偏好的行为进行监管。为了实现这两个监管目的,出资者必然制定监管的标准,并以此标准进行监管,出资者所制定的监管标准最终都要列入公司章程,这些监管标准主要属于财务标准。出资者的监督和管理权力简称为监管权,主要包括:

(1) 董事和监事的选择权,这种选择要依据某种标准进行,这种标准主要体现为经营者必须实现出资者资本保值增值的目标,这显然属于财务标准。

(2) 信息知情权,两权分离后出资者只有通过信息才能了解经营者履行经济责任的情况,为此经营者必须向出资者提供履行经济责任的信息。由于经营者履行的经济责任主要是资本保值增值责任,所以经营者必须向出资者提供相关的信息,这些信息属于财务信息,提供这些信息的报表称为财务报表。

（3）重大财务决策权，经营者享有生产经营的权利，但是进行生产经营活动需要财务行为为其服务。由于财务行为会产生财务风险，当这种财务风险超出了出资者的风险偏好时，出资者就会对这些财务行为进行决策和控制。实际上，这些财务行为也分为两类，一类是在生产经营过程中的现金收支行为，当现金收支行为有可能损害出资者的资本保全利益时，出资者必然要对此确定相应的标准并监管标准的实施，最典型的就是控制经营者的在职消费、防止资本被侵吞。另一类是为了有效地进行生产经营活动而必须进行的投融资决策，当投融资决策所涉及的风险是在出资者的风险偏好以内时，这属于经营者的决策范畴，而超出了出资者的风险偏好时就归属于出资者的决策范畴。

（4）风险控制权，为了确保经营者的行为与所有者的目标达成一致，经营者所提供的信息可靠、真实、及时、有用，经营者的决策程序规范、决策科学合理，经营者的经营行为合法、合规、合理、有效，出资者会制定相应的公司治理、内部控制和风险管理的相关规定，以控制经营者的行为风险，包括信息作假的风险、侵吞资本的风险、违法违规的风险以及经营失误的风险。

（5）预算权，一方面为了出资者确信经营者能够履行保值增值的经济责任目标，另一方面也为了经营者能够将所有者的目标落实到各项经营活动中，必然通过预算协调出资者和经营者的这种委托受托责任关系，只有当经营者所确定的预算体系能够被出资者认可时，经营者的选择才能被最终确认。预算权包括预决算权，它属于财务的范畴，出资者正是通过预决算在既不干预经营者经营的条件下，又能有效地对经营的行为进行约束。

3. 任何出资者投出资本后会对存量资本结构进行调整，存量资本结构的调整包括出资者对所投资公司的资本规模和资本结构的调整、资本的退出，也包括公司的收购、兼并、分立、分拆、破产清算与终止，这些行为主要属于财务的范畴。为了确保经营者不越权和遵守出资者的各项监管标准，出资者会委托审计进行监管和自身设立相关的监管机构进行监管。

4. 任何出资者进行投资的最终目的都是为了取得收益，而经营者进行经营的目的也是为了取得收益，收益分配权就成为了出资者和经营者的基本权利。广义的收益分配权不仅包括税后利润的分配，还包括税前经营者、员工的分配，尽管这两种分配是分配博弈的结果，但出资者必然要参与其中，因为经营者和员工分配的多寡必然影响出资者的收益。收益分配无论是税后利润的分配还是税前经营者和员工的分配都属于财务行为。

不难看出，两权分离以后出资者的基本权利是财务权力，出资者的行为主要是财务行为。所谓出资者财务就是在两权分离的条件下，出资者为了实现自身资本的保值增值而投出资本、监管资本的运用、进行存量资本结构调整、参与收益分配的财务行为。出资者财务与资本经营的差别主要表现在出资者财务是以出资者的身份所进行的财务行为，而资本经营则是以经营者的身份进行的财务行为。出资者的财务行为包括投出资本、监管资本的运用、进行存量资本结构的调整并参与收益分配，而资本经营则不包括以出资者身份对资本经营公司税后利润进行分配的财务权利，税后利润的分配权属于出资者的权利。两者的相同之处是由于资本经营者是代行所有者的投资功能，充当专业化、专家化的投资者，所以，其本身的经营行为也是代行所有者的投资行为，只要资本经营者开展经营活动就会有对外投资，从而产生出资者的财务行为，资本经营者的经营行为与出资者的财务行为是两者合一的。出资者财务也可以简单地称为资本保全财务，资本保全财务意味着出资者必须首先确保投出资本的安全，在此基础上实现资本利得和利润最大化；资本保全财务也意味着出资者必然按照自己的风险偏好对经营者的行为进行有效控制，实现风险与报酬的均衡性。

3.4.2.2 经营者财务的内涵与外延

两权分离后，经营者不仅享有经营权，作为公司的法定代表人也代表公司在对外从事各项经营活动时享有法人财产权。经营者从事生产经营活动必然要进行投资，这种投资是为了满足经营活动的需要，为经营活动提供经营的手段和经营的对象，也称为内部投资，它区别于以出资人的身份所进行的对外投资；为了进行投资必然要进行筹资，在进行筹资时，经营者以其法人财产权对外承担义务并享有权利；在日常经营活动过程中必然要组织资金运动，形成现金的流入和流出，经营者作为公司的最高管理者也享有其中的重大决策权，如资金占用规模和结构的决策、现金持有量的决策、信用政策的决策、资本结构的决策等等；在进行收益分配时，经营者一方面要参与公司内部员工分配的决策，另一方面也参与税后利润的分配，税后利润的分配既要考虑股东的需要，也要考虑公司经营活动的需要；经营者为了确保出资者目标利润的实现必须制定各项预算责任指标，形成预算体系，并通过预算指标分解落实到各责任主体，从而形成基于"事"的预算和基于"责任人"的预算；为了控制成本费用经营者会制定成本费用的开支范围和标准,以确保收入弥补成本费用后能够实现出资者的目标利润;经营者为了确保公司所提供的财务信息真实、可靠,公司的财产安全完整,公司的各项规章能够被贯彻实施,也必然要制定相关的会计控制制度。对于涉及出资者权益的相关财务事项包括资本规模和结构的改变、资本的退出、公司的收购、兼并、分立、分拆、破产清算与终止等,经营者要提出相关的决策建议,为出资者的最终决策提供依据。不难看出,经营者财务是决策财务,它主要进行投资决策、筹资决策、日常经营过程中的各种财务决策以及为出资者所进行的财务决策提供的前期决策。事实上两权分离以后经营者主要提供决策要素,享有经营决策权,而员工提供执行要素,承担经营决策的执行责任。必须注意的是,这里所说的经营者是一个整体的概念,它包括了公司的董事会和经理层。但经营者并不享有为经营活动提供服务的财务行为的全部决策权,当经营者的财务行为有可能改变出资者的风险偏好时,出资者会行使其财务权利,以最终决定这种风险偏好的改变是否必要,如经营者应该享有为经营活动提供资金的负债筹资权,但是如果负债有可能导致公司到期不能偿债甚至破产时,出资者就必须对负债筹资进行管制。

经营者财务是紧紧围绕经营活动的开展而发生的,没有经营活动就没有经营者财务。与此不同,两权分离的条件下,出资者财务并不是围绕经营活动而产生,经营权交由经营者,所有者不再从事经营活动,所以,出资者财务是一种独立的财务行为。当从事经营活动的公司进行对外投资时,就已经是以出资者的身份进行财务活动,属于出资者财务的范畴。由于经营分为资本经营和资产经营,所以,围绕经营活动所形成的经营者财务也分为资本经营者财务和资产经营者财务。由于资本经营者以专家的身份代表所有者行使投资之职,资本经营的行为与出资者财务的行为具有耦合性。资本经营者所从事的经营活动主要包括投出资本、监管资本的运用和进行存量资本结构的调整,资本经营者对于税后利润的分配不享有最终决策权,这是出资者的基本权利,尽管资本经营者基于经营的需要也可以向出资者提出税后利润分配的建议。另外,作为出资者对于资本经营者还可以行使如上所述的各种出资者财务的权利,资本经营者必须遵从这种权利。与此不同,资产经营者财务与出资者财务并不重合,资产经营者为了从事生产经营活动必然要辅之以财务活动,而经营活动的结果也会带来现金的流动并形成财务成果。事实上,资产经营者从事的生产经营活动主要是指购进、生产、储存、销售和售后服务等，这些活动与经营者财务的投资、筹资、日常的营运资金管理和收入分配活动显然不同，也与出资者的投出资本、监管资本的运用、存量资本结构的调整和税后利润分配显然不同。所谓经营者财务是在两权分离的条件下，以法人财产权为基础，为了满足经营活动的需要实现经营目标，由经营者所进行的筹资、投资、日常运营资金管理和收入分配的财务决策行为。经营者的主要职能是经营决策，围绕经营活动经营者必须要开展相应的财务活动，在财务活动中关键就是要进行财务决策，所以简单地说，经营者财务也可以称为决策财务。

3.4.2.3 财务经理财务的内涵和外延

如果说出资者财务与经营者财务产生于两权分离，那么经营者财务与财务经理财务则是产生于分层管理。在公司的组织结构中，从纵向上看，必然形成科层结构，这种科层结构是按照行政层次设立的，经营者是这种科层结构的上层，行使经营决策的职能。在财务管理体系中，经营者也处在这一体系的最上层，行使财务决策的职能，而财务经理则是财务管理体系的下层。这里财务经理不仅是指一个职位也是指整个财务部门，从专业的视角看，公司的财务经理或者财务部门行使的就是最基层的财务管理职能。由于经营者行使财务决策的职能，那么在公司的组织层级上财务经理或者财务部门就行使财务执行的职能，决策与执行是组织中的两个最普遍的管理层级，公司的财务组织体系也不例外。一旦经营者作出了财务决策，要确保财务决策的最终实现，就必须通过具有专业化和专家化的职业岗位或者部门来实施财务决策。

在市场经济条件下，任何一个公司的经营活动过程都是 $G-W\cdots P\cdots W'-G'$，也可以简化为 $G-W-G'$。在这个过程中，财务经理必须要组织好先进的流入和流出，主要包括以下方面：

公司为了开展经营活动必然要进行筹资，经营者做出筹资决策后，财务经理要按照筹资决策的要求组织现金流入。通过筹资而组织现金流入不仅要符合筹资决策的要求，而且必须使得现金流入的规模和时间与整个经营活动（生产经营企业就是生产经营活动、服务企业就是服务经营活动）所需要的现金的规模和时间进行匹配，从而形成了现金流入和使用的数量和期限结构，其目的就是要降低筹资成本，减少现金占用。

一旦通过筹资取得现金后，经营者会做出投资决策，财务经理要按照投资决策的要求安排现金的使用。现金的使用主要在两个方面，即购买资产和费用支付，购买资产属于投资行为，财务经理必须根据投资的规模和投资的期限合理有效地供应现金，使得投资活动顺利进行。同时，通过投资而形成的资产形成资金占用，而资金占用一方面会产生占用成本，另一方面也会带来机会成本和安全成本，财务经理的相应职责就是要尽可能地降低公司的资金占用，从而减少现金使用，降低资金成本和安全成本，并通过资金的节约带来机会收益。财务经理在降低资金占用的过程中，必须要合理控制公司总资产的规模，优化资产结构，防止资产闲置和损失（固定资产闲置无用、存货糜烂变质、应收账款成为坏账等），通过这些日常财务管理最终减少由于资产占用增加而导致的现金使用量的增加。费用支付就是现金支出，为了实现利润最大化，公司应尽可能节约费用，也就是要减少现金支出。财务经理必须对公司的每项费用进行合法、合理和有效性分析，以确定费用支出是否能产生预期的收入，从而确定现金支出的必要性、合理性和有效性，以此为基础控制每项费用支出的规模和支付的时间，最终实现现金的节约使用。财务经理也必须要根据费用支付的规模和进度科学合理地安排现金流入的规模和时间进度。

在生产经营过程中，财务经理要对成本进行全程控制，确保公司以最低的成本获取最大的收入。成本包括原材料成本、人工成本和制造费用。制造费用主要是由折旧所形成，而折旧既取决于投资环节所购买的资产的数量，也取决于资产使用的效率，财务经理要控制资产的占用规模，同时要通过日常的资产管理使资产使用效率达到满负荷的程度，这样就可以大大节约因资产占用而形成的现金流出。人工成本主要是由工资和津贴等形成，节约人工成本的关键是要提高劳动生产率，财务经理必须要通过有效的激励和约束机制的设计，特别是运用岗位预算、岗位核算、岗位考核的手段大大降低人工成本，使公司效益不断提高，进而使每个员工的收入也不断增长。原材料成本是由原材料的转移价值所形成，而原材料的转移价值既取决于其采购成本也取决于原材料的节约使用。在采购环节，财务经理要通过采购资金的支付控制采购成本，同时也要根据生产的规模和进度确定原材料采购的规模和进度，在生产环节要不断降低原材料耗用。

一旦产品生产完工就要进入销售阶段，以获得现金流入，在销售环节为了争取更多的现金流入和减少现金流出，至少要进行三个方面的财务管理：合理确定销售价格，就是要在价格高低和销量大小之间进行平衡，以实现总的现金流入规模最大化。有效控制销售费用以减少销售环节的现金流出。合理选择信用政策和收账政策，使得现金能够尽早收回；财务经理必须根据现金盈余和短缺的程度采取相应的财务行为，以实现现金流入流出的均衡，当现金盈余时进行相应的投资操作，当现金短缺时要提前组织好现金的供应，特别是在收益分配时要根据未来现金的需要量向经营者和出资者提出收益分配的建议，内部融资通常是财务经理解决现金短缺的第一方案。

不难看出，在整个经营活动过程中，财务经理的财务就是按照经营活动的需要，根据经营者的财务决策组织好现金的流入和流出，实现现金流入和流出在规模和时间上的有效匹配；在组织现金流入和流出时，必须确保现金流入流出与经营活动的需要相适应；在取得收入时要尽可能扩大现金流入的规模，尽早收回现金。在发生成本费用时，要尽可能控制现金流出的规模，延缓现金的支付时间。在发生资金占用时，要尽可能控制资产规模，减少现金占用。通过这些财务管理既实现现金收支平衡，又使资金成本降到最低。所以，财务经理的财务也称为现金流量财务。

正由于出资者财务、经营者财务与财务经理财务在内涵和外延上存在上述差异，使得他们都能够成为一种独立的财务形式。

第 4 章
出资者与经营者的委托受托责任

4.1 出资者与经营者委托受托责任的关系和内容

由于两权分离,所有者将其财产交托给经营者经营,所有者对财产享有最终的所有权,而经营者享有相应的经营权,为了确保所有者的所有权不被侵犯,也能使经营者享有相对独立的经营权,在所有者和经营者之间必然会形成委托受托责任关系,这种关系本质上是一种权利义务关系。

4.1.1 出资者与经营者的委托受托关系是经济责任关系

两权分离的公司制企业根本特征之一就是出资者与经营者之间形成了委托受托责任关系,这种关系必然通过委托受托责任的内容予以体现和实现。在集团公司体系中,会形成出资者系列和经营者系列,每一个层级的出资者与相应的经营者之间必然会形成委托受托责任关系,这种关系必须通过委托受托责任的内容予以体现和实现。出资者之所以愿意将自身的资本委托给经营者经营,是基于经营者是专家化、专业化的经营人才,能够承担出资者的委托责任。如果经营者无法承担出资者的委托责任,出资者就不可能将资本委托给经营者,从这个意义出发,出资者委托经营者经营的前提是经营者能够承担出资者的委托责任。那么,出资者与经营者之间到底存在怎样的委托受托关系?

彼得·伯德教授在其名著《受托责任:编制财务报告的准则》中,将受托责任按资财委托的主体不同分为公共受托责任和非公共受托责任,伦敦大学的珀克斯教授也赞同这一观点。伯德和珀克斯认为非公共受托责任包括两种类型，一种类型是直接产生于财产的委托，这是一种财产受托责任关系，如所有者（股东）将其财产委托给经营者；另一种类型是产生于经营和管理分层，这是一种管理受托责任关系，如董事会分权给经理办公会，经理办公会又分权给下一管理层次，依此类推。不难看出，出资者与经营者之间形成的委托受托责任关系是以财产所有权与经营权相分离为基础的，而经营和管理分层后所形成的委托受托责任关系是以行政分权或者更直接地说是决策与执行相分离为基础的。正由于两者的形成基础不同，两者的委托受托责任关系也存在根本的差异。由两权分离而形成的委托受托责任关系是一种财产关系，所有者拥有财产的所有权，经营者拥有财产的经营权，为了实现这种经营权，经营者还享有公司的法人所有权。而由经营和管理分层所形成的委托受托责任关系是一种行政关系，行政关系在形式上表现为上下级关系，在实质上则是决策与执行的关系；由两权分离而形成的委托受托责任是一种经济责任关系，所有者之所以将财产交托给经营者是为了通过经营者的经营实现所有者资本保值增值的目标，经营者之所以受托经营所有者的财产是为了实现自身的经济利益和自身的专家价值。而由经营和管理分层所形成的委托受托责任关系是一种行政责任关系，上一层次对下一层次下达决策指令，下一层次必须执行上一层次的决策；由两权分离而形成的委托受托责任是一种市场契约关系，在市场经济条件下，所有者通过经理人市场选聘经营者，并同经营者签订相应的委托受托经营契约，通过平等的讨价还价形成契约关系是其基本原则。而由经营和管理分层所形成的委托受托责任关系是一种上下级关系，上级指挥下级，下级服从上级是其基本原则，为了确保这一原则的实现，在企业内部必然按科层结构形成其组织体系。

所有者与经营者的委托受托责任关系中的第一种经济责任关系，它是直接产生于财产的委托和受托，而这种委托受托又是以财产的专业化经营为前提的，是一种财产的委托受托经营责任关系。由于经营责任属于经济责任的范畴，所以这种委托受托经营责任关系可以更广义地定义为委托受托经济责任关系，如图4-1所示。

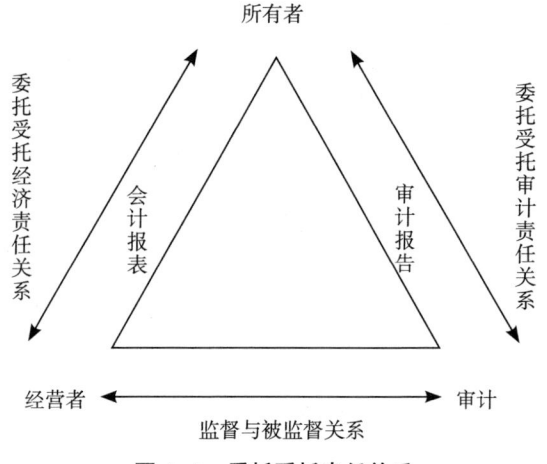

```
                所有者
                  △
委                ╱ ╲                委
托              ╱     ╲              托
受           ╱   会     ╲           受
托         ╱    计  审    ╲         托
经       ╱    报    计      ╲       审
济     ╱     表    报         ╲     计
责    ╱            告           ╲    责
任  ╱                              ╲  任
关╱                                  ╲关
系                                    系
  经营者 ←——————————————→ 审计
         监督与被监督关系
```

图 4-1　委托受托责任关系

从图 4-1 中可以看出，两权分离后所有者与经营者之间形成了委托受托责任关系，这种委托受托责任是一种经济责任，从而就形成了委托受托经济责任关系。为了报告这种经济责任的履行情况，就产生了会计报表；为了鉴证会计报表的相关性和真实性又产生了审计的需要，所有者与受托进行会计报表鉴证的审计之间形成了委托受托审计责任关系，为了报告这种审计责任的履行情况，就产生了审计报告。审计报告不仅要报告审计责任的履行情况，还需要报告经营者的会计责任的履行情况。审计在履行审计责任时必然对经营者进行监督，从而形成了审计与经营者之间的监督与被监督关系。可以认为，以所有者与经营者之间所形成的委托受托经济责任关系为基础，又进一步派生出了所有者与审计之间的委托受托审计责任关系和审计与经营者之间的监督与被监督关系，只有这三种关系构成为一个有机的整体，所有者与经营者的委托受托经济责任关系才能成立并得以实现。这里是以所有者与经营者作为这种关系的形成主体，事实上，伴随两权分离的深入发展，所有者已形成为出资者系列，而经营者也形成为经营者系列，出资者与经营者之间的委托受托关系，也是委托受托经济责任关系。

4.1.2　出资者与经营者的委托受托经济责任的内容

对出资者与经营者的委托受托经济责任的内容的研究不同学者仁者见仁、智者见智，不同国家的两权分离的公司制企业的实践也各有千秋和特色。佩顿和利特尔顿在《公司会计准则导论》中将这种委托受托经济责任分为财产责任和管理责任,财产责任属于董事会、经理层及全体员工对出资者所承担的责任,后者属于员工对经理层、经理层对董事会所承担的责任。显然,这种分类中的财产责任是相对于两权分离而言的,而管理责任是相对于公司内部的行政分权而言的。库珀和伊尻雄治教授合著的《科氏会计师辞典》则是将受托责任分成:货币受托责任即流动资产流动及由此而发生的业务活动的责任;业务受托责任即公司的管理层有效使用全部资产及资源的责任;财产受托责任即管理和报告资产的存在、存放地点、用途及相关情况的责任。财产受托责任主要与两权分离的委托受托责任相关。根据世界其他国家以及我国的两权分离的公司制企业的实践并结合相关理论,有必要对出资者与经营者委托受托经济责任的内容进行进一步的探索,也为出资者对经营者制定相应的财务目标提供依据。

事实上,只有出资者能够明确对经营者受托责任,而经营者也愿意承担受托责任时,两权分离才能真正实现。出资者受托经营者经营,经营者拥有了经营权。出资者之所以让渡经营权是为了让经营者能够为自身带来更多的资本报酬,为出资者谋求利益最大化就成为了经营者获得经营权所必须承担的责任。当然,一旦经营者履行了出资者的受托责任,经营者也能够取得相应的利益。所以,出资者与经营者的委托受托责任关系赖以存在的基础是在经营者享有经营权和相应的利益的基础上的,而出资者愿意让渡经营权并与经营者共享利益的前提则是经营者愿意也能够履行其所赋予的经济责任。从这点出发,出资者与经营者的委托受托责任关系不仅只是责任关系,也包括权利和利益关系,没有权利的责任是无法完成的,没有利益的责任就失去了完成的动力;没有责任的权利就会被滥用,没有责任的利益根本就不存在,责权利是一个完整的整体。本书是研究经营者在享有经营权并分享相应的利益的前提下,应该对出资者承担怎样的责任。当经营权赋予经营者并根据经营者履行经济责任的好坏分享一定的收益的前提下,出资者必然要求经营者履行相应的经济责任。由于出资者愿意两权分离的根本前提是能够获取更多的资本报酬,所以,出资者对经营者所确定的经济责任的内容主要是财务方面的,经营方面的责任要求随着经营权的授权,也主要由经营者根据出资者的财务责任的要求由自身相应确定。那么,出资者对经营者委托的经济责任的内容主要如图4-2所示。

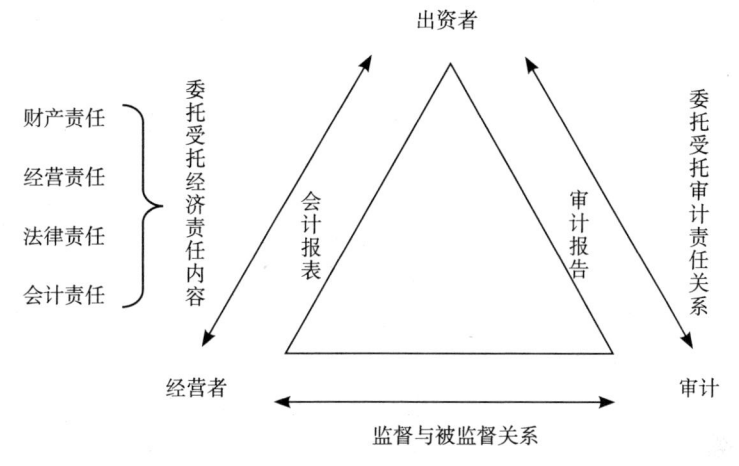

```
                              出资者
                               △
           财产责任  ⎫      ╱  ↑ ↑  ╲
           经营责任  ⎬委托   会  │ │  委
           法律责任  ⎪受托   计  │ │  托审
           会计责任  ⎭经济   报  │ │  受计
                   责任   表  │ │  托责
                   内容      │ │  审任
                            │ │  计关
                         ╱   │ │   ╲ 系
                        ╱    ↓ ↓    ╲
                   经营者 ←─────────→ 审计
                         监督与被监督关系

                    图4-2 委托受托责任关系
```

从图 4-2 中可以看出，出资者与经营者的委托受托经济责任包括四种责任，其中，财产责任同出资者与经营者的财产关系相联系，出资者将财产交托给经营者，经营者就必须要保证出资者的财产安全；经营责任同出资者与经营者的受托经营关系（或者说经济责任关系）相联系，出资者授权经营者经营其财产，经营者就必须要保证出资者的财产通过经营带来价值增值，进而实现资本报酬最大化；法律责任同出资者与经营者的市场契约关系相联系，出资者将财产交托给经营者并进行经营，在经营过程中，经营者必须遵守市场规则以及出资者在市场契约中的各项约定，即经营者必须按照国家法律的规定和公司章程的要求开展各项经营活动；会计责任则是与经营者必须向所有者报告三大责任的履行情况相联系，一旦两权分离，出资者只能通过会计报表了解经营者履行受托责任的情况。无论财产责任、经营责任和法律责任都属于经济责任的范畴，原因在于两权分离后出资者与经营者之间的上述各种关系都属于经济关系。即便是会计责任，因其报告的是经营者经济责任的履行情况，也属于经济关系的范畴。正由于此，两权分离后经营者与所有者之间的委托受托责任称为经济责任。那么，这四种经济责任的具体内涵和外延是什么？

4.1.2.1 财产责任

两权分离后出资者将自身的财产委托给经营者，经营者必须确保出资者的财产安全。由于公司制企业的出资者投入企业的财产采取资本出资的形式，出资者的财产安全也就表现为资本保全，资本保全实质上是指经营者经过一定期间的经营后仍然能够收回出资者的出资。它包括资本数量保全和资本质量保全，从会计的角度看，资本数量保全是指经营者经过一定期间的经营后，其期末净资产等于投入资本。正是基于这一责任，资产负债表按照期末总资产扣除负债后的净资产的结构进行设计，只要净资产大于或等于投入资本，就意味着经营者通过经营实现了资本数量保全，由于净资产是时点数，也称这种数量保全为静态保全。有静态保全必然就有动态保全，什么是动态保全？出资者投入企业的资本，最终都要转化为资产，以便经营者利用这些资产从事经营活动。在经营期初，出资者投入企业的资本必然等于相对应的资产，可以称为期初资本数量保全，而期末净资产大于或等于投入资本这意味着期末资本实现了数量保全，这都属于静态保全。在经营过程中，资产被逐渐的使用和消耗，转移到产品成本中，并通过产品销售从相应的收入中得以补偿。不难看出，出资者投入企业的资本在转化成资产后，通过经营者使用资产形成成本，并从收入中得以补偿，如果收入大于或等于成本，出资者的资本就得以收回，否则就说明出资者的资本没有实现数量保全。资产的使用和消耗是一个动态的过程，在这个过程中每一项资产的使用和消耗成本都要通过其相应的收入予以补偿，实质上就是收回相对应的资产的价值即补偿出资者所投入的相应资本。由于每一项资产在使用或消耗后提取成本是一个持续不断的过程，所以称为资本数量保全的动态保全。如果以资产负债表来说明则是出资者将资本投入公司后，形成了资产负债表的右方，而资本投入公司后必然要转化为资产，形成了资产负债表的左方，两方必须相等，称为静态保全；一旦经营者开始经营，资产就被使用和消耗，为此必须提取资产的补偿成本，提取的补偿成本等于或者大于所使用和消耗的资产价值，并从收入中得以补偿，则意味着出资者投入的资本实现了数量保全，即动态保全。不难看出，对资产提取补偿成本不仅是为了计算公司的利润，更为重要的是为了收回出资者的投入资本，即为了实现资本数量保全。这里最为关键的是资产的补偿成本的提取数额，提取的数额越多，资本数量保全的程度越高，反之亦然。出资者关注成本就是为了实现资本数量保全，因此，出资者会对经营者提取资产的补偿成本进行约定，这通常是在公司章程有关会计确认计量的条款中予以规定。对出资者而言，只有首先确保其资本保全才有利润可言，如果资本不能保全，即使在会计上表现为利润也是虚假利润。例如，资产负债表的资产一方的资产应该转成成本却没有结转，表现为资产虚增,应该多结转成本却没有计提,也表现为资产价值虚增,这两种结果都意味着少计成本多计利润,从而导致资产负债表的期末净资产增加,意味着资本数量保全程度增加。但事实上资产负债表中的这部分资产已经被使用或者消耗,必须结转成本。既然从出资者角度出发的提取成本是为了收回其本金以实现资本数量保全,出资者总是乐意更多的提取成本,提取成本越多收回的本金就越多,资本数量保全的程度就越高;提取成本越少收回的本金就越少,资本数量保全的程度就越低,而公司的利润就越高。利润必然在公司的相关利益人之间进行分配,表面上是分配的利润而实质上是分配的出资者的本金,这不仅使得出资者的资本数量保全无法实现,也可能影响公司的可持续经营。出资者对经营者确定资本数量保全责任,一方面要确定经营者必须要实现的目标利润,只要经营者实现了目标利润,就必然实现了资本数量保全;另一方面在财务会计制度中,要确定资产使用和消耗后结转成本的计提价格。历史上各个国家一般都采用资产的购建价格作为成本的计提价格,也称为历史成本法。随着社会经济的不断发展和演进,资产的价格波动成为一种现实,而且长期看在通货膨胀的影响下资产的价格呈现一种上涨的趋势,从而使得资产历史上的购建价格与使用、消耗后再购买的价格必然存在差异。在资产价格不断上涨的条件下,出资者的资本数量保全就不再是按照资产购建时的价格结转成本以收回本金。因为如果按照这一收回本金在未来无法重新购买同等数额的同样资产,为此发达国家的出资者们就要求经营者在财务会计制度中采用公允市价计提资产的使用和消耗成本,这样资本数量保全就由过去的名义资本保全转化为实物资本保全,名义资本保全只是指资本在货币金额上实现了保全,而实物资本保全则要求资本在购买力上实现保全。既然资本数量保全涉及资产使用和消耗后计提成本的价格的选择,出资者就必须要对经营者的价格选择做出规定,只有在规定计提成本的价格的前提下,如果经营者实现了利润就意味着资本实现了数量保全,这使资本的购买力平价就不会发生变化。

  资本保全也包括资本质量保全,出资者投入企业的资本不仅有数量而且也有质量,所以既要实现数量保全也要实现质量保全。出资者投入公司的资本的质量主要表现在资本都处于现金状态,一般来说出资者的出资大多是现金出资,除此而外也可能以其他有形资产和无形资产进行出资,虽然从形式上看这些资产不是现金。但必须对它们进行资产评估以确认出资者的出资数额,即这些资产的变现数额，正是从这个意义上讲，出资者的出资都处于现金状态。一旦出资者的资本投入公司，经营者就要将其转化为从事经营活动的各种资产，通过经营活动还要形成各种新的资产，一定时期终了这些资产都会在资产负债表的资产一方予以体现。出资者投入公司的资本都处于现金资产的状态，而通过经营者一定期间的经营后，大多数资产或以非现金的流动资产或以固定资产的形态而存在，这些资产在未来能否转化为同等数量的现金就成为实现资本保全的前提，也就是说资本质量保全是指资产在未来的变现能力。经营者履行出资者的资本保全责任，不仅要实现数量上的保全，即期末净资产大于或等于期初投入资本，而且要实现质量上的保全就是期末净资产在未来的变现能力应该等于投入资本的变现能力。期末净资产的变现能力事实上也就是指期末总资产的变现能力，只有期末总资产能够按照资产负债表上的数额及时足额的变现，期末净资产也才能及时足额的变现。期末总资产能够及时足额的变现取决于每项资产是否能够及时足额的变现，只要资产负债表资产一方的每项资产都能及时足额的变现，资本就能实现质量保全，否则资本最终不能实现数量保全。从这个意义出发，资本质量保全是实现资本数量保全的前提，如果资产在未来不能及时足额的变现，即使期末净资产的数额等于投入资本，最终也会导致资本不能保全。这里的资产及时变现是指资产使用和耗费到期时必须能够收回现金，而足额变现是指所收到的现金应大于或等于按购买力评价所计算的资产应该收回的补偿成本。

总之，经营者受托出资者的财产责任就是要实现资本数量保全和资本质量保全，实现资本数量保全要求期末净资产按购买力平价不变所估价的数额等于投入资本，而实现资本质量保全则要求按购买力平价不变所估价的期末净资产在未来能够及时足额的变现。

4.1.2.2　经营责任

出资者之所以愿意将自身的财产委托给经营者经营，根本上是基于经营者的经营能力具有比较优势，通过经营者的经营能够实现更多的资本报酬。如果说财产责任是经营者履行经营责任的基础，那么经营责任的履行是受托财产责任所要实现的目的，所以，经营者必须要通过经营出资者受托的财产实现所有者利益最大化。公司制企业出资者受托经营者的财产是以资本形式而存在，相应的经营责任也就转化为资本增值的责任。资本增值又分为数量增值和质量增值，数量增值可以站在公司的不同相关利益者的角度进行理解，如果仅仅站在出资者分享收益的角度，所谓数量增值就是指出资者所投入的资本所应该分享的利润，也就是说出资者对经营者数量增值责任的要求就是要实现利润最大化。由于利润的取得是由资本投入而产生的，衡量利润最大化的指标就是资本利润率最大化。但是，利润的取得不仅仅是出资者所提供的资本要素被使用所产生的结果，也是公司的其他要素的提供主体投入的要素被共同使用所产生的结果，仅仅只有资本是不可能产生利润的。而资本与其他要素被共同使用后，既会产生归属于出资者的利润也会产生归属于其他要素提供主体的收益，所有这些利润和收益归结起来就是公司的全部新增价值。任何一个公司通过其经营活动形成的收入，首先要补偿资产成本也就是要收回出资者的本金，剩余部分则为全部新增价值。

全部新增价值是由公司的四个参与主体提供的四种要素的共同作用所形成的，分别是政府为公司的经营提供环境要素（公共产品和公共秩序）；出资者为公司的经营提供资本要素（物质要素）；经营者为公司的经营提供决策要素（将外部环境与公司内部的资源进行有效的组配以满足顾客的需求）；员工为公司的经营提供执行要素。这四种要素对公司的全部新增价值的形成是缺一不可的，所以，这四种要素的提供主体都要参与全部新增价值的分享，同时每一种要素只有与其他要素共同作用才能形成新增价值。出资者对经营者受托的资本数量增值责任除了利润目标外还必须考虑全部新增价值，两者存在根本的差异，利润最大化并不意味着全部新增价值最大化。之所以产生这种差异，原因在于利润的多少可以通过四个主体之间的收益分配的份额的改变而调整，当其他三个主体的收益分配份额减少时，出资者的利润就会增加，但这种利润的增加并不是全部新增价值增加的结果，而仅仅只是分配份额改变的结果。对出资者而言，不仅希望在一定的新增价值基础上获得更大的利润分配份额，更希望在实现更多的新增价值的基础上获得更多的利润分配，原因很简单，只有形成利润分配基础的新增价值越多，出资者能够长期分享的利润才能更多，并且公司的新增价值越多意味着经营者的经营能力越强，任何出资人都希望公司在新增价值这块"大蛋糕"做大的条件下获得更多的利润，只有这样才具有持久性。

出资者不仅希望资本数量增值最大化，也需要实现资本质量增值最优化。

资本质量增值首先是指利润的收现程度，由于会计采用权责发生制确认收入和成本，导致当期的利润并非都收到了现金，如果销售收入是应收状态，那么利润就没有真正变现，一旦应收账款不能收回，盈利的公司有可能变成亏损的公司。利润的最终实现是以销售收入收到现金为前提的，正因为这样对上市公司进行考核的指标既有每股红利，也有每股现金红利。当全部销售收入收到现金时，这两个指标完全相等，也就是利润实现了数量与质量的统一；当全部销售收入处于应收状态时，利润只有数量却没有质量。所以，出资者受托经营者的资本增值责任一定是所实现的利润最终收到现金。资本质量增值也是指利润和现金流的稳定性，如果说一个的公司经过一定时期的经营，利润水平高，并且也收到了现金，这只是意味着经营者履行了过去一定期间的经营责任。出资者将资本投入公司不仅要谋求过去一定时期的利润最大化，也需要实现长期持续的利润最大化，出资者的投资是一种长期化的投资。这里利润长期持续的最大化也包含了与利润相关的现金流入的持续稳定，只有当出资者能够长期持续的取得利润并收到现金时，出资者利润最大化的目标才能最终实现。利润和现金流的稳定性是指未来持续取得的可能性，一个公司依靠具有核心竞争力的业务所实现的利润和收到的现金流所占比重越大，利润和现金流在未来的稳定性就越高，反之亦然。当一个公司提取的研究与开发费用越多，尽管减少了当期利润，但长期的看，其利润与现金流的稳定性也就越高。出资者对经营者受托责任时，不能仅仅只受托资本数量增值的责任，还必须要受托资本质量增值的责任。

实际上，一个好的公司必须具备三个条件：一是资产负债表中的资产能够及时足额地变现；二是当公司运用这些资产进行经营时，不仅能够取得高的利润水平，并且都能收回现金；三是公司不仅现在利润水平高并收到了现金，而且在未来具有稳定性。上述关于出资者对经营者的财产责任和经营责任的要求正是体现在这三个方面。

4.1.2.3 法律责任

法律责任要求经营者在履行经营责任的过程中不仅必须遵守国家的法律法规，还必须遵从公司章程的规定。遵守国家的法律法规就是要依法经营，一旦经营者不依法经营必然导致出资者要承担法律责任，并且违法经营所取得的收益并不是经营者自身努力的结果，从而导致出资者无法评价经营者的经营能力。公司章程是公司经营的根本大法，它涉及出资者、经营者、员工之间的关系的调整与处理，就出资者与经营者的关系而言，公司章程必须明确规定两权分离后两者的权责利关系。只有这样，才能形成两权分离的明确的、清晰的边界，同时也使得出资者对经营者的受托责任履行情况进行评价时不致产生相互推诿的状况。事实上，在实践中公司章程的制定更多的是为了公司设立的需要而不是为了更好协调和处理出资者与经营者的权责利关系，这种章程也称为报批章程。两权分离的公司制企业的经营权委托给经营者后，经营者也承担了相应经营责任，这样出资者与经营者权责利关系更多的是财务方面的关系，关于这一点会在相关的内容中论及，这里不再赘述。

4.1.2.4 会计责任

在两权分离的条件下，出资者与经营者之间必然存在信息不对称，为了解决这种信息不对称，出资者会要求经营者提供会计报表；为了向出资者报告自身受托责任的履行情况并为决策提供依据，经营者也会向出资者提供会计报表；会计责任是以两权分离为基础形成的一种信息责任，它要求经营者对履行出资者的受托经济责任的情况进行报告，出资者如果不能真实、可靠、及时了解经营者履行经济责任的情况，出资者就不可能对经营者进行授权，从这个意义出发，它是两权分离的前提条件。由于会计报表是否相关、真实、可靠的判断具有很强的专业性，出资者本身很难担当此任，所以就产生了专家化和专业化的审计，委托受托审计责任关系是以两权分离后经营者所承担的会计责任为基础所产生的。经营者履行会计责任不仅仅要提供会计报表，更为重要的是要按照出资者所确定的会计确认和计量的准则提供会计报表。这种会计确认和计量的准则就是财务会计准则，它强调资本保全优先的原则。由于这种会计准则的制定具有很强的专业性，出资者必然委托专业化和专家化的人员和机构进行制定，形成了一般准则。尽管如此，每个公司的基本情况不同，通用的会计准则还要转化为适用于某一公司的会计制度，这一制度必须在公司章程中明确载明，经营者必须按照这一制度提供会计报表，从而就形成了会计责任。经营者的会计责任履行得如何必然要求审计对此进行评价，审计的评价当然必须以财务会计准则和会计制度作为依据，只有经营者按照财务会计准则的要求提供会计报表并得到审计的鉴证才能说明经营者履行了会计责任。

上述经营者的责任内容仅仅只是站在出资者和经营者的委托受托责任关

系的角度进行的探索，一个公司的相关利益者还涉及债权债务人、政府、员工、客户以及社会等，这意味着经营者要履行的责任要比上述方面更多，如就社会而言，公司必须要履行社会责任，经营者不能不担当此任，等等，这里不再论述。

4.2 出资者与经营者委托受托责任关系和内容的演进

两权分离形成了出资者与经营者的委托受托责任，伴随着两权分离向广度和深度的进一步发展，这种委托受托责任的关系和内容也进一步演进。两权分离的广度和深度的发展主要表现为经营权的进一步分离即出资者的所有权与资产经营权和资本经营权的分离，经营权主体的专业化和组织化程度不断提高，相应也拓展了出资者和经营者的委托受托责任的关系和内容。

4.2.1 出资者与资产经营者的委托受托责任关系和内容

早期的两权分离主要表现为所有权与资产经营权的分离，这里的所有权由出资者享有，而资产经营权也可以称为生产经营权，由资产经营者享有。通过两权分离，出资者将财产委托资产经营者，资产经营者与出资者之间形成了委托受托财产责任关系，依托这种财产关系对公司享有权利，对经营者行使权力，资产经营者必须确保出资者委托的财产的安全；出资者将财产委托资产经营者经营相应形成了委托受托经营责任关系，资产经营者必须确保出资者投入的资本所形成的资产通过其生产经营活动实现价值增值；出资者与资产经营者的财产责任关系和财产经营责任关系都以契约（以公司章程为主体的一整套契约）的方式予以确定也就形成了契约关系。出资者与资产经营者的契约关系所确定的内容主要包括财产责任关系和财产经营责任关系所涉及的权利义务关系以及相应的信息披露的权利义务关系。就财产责任关系而言，资产经营者必须确保出资者投入的资本所转化而成的资产在通过其生产经营活动后能够收回本金，即实现资本数量保全和资本质量保全。资产经营活动的最大特点是资产经营者获得出资者的投入资本后，直接将这些投入资本用来购买生产经营活动所需要的资产，这些资产包括固定资产和流动资产、实物资产和无形资产、金融资产（如外汇资产，但不包括资本市场投资形成的股票等金融资产，这种金融资产属于对外投资）和实体资产等，所有这些资产都是为了满足公司自身生产经营活动的需要。由于资产经营者通过经营在一定时期终了的经营成果也都表现为资产的存在，所以，无论是经营之初所使用的出资者的资本还是经营期终了所形成的经营成果都以资产的形态存在，这也正是最早的两权分离的原因所在。由于资产经营者是通过经营资产实现出资者的资本保全和资本增值的，这种资产经营在实现出资者对经营者的委托受托责任上就表现出如下的特点：

1. 资产经营是由公司的经营者自身进行的，它不是通过将其资产在公司以外进行投资而由他人经营。一旦出资人投入公司的资本被资本经营者再以对外投资（如购买资本市场股票）的形式投入其他公司，对于这一部分资本而言，资产经营者就不再是资产经营者的角色，它已成为出资主体进行的是资本经营。

2. 资产经营是通过商品市场进行的，资产经营者运用商品市场上所购进的资产进行生产经营活动，并生产出新的商品在商品市场上进行出售，也就是生产经营活动基本业务包括购进资产、储存资产、进行资产的再生产以及销售资产等。在生产经营活动过程中必然要发生物料消耗的转移成本、活劳动消耗而发生的新增成本以及相关的其他费用，所有这些成本费用都是由出资人所投入的资本而转化的现金进行初始支付，并最终通过公司的生产经营活动所形成的现金收入予以补偿。从另一个角度看就是出资者通过资产的使用计提相应的成本费用并通过生产经营活动所形成的这一现金收入收回本金，同时，当现金收入大于出资者投入的本金时就产生了利润也就是资本增值。进行资产经营必然有资产的购、存、产、销活动，这些活动的进行相应会发生成本费用，并取得收入。

3. 资产经营的进行一方面是成本费用发生和收入形成的过程，另一方面也是资产使用、耗费和新资产形成的过程。资本保全和资本增值既可以通过收入扣除成本费用后大于零得以实现，也可以通过期末资产大于期初资产（或期初投入资本）得以实现。如果通过资产经营使得期末总资产超过了出资者投入资本所形成的资产，不仅意味着出资者实现了资本保全也实现了资本增值。可见，资产经营者是通过资产经营活动实现利润，并且利润最终都以新增资产的形式存在。

正由于资产经营的上述特征，使得出资者与经营者的委托受托责任的内容也有自身的特点，主要表现在：(1) 出资者特别关注投入公司的资本所转化而成的资产,以及通过经营活动而形成的资产本身的安全,只有确保这些资产的安全,资本数量保全和资本数量增值才有物质保证。为此,出资者一方面为了准确及时地了解公司期初和期末的资产状况必然要求经营者提供相应的信息报告。另一方面为了确保资产的安全性必然要对资产的购、存、产、销活动进行有效的控制,通过这一控制不仅要保证资产在数量上完好无缺,还要保证在质量上完好无损。事实上,除了过程控制,历史地看至今一直被采用的控制方法就是财产清查,通过财产清查不仅能摸清公司的实际资产数量和质量,也能确定相应会计报告的真实性。(2)出资者将资本投入公司后,形成资产经营,在生产经营活动过程中资产的数量和形态不断处于变化之中,最终通过商品市场变现。如果资产不能变现,不仅出资者的资本无法实现保全,甚至有可能导致出资者破产。正因为这样,出资者必然关注商品市场风险,这种风险或者表现为商品价格下跌从而使资产变现能力下降,或者表现为商品不能出售从而资产不能变现。为此,出资者会对资产的变现风险进行有效的控制,这种控制包括出资者对资本投向的控制,也就是资产的经营范围的控制,也包括出资者对资产占用规模和资产占用结构的控制,最明显的就是出资者通常会对内部资产的投资规模进行数量限制,以及对固定资产的投资规模进行约束。总之,资产经营者在资产的占有、使用、处置和分配中必须要满足出资者的风险偏好要求,并确保期末资产都能随时随地变现。(3)出资者将资本投入公司进行生产经营后,在整个生产经营活动过程中既会发生成本费用,也会形成收入。经营者对成本费用的无节制支出必然会损害出资者的利益,甚至可能侵占出资者的本金,因此,出资者会对成本费用进行控制。在对成本费用控制的基础上,出资者期望获得更多的收入,出资者还希望收入扣除成本后所形成的新增收益能够获得更多的分配份额。相应地,出资者必然会通过各种激励和约束措施使公司增加利润,利润的数量和质量是对资产经营者考核的主要内容。而为了在已实现的新增收益的基础上获得更大的分配份额,出资者必然要参与和决定收益分配。

4.2.2 出资者与资本经营者的委托受托责任关系和内容

伴随资本市场的不断发展以及专业化分工的不断深化,两权分离得到了进一步的扩展。不仅所有权与资产经营权相分离,并且所有权与资本经营权也发生了分离，出资者不再仅仅是终极所有者，从事资本经营的主体也受托终极出资者行使部分出资者的权利。终极出资者委托资本经营者进行经营就必须将自身的财产受托于资本经营者，而资本经营者受托经营必然以终极出资者投入的财产作为物质基础，两者之间就形成了财产关系，终极出资者依托这种财产关系对公司享有权利，对资本经营者行使权力。资本经营者不仅要保证这些财产的安全，而且必须通过资本经营活动实现终极所有者的利益最大化，从而形成了终极所有者与资本经营者的受托经营责任关系。终极出资者将财产委托给资本经营者是为了让其代行部分出资者的功能从而实现专业化和专家化经营，与资产经营者代替终极出资者从事资产经营的不同之处在于：资产经营者是完整的受托资产经营，而资本经营者则只是部分的受托资本经营。理由很简单，终极出资者必然要最终保留终极出资权，主要包括出资、退资和转资的权利，监管所出资本的使用状况的权利。没有这些权利终极出资者就不可能将资本投入公司。资本经营者运用终极出资者投入公司的资本再投入到资产经营的公司也成为了出资者，从这点出发，资本经营者是受托了终极出资者的部分出资权力。与此不同，资产经营者在受托资产经营时终极出资者和中间出资者不再从事资产经营活动，只是进行出资、退资和转资并对出资的状况进行监管，资产的购、存、产、销活动则受托资产经营者独立进行。尽管如此，一旦终极出资者将部分出资权受托资本经营者经营，资本经营者依托公司的法人财产权独立的开展经营活动。终极出资者将资本委托给资本经营者进行经营，资本经营者会将其中的一部分资本用来购买实物资产，这些实物资产不是作为经营的对象而是作为经营的手段。资本经营者经营的对象是资本，他会将所有者受托的资本再进行投资，尽管这些投资在其资产负债表上仍然表现为资产，但是这些资产不是用于生产经营活动，而是用于对外投资活动。用于生产经营活动的资产是基于公司内部的需要，而用于对外投资活动的资产是基于接受投资的公司进行生产经营活动的需要。也就是说，资本经营者要通过对外投资活动实现资本的保值增值，伴随对外投资活动的进行必然要对投出资本的运用进行监管，还需要通过收购兼所带来的重组效应实现投资报酬的最大化。终极出资者与资本经营者的财产责任关系和经营责任关系都是以市场契约的方式予以确定的，他们通过讨价还价确定各自的权利义务，也就成为市场契约关系。

  如上所述，这种关系的内容与出资者同资产经营者所确定的契约关系内容存在明显的差异。尽管资本经营者无论经营之初所使用的资本还是经营期终了所形成的经营成果都以资产的形态存在，但是，资本经营者所经营的资产主要都是以对外投资的形式而存在，包括对外的股权直接投资和资本市场的股票间接投资，这些资产一般都是金融资产，这些金融资产相对资本经营者是资产，相对资产经营者是出资者的投资，也就是资本，这也正是后来形成终极出资权与资本经营权的原因所在。伴随资本市场的不断成熟，从事资本经营主体的出资者不仅包括终极出资者，也包括其他出资者，如投资公司、基金公司、财务公司和专司资本经营的出资主体，所以相对于资本经营者而言，所有这些出资主体统称为出资者，是一种混合的出资者。另外，接受出资的资本经营主体经历了一个专家化的过程，即自然人到民间投资协会，再由民间投资协会到公司法人，最后成为专司资本经营的机构法人。自然人作为资本经营者主体既不具有专家化也不具有组织化的特征；民间投资协会的专家化和组织化程度有所提高，但由于其是一种民间契约，不仅专家的产生范围具有狭窄性，而且民间契约的规范性程度较低，协会形式的组织化程度也不高；公司法人就是从事生产经营的企业也兼营部分对外投资，公司法人的专家化程度和组织化程度都很高，但是这种专家化和组织化主要是适应生产经营也就是资产经营的需要。对外投资只是兼营的部分，尽管如此，对外投资是由公司法人内部的特设机构（投资部或证券部等）所进行的，专家化程度大大提高。同时由于进行对外投资的特设机构设置于一个有高度组织化程度的公司内部，相应其组织化程度也大大提高；机构法人是专事资本经营的主体，不仅机构法人的人员结构完全实现了与资本经营活动所需要的专业结构的匹配，从而实现了高度的专家化，并且其组织形式也是完全按照资本经营的业务结构进行构造的，其组织化也达到了最为完善和最为有效的程度。在资本经营过程中，通过资本经营所形成的金融资产的收益形式和变现方式都与生产经营活动所形成的实物资产存在明显的不同，正是这种不同使得资本经营在实现出资者对经营者的委托受托责任上表现了如下的特点：

1. 资本经营就是经营资本，经营资本是站在出资者的角度所进行的经营活动，一旦资本经营者投出资本，由资本转化而成的资产就被资产经营者进行经营，资本经营者并不直接从事生产经营活动，他受托终极出资者或其他出资者从事资本经营活动。但是，如果资本经营者投出的资本不能被资产经营者有效地使用，资本经营者的经营必然最终陷于失败。也就是说在整个出资者系列中每一个层次的出资者的投资报酬最终都取决于资产经营者所带来的收益，从这个意义出发，资本经营者的经营好坏不仅取决于自身的努力，还取决于资产经营者的努力程度。事实上资本经营者相对于终极出资者是经营者，而相对于资产经营者又是中间出资者，一方面他必须以经营者的身份对终极出资者的投资负责，承担资本经营责任。另一方面他又必须以出资者的身份对接受投资的资本经营者行使出资者权力，这种权力就是资产经营者受托出资者所应该承担的责任，关于这一点已在前面论述。资本经营者只有充分保证资产经营者能够实现资本保值增值的目标，才能最终实现终极出资者对其所确定的保值增值的目标。所以，资本经营者作为出资者一定会将终极出资者的出资权力通过自身的出资行为贯彻和落实到对资产经营者的要求中去。同时，终极出资者也会要求资本经营者在其所专事的资本经营活动中贯彻和落实其特定的出资权力，否则，当终极出资者将资本经营权委托资本经营者有可能导致资本经营的失败，也就谈不上资产经营者再能实现出资者资本增值保值的目标。值得说明的是，终极出资者与作为资本经营的中间出资者只是一种理论上的划分，实践中，一个机构法人或者资本经营主体的出资者可能既包括终极出资者也包括其他中间出资者是一种混合的出资者结构。

2. 出资者将资本投入机构法人（或资本经营主体）后，资本经营者通过资本市场进行投资，也就是买卖金融资产包括直接购买资产经营公司的股权或者间接的通过股票市场买卖股票取得对发行股票公司的股权权利。必须说明的是尽管资本经营者通过资本市场买卖金融资产实现出资、退资和转资，但是，由于其投资行为分为直接的股权投资和间接的股票市场投资，两者在资本保全和资本增值的实现方式或者盈利模式上存在根本的区别。就直接的股权投资而言，资本经营者通过买入从事生产经营公司的股权，主要的目的是为了获取所投资公司的长期利润分配，从这个意义出发，资本经营者进行投资的目的不在于资本市场金融资产的买卖价差，而在于接受投资公司的生产经营活动的投资回报。为了实现投资的报酬最大化，资本经营者必然要寻找投资报酬率最高的资产经营公司进行投资；一旦将投资投入该公司，为了确保公司实现预期的投资报酬率，资本经营者必须监管该公司的资产经营活动是否符合公司章程的规定；当所投资的资产经营公司已经实现预期的投资报酬率并使得公司的股权价值达到最大时，资本经营者可以按照公司的章程的规定将股权出售。如果股权的出售价格高于投资时的股权价格，资本经营者还可以获得资本利得。但资本经营者进行这种股权投资的最终目的不是为了取得资本利得而是利润，也不会对所投资公司的股权进行反复的买卖，这种资本利得的取得不是通过公开市场业务实现的，正因为此，才称为直接的股权投资。在直接的股权投资下，尽管资本经营者投资所形成的资产是股权资产（会计上称之为对外股权投资），但是，这种股权资产的股权是与生产经营公司的资产相联系的，而股权的收益则与资产经营的成果或者盈利能力相关。间接的股票市场投资场所是股票市场，投资的工具是股票，投资的目的主要是为了获取股票的买卖价差也即取得资本利得。资本经营者进行间接的股票市场投资先是对所投资的股票的预期价值进行分析，当所投资的股票的预期价值上涨时，资本经营者就会买入股票，相反就会卖出股票。在股票市场上买卖股票是资本经营者进行间接的股票市场投资的基本经营行为，股票是其经营的商品，买卖股票是其基本的经营活动，通过股票价差取得资本利得是其经营的根本目的。间接的股票市场投资可以在股票市场上反复地买卖某一上市公司的股票，资本经营者关注的是公司股票价格的涨落。资本经营者也关注发行股票的公司的生产经营活动及其成果，但其目的是为了了解和判断发行股票的公司的股票价格的涨落，以从中赚取股票价差。不难看出，在直接的股权投资下，资本经营者的股权资产的价值是由所投资的生产经营公司的盈利状况所决定，而间接的股票市场投资的股票资产价值最终来说也是由所发行股票的资本经营公司盈利状况所决定，但在某一时点或者较短的时间看，公司所发行的股票价值也可能直接受资本市场供求关系所影响，而与所发行股票的公司的盈利状况并无直接联系。也就是说股票市场的股票价格的变动所受到的影响因素比直接的股权投资所形成的股权资产的价值的影响因素更为复杂。

3.终极出资者将资本投入资本经营公司进行经营后，在整个资本经营活动过程中既会产生投资支出，也会形成投资收入，在投资的过程中还会产生各种投资的费用。投资的支出即投资的本金包括股权或者股票的买入成本，投资的收入包括股权或者股票的出卖的价格收入，而各种投资的费用是指股权或者股票交易的费用、监管资本运用的费用、存量资本结构调整（主要是指收购兼并行为的费用）。资本经营者在经营过程中只有通过投资收入弥补投资支出和投资费用后，才能实现出资者资本保值增值的要求。可见，资本经营者主要是通过经营取得资本利得以及投资所分配的利润，并且资本利得和分配的利润通过再经营又形成了股权资产和股票资产。

正由于资本经营的上述特征，使得出资者与资本经营者的委托受托责任的内容不同于出资者与资产经营者的委托受托责任内容，主要表现在以下方面：

第一，出资者特别关注所投入的资本转化为资本经营者的股权和股票资产即金融资产的价格变动的风险。出资者投入公司的资本最终都要转化为金融资产，金融资产是一种虚拟资产，它本身的价值既取决于发行金融资产的生产经营公司的经营状况，也取决于市场供求变化，金融资产的价格也可能由于市场的变化而一文不值，使得出资者的资本全部遭受损失，这样出资者必然要对已有金融资产的价格风险进行有效控制。

在股票投资的方式下，出资者为了防止股票价格大起大落而导致的股票资产价格的缩水，一般要对资本经营者进行的股票交易设定风险控制幅度，在大多数情况下是采取最低或者最高收益水平控制这种风险；在股权投资的方式下，由于资本经营者行使出资者对资产经营者的部分出资权力，出资者对资本经营者的风险控制主要是促使资本经营者确保资产经营者按照出资者所确定的投资方向、投资规模和投资结构，合理有效地使用其资产。可见，与出资者对资产经营者的实物资产的风险控制不同，由于实物资产必须要有实物存在资产才能变现，所以出资者必然对投出资本所转化而成的资产以及通过经营而形成资产进行实物的数量和质量控制；出资者对资本经营者的金融资产的风险控制着重于金融资产价格变动风险的控制，资产数量已经通过监管当局和股票账户交易体系进行有效控制。只有对金融资产价格变动风险进行有效控制，金融资产的变现能力才能最终满足资本保值增值的要求，否则金融资产价格的大起大落必然给出资者带来资本损失。当资本经营者进行股票投资时，由于股票市场价格瞬息万变，为了及时根据这种变化进行股票交易，一方面资本经营者对所投资生产经营公司提供信息的时间节奏必然加快，另一方面机构法人或者资本经营公司的出资者也要求提供动态信息，只有这样才能有助于出资者进行过程的风险控制，以保证金融资产在每个时间节点上的价格变动范围能够处于其风险偏好的范围内。

第二，出资者将资本投入机构法人或资本经营公司后，由此所形成的金融资产经过资本经营者经营，其资产的形态和数量不断发生变化，最终这些金融资产都必须要通过资本市场出售才能变现。

由于金融资产在资本市场上不断地被进行交易，其变现的风险要大大高于实物资产，出资者对金融资产的交易过程必然进行风险控制。进行这种控制，终极出资者必然关注所投入的资本转化为资本经营者的股权和股票投资的投资方向、投资规模和投资结构，并通过这三个方面的控制实现资本经营者进行投资的实际风险与自身风险偏好的匹配。与此同时，在进行资本市场交易中，资本经营者还可能存在操作性风险，为了防止这种风险的发生，出资者也需要对相关的操作方法和流程进行有效的控制，特别是要根据出资者的投资风险偏好，确定金融资产投资的类型以及相应的投资流程，在此基础上进一步规定金融资产风险评估的方法以及风险控制的标准。

实际上，在基金管理公司的投资风险控制中，每一个基金管理公司的风险管理类型是出资者选择进行投资的依据，风险的出资者就会选择投资风险较高的基金管理公司，而保守的出资者就会选择较低的基金管理公司，虽然表现为市场的选择过程，但确实也是出资者对资本经营者风险管理类型的一种约束。实际上出资者也通过直接的股权投资和间接的股票投资向机构投资者和资本经营公司进行出资，直接的股权投资是通过接受投资的资本经营公司的股东大会以及董事会的表决权对资产经营者进行风险控制。而间接的股票投资是通过出资者在股票交易市场的交易行为对资本经营者进行风险控制。由于机构法人或资本经营公司对资产经营公司也可以采取这两种控制方式，因此对资产经营过程的风险控制也具有相同之处。总之，无论出资者还是中间出资者作为出资人，他们都必然要对接受资本的公司的经营过程进行风险控制，只是由于资本经营公司与资产经营公司的经营对象不同、风险的类型与风险的发生方式不同，因而风险控制的方式也不同。

第三，出资者将资本投入机构法人和资本经营公司进行资本经营活动后，在整个金融资产的投资过程中会产生两种支出和收入，一种是金融资产的买卖支出和收入以及投资利润所得，其中收支差额为资本利得；另一种是从事资本经营活动所发生的成本费用和形成的佣金收入。对于前者一方面要防止资本经营者违规操作为自身谋取利益，另一方面也要防止资本经营者占用和侵吞出资者的资本并获取相应的利益。对于从事资本经营活动所发生的费用必须防止经营者通过成本费用的无节制支出损害出资者的利益，甚至侵占出资者的投资，出资者必然要对成本费用进行控制。为了增加资本利得、利润以及佣金收入，出资者要通过有效地激励约束机制使它们实现最大化。也就是资本经营者的收入应该与这三种收益挂钩。

总之，由于出资者与资产经营者和资本经营者的委托受托责任关系及其内容有所不同，从而使得出资者对资产经营者与资本经营者的财务控制的内容和控制方法存在明显的差异。

在实践中，两权分离使得经营权主体不断地专家化和组织化，伴随两权分离的演进和深化，在市场中不断产生了许多专业化组织。这些专业化组织包括律师事务所、会计师事务所、资产评估事务所以及承担保荐人角色的证券公司等，它们是专家化的中介组织。这些中介组织与出资者之间也会形成委托受托责任关系，但这种委托受托责任关系不是以财产责任关系为基础而形成的，只是一种单纯的市场供求契约关系，这些中介组织为出资者提供专业服务；这种委托受托责任关系也不是以财产的经营责任为基础形成的，所以这些中介组织并不为出资者承担资产经营和资本经营的责任。尽管如此，由于这些中介组织的高度专家化和组织化，它们能够受托出资者承担某些出资者财务管理的责任，如会计师事务所受托出资者对资产经营者和资本经营者进行监督的责任，相应出资者与会计事务所之间就形成了委托受托审计责任关系，这是直接代行出资者的部分监督职能，等等，在此不再一一说明。

第 5 章
投资偏好与委托受托责任

出资者与经营者的委托代理关系和内容的差异不仅与经营者所履行的不同经营责任（资本经营责任和资产经营责任）密切相关，也与出资者投资偏好的不同紧密联系。出资者财务的基本行为就是投出资本，任何出资者进行投资都有自身的投资偏好，不同的出资者投资偏好不同，导致与接受投资者的委托受托责任关系及其内容也存在差异。

5.1 出资者的投资偏好与委托受托责任关系及其内容

投资偏好的一般解释是不同的投资人由于财力、学识、个人投资取向和投资时机等因素的不同，其投资风险承受能力也将存在差异；同一个投资主体也可能在不同的时期、不同的年龄阶段及其他因素的变化而表现出对投资风险承受能力的不同。显然这里的投资偏好是针对自然人投资主体进行说明的，而且投资偏好主要是指投资的风险偏好。与此比较，出资者的投资偏好存在两个不同：一是投资偏好的主体不仅仅只是自然人，终极出资者既可以是自然人出资者（或者私人出资者），也可以是国家出资者，公司法人或者其他法人也可以作为中间出资者进行出资，不同类型的出资者必然有不同的投资偏好；二是投资偏好不仅仅是投资的风险偏好，还包括投资目的偏好。对于自然人而言，投资的目的就是为了获取投资收益，自然人对于投资收益的预期决定了其风险偏好的大小。投资收益的预期越高，投资的风险偏好就越大，反之亦然——这就是所谓的风险与收益相对称。对于国家出资者而言，投资偏好就不仅仅是投资的风险偏好，原因在于国家出资者进行投资不只是为了获取投资收益，还必须考虑国家和社会的利益。国家利益和社会利益往往与投资收益不一致，从而决定了国家作为出资者的投资偏好具有国家和社会属性，正是这种属性使得国家出资者与自然人出资者在对经营者进行受托责任时会存在较大的差异。当国家出资者的投资仅仅只是为了满足投资收益的需要时，这种投资的偏好也就是指投资的风险偏好，显然国家作为出资者与自然人作为出资者的这种投资风险偏好也会存在不同，这种不同也必然导致国家出资者与自然人出资者在对经营者进行受托责任时会存在一定的差异。公司法人和其他法人作为出资者在进行投资时，其投资偏好最终取决于终极出资者的投资偏好及其终极出资者的出资比例。如果国家出资者享有控制权，投资偏好就更多地具有国家和社会属性；如果自然人出资者享有控制权，投资偏好就更多地体现为投资的风险偏好，也就是要在投资收益与投资风险之间实现均衡。那么，不同出资者的投资偏好是怎样决定出资者与经营者的委托受托责任关系及其内容的差异？

5.1.1 出资者的投资目的偏好与委托受托责任关系及其内容

公司的终极出资者分为国家所有者和自然人（私人）所有者，国家所有者与自然人所有者由于其所有权主体的属性不同使得投资的目的不同，从而导致其与公司经营者的委托受托责任关系和内容存在相应的差异。国家所有者与自然人所有者的所有权主体的属性的主要不同体现在六个方面。

5.1.1.1 人民性

国家财产属于全体人民所有，由此，国家所有者实质上是指全体人民，但全体人民不可能直接对国有财产行使所有权权力，而是必须委托代表全体人民的国家行使这种权力。国家代表全体人民行使国有财产所有权权力时，必须要表达全体人民的共同诉求，或者说大多数人的意愿，而不能只代表、表达或实现某个人或者某一利益集团的诉求或者意愿。人民性首先是整体性，反映的是全体人民的整体诉求而不是单个人的或者集团的诉求；其次是国家性，国家是人民的国家，国家必须代表全体人民的利益行使各种国家权力，包括国有财产的所有权。整体性意味着国家代表人民行使所有权时必须以全体人民的共同利益作为出发点，而国家性则要求国家在行使国家财产所有权时必须通过国家权力的合理有效使用，确保人民的共同所有权得以实现。与此不同，自然人所有者的所有权主体具有个体性，他们在行使所有权时主要是从个人的利益出发，表达和实现自身的利益诉求。当然，他们的合理合法的利益诉求也将得到国家权力的有效保护。

5.1.1.2 抽象性

尽管全体人民对国家财产拥有所有权并通过国家行使权力，但是，国家以抽象的概念形式而存在，国家权力的实际行使是由各种国家权力机关进行的，这些机关包括立法机关、行政机关和司法机关。国家对国有财产行使所有权就必然通过这些国家权力机关代为行使，不同国家的国家权力机关的结构形式不同，在社会经济运行中所发挥的作用也不尽相同，所以，代为国家行使国家所有权的主体安排就会各具特色，存在明显的差异。不难看出，所谓全体人民委托国家行使国有财产所有权是通过国家权力机关实际进行的，也就是人民委托国家权力机关行使所有权，国家机关与全体人民之间形成了国有财产所有权的委托受托责任关系。我国目前的体制是在政府下设国有资产监督管理委员会实际代表国家行使国有产权，对所出资的企业或公司进行监督管理。而在此之前，则是由政府的各个行政部门代表国家行使国有产权。自然人所有者以自然人形式出现具有实体性和可行为性，自然人所有者可以自行行使所有权权力，尽管由于专业化和专家化所导致的社会分工的进一步细化特别是两权分离的不断深化，自然人所有者也在将资本经营权和资产经营权进行授权，但是，自然人所有者仍然要自行行使终极所有权。

5.1.1.3 国家性

国有财产的所有权主体就是国家，这意味着国有产权行权主体在行使所有权时，在代表全体人民利益的基础上也要考虑整个国家利益。国家利益的核心是国家安全以及国家可持续稳定发展。国家安全既包括对外安全，也包括对内安全。对外安全是指国家在与其他国家进行交往的过程中国家主权的不可侵犯性和国家利益维护性，而对内安全是指国家政局的稳定。国家的可持续稳定发展则是指国家在社会经济运行中必须要着眼未来具有前瞻性，必须要着眼发展具有战略性。只有整个国家的这些利益都能得到实现，全体人民的利益才有切实的保障。自然人所有者是以个体利益为出发点的，他既没有足够的权力范围使其行为具有国家性，也没有自身的利益诉求使其行为具有国家性。

5.1.1.4 公共性

国家存在的重要使命之一就是为社会提供公共产品并维持公共秩序。任何一个社会都会存在公权主体和私权主体，从自然状态而言私权主体是必然存在的，任何个人、任何单一的利益主体都可以称之为私权主体。公权主体就是指政府，一个社会之所以要产生公权主体，是因为任何个人、任何单一的利益主体都不可能提供公共产品和维持公共秩序。私权主体为了以最低的成本获得更多更好的公共产品和维持公共秩序，就要求形成公权主体，并委托公权主体提供公共产品和维持公共秩序，为此，私权主体就必须要向公权主体（政府）缴纳各种税费。由于政府作为行政管理者必然要提供公共产品和维持公共秩序，而政府作为国家所有者的代表在行使国有产权时也自然要考虑公共产品提供和公共秩序维持的需要。一方面，国家所有者的人民属性和国家属性要求其必然考虑人民和国家的整体利益，而公共产品的提供和公共秩序的维持正是人民和国家整体利益的重要体现；另一方面，国家所有者的财产最终归属权是全体人民，国有财产的运用所获得的收益也最终归属于全体人民。将国有资产和国有资产运用所取得的收益用于公共产品的提供和公共秩序的维持也就是"取之于民，用之于民"。自然人所有者实质上就是私权主体，他们既没有足够的能力也没有动机提供公共产品和维持公共秩序，在公共产品充分完善、公共秩序有序有效的条件下，自然人所有者只是追求自身投资收益最大化。

5.1.1.5 社会性

国家是社会在一定发展阶段上的产物，当一个社会陷入不可解决的自我矛盾，分裂为不可调和的对立面且又无力摆脱时，为了使这些对立面不至于在无谓的斗争中把自己和社会毁灭，就需要有一种凌驾于社会之上的力量，这就是国家。可见国家的形成具有很强的社会性，一方面国家的社会性表现为使整个社会的各种利益关系处于和谐的状态而不至于引发社会危机，另一方面国家要通过提供社会服务和社会保障，既使人民能够享受到国家的公共服务的好处，又使劣势的群体不被社会所遗弃而共享社会成果，从而增强对国家的认同感、使命感。国家作为所有者必须通过投资以及投资收益的分配协调各种利益关系、更好地提供社会服务、确保社会保障体系能够惠及所有需要资助的人们。自然人所有者也可能要承担某种社会责任，但这种社会责任的履行并不可能惠及全社会，更多的情况下自然人所有者承担社会责任是一种国家或者社会强制，主要的目的是使他们的行为不要伤及或者危及社会。

5.1.1.6 权威性

国家作为所有者是以国家权力为基础的，无论是立法权、行政权还是司法权都能够有效保证国家所有者权力的有效运用，特别是在履行国家和社会义务时这种权力的行使的有效性是任何其他权力主体所不能媲美的。一方面凭借国家权力国家所有者的财产能够得到有效的保护，另一方面凭借国家权力能够按照国家和社会需要（公共需要）有效地运用国有资产、合理地分配国有资产运营所取得的收益。而自然人所有者主要是通过公司章程的制定对所投资的企业行使权力，自然人所有者自身的财产安全最终也必须凭借国家权力得以保护，自然人所有者的所有权只是对特定财产或者所投资的企业产生效力，不可能对整个国家和社会发生作用。

正由于国家所有权的这些特征，十八届三中全会《关于全面深化改革若干重大问题的决定》要求国有资本投资运营要服务于国家战略目标，更多投向关系国家安全、国民经济命脉的重要行业和关键领域，重点提供公共服务、发展重要前瞻性战略性产业、保护生态环境、支持科技进步、保障国家安全。

当国有资本投资运营要服务于这些方面时，由此而形成的国有企业的目标就会与私人企业或者民营企业的目标存在较大的差异。各国根据国有资本投资而形成的国有企业的市场定位和目的的不同对国有企业进行了各种分类，主要有以下几种分类方法：

1. 按市场竞争的程度分类，以法国和新加坡为代表。法国政府将国有企业分为垄断性国有企业和竞争性国有企业两类，如法国电力、铁路、航空、邮政和电信等属于垄断性国有企业，竞争性国有企业主要是指建筑业、加工业和服务业中的国有企业。新加坡政府将经济发展局、电信局、港口、公用事业局等国有企业称为垄断性法定机构，而淡马锡、新科技等四大控股公司及其投资控股的子公司等属于竞争性政府联系公司。

2. 按照赋予的任务分类，以芬兰、瑞典、新西兰和挪威为代表。芬兰将国有企业划分为承担特定任务类企业，包括芬兰电网、芬兰产业投资公司；有战略利益的商业类企业，包括芬兰铁路和芬兰航空等；以投资者利益为主的纯粹商业类企业，包括养老金信息服务公司等。挪威将国有企业分为执行特殊产业政策性企业，包括机场公司、能源管理公司、国家电网、林业集团等；兼有商业化和其他特定目标类企业，包括挪威邮政、国家铁路、国家电力和铁路服务公司；商业化但总部须在挪威的企业，包括国家石油、海德鲁及挪威电信；完全商业化类企业，包括北欧航空和国立摇滚乐博物馆等企业。

3.按法律地位及持股比重分类，以英国、美国、韩国为代表。如英国就将国有企业划分为政府直接管理的企业、具有独立法人地位的企业和公私合营的国有股份公司三类，地理信息公司属于第一类，皇家邮政属于第二类，浓缩和核电技术服务公司属于第三类，这三类企业的地位和政府持股比例并不相同。

我国也根据国有资本投资而形成的国有企业的市场定位和目的进行了各种分类。上海市将国有企业分为竞争类、功能类和公共服务类。竞争类企业是以市场为导向，以经济效益最大化为目标，兼顾社会效益；功能类企业是以完成战略任务或者重大专项任务为目标，兼顾经济效益；公共服务类企业则是以确保城市正常运行和稳定、实现社会效益为目标。北京市属国企也分为三类，一是城市公共服务类，承担和提供公共产品或服务，如公交、地铁、自来水、热力等保障城市运行的企业；二是特殊功能类，承担政府在不同阶段赋予的专项任务和重大项目，如市保障性住房建设投资中心；三是竞争类，这类企业以经济效益最大化为目标，在竞争类企业中分战略支撑和一般竞争两个层级。黄群慧将国企划分为三类：公共政策性企业、特定功能性企业和一般商业性企业。公共政策性企业是始终以实现社会公共利益为目标的特殊国企；一般商业性企业是以经济效益为目标的竞争性国企；特定功能性企业是承担特定的国家功能的企业，该功能的实现又以企业自身发展和经营活动营利为基础。2015年12月国务院国有资产监督管理委员会发布的《关于国有企业功能界定与分类的指导意见》，归纳总结了各种分类方法的优点和缺点，也为了使分类言简意赅，便于传播和易于理解，提出将国有企业界定为商业类和公益类。商业类国有企业以增强国有经济活力、放大国有资本功能、实现国有资产保值增值为主要目标，公益类国有企业以保障民生、服务社会、提供公共产品和服务为主要目标，必要的产品或服务价格可以由政府调控；要积极引入市场机制，不断提高公共服务效率和能力。

无论国外还是国内的分类都存在一个共同的问题就是分类标志不统一，这种不统一主要表现在交叉使用企业的设立目的和企业的市场定位两个分类标志。从企业的设立目的而言，必须要凸显国有企业的特殊使命，在前面的分析中已经看到国有企业负有国家使命和社会使命；从企业的市场定位而言，主要涉及企业的竞争力定位，在市场经济条件下，企业都要参与到市场竞争中去，从而形成了垄断型企业和竞争型企业。传统上垄断型企业是指市场上的自然垄断和寡头垄断，而这里所指的垄断显然是指国家垄断，意味着特定领域只能由特定的国有企业进行经营。与此相反，竞争型企业则是指按照市场法则进行自由竞争的企业，它当然不受国家的特定保护或者限制，而是依据平等竞争的原则从事一切经营活动，所以自然垄断和寡头垄断的企业仍然属于市场中的竞争型企业。对于自然垄断和寡头垄断的企业，国家大多通过反垄断法使它们与其他竞争型企业处于平等的地位。

当然，也有按照持股比例分类，这种分类是上述两种分类为基础的，只有涉及国家和社会重要性的国有企业才需要进行独资或者控股，而其他国有企业的股权则可以随市场的要求而灵活变动。也就是对于国有企业的分类主要涉及设立目的和市场定位，怎样才能实现这两个分类标志的有机融合是进行国有企业分类所必须要解决的问题。实际上，国有企业按设立目的分为国家性企业、社会性企业和商业性企业，为了更好地与已有的通用表达相一致，可以将国家性企业表达为政策性企业，将社会性企业表达为公益性企业；而国有企业按市场定位分为垄断型企业、混合型企业（是指兼具国家垄断和市场竞争两种特性的企业）和竞争型企业。在学理上就可以将两种分类进行九种组合：政策性垄断型企业、公益性垄断型企业、商业性垄断型企业；政策性混合型企业、公益性混合型企业、商业性混合型企业；政策性竞争型企业、公益性竞争型企业和商业性竞争型企业。由于这里的垄断是指国家垄断，所以商业性垄断型企业和商业性混合型企业并不存在，同时，政策性竞争型企业也不存在，因这里的政策性也就是国家垄断性，从而就不可能存在自由竞争的可能性。公益性竞争型企业从市场的角度看主要是指各种民营的公益性企业，如民办教育、民办养老机构等，它们充分地参与市场竞争，这类企业如果站在国家视角显然不属于国有企业，当然就可以不包括在国有企业的分类中。而其他类型就属于国有企业的基本分类，现实中每一种分类的具体表现是：政策性垄断型企业如国家烟草总公司和中储粮总公司等；公益性垄断型企业如北京市自来水总公司（国家层面并不直接提供此类社会服务，而是由当地的城市提供）；政策性混合型企业有如国家的各类军工企业、石油企业，它们一方面受国家指派垄断某一领域的生产经营,另一方面又从事民品的生产;公益性混合型企业则包括北京地铁、北京巴士、北京热力等公司,这类公司整体上是提供社会服务,政府通常会对这些企业提供一定的政策补贴,但它们仍然要参与市场竞争,也就是在市场中还存在其他同类竞争对手;商业性竞争型企业就是以平等的地位充分参与市场竞争的各类企业,目前,在我国的国有企业中还存在许多这类企业。按照中央的要求,这类企业要逐步进行混合所有制的改革,也就意味着随着社会经济的发展,这类企业的国有资本可以逐步退出。这样站在我国国有企业的现实背景看,国有企业的分类主要包括政策性垄断型企业、公益性垄断型企业、政策性混合型企业、公益性混合型企业和商业性竞争型五种。由于政策性和公益性往往边界难以划分,国家不仅要维护国家的稳定和发展、提供公共产品和维持公共秩序,而且也可能提供社会服务与社会保障。也就是说政策性和公益性的行为都有可能由国家进行,从而站在国家的视角都属于同一主体的行为可以进行合并;而且从语义学上政策性和公益性的划分也不是完全属于同一个分类标志,也需要进行合并。那么,如果进一步将政策性和公益性合并为政策性或者公益性(黄群慧的分类是公共政策性企业,北京市、上海市的分类则是公益类或公共服务类企业),国有企业的分类就成为政策性(公益性)垄断型企业、政策性(公益性)混合型企业以及商业性竞争型企业三种。按照对特定功能类企业的一般解释是它承担一种特定的国家功能,而该功能的实现又必须以企业自身的营利为基础,具有混合特征,可以归为政策性(公益性)混合型企业。政策性(公益性)混合型企业也会随着社会经济的发展逐步向商业性竞争型企业过渡。

由于不同类企业所要实现的国家和社会目的不同,国家所有者与经营者或者企业之间委托受托责任关系和内容与完全的商业性竞争型企业必然存在差异。

就委托受托责任的关系而言,对政策性(公益性)垄断型企业除了财产关系、经营关系和市场契约关系外,还存在行政关系,也就是国家为了确保自身的政策和公益目标的充分实现常常会动用行政手段,对国有企业的行为进行行政管制;对政策性(公益性)混合型企业除了财产关系、经营关系和市场契约关系外,也会存在一定的行政关系,但政府更多的是通过国家政策直接影响这类企业的生产经营行为,并尽可能地使它们的生产经营活动与市场接轨,如国有热力公司的供热活动既可以采取政府直接补贴企业的方式实现其公益目标，也可以采取政府补贴居民的方式实现热力公司完全按市场标准收费，从而达成热力公司经营的市场化。

除了委托受托责任关系的不同外，委托受托责任的内容也存在差别。对于政策性（公益性）垄断型国有企业主要的目的是要实现国家的政策性或公益性目标，所以它必然以承担国家责任和社会责任为主，尽管如此，垄断型国有企业仍然属于企业，所以也必须要进行经济核算，以最少的投入和最低的成本实现国家的政策性或公益性目标；政策性（公益性）混合型国有企业也要承担一定的国家责任和社会责任，并且要通过实现资本的保值增值为履行这两种责任提供基础，国家要尽可能地通过市场化的方式使这类企业履行国家责任和社会责任；对于商业性垄断型企业无论是国有、民营还是混合所有制都必须要承担一定的社会责任，这是现代社会发展之必然，原因在于企业的发展离不开社会环境的优化，相应企业也必须要承担社会责任。由于政策性（公益性）垄断型国有企业和政策性（公益性）混合型国有企业的国家所有者与经营者或国有企业之间存在行政关系，国家所有者对经营者或国有企业的管控就会既带有行政性又带有经营性的双重特征，国家出资者的财务管理也必然与国家财政之间存在密切的关系。正如有的学者指出的那样，对于存在较强行政关系的政策性（公益性）垄断型国有企业其经营者及其团队成员具有"党政官员"角色，而对于具有一定行政关系的政策性（公益性）混合型国有企业则视国家对其政策模式而有所差异，如果国家采取直接的政策支持的方式，国有企业及其经营者的团队成员一方面基于政策性支持而具有某种"准党政官员"的角色，另一方面，基于这种国有企业还必须以自身的发展和经营活动盈利为基础支撑国家政策和公益目标的实现而具有"企业家"的角色；如果国家采取间接的政策（即通过市场）支持的方式，企业及其经营者的团队成员就可以转化为"企业家"角色，如上述的热力公司，如果国家将政策性补贴支付给用户而热力公司按市场化收费，热力公司的经营者就可以按"企业家"模式管理。事实上，日本的军工企业也并不属于国家所有，只是通过国家以市场方式间接对相关私营企业实行政策性支持以实现国家目标，很多情况下国家可以以购买服务的方式实现其目标。整体上说，政策性（公益性）混合型国有企业依据国家的基本需要有可能转化为政策性（公益性）垄断型国有企业，也可能转化为商业性竞争型企业。尽管如此，在我国现实条件下这类国有企业仍然会有一个较长的存在时期,一些新的需要还可能产生新的这类国有企业,所以这类国有企业会处在一个比较动态的变化之中。

5.1.2 出资者的投资风险偏好与委托受托责任关系及其内容

出资者的投资偏好不仅表现在投资的目的上,而且也表现在投资的风险预期上。不同的出资者预期的投资收益不同,其风险偏好的大小也不相同。整体上,出资者的投资风险偏好可以分为三类:一是投资的风险偏好者,愿意承担高的投资风险以求获得更高的投资收益,但投资失败的可能性也更大;二是投资的风险厌恶者,不愿意承担投资风险而只愿意获得较低的稳定的投资收益,但也可能导致错失较高投资收益的机会;三是投资的风险中立者,希望风险与收益能够对称,并使风险处在一种相对平均的状态。

企业的终极出资者分为国家所有者和自然人(私人)所有者。一般来说,自然人所有者由于其承担风险的能力较弱,同时还要考虑到自身生存和发展的需要,对风险的偏好程度相对较低。与此不同,国家所有者相对于某一特定出资所承担的风险而言,其承担风险的能力相对较强,庞大的国有资产在各个领域对多个企业进行投资,本身就具有风险分散的特征;国家所有者还可以依托国家权力的力量对所投资的企业实施风险的最终化解;国家所有者的国家性要求其能够为国家长期稳定发展提供基础,从经济的视角看,就是要为国家经济的长期稳定发展提供前提。要实现这一经济目标,就需要在经济领域不断地进行创新,创新就必须要进行投资。由于创新是面向未来的,是否成功具有很大的不确定性,由此而形成的创新投资能否形成收益也具有很大的不确定性。创新可以分为国家层面的创新和企业层面(包括个人层面)的创新,单单就商业性竞争型企业层面的创新而言,都无不与未来是否取得盈利密切相关,这类企业进行这些方面的投资必须是能够为企业带来相应的收益。国家层面的创新有一些是不能直接带来投资收益的,如理论创新;有一些是涉及整个产业转型升级的,这是单一企业所不能及的;有一些只是在未来较长时期以后才可能取得收益而无法在短期内见效,这也是企业不愿所为的;还有一些不会产生经济效益而只会带来国家利益或者社会效益。当这些创新行为必须要通过或者更适合于通过企业进行时,就必然需要国家所有者对这些企业进行投资,也就是国有资本投资运营要更好地服务于发展重要前瞻性战略性产业和支持科技进步。一一般来说，对于与市场竞争性相关的创新可以通过商业性竞争型企业的自然选择来进行，其资金也由其自身提供；而对于上述与市场竞争性关联度不大的创新则需要通过国家的资金和政策支持，国家总是担负着风险最大的创新投资的使命。一旦国家将这些资金通过直接的投资或者间接的市场投资投入企业时，就形成了国家所有者与这些企业之间的委托受托责任关系，国家也必然要对接受投资的企业进行管控以确保委托这些企业的责任得以履行。

国家所有者对这类企业进行投资后两者就形成了财产关系，企业以这种财产关系为基础承担创新责任，这种创新责任显然不同于经营责任只是为了实现资本保值增值，最为重要的是要确保国家创新目标的实现，或者更直接地说就是要形成创新成果，服务于发展重要前瞻性战略性产业和支持科技进步的需要。创新责任的履行关键是如何以最少的投入获得更多的创新成果，国家所有者正是基于这一要求而对承担创新责任的经营者或企业进行管控，相应的出资者财务的管控内容也必然拥有自身的特点和要求。事实上，北京中关村作为一个创新孵化基地设立了许多创新企业，这些企业大部分是由国家的引导基金进行投资而形成的，国家投资这些企业的根本目的就是为了取得创新成果，一旦创新成果被社会所需要并带来收益时，这些国家基金就会退出企业，所以退出机制的完善就显得十分重要；一些企业的创新投资可能陷于失败，投资失败的评价以及是否再投资的决策就显得十分重要；一些企业的创新投资并不直接带来经济效益，寻找投资成本与创新成果之间的匹配关系也变得十分重要。

总之，出资者的投资偏好不同使得所有者与经营者之间的委托受托责任的关系及其内容存在明显的差异，正是这种差异导致出资者财务的内容和方法也将存在差异。

5.2 出资者的投资风险偏好与投向

任何出资者在进行投资时都有自身的风险偏好，正是这种风险偏好决定了不同出资者投资方向的选择。

5.2.1 出资者的投资风险偏好

在两权分离的条件下出资者的基本财务行为之一就是投资。投资是其他一切财务行为的前提和基础。出资者进行投资必然有其自身的投资偏好，其不仅与委托受托责任关系和内容密切相关，而且也决定了出资者的投资风险偏好及其相应的投资方向。从这个意义出发，出资者投资也就是根据自身的投资风险偏好对其投资进行风险匹配的过程，只有当所投资的方向和规模的风险程度与出资者的投资风险偏好匹配时，投资才能真正实现。

实际上，出资者的投资偏好的实质就是投资的风险偏好，原因很简单：首先，出资者进行投资是面向未来的，任何投资行为都是为了在未来取得收益。既然是面向未来的就必然存在预知性，而预知有可能正确，也有可能不正确而发生偏离导致投资风险。其次，出资者进行面向未来的投资具有一定的期间性，正是这种期间性使得出资者进行投资决策时的投资环境在未来可能面临变化，从而影响到投资决策实际取得的收益。如果说前者意味着主观对客观的判断产生误差从而导致投资风险，那么后者则意味着由于客观环境的千变万化而导致的投资风险。

投资有风险是一种客观存在，因而是一种不可回避的客观事实。投资风险以投资收益的不确定性的形式得以表现，原因在于无论投资者是基于主观原因还是由于客观环境的变化而导致投资决策出现误差，最终都表现为投资的实际收益与投资决策的预期收益的不一致，这种不一致的一般表达就是指未来投资收益的不确定性，即投资风险是指未来投资收益的不确定性，这是狭义的投资风险。由于投资要带来投资收益就必须要进行投入，所以投资风险也可以从投入的视角进行理解，这时投资风险就表现为投资成本或代价的不确定性，它意味着投资的本金有可能无法收回甚至全部变为损失。如果投资风险表现为投资收益或者投资代价的不确定性，那么投资风险产生的结果有可能带来收益的不确定性，也可能没有收益，甚至可能导致投资损失，这就属于广义的投资风险。

进行投资必有风险，由于不同的投资主体承担风险的能力存在较大的差异，他们必须根据自身的风险承载能力对投资风险进行识别、选择和控制，由此就形成了投资者的投资风险偏好。投资者的风险偏好是指投资者为了实现投资目标所愿意承担的风险的类型及其大小等方面的基本态度，正是这种态度决定了投资者的最终投资选择。投资者面对未来的投资风险必然要选择一个与其自身的投资风险偏好相适应的投资方向以至投资项目。不难看出，投资风险与投资风险偏好既有联系又有区别。投资风险是投资风险偏好存在的前提，没有投资风险程度的差异，投资风险的选择性偏好就失去了存在的基础；但如果没有投资主体的投资风险程度的差别化选择，投资风险程度差异的存在也就失去了意义。正是投资风险与投资风险偏好的这种内在关系，使得各投资主体在整个投资领域选择适合自身偏好的投资方向，从而使得投资领域的各个投资方向能够被全覆盖。投资风险与投资风险偏好又存在明显的差异：

一是投资风险是客观存在的，而投资风险偏好则与投资主体的主观愿望密切相关，不同的投资主体的风险偏好不同，同一个投资主体在不同时期不同环境下的风险偏好也不相同，正是这种不同决定了他们对投资方向的选择。尽管如此，投资主体的主观愿望也必然受客观环境的影响，如当投资环境有利时投资主体的风险偏好会趋强，当投资环境不利时投资主体的风险偏好则会趋弱；年轻人的风险偏好趋强，而老年人的风险偏好趋弱。

二是投资风险偏好决定了投资者对投资风险的选择及其控制，投资者有什么样的投资风险偏好就会选择与此相应的投资风险的类型及其大小，或者通过其风险控制使投资风险的类型及其大小满足自身投资风险偏好的要求。也就是说投资风险的类型及其大小是投资者风险偏好的表现形式，通过投资者对投资风险的类型及其大小的选择与控制既能确定投资者的投资方向，也能通过这种投资方向的选择最终满足投资者的风险偏好。相反，投资风险不能决定投资者的风险偏好，投资者的风险偏好决定投资主体对投资风险的类型及其大小进行选择和控制的过程。在风险管理中必然要实现风险与收益（成本）的对称性，一般积极进取的投资者偏向于高风险是为了获得更高的收益，而稳健型的投资者更多从安全性的角度考虑，偏向于低风险，往往也只能获得相对较低的收益。风险是一种不确定性，投资者面对这种不确定性所表现出的态度、倾向就是其风险偏好的具体体现。

5.2.2 终极出资者的投资风险偏好与投资方向的选择

出资者的重要财务行为之一就是投资，而投资最为关键的是选择投资的方向和确定投资的规模，出资者对投资方向和投资规模的选择是与其风险偏好密切相关的，出资者的投资风险偏好对其投资的方向和规模有着决定性的作用。当然，只有先确定投资方向才会产生投资规模的问题，任何一个出资者对于自己的投资行为抑或出资行为所进行的决策都离不开这两个方面，这实际上是出资者财务的起点。一个出资者如果不发生投资行为，出资者财务也就不会存在。由于投资方向的选择是投资规模形成的起点，所以出资者财务的投资行为必然以投资方向的确定作为起点，而投资方向的确定与出资者的投资风险偏好直接相关，也就是确定投资方向是以出资者的风险偏好为基础的。由于出资者可以分为终极出资者和中间出资者，研究投资者的风险偏好就必须以这个分类作为基础。终极出资者又可以进一步区分为国家出资者和自然人出资者，这两者的投资偏好由于其所有权性质不同而存在很大的差异；中间出资者则分为以资本经营为基础的出资者和以资产经营为基础的出资者，他们两者也由于其经营权属性不同而存在较大的差异。

终极出资者的所有权性质不同，投资的风险偏好也不相同，投资的风险偏好不同最终导致投资方向的选择存在差异。终极出资者分为国家所有者和自然人所有者，他们的自身属性决定了他们的风险偏好的差异，那么这种自身属性到底体现在哪些方面，又是怎样决定他们的风险投资偏好的？

自然人或者个人在进行投资时，不同的人由于家庭财力、学识、投资时机、个人投资取向等因素的不同，其投资风险承受能力不同；同一个人也可能在不同的时期、不同的年龄阶段及其他因素的变化而表现出对投资风险承受能力的差异，这里的风险承受能力就是个人出资者风险偏好的决定因素，风险承受能力是个人进行投资的一个重要依据，个人投资者的风险承受能力或投资风险偏好一般分为五大类：保守型投资者、中庸保守型投资者、中庸型投资者、中庸进取型投资者、进取型（冒险型）投资者，也可以简单的分为三类：保守型、中庸型和进取型。个人出资者进行投资其目的就是为了获取投资报酬，他们总是希望在风险较小的条件下实现投资报酬最大化。为此，他们必然要对风险进行预期、规避、控制或者消除，这种对风险管控的能力决定了不同的个人投资者进行投资所获取的投资收益的差异的大小。尽管如此，从整个市场的视角看，个人出资者进行投资最终都将趋向于风险与收益（成本）的对称性。所以个人出资者进行投资的风险偏好可以归结为以下特征：

其一，个人出资者进行投资的目的都是为了获取投资收益，也就是个人出资者进行投资是商业性的。

其二，个人出资者进行投资必然面临其他投资者的竞争，竞争的结果有可能导致投资收益的下降，甚至投资失败，所以个人出资者进行的投资具有竞争性。

其三，个人出资者进行投资由于每个人的风险偏好不同，各自会选择与其风险偏好相适应的投资方向（或者投资产品），其结果一方面导致了投资市场上投资方向（投资产品）的多样性，使得任何一个出资者都可以根据自身的投资偏好进行投资方向（投资产品）的选择。另一方面，每个出资者根据自身的投资偏好进行投资方向（投资产品）选择的结果会形成差别化的收益率。

其四，个人出资者进行投资必然要按照各自的投资偏好自由选择投资方向（投资产品），要达成这一目标就必然要求投资市场不能形成垄断或者操控市场的行为，有序和自由竞争是这一市场的基本特征。总之，自然人或者个人作为出资者其投资的风险偏好是多样性的、差别化的，是商业性的、竞争性的，还是有序的、平等的。

在任何社会中，社会总投资都是由国家投资和非国家投资两大部分构成的。国家投资是指国家为了实现其职能，满足社会公共需要，实现经济和社会发展战略，投入资金并转化为实物资产的行为和过程。国家作为出资者进行投资与自然人作为出资者进行投资，其风险偏好存在根本的差异，正如在前面已经论及，国家所有权主体与自然人所有权主体的属性存在明显的差异，国家所有权主体具有抽象性、人民性、国家性、公共性、社会性和权威性，这就决定了国家作为出资者的投资风险偏好与自然人作为出资者的投资风险偏好也会存在明显差异。正如十八届三中全会《关于全面深化改革若干重大问题的决定》所指出的那样，国有资本要服务于国家战略目标，更多投向关系国家安全、国民经济命脉的重要行业和关键领域，重点提供公共服务、发展重要前瞻性战略性产业、保护生态环境、支持科技进步、保障国家安全，可见国家作为出资者的投资风险偏好要更多地体现国家安全性、国家宏观性、国家战略性、公共服务性、社会公益性、生态环保性和国家垄断性。

国家安全要求国家处于没有危险的客观状态，不仅国家没有外部的威胁和侵害，而且也没有内部的混乱和疾患的客观状态。国家安全包括国民安全、领土安全、主权安全、政治安全、军事安全、经济安全、文化安全、科技安全、生态安全、信息安全。如国家作为出资者进行军事工业的投资就具有国家安全性的特征，显然进行国家安全方面的投资并不会直接产生经济效益，从投资的风险偏好的视角看，它是只有成本却没有相称收益的投资。

国家宏观性亦称国家宏观调控，国家在宏观经济运行中为了促进市场发育、规范市场运行，必然对社会经济总体进行调节与控制。一般而言，宏观调控的目的是为了实现经济增长、稳定物价和充分就业。为了达成这一目标，国家在宏观调控中一方面要通过调节资源的合理有效配置实现总供给与总需求的平衡，另一方面在市场决定的条件下要对市场失灵进行拾遗补缺。国家通过运用调节手段和调节机制，既实现宏观经济的总体平稳发展，也为微观经济运行提供良性的宏观环境。在国家进行宏观调控的过程中，国家必然会通过出资者的投资功能的行使实现其相应的目标。国家作为出资者为了实现宏观调控而进行的投资主要体现在政策性的投资上，这种投资不是为了直接谋求投资项目的投资收益，而是为了实现宏观经济的总体平衡以及弥补市场失灵。如国家进行粮食储备和棉花储备所进行的投资显然不是基于投资收益目标而是基于市场供求均衡的目标，它往往要与市场进行反向操作，因而很难按市场法则获取相称的投资收益。

国家战略性是指依据国际国内情况，综合运用政治、军事、经济、科技、文化等国家力量，筹划指导国家建设与发展，维护国家安全，达成国家目标。其中经济手段是实现国家战略目标的重要方式，为了实现国家战略特别是经济战略的需要，国家必须要为未来的发展特别是经济发展提供储备，为此国家必须要进行先导性投资（或者战略性投资），国家作为出资者进行投资也必然要担负先导性投资任务，先导性投资在投资期一般不会取得相应的投资收益，甚至投资还可能陷于失败，具有极大的风险性。各个国家为了实现产业升级都会投入大量的资金，大多数情况下都采取种子基金的形式，通过吸纳社会资金共同实现产业升级目标，这时国家投资的目的显然不是为了投资收益而是为了实现产业升级。

公共服务性是指国家集中一部分社会资源，用于为市场提供公共物品和服务，满足社会公共需要的分配活动或经济行为，它是通过公共财政予以实现的。公共财政是适应市场经济发展客观要求的一种比较普遍的模式，它就是为了满足社会公共需要而形成的，公共财政是市场经济下政府的财政，即实质是市场经济财政。在市场经济的条件下，有许多的公共产品必须要通过国家来提供，提供公共产品不仅有助于提高宏观经济运行效率，而且也有助于提高微观经济运行效率。公共产品的提供是通过财政支出进行的，其中有很大一部分也是通过国家作为出资者的投资行为予以实现,很显然这种投资的目标并不是为了每一个投资项目本身的投资收益,而是为了向社会或者市场提供公共产品,它可能根本就不存在获取收益的要求和可能。如大规模的城市基础设施建设、各种经济开发区的基础设施提供,都不是为了从市场中谋取直接的投资收益,而是为市场提供公共产品。

社会公益性是指国家为广大公民提供所能享受的利益,这里所指的广大公民有全国性的广大,也有地区性的广大。为了为广大公民提供社会公益,就产生了公益事业。公益事业是指直接或间接地为经济活动、社会活动和居民生活服务的部门、企业及其设施,主要包括自来水生产供应系统、公共交通系统、电气热供应系统、卫生保健系统、文化教育系统、体育娱乐系统、邮电通讯系统、园林绿化系统等。国家作为出资者通常都要大量地进行公益事业的投资,形成了许多公益性的国有企事业单位,按照整体的改革方向,其中的事业单位都将要逐步按公司化进行改造,实现企业化经营。国家对公益性的国有企业进行投资显然不可能完全按照市场法则进行运行并取得相应的市场回报,许多公益性事业都必须要通过国家的各种政策性投资和政策性补贴才能有效运行,从这个意义出发,国家作为出资者所进行的公益性投资也不可能完全按照收益与风险匹配的原则进行营运。

生态环保性是指国家为实现环境恢复和绿色低碳发展,促进生态健康和可循环持续,从政策层面上支持和引导绿色低碳产业,寻求适合国情的绿色低碳经济发展模式。生态环保性要求国家必须对已经破坏的生态环境进行有效的治理和恢复,更为重要的是在未来的发展中必须实现绿色低碳。无论是对已经破坏的生态环境进行治理和恢复,还是在现在和未来实施绿色低碳发展都无不需要国家政策的扶植和支持,特别是国家的直接投资。国家作为出资者进行这方面的投资显然很难取得相应的投资收益,其投资的效果表现为自然性、恢复性、整体性、未来性,其商业性、市场性和盈利性特征极不明显或者很难实现。如国家对大气治理所进行的投资就具有如此特征。

国家垄断性是指国家运用政权的力量,并通过国营经济组织对某些重要产业部门或产品的生产及市场实行一定程度的独占或统管,其目的在于发展重要的、有关国计民生的产业,稳定社会经济生活。国家权力的权威性是形成国家垄断性的社会基础,而自然或者社会资源的独有性或不可再生性往往成为了国家垄断的物质基础。国家垄断性通常是因为相应的产业部门或者产品有着极高的垄断收益，为了维持市场公平和实现国家战略，通常由国家出资者进行投资形成国有企业，进行国家垄断经营，如烟草、稀有的矿产资源等。国家垄断经营的结果必然取得垄断收益，这些垄断收益由国家获得，既能维持市场的自由竞争不被破坏，又能使国家获得足够的收益满足其发展战略的需要。

综上所述，不难看出国家作为出资者的投资风险偏好与自然人作为出资者的投资风险偏好至少存在以下差异：其一，国家作为出资者的投资许多都不是为了直接获得投资收益，因此其投资偏好并不是完全按照风险与收益匹配的原则进行的。其二，国家作为出资者的投资偏好受国家所有权主体属性的决定而具有国家安全性、国家宏观性、国家战略性、公共服务性、社会公益性、生态环保性和国家垄断性，这些投资的偏好显然更多地具有整体性、未来性、社会性和公共性，而不像自然人出资者的投资只是具有个体性、现实性、商业性和利益性。其三，国家作为出资者的投资风险偏好不是处在风险与收益相匹配的状态中，而是处在两者的极端的状态中，也就是有的投资项目有风险无收益、有的投资项目有收益无风险，这恰恰是市场运行中的两种极端状态，不能由参与市场自由竞争的投资主体运行这些投资项目，自然就成为了一种国家责任，否则必然不利于市场的自由公平竞争，从而破坏市场的有序运行。其四，国家作为出资者也可能进行具有某种程度的政策性混合型的投资，在这种投资中，国家作为出资者的投资风险偏好也并不能完全实现收益与风险的匹配，往往要通过政策性补贴才能实现两者的均衡。或者反过来说，正是由于完全通过市场的竞争性行为不能实现投资的风险与收益的对称，则可以通过国家的补贴最终达成两者的均衡。这一类投资的风险往往大于投资收益，因此，一般通过国家补贴的方式实现风险与收益的匹配。其五，国家作为出资者也能够进行商业性竞争型的投资，这种投资完全是按市场法则进行运行，投资的风险偏好也完全遵从风险与收益匹配的原则。一般来说，国家进行这种投资可进可退，它总是处在一个动态的调整过程之中。不难看出，国家作为出资者所进行的投资一般都更着重于风险与收益非对称性的投资方向。而对于风险与收益对称的投资方向，则视国家出资者的资金积累和经济社会的需要采取进退自如、收放有度的原则，通过市场进行运作，以谋求投资收益的最大化。

5.2.3 中间出资者的投资风险偏好与投资方向的选择

不仅自然人与国家出资者的投资风险偏好不同，其投资方向的选择存在根本的差异，而且从事资本经营的主体与从事资产经营的主体的投资风险偏好也不相同，进而影响其投资方向的选择。

资本经营的主体和资产经营的主体都是两权分离的产物，通过两权分离，不仅终极出资者的资产经营行为实现了专业化和专家化经营，而且终极出资者的资本经营行为也实现了专业化和专家化经营。资产经营实际上就是从事实业的生产经营活动，包括资产的购、存、产、销活动，通过这种活动为市场提供实体产品；资本经营就是受托终极出资者进行投资的行为，包括投出资本、监管资本的运用、对存量资本结构进行调整等，它并不从事生产经营活动。简而言之，资产经营必然要经营实体资产，并使得资产的性态发生变化；而资本经营则是经营资本，经营资本就是使得资本关系得以建立、维护和调整。

正如党的十八届三中全会所指出的，国有资产监管要从管资产和管人、管事的直接管理企业的模式转变为管资本的间接管理模式。这种以管资本为主的管理模式实际上就是站在受托终极出资者的资本经营责任的视角提出的，作为资本经营的主体，必然受托终极出资者进行投出资本、监管资本的运用和调整存量资本结构的活动。实践中，受托终极出资者的监管功能的主体主要是国有资产监督管理委员会，不仅如此，国有资产监督管理委员会也直接管资产和管人、管事。如果国有资产监督管理委员会要实现从直接管理企业转向管资本，就必须要进行功能转换，进一步完善现有的国有资产管理体制，以管资本为基础加强国有资产监管。必须说明的是，党的十八届三中全会还要求改革国有资本授权经营体制，组建若干国有资本经营公司，支持有条件的国有企业改组为国有资本投资公司。这意味着必须要构建专业化的国有资本的投资运营主体，受托终极出资者进行资本经营的主体不仅包括监管的主体，也包括运营的主体。这样就能实现裁判员与运动员分离，国资监管机构主要行使监管功能充当"裁判员"，而国有资本运营公司或者投资公司主要面向市场，从事资本经营，充当"运动员"。国资监管机构所进行的监管就是受托终极出资者进行的监管，监管的主体对象不仅包括资产经营的主体（实体的公司），也包括资本经营的主体（投资公司、资本运营公司）。进行资本经营的主体一旦投出资本，就要对接受出资的企业进行监管，从而形成一个完整的监管体系。进行资本经营的主体必然要对进行资产经营的主体进行出资，而进行资产经营的主体也可以对实体企业进行出资，它们都成为了中间出资者。

资本经营的主体与资产经营的主体在对实体企业进行投资时，其投资的风险偏好存在差异从而导致投资方向的选择也不相同。一般来说，资本经营的主体进行出资存在以下特征：

一是资本经营的主体在进行出资时不仅要通过出资谋求资本利润率最大化，也要实现资本利得最大化，也就是资本经营的主体通常会要面临双重风险，即投资实体企业的商品市场的经营风险和资本市场的金融产品价格波动的风险。正是由于存在这两个风险，相应资本经营的主体就可以获得出资所分享的利润以及股权价格变化所获得的资本利得。

二是资本经营的主体专注于投资，而投资是面向未来的，未来必然存在不确定性从而导致风险较高。

三是资本经营的主体既然面向未来进行投资，就必然要考虑接受投资的实体企业的未来成长性，也就是说资本经营的主体的投资虽然也关注实体企业过去的业绩，但更关注未来的可持续稳定增长性。即便是完全新设的企业或者新开发的项目，只要具有未来成长性，资本经营的主体也更偏好这种投资。但新设的企业或者新开发的项目的投资也可能面临失败，从而导致投资的风险更大。如从事风险投资的公司所投项目失败的比重高达 2/3 以上，但是一旦成功就会由于项目的未来高成长性而带来很高的报酬，特别是资本利得。

四是资本经营的主体由于专注于投资，投资规模较大，大多会进行多元化投资，多元化投资的结果使得资本经营的主体会面临多个产业的产业风险或者不同商品市场的经营风险。

从上述分析不难看出，资本经营的主体的投资风险偏好相对较高。与此不同，资产经营的主体进行实业投资更多地是为了与已有的实业形成供应链关系或者价值链关系，也就是常说的成龙配套、形成完整的经营体系。它的投资风险偏好相对较低，主要表现在：资产经营的主体的出资目的主要是为了实现利润最大化，所以其面临的风险主要是来自于商品市场的经营风险，一般遇到的资本市场股权价值波动的风险较小；资产经营的主体的出资一般是以已有的实业为基础的，通过出资主要为了更好地完善供应链体系或者经营体系，从而实现规模经济效应和范围经济效应；资产经营的主体的出资既然是以已有的实业为基础的，而不是完全从零开始进入新领域、新项目的投资，其未来风险相对也会较小。所以进行资产经营的主体更强调针对已有实业经营中存在的缺陷的改进进行投资，本身就具有风险回避、转移和消除的特征。

资本经营的主体相比资产经营的主体的投资风险偏好更强，它们往往会投资一些在未来成功的概率相对较小，但一旦成功投资收益就会很高的项目。之所以能这样做，不仅在于这种投资项目的风险与收益是匹配的，即高风险高收益，同时也在于资本经营的主体往往进行大规模的投资，而这种大规模的投资就能较好地实现投资方向的多元化而分散风险。也就是资本经营的主体在每个投资项目的选择上其投资风险偏好往往较高，即偏向于选择高风险高收益的项目，但也通过投资组合分散风险。资产经营的主体的投资大多与已有的实业进行匹配，投资的风险相对较小，投资的报酬也相对较低。事实上，进行与已有的实业经营相关的对外投资，由于经营的经验而使得未来的不确定性会减少，同时也由于已经形成了市场竞争使得投资的报酬也会相对较低。

总之，出资者的投资风险偏好存在差异，从而导致投资方向的选择不尽相同。特别是国家作为出资者其投资风险偏好更具特点，正是这种特点决定了其投资方向的异质性。

第 6 章
委托受托经济责任和审计责任的契约形式与内容

两权分离后为了明确所有者与经营者之间的权利义务关系，并确保这种权利义务关系的最终实现，必须要签订相应的契约，这种契约就是委托受托经济责任契约。除此而外，在两权分离后所有者为了监督经营者，也委托专门的审计组织对经营者履行经济责任的情况进行审计，由此形成了所有者与审计组织的契约，这种契约就是委托受托审计责任契约。那么这两种契约采取什么样的形式、包含什么样的内容才能更为有效？

6.1 委托受托经济责任的契约形式与内容

所有者之所以愿意采取两权分离的形式，委托专业化、专家化的经营者独立地经营公司，就在于以委托受托经济责任的契约为保证，一方面可以明确经营者的经济责任，另一方面可以让经营者承诺承担并履行责任。

6.1.1 契约形式

当出资者将资本投入到公司后，出资者与经营者之间形成了委托受托关系，这种关系必须要以一定的契约形式予以反映。这既使经营者的受托责任具有法的严肃性，也使出资者在评价经营者的受托责任时具有了法定的依据。按照詹森和麦克林的契约理论，企业是契约的联结，是一种形式的法律虚构物。这里的契约包括显性契约与隐性契约、静态契约与动态契约、短期契约与长期契约、一次性契约与重复性契约等。

显性契约是以文字形式规定的参与各方的权利义务关系的契约。出资者与经营者必然签订显性的契约以确定委托受托责任关系，这种契约包括相关的合同、公司章程、预算等；隐性契约是以习惯、传统或心理等非文字形式约定的参与各方的权利义务关系的契约。出资者与经营者之间也存在这种契约形式，如出资者与经营者之间所建立的长久的信赖关系、出资者与经营者在各种非正式组织中所形成的各种联系以及由这种联系所形成的相互之间的心理约定和行为范式。实际上，出资者与经营者之间所签订的显性契约很难囊括相互关系的所有方面，隐性契约对显性契约所没有涉及的方面具有很重要的补充作用。

静态契约是指出资者与经营者双方的权利义务关系的约定一旦达成，就会在聘期内不再发生改变的契约。这种契约规范的是相对稳定的权利义务关系，一般来说，公司章程中有关出资者和经营者权利义务关系的各项约定就相对具有稳定性。也正是因为具有这种相对稳定性，才能纳入到公司章程中，要求出资者与经营者能够长期地履行契约中的相关规定。动态契约是指出资者与经营者双方的权利义务关系的约定要根据环境的变化进行不断调整和改变的契约。显然，这种契约规范的权利义务关系不具有长期稳定性：环境变化，权利义务关系变化，从而契约也必须进行调整。经营者经营责任目标的契约就会由于市场条件的变化而不断改变，经营责任目标不可能一成不变，必须相继调整。

短期契约是指出资者与经营者双方权利义务关系的约定只是在一个较短的时间内有效的契约。一旦契约履行，双方的权利义务关系终止，如果双方再要发生类似的权利义务关系就必须重新签约。短期契约同出资者与经营者双方的权利义务关系必须重新建立有关，这意味着上一个契约规范的权利义务关系与下一个契约规范的权利义务关系并不存在直接的联系，是两个不同的契约。如出资者与经营者之间每年都要签订预算责任目标书，一个期间的预算责任目标完成，契约就终止，再进入下一个预算责任期需签订新的责任目标书。长期契约是指出资者与经营者双方权利义务关系的约定在一个较长的时间内都有效的契约。这种契约的存在前提是签约双方的权利义务关系在较长的时间内不会因为主客观环境的变化而需要调整，最典型的长期契约就是公司章程和较长期的期权契约。

一次性契约是指出资者与经营者双方权利义务关系的约定只发生一次而不再重复发生的契约。这种契约是针对特定事件的特定权利义务关系而进行的约定，一旦特定的事件通过契约履行后，这种事件就不再存在，相应的契约也不再发生。出资者也可能基于某些特殊的独立事件需要经营者履行责任，为此，就双方的权利义务关系签订契约。如出资者有可能针对某些突发事件而需要经营者进行处理所签订的契约，一旦突发事件被平息，契约就自动终止。重复性契约是指出资者与经营者双方权利义务关系的约定会重复不断发生的契约。这种契约形成的基础在于所约定的事件本身会重复发生，从而导致出资者对经营者必须通过不断的契约形式约定双方的权利义务关系。每年签订的预算责任目标书就具有重复性契约的特征。一般来说，对于出资者的所有权和经营者的经营权的边界划分的契约具有相对的稳定性，在签约期内不会发生重大的调整，如公司章程的大多数规定就具有这一特征。这种契约是显性的、静态的、长期的和持续的；而对于出资者与经营者的经营责任的契约，会由于经营环境的变化而不可能长期一成不变，更由于经营者每个经营期都必须要履行相应的经营责任，从而使这种契约必须就每个经营期分别制订，每一期的经营责任指标也必不相同。这种契约是显性的、动态的、短期的和必须持续不断签订的。为了适应这种特点，经营者每一期的经营责任契约就采取了预算的形式。

公司的各种契约也具有层次关系，最高层次的契约是公司设立的契约。公司作为独立法人能够有效运行的前提条件是必须要具有各种必不可少的经营要素，这些要素包括政府提供的环境要素、所有者提供的物质要素（或资本要素）、经营者提供的决策要素和员工提供的执行要素。缺少任何一个要素，公司的经营都无法进行。从这个意义出发，公司设立的前提条件是这四种要素的有机组合，只有有了这四个主体所提供的四种要素，公司法人才能得以存在，也才能得以运行。尽管公司是以出资者的注资并进行工商登记才设立，这里采用的是显性契约的方式，但是，在实质上一个公司要能够设立并开展经营活动，必须要有上述四个主体所提供的四种要素的完整结合。现实地看，这四个主体并没有签订显性契约，而实质上，这四个主体之所以能够提供四种要素搭建公司法人平台，就意味着他们认可了设立公司法人并开展经营活动，这是一种典型的隐性契约。特别明显的是政府提供环境要素，但并没有与公司签订任何与此有关的显性契约。每个公司进行经营都必须依赖于政府所提供的公共产品以及所维持的公共秩序，正由于此，任何公司都必须向国家缴纳税费。如果说公司缴纳税费是以税法和有关条例作为依据的，那么这显然是一种显性的契约，这一契约的存在基础就是政府为所有的公司所提供的环境要素，而政府在提供这种环境要素时，并没有与公司的其他各方签订显性契约，而是以隐性契约的方式而存在。

第二个层次的契约是出资者与经营者之间的委托受托责任契约。如果说公司设立和经营的前提条件是四个主体必须提供四种要素而形成的契约，那么出资者提供的物质要素（资本要素）与经营者提供的决策要素所形成的契约是最为关键的契约。没有出资者的出资，公司就不可以设立；没有经营者的参与和决策，出资者的出资就不可能被用来经营。更为重要的是，出资者愿意出资、经营者愿意接受聘任的前提是双方认可了各自的权利义务并形成了契约关系。所以，公司设立和经营的前提除了四个主体所提供的四种要素的有机结合，也需要出资者与经营者之间的委托受托责任关系能够被清晰地确认。理论上，公司制企业是以两权分离为特征的，两权分离就必须要出资者与经营者之间的委托受托责任关系能够被合理有效确定且双方认可，公司才能设立和运行。这种委托受托责任关系是一种显性契约。从一般意义出发，两权分离所有者与经营者之间会形成一种长期稳定的权利义务关系（包括所有者的授权以及经营者应该承担的基本义务），这既是两权分离的前提，也是所有者进行授权的必需底线，还是经营者接受聘用的必要条件。如果所有者与经营者所确定的契约的权利义务达不到这一底线条款，所有者就不会聘用经营者，经营者就不可能接受聘任，经营者也不可能以公司的法人财产独立地开展各项经营活动。有关出资者与经营者的这种权利义务关系的底线条款体现在公司章程中，具有长期稳定性。实际上，由于这种底线条款具有通用性、必要性，在公司法中对此也有明确的规定。尽管出资者在经理人市场上聘用的经营者并不是一成不变的，而是通过市场讨价还价不断进行选优的过程，经营者的这种不断地变化也不会改变出资者对经营者的这种授权关系的内容。在第二层次的契约中，还涉及经营者（或公司）与员工的聘任契约。经营者的经营决策能不能最终被落实，缺少不了员工的执行行为。为此，经营者必须要招聘满足经营决策执行需要的各类员工，员工与经营者通过讨价还价最终签订劳动合同，通过这一合同明确两者的权利义务关系。任何一个员工与经营者或公司签订劳动合同，也都具有自身的基本的权利和义务，这种权利义务是经营者或公司与员工签订劳动合同的底线条款。如果达不成这一底线条款，经营者和公司不会聘用员工，而员工也不会接受经营者或公司的聘用。由于这一底线条款具有通用性和必要性，在公司章程中必须做出明确规定，在公司法中也有相应的条款。在欧美国家，这一条款主要体现在有关工会的法律和劳动合同法的有关条款中，我国也大体如此。这些条款当然是显性的，具有长期稳定性。

　　第三个层次的契约是公司进行经营活动与相关利益关系人所形成的权利义务契约。这类契约是以经营活动的开展为前提的，也是基于经营活动的实际需要而形成的，所以，这类契约都与经营活动过程密切相关，包括内部契约和外部契约。外部契约是指公司与外部发生交易关系而与相关利益关系人所签订的契约。筹资过程中与资金提供者所签订的投资契约，购进过程中与供货方签订的供货契约，生产过程中与技术提供者所签订的技术转让契约，在销售过程中与需求方所签订的销货契约，在经营过程中还可能与外部其他交易关系人签订相关契约，如租赁契约等。公司开展经营活动必然与外部发生交易关系，也只有发生这些交易关系，经营活动才能顺利地进行，为此，公司必然要与交易关系人签订各种类型的契约。这些契约大多都具有多次期限性、重复性的特征，这与经营活动必须要持续进行密切相关。

　　内部契约是指公司内部上下各个层级之间以及同一层次的不同部门和环节之间所签订的契约。在经营活动过程中，为了保证经营活动的有序进行，公司在内部既要确定上下层级之间的职责、权限，也要规定同一层级的不同部门和环节之间的职责、权限，并通过流程设计的方式予以明确，这些都在公司内部的各项规章制度中予以体现，这些内部契约也是显性契约，具有相对的稳定和长期性。在公司内部，除了正式的组织关系外，也存在非正式的组织关系。非正式组织关系中的当事人之间也会存在各种各样的关系，这些关系通常都是以隐性契约的方式予以存在。为了实现出资者的利润目标，也为了实现经营者和员工的自身利益，公司内部的各个层级上必然存在委托受托责任关系，这种委托受托责任的核心就是经营责任。为此，在各个层级上都必须要签订相应的委托受托经营责任契约。

　　就出资者与经营者的委托受托经营责任而言，在出资者聘用每个合适的经营者时，必然要针对每一个经营者签订相应的委托受托经营责任契约，这种契约是针对每个经营者量身定制的，是个性化契约。随着所聘用的经营者的改变，契约的内容也会相机调整。一旦出资者聘用经营者后，还必须根据公司的经济社会环境的变化与经营者签订经营责任契约，这种契约的期限通常为一个经营年度。之所以以年度作为签约期，一方面整个经济社会都以年度作为对经济评价的时间长度，另一方面，公司的经营周期以及出资者对公司经营者的评价考核也以年度为最佳时期。这种年度经营责任契约是显性契约，具有短期性、动态性和重复持续性的特征。在长期的实践中，这种契约的主要实现形式就是年度预算。

就经营者（公司）与员工的委托受托责任契约而言，在经营者聘用每一个员工时，必然要针对每一个员工签订相应的劳动合同。这种劳动合同是针对每个员工或者每个岗位量身定制的，也是个性化契约，随着所聘用的员工的改变，有关条款也会相机调整。一旦员工被聘用后，还必须根据公司的经营活动的需要与员工签订年度责任契约，这种契约的期限也通常为一个经营年度。通过这种年度责任契约，要将经营者所要履行的出资者的责任目标分解落实到每个员工的身上。可见，出资者与经营者、经营者与员工之间所形成的这种经营责任契约具有内在的密切联系，它们形成了一个完整的责任体系。经营者与员工签订的年度责任契约也是一种显性的、短期的、可重复持续的契约。

尽管一个公司会存在上述种种契约，但是站在出资者与经营者关系的角度看，主要是以两权分离为基础所形成的委托受托经济责任契约。这种契约包含了三个层次：一是以公司章程的形式所确定的出资者与经营者的委托受托经济责任的通用契约；二是以聘任合同的形式所确定的出资者与经营者的委托受托责任的个性化的契约；三是以预算形式所确定的出资者与经营者的委托受托责任的年度经营责任契约。而站在出资者财务的角度，出资者与经营者的委托受托财务责任主要是通过预算形式予以确定的。早期的预算称之为财务预算，就是因为当时的预算主要是规定经营者所必须要完成的财务指标。事实上，两权分离后，经营者行使经营权，而出资者之所以让渡经营权的前提是经营者必须要实现出资者的利润目标，出资者通过向经营者提出目标利润，经营者则必须要向出资者确认能够实现目标利润。只有实现目标利润，才能确保出资者投入资本的保值增值目标的实现，也即资本保全和资本增值目标的实现。从理论上说，如果经营者实现了资本增值，也就实现了资本保全。所以，两权分离后出资者对经营者的受托责任主要是资本增值的目标，也就是目标利润，这显然是财务指标。为了实现目标利润，经营者必须要采取一定的契约形式，向出资者提供保证，这样就形成了财务预算指标体系。当然，这一体系的进一步延伸是员工为了实现经营者所赋予的责任目标，也必须要采取一定的契约形式，向经营者提供保证，这样就形成了全面预算指标体系。这一体系将财务预算指标的实现进一步建立在员工所要履行的业务责任指标体系之上。从这个意义出发，出资者财务所要形成的出资者对经营者的委托受托财务责任契约主要就是预算。

6.1.2 契约内容

预算作为出资者与经营者之间所形成的委托受托财务契约，是以财务责任指标作为基础的。财务责任指标的起点就是出资者期望实现的目标利润，为了实现这一目标利润，经营者必须进一步确定相应的预算指标体系，包括收入预算、成本预算、费用预算、资本预算等。在此基础上，要形成预计资产负债表、预计损益表和预计现金流量表。有关预算指标体系以及预算的表格体系都已经形成了比较规范的文本，这里不再赘述，只是从出资者与经营者之间的委托受托财务责任的视角进一步研究出资者与经营者、经营者与员工之间的预算契约关系。公司制企业的经营者包括董事会和总经理班子，这样，预算契约关系就存在于出资者与董事会、董事会与总经理班子以及总经理班子与员工之间的关系之中。

6.1.2.1 出资者与董事会的预算契约关系

公司制企业的出资者就是公司的股东大会，公司的股东大会之所以聘用董事会，就是要求董事会能够实现股东大会所要求的预算目标利润。在这一预算契约关系中，一方面股东大会必须向董事会提出年度目标利润，另一方面董事会必须向股东大会提出能够实现目标利润的路径。股东大会怎么确定年度目标利润，一般是以资本净利润率作为年度目标利润的确定基础。资本净利润率的最低标准是银行最长期贷款利率，原因在于按照马克思平均利润规律，生产资本、商业资本和借贷资本等各种资本都必须获得平均利润，如果达不到平均利润就会被市场淘汰。银行贷款利率就是借贷资本的平均利润率，也是生产资本和商业资本所必须达到的最低平均利润率。由于生产资本和商业资本一旦投入到公司制企业就具有长期性，是一种长期投资，所以，股东大会所确定的最低标准的资本净利润率就必须是银行最长期的贷款利率。一旦公司股东大会确定了这一资本净利润率，就可以将其乘上公司的资本金总额，得到年度目标利润总额。也有的是将这一资本净利润率乘上公司的全部所有者权益总额，理由在于所有者权益都被用于公司的经营活动，都应该带来利润。当一个公司在行业中的盈利水平不是处在平均水平，而是处在平均之上时，则可以根据公司在行业中的排位进一步确定实际所要达到的资本净利润率水平。原则上，为了不降低公司在行业中的竞争力排位，就必须使自身的资本净利润率超过紧随其下的公司的水平。如果公司是处在一个垄断型行业，那么资本净利润率水平就必须按照本行业的平均水平予以确定，在此基础上再根据本公司在行业中的竞争力排位相应调高这一平均水平。既然资本净利润率是最低标准，董事会就必须确保该目标利润的实现。在预算管理中，常有认为预算指标应该从高制定，这是不符合逻辑、也不可操作的。原因在于预算指标从高制定，高是无法封顶的，只能是越高越好。实践的结果是，一旦预算高到不能被实际执行时，预算也就无法发挥相应的激励和约束作用，预算考核也就不了了之，而且这种"高"常常成为了预算执行者不能实现预算的托词。正因为这样，预算只是规定了责任目标的底线，如果预算执行者不能完成，就必须被解聘，这样预算才能真正发挥作用。在预算作为最低标准被确定后，为了激励预算执行者能够超越预算，主要采用累进分配的激励制度予以推进。

在股东大会以资本净利润率为基础确定了目标利润后，股东大会必须根据目标利润的要求制定预算体系。这一体系的作用就是要回答公司依靠做哪些事来实现股东大会的目标利润，一般将这种预算称之为"基于事"的预算。董事会要获得股东大会的聘用，前提就是要能够实现股东大会所提出的目标利润，为此，公司就必须要确定通过开展哪些经营业务活动才能实现这一目标利润，两者之间形成了一种完全的契约耦合关系。为了确定"基于事"的预算体系，在公司的董事会下一般会设立预算委员会，通过预算委员会拟定"基于事"的预算体系，呈报董事会同意后报股东大会批准。"基于事"的预算体系的内容包括：以预期资本净利润率（每股净收益）为基础确定目标利润；以预算目标利润为起点确定销售预算（或者经营预算），销售预算确定了公司各种业务在未来所预期的相应收入。制定销售预算通常假定单位成本不变，以确定预期目标利润是否能够实现；以销售预算（或者经营预算）为基础制订成本费用预算，如果销售预算本身就能够实现目标利润，通过制定成本费用预算降低成本，就可以超过销售预算的目标利润。如果销售预算不能够实现目标利润，就必须要通过成本费用预算的降低实现目标利润；以销售和成本费用预算为基础确定投资预算，如果以现有的生产经营规模和条件所制定的销售和成本费用预算不能实现目标利润，就必须要通过寻求新的投资实现目标利润。新的投资包括扩大生产经营规模的投资、降低成本费用的投资以及寻找新的生产经营项目的投资，这样就形成了投资预算或者资本预算。由于要新增投资必然就会产生资金的需要，这种资金的需要既可以通过公司内部所形成的利润取得，也可以通过外部融资取得，由此就形成了相应的筹资预算；以寻求现金收支平衡为基础制定筹资预算和现金流量预算，筹资预算是和现金流量预算合二为一的，与来自于筹资活动的现金流量相衔接；在现金流量预算（也就是预计现金流量表）的基础上编制预计资产负债表，资产负债表作为结果报表，揭示的是筹资活动、投资活动和经营活动的结果，与现金流量表中的来自于经营活动、投资活动和筹资活动的现金在结构上完全匹配。就是应在预计现金流量表的基础上，再确定资产负债表中的预计货币资金的期末余额和有关筹资活动的预算数。

股东大会与董事会的预算契约是以"基于事"为内容的，涉及到预算年度的所有重大的业务事项及其由业务事项为基础所形成的财务事项，都必须在预算契约中列示，其中，按照出资者与董事会的分权，有些事项是必须要由股东大会批准，有些事项是必须经董事会批准，另一些事项则由总经理办公会审批。从这一点出发，"基于事"的预算契约能够很好地界定三者的权力并实现三者权力的有机结合。

6.1.2.2 董事会与总经理办公会的契约关系

公司制企业的董事会代表股东大会对总经理班子行使相应的权力，董事会是公司的重大经营决策者，而总经理办公会也即总经理班子则是经营决策的执行者，总经理班子必须要将股东大会赋予董事会的预算责任目标通过总经理班子的实际执行确保实现。所以在预算契约体系当中，如果说董事会所确定的是"基于事"的预算，那么总经理班子所确定的是"基于人"的预算，也称之为责任预算。董事会聘用总经理班子的前提是他们必须保证"基于事"的预算能够被最终实现，这样，董事会才能履行股东大会的受托责任，总经理班子也才能履行董事会的受托责任。预算的执行关键是要将各种责任指标落实到每一个责任人，只有当公司内部的每一个责任主体都能够完成所分解落实的责任指标，整个公司的预算责任指标才能被真正实现，股东大会的目标利润也才能完成。由于利润是由收入、成本和费用等指标形成的，所以每一个责任主体都必须要承担与此相应的这些责任指标，由此就形成了利润中心、收入中心、成本中心和费用中心。"基于人"的预算一方面反映了董事会与总经理班子之间的委托受托财务责任关系，另一方面也反映了总经理班子与各个责任中心之间所形成的委托受托财务责任关系，当每一个责任中心的财务责任都能履行，公司的预算就能变成现实。

董事会与总经理班子的契约是以"基于人"为主体的，每个责任主体都要履行预算责任指标的特定方面，所有责任主体所要履行的预算责任就是"基于事"的预算的全部内容，实现了人和事的有效结合。不仅如此，通过"基于人"的预算，就能够把股东大会、董事会、总经理班子以及预算责任主体之间的委托受托关系有效地连接起来，形成完整的委托受托契约体系，这不仅是公司治理结构中的内在的委托受托关系的表现形式，也是公司治理中的内在的委托受托责任关系的实现形式。出资者财务正是通过这一形式把出资者的财务目标以受托责任的方式在公司从上至下贯穿到底。

由于公司分为从事资本经营的公司和从事资产经营的公司，预算契约的内容就会存在明显的差异。从事资本经营的公司的预算也包括收入、成本和费用预算，公司的收益不仅包括利润，也包括资本利得，而形成利润的收入还包括受托进行投资的手续费收入，成本费用也都主要是来自于进行投资、监管以及收购兼并等的业务方面。而从事资产经营的公司其收入来自于产品和服务的收入，而成本和费用则是由于提供产品和服务所形成的，公司的收益主要是利润。实际上，两种公司预算内容的差别在两类公司的会计报表中就能得到充分的体现。在出资者财务中，必须要以此为基础，分别确定相应的预算内容，从而形成各具特色的预算契约。

另外，对国家持股的企业而言，由于这些企业可以分为政策性垄断型企业、政策性混合型企业和商业性经营型企业，出资者对这些公司所确定的委托受托契约的内容必然存在明显的差异。一般来说，对于政策性垄断型企业，其生产经营指标都由国家下达，相应的产品的价格也由国家规定，这里并不存在预算的必要，而是计划的强制。所以，这类企业主要是在国家已经下达的生产经营指标和设定的销售价格的前提下，如何降低成本费用，成本费用预算就成为了出资者对经营者的最主要的预算契约。对于政策性混合型企业而言，也有两种情况：一是如果政策是直接提供给企业的用户，而企业按照市场化方式经营，那么，这样的企业就完全按照上述方式和内容建立预算体系；二是如果政策是直接提供给企业，也有两种情形，第一种情形是由政府直接对企业提供政策性补贴，这类企业的预算就应该把政府的政策性补贴直接纳入预算体系之中，形成较为完整的预算契约。第二种情形是政府或者相关主体直接以特殊项目的形式对企业提供政策支持，则要编制特殊项目预算，单独立项、单独预算，形成特殊项目预算契约，在此基础上再将这些项目预算纳入整个企业的预算体系之中。对于商业性竞争型企业，出资者与经营者之间所形成的委托受托契约就是上面所说的预算体系。

出资者与经营者之间的委托受托契约有多种形式，内容也各不相同。但就出资者与经营者之间的委托受托财务责任关系而言，预算是一种最全面、最有效的约定双方财务权利义务关系的契约。

6.2 委托受托审计责任的契约内容与形式

所有权与经营权的分离不仅使得所有者与经营者之间形成了委托受托经济责任关系，而且所有者为了了解经营者履行经济责任的情况，一方面要求经营者提供履行经济责任情况的有关信息，另一方面要对经营者履行经济责任的过程、结果及其相关信息进行监督。由此就产生了所有权监督的必要。

6.2.1 审计与出资者财务的关系

从理论上说，所有者自身可以履行所有权监督的职能，但是由于监督的专业性和专家化，所有者不仅在专业上难以胜任，而且为了提高监督的效力，也必须要由专门的监督主体——审计担当此任。事实上，所有者将经营权委托经营者，就是这种专业化和专家化的结果，而所有者将监督权委托审计，也是这种专业化和专家化的必然结果。一旦所有者将监督权力委托审计，就形成了所有者与审计之间的委托受托审计责任关系。可以将所有者与经营者、所有者与审计以及审计与经营者之间的相互关系图示如图 6-1 所示。

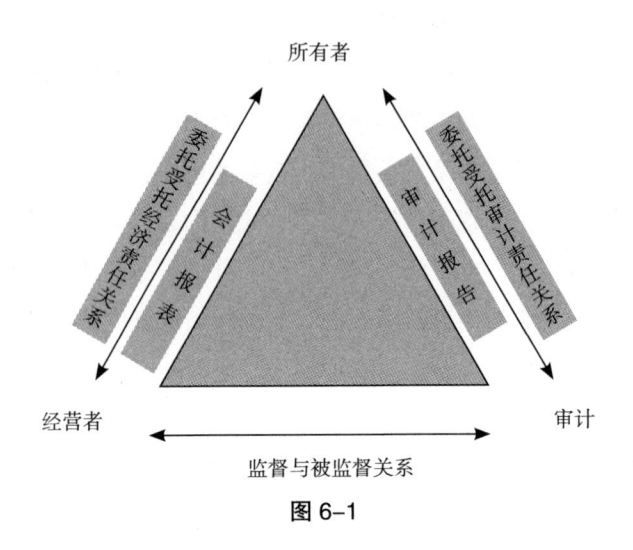

```
                          所有者
                           ▲
                         ╱   ╲
            委托受托     ╱     ╲    委托受托
            经济责任   ╱  会计   ╲  审计责任
              关系   ╱  报表 审计 ╲  关系
                   ╱         报告 ╲
                  ╱                ╲
                 ╱                  ╲
            经营者 ◄──监督与被监督关系──► 审计
```

图 6-1

从图 6-1 中可以看出，两权分离导致所有者与经营者之间形成了委托受托经济责任关系，经营者为了报告其经济责任的履行情况，就产生了会计报表；为了监督经营者履行经济责任的情况以及会计报表的真实性，所有者就委托审计担当此任，由此就形成了所有者与审计之间的委托受托审计责任关系。通过监督后，审计必须向所有者提供审计报告；审计监督经营者，经营者被监督，两者之间形成了监督与被监督的关系。可以看出，审计产生于两权分离的需要，它代表的是所有权，也可以将审计监督称之为所有权监督。

实际上，两权分离后公司内部存在两种基本的权力，即所有权与经营权。依托所有权进行的监督叫所有权监督，依托经营权进行的监督称之为经营权监督。所有权监督代表的是所有者的权力，它产生于两权分离的需要，监督的对象是经营者，监督的内容是经营者履行受托经济责任的情况。由于履行经济责任的情况必须要通过会计报表进行反映，其监督的内容也就必然表现为通过对会计报表的监督进一步拓展至经济责任履行情况，监督的目的就是要实现资本的保值增值。经营权监督代表的是经营者的权力，它产生于分层管理的需要，监督的对象是企业内部科层结构下的各下属层次，监督的内容是经营者所做出的决策在各下属层次的执行情况，监督的目的是确保决策目标的执行和最终实现。所以，所有权监督和经营权监督存在本质的差异，也就是审计监督同经营权监督存在根本的不同。

那么审计与出资者财务存在怎样的关系？两权分离的不断拓展最后形成了两权五层次分离，形成了出资者系列和经营者系列。出资者的主要行为包括投出资本、监管资本的运用、进行存量资本结构的调整和参与收益分配；而经营者的主要行为或者代表所有者从事资本经营，或者代表所有者从事资产经营（包括商品经营）。所以，出资者的重要行为之一就是监管资本的运用，监管资本的运用的主体专业化、专家化就形成为审计。审计代表所有者（也叫出资者）进行监督，其主要的监督内容就是经营者受托所有者的经济责任的履行情况以及反映这一情况的会计报表的真实性。监督会计报表的真实性，就必然要制定确认这一真实性的会计制度，通常把这一会计制度称之为财务会计制度。财务会计制度贯穿的基本原则是资本优先保全原则，只有在资本保全充分实现的基础上，资本增值才有真实的基础。

监督经营者受托经济责任的履行情况，不仅要以财务会计报表所揭示的信息为基础，而且必须以所有者与经营者签订的委托受托经济责任契约为依据。所有者与经营者签订的委托受托经济责任契约包括公司章程的相关规定以及年度预算的各项要求，经营者只有在经营活动的过程中遵循这些规定并实现预算的要求，才能解脱受托经济责任。为了确保经营者提供的会计报表的信息真实性以及受托经济责任的合法有效履行，所有者必然要规范经营者的日常经营行为，为此要形成公司治理和内部控制体系，审计也必须对这一体系的健全性、有效性和实施状况进行监督。审计的所有这些监督主要与财务会计以及出资者的财务活动密切相关，从这个意义出发，在两权分离后，审计监督的内容具有站在出资者角度的财务属性，属于出资者财务的范畴。即便是公司治理和内部控制体系的监督，也由于财务治理在公司治理中的重要性以及内部控制体系对于财务报表真实性的基础作用而具有很强的财务属性。实际上，两权分离以后，所有者行使权力具有了更多的财务视角的特征。如果说出资者财务包括投出资本、监管资本的运用、进行存量资本结构的调整和收益分配等行为，那么审计一方面属于履行出资者财务中的监管资本运用的职能，另一方面出资者所做的重大财务决策是否被经营者有效履行，离不开审计监督所发挥的基本作用。审计既属于出资者财务的范畴，又为出资者财务管理提供保障。

6.2.2 基于所有权监督的审计体系

伴随着两权分离的进行，所有者演化为出资者系列，经营者也演化为经营者系列。与出资者系列相适应，所有权进一步细分为终极所有权、法人所有权（包括以资本经营为基础的法人所有权和以资产经营为基础的法人所有权）以及某一公司的股东所有权。在两权分离的条件下，这些所有权的主体都必须要委托专门的主体进行所有权监督。

就终极所有权主体而言，国家和自然人终极所有者分别委托国家审计和民间审计进行所有权监督。从初始动因看，国家审计代表国家所有者，民间审计代表自然人抑或私人所有者。世界各国国家审计分为立法型、行政型、司法型和独立型四种形式，之所以产生这种差异是源于国家所有权的基本特征。国家作为所有者是以抽象的形式而存在，不能直接行使所有权权力，而是必须以国家一级权力机构为基础才能行权。在国家权力机构实行三权分立的条件下，国家一级权力机构就分为立法机构、行政机构和司法机构，国家审计分别受此委托就形成了立法型审计、行政型审计和司法型审计。独立型审计则是直接作为国家一级权力的组成部分行使国家所有权监督权力。国家审计唯一地代表国家所有权，而国家所有权主体也是唯一的，从而也只能代表国家所有权进行所有权监督，正由于这样国家审计采取了组织隶属的形式。

与此不同，代表私人所有权的民间审计采取法人的形式。民间审计代表私人所有权，由于私人所有权的主体是以自然人形式出现，每一个自然人就是一个私人所有权主体，从而私人所有权主体呈现主体的多元性，他们具有各自的利益，从而只归属某一个私人所有权主体的审计，就不可以再代表其他的私人所有权主体；每一个私人所有权主体就是一个自然人，从而私人所有权主体呈现主体的自然性，不是一个组织体，从而不便于在其下设立审计主体。这就意味着代表私人所有权主体的审计不能在组织上归属于某一私人所有权主体。尽管如此，由于民间审计代表私人所有权，必然要受私人所有者的委托才能进行审计，从而使得民间审计组织在设立上既要在整体上代表私人所有者，又不能在组织上隶属于某一私人所有者。这就使民间审计自然采用了独立法人的形式，当民间审计组织受托于某一私人所有者或者某一群私人所有者进行审计时，就签订相应的合约，一旦合约履行相应的委托关系就终止，所以，民间审计与委托的所有者之间的关系是契约关系，任何契约既有发生也有终止。正是这种契约关系使得民间审计组织既可以受托于某一或某一群私人所有者，但又不隶属于任何私人所有者；也使民间审计组织可以为具有不同利益的不同所有者进行所有权监督。既然民间审计组织可以受托于不同的所有者进行监督，所以民间审计组织也可以受托于国家所有者进行监督，在受托于国家所有者进行监督时，既可以由国家审计的委托主体进行受托，也可以由国家审计直接进行受托。民间审计还可以受托于任何一个公司的股东大会进行所有权监督，公司的股东大会是由多个所有权主体所形成的，民间审计可以代表不同的所有权主体。同时，公司的各个股东联合成为股东大会就以整体的形式成为公司的所有权主体，民间审计受托股东大会对公司进行审计是全体股东的一致利益。对于上市公司而言，由于股权的不断流动，公司既存在现实的股东也存在潜在的股东，他们的利益也是不一致的，只有民间审计以独立的立场所做出的审计结论才能为他们共同接受，所以民间审计既代表现实的股东也代表潜在的股东。

必须说明的是国家审计代表国家所有者进行所有权监督包括两个方面：一是对国家财政财务收支活动的监督；二是对国有企业（或项目）经营活动的监督。前者产生于国家所有权与行政事业单位对国有财产的使用权的分离，后者产生于国家所有权与国有企业（或项目）经营权的分离。从这个意义出发，国家审计要监督所有的国有资产的运用状况，所有的国有资产的国家所有权与其国有资产的使用或经营权是必然分离的（国家并不直接使用和经营国有资产），审计所进行的所有权监督是必不可少的。尽管如此，国家审计所进行的这种所有权监督是外部监督，一方面在组织上它独立于国有资产的使用和经营主体之外，另一方面它与国有资产的使用和经营主体之间不存在任何连带经济责任关系；国家审计所进行的这种所有权监督也是结果监督，国家审计身处国有资产的使用和经营主体之外，难以进行全过程监督，而是根据需要在一定时期终了进行监督，就是代表国家所有者监督一定时期的国有财产使用或经营的受托责任的履行情况。正是由于国家审计的这种外部性和结果性特征，使我国国家所有权监督体系除了国家审计外还包括国务院国资委的监督（含国务院派出的国有企业监事会）。

历史地看，我国国务院国资委的设立具有双重功能，一方面要代表国家所有者对国有企业的国有资产行使监管的功能，另一方面也要代表国家所有者行使国有资产经营的功能,包括对国有企业的投资、对国有企业的人事管理、对国有企业的资产管理、对国有企业的收购兼并的管理、参与国有企业的收入分配等。这意味着国务院国资委具有对国有资产进行监管和经营的双重功能。也就是说国务院国资委的监督是寓于管理之中的,国务院国资委不是独立的代表国家所有者行使所有权监督的主体,国务院国资委接受国家所有者的委托从事国有资产的经营管理,为了确保国有资产的各项管理方针、政策、制度以及决策的有效执行,必然要对所投资的国有企业进行监管。这种监管是基于受权国有资产经营而产生的,而国家审计所进行的所有权监督是一种独立监督,国家审计并不受托国家所有者行使国有资产的经营功能。国务院国资委的监管属于所有权监督的范畴,但这种监管具有两个特征:首先是管理性,国务院国资委受托国家所有者行使国有资产的经营功能,为了保证这种经营功能的实现,就必然要进行国有资产的各种管理活动。为了保证这些管理活动的最终实现,就必然要进行相应的监管,所以这种监管是为其管理服务的,具有管理属性。国有资产和国有企业的进一步深化改革必然涉及国有资产的经营功能与国有资产的监督功能是否进行分离?按照中央的要求,要求设立投资公司或者资产运营公司等主体,主要担当国有资产的经营功能,并通过改革使其进入市场,按市场法则进行经营。这就是要实现国有资产的经营功能与国有资产的监管功能的分离,国务院国资委不再直接对国有企业管人、管事、管资产,而是转向管资本。对于国有资本的经营功能到底由谁授权现在也存在争议,一种是由国务院直接授权,另一种是由国务院国资委间接授权,就是国务院直接授权,再由国务院国资委对国有资本经营主体进行授权。在前一种授权模式下,国务院国资委主要对国有企业所经营的国有资产行使监管功能,由于国务院国资委不再担当国有资本经营的功能,国务院国资委所进行的监管就具有独立性特征,这种监管与国家审计对国有企业的国有资产的监管具有重叠性。在后一种授权模式下,国务院国资委具有对投资公司或资本运营公司进行授权的权力,使得国务院国资委与投资公司或资本运营公司及其所属的实体企业之间存在连带经济责任关系,在这种情形下,国务院国资委所进行的监管仍然具有管理属性。国家审计代表国家所有者独立进行监督就不仅仅只是对国有企业进行监督,也包括对国务院国资委进行监督,其监督模型如图6-2所示。

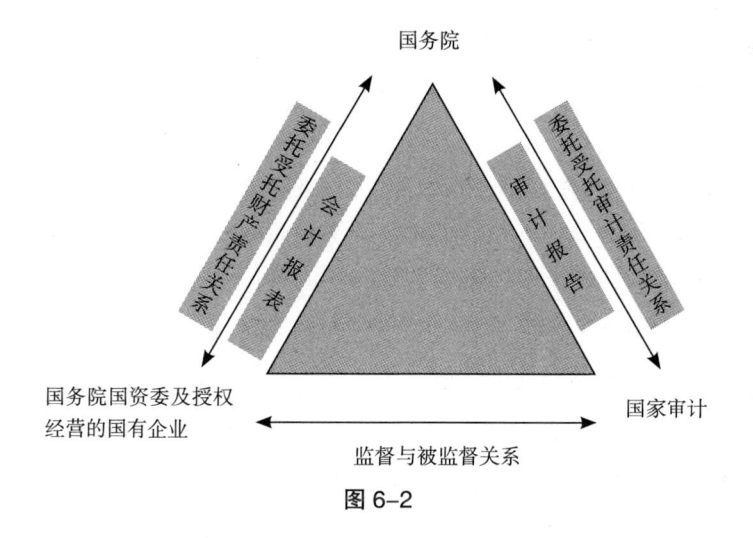

```
                          国务院
                           ▲
           委                    委
            托                    托
             受          审        受
              托   会     计        托
               财   计     报        审
                产   报     告        计
                 责   表              责
                  任                   任
                   关                   关
                    系                   系
         国务院国资委及授权           国家审计
           经营的国有企业
                    监督与被监督关系
```

图 6–2

从图 6–2 中可以看出，所有权监督的关系是国务院授权国家审计对国务院国资委及其授权经营的国有企业进行监督，国务院国资委对授权经营的国有企业进行监督，这里国有企业包括国有投资公司或国有资产运营公司以及实体企业，国有投资公司或国有资产运营公司对其所投资的实体企业进行监督。

其次，国务院国资委的监管也具有过程性。一般来说，国家审计监督具有结果性，国家审计不可能对每一个国有投资公司或资产运营公司以及相应的实体企业进行全程监督。而从现实的国务院国资委（含国务院监事会）行使监管权力的方式看，则是直接委派监管人员对相应的国有企业进行过程监管，正是在这一点上，国务院国资委所进行的授权监督与国家审计所进行的所有权监督具有互补性特征，即过程监督与结果监督的相互补充。为了强化这种过程监管，有的地方国资委不仅对各国有企业委派监事进行监督，而且还采取了委派财务总监的方式，通过财务总监对企业的经营管理过程进行过程监控。正是从这个意义出发，即使在国有资本经营直接授权的条件下，国务院国资委对国有企业的国有资产运营所进行的过程监控仍然是国家审计无法替代的。特别是在我国，国有企业的国有资产经营规模巨大，过程监控的任务也极其繁重，更需要国资委代表所有者进行这种所有权监督。国资委代表国家所有者所进行的这种监督不仅具有全过程性，也具有全覆盖性和整体性，也就是国资委受托于国家所有者必须对全部企业经营的国有资产的保值增值承担监督责任。由于国家所有权主体的唯一性，也使得国务院国资委直接受权进行这种监督成为可能。

在新的国有资产经营体系中，国务院国资委不再从事直接的资产经营，而是转向从代表出资者的角度进行国有资本的监管，国有资本的运营交由投资公司或者资产运营公司，而投资公司或资产运营公司又进一步将其资本投向实体企业，实体企业都要实行公司化运作。也就是说，无论投资公司或资产运营公司以及实体企业都采取公司的形式，在公司制企业的条件下，所有权监督体系进一步从国务院国资委延伸至投资公司或资产运营公司以至实体企业。国有企业分为政策性垄断型企业、政策性混合型企业和商业性竞争型企业，政策性垄断型企业一般采取国家独资的形式，为了进行过程监控可以设立监事会，监事会的组成包括所有者的代表、政府相关政策的制定部门代表以及其他相关利益关系人的代表。除此而外，为了强化过程监控还可以采取直接委派财务总监的形式；对于国家控股的政策性混合型公司制企业和商业性竞争型的混合所有制的公司制企业，都必须按照公司治理结构的要求设立股东大会，为了保证股东大会的各项决策和政策的落实，都必要设立监事会，以对董事会和高管人员进行监督，对于国家控股的企业，还可以委派财务总监强化过程监控，但必须通过股东大会和董事会履行相关程序，这些都属于所有权监督的范畴。在公司内部设立行使所有权监督的主体一般叫监事会，但世界各国的具体做法也存在差异，分为三种治理模式。

第一种是单层董事会治理模式，主要在英美国家采用，又称英美模式。其做法是股东大会选举董事会，董事会选举经营管理当局，经营管理当局负责公司的重大决策，并对股东大会负责。为了保证董事履行股东大会的监督职权，会专门设立审计委员会，审计委员会代表董事会对公司经营管理当局进行监督，它成为被股东与公司管理当局的监督的专家组织，审计委员会代表公司董事会检查公司会计报表的真实性、可靠性、完整性以及内部控制系统的健全性和有效性。

第二种是双层董事会治理模式，主要是欧洲大陆法系国家采用，以法国、奥地利、荷兰最为典型。这种模式首先由股东大会和工会选出监督董事会，也称作监事会，然后由监事会提名组成管理董事会并对其进行监督，为了更好地履行股东大会的监督职责，监督董事会下也设审计委员会，它主要在公司财务方面对管理董事会进行监督，双层董事会在监事会内设审计委员会与管理董事会能更好地保持独立性，从而使授权监督更加有效。

第三种是二元单层治理模式，主要在中国和日本采用。股东大会选举董事会和监事会，董事会和监事会都对股东大会负责，由监事会对董事会和经营管理当局进行监督，董事会也对经营管理当局行使监督权。在我国还在董事会下设立审计委员会，进一步强化董事会监督的专业性。显然监事会代表股东大会所进行的监督是一种独立的所有权监督，而董事会对经营管理当局所进行的监督则属于经营管理权监督的范畴，因为董事会对于重大经营事项享有决策权，而重大经营事项属于公司经营的范畴，相应的决策权也属于经营决策的范畴。

上述三种模式都有行使所有权监督的主体，这一监督主体代表的就是公司股东大会对公司所拥有的所有权。不仅公司的股东大会对公司拥有所有权，而且公司本身作为法人也拥有法人所有权，无论何种所有权都会委托审计行使独立的所有权监督。正如上所述公司法人所有权既存在于投资公司或者资产运营公司就是从事资本经营的公司，也存在于从事实体生产经营的公司就是从事资产经营的公司，代表这两种法人所有权也会产生相应的审计行使所有权监督的职能，这种审计称之为内部审计。从事资本经营的公司之所以产生内部审计，是因为这些公司本身要对外投资形成各种从事实体生产经营的子公司。一旦投资形成了这些子公司就意味着从事资本经营的母公司的法人财产所有权与子公司对这些财产的经营权相分离，为了确保法人财产的安全、完整和经营有效，也就是实现资本保全和资本增值，就必须要设立代表法人财产所有权的内部审计对子公司进行所有权监督；从事生产经营（资产经营）的子公司也可能设立若干分公司，也就意味着子公司的法人财产所有权与分公司对部分财产的经营权相分离，为了确保法人财产的安全、完整和经营有效，就必须要设立代表法人财产所有权的内部审计对分公司进行所有权监督。

综上所述，为了实现国有资本的保值增值，必须以国有资产所有权与国有资产经营权相分离而形成的出资者系列和经营者系列为基础，形成代表所有权进行所有权监督的审计体系。每一种审计形式分别代表不同的所有权，对相应的经营者所行使的经营权进行监督，从而形成一个分层监督的体系。每一个下一层次的经营者对上一层次的出资者都承担了受托经济责任，为了监督这种受托责任的履行情况，审计组织的设立都是不可或缺的；对于公司而言，如果说外部审计主要是着重于结果监督，那么内部审计就主要着重于过程监督。同时，由于公司制企业股权的多元化以及相关利益主体的利益多元化，在对外提供审计报告时，显然单纯代表国家所有者的国家审计的结论只是对国家所有者有效，在这种情况下就必须要通过独立的民间审计所做出的审计结论才可以为不同的所有者所认可。不仅国家所有者要建立所有权监督体系，而且私人所有者所形成的公司制企业也要建立所有权监督体系，私人所有者所形成的公司制企业的股权结构必然是多元化的，因此，它必须由民间审计作为外部审计受托于所有的私人所有者进行所有权监督；对于由国家所有者和私人所有者等所形成的混合所有制的公司制企业也必须由民间审计作为外部审计受托于不同所有制的股东主体进行所有权监督。

6.2.3 所有权监督与市场监管的差别

企业制度经历了自然人企业向公司制企业的历史变迁，在自然人企业，所有权和经营权合二为一，所以，不存在所有权监督，也就是审计监督的必要。伴随两权分离，所有者必然要对经营者进行监督，由此就形成了所有权监督，其目的就是为了实现资本保值增值，所有权监督是以两权分离为前提的。私人所有者可以以自然人企业的方式开展经营活动，就是自己的钱自己经营。但是，国家所有者不可能经历类似与自然人企业的经营模式，国家不可能自己经营自己的财产，而是必须委托经营者进行经营。也就是说，国有企业无论在形式上还是在实质上都不可能不采取两权分离的形式，由国家受托职业化的经营者进行经营。只要国家受托经营者经营国有资产，国家所有者就必然要对经营者经营国有资产的状况进行监督，这就是所有权监督。在计划经济时期，由于政企不分、以政代企、以政代资，这时，国家所有者对受托经营国有资产的厂长经理也是要进行监督，在监督的主体和形式上，这种监督具有行政监督的特征。但实质上，这种监督仍然是由于两权分离而引起的确保国有资产的安全和经营有效所进行的所有权监督。

在现实的经济运行中，除了所有权监督也存在市场监管，如证监会在资本市场上所进行的监管行为不属于所有权监督的范畴，它是代表政府对所有的上市公司所进行的市场监管，其目的就是要维持资本市场的秩序，确保资本市场平稳有序地运行。在整个经济运行采取政府调节市场，市场引导企业的格局中，证监会的作用就是代表政府调节资本市场，并通过资本市场的调节最终引导上市公司的行为。也有人类似地提出，国务院国资委的改革方向就是要代表政府监管国有资产的运用，其职能类似于证监会，这显然是不符合常理的。首先，国务院国资委是代表国家对国有企业行使所有权监督的职能，它不是政府的专门进行市场监管的行政机构。国务院国资委作为行使所有权监督的主体是代表国家的所有权权力进行监督，而证监会作为市场监管的主体是代表国家的行政权力进行监督。事实上，作为代表国家行政权力进行市场监管的主体（证监会、银监会、保监会、工商总局等）并不是以两权分离作为产生的基础的，无论自然人企业还是公司制企业，只要参与市场运作就必须要受到这些主体的监管，从这个意义出发，这些市场监管主体当然是以市场的产生为基础的。过去，在国有资产管理上以政代资，现在则必须要实行政资分开，如果赋予国务院国资委类似于证监会的市场监管职能，又会重蹈政资合一、以政代资的覆辙，这不符合改革的方向。必须明确国务院国资委只是对拥有国有产权的国有企业进行所有权监督，监督的目的是为了实现资本保值增值；证监会等政府行政机构只是对市场进行行政监管，监督的目的只是为了实现市场平稳有序运行。其次，在政府调节市场，市场引导企业的大格局中，作为政府监管市场的各种行政主体，必然以进入某一特定市场的企业作为监管对象。国有企业或者国家控股的企业只要进入某一市场，就必须要受到这些行政主体的市场监管，任何企业都必须按照市场规则进行市场活动。国有控股和参股的上市公司必须要按照上市公司的行为规范进行资本市场活动，从这个意义出发，国务院国资委在代表国家所有者进行所有权监督时，也必然要求拥有国有产权的企业遵循市场规则进行市场活动。如果做不到这一点，最终会导致国有资本难以实现保值增值的目的。从这一点出发，国务院国资委的监管要遵从市场规则的要求，从而其行为也要受到市场监管者的约束。国务院国资委不是市场监管者，是所有权监督者，相对市场监管者，所有权监督者是与拥有所有权的企业的利益一体化的，而市场监管者则与被监管的企业必须保证利益上的独立性。在国有资产实行监管主体和运营主体分离的条件下，作为运营主体的投资公司或者资产运营公司以及投资所形成的实体企业，一方面，当它们参与市场运作时，必然要受到相应政府主管行政部门的市场监管，另一方面，也要受到作为国家所有者的监督受托人国资委的所有权监督。这是两种完全不同性质的监督，区分这两种不同性质的监督，不仅对于界定相关监督主体的监督职能和监督边界十分重要,而且对于国有资产管理的改革有着十分重要的意义。

6.3 委托受托责任关系与独立董事的定位和功能

在公司治理体系中,不仅通过所有者委托的审计组织对经营者履行经济责任的情况进行审计监督,而且在履行经营决策职能的董事会引入独立董事。在董事会中引入独立董事已是各个国家对上市公司的法定要求,一般规定独立董事人数不少于董事会的三分之一。纳斯达克创业板则规定,独立董事人数不少于三分之二,而知名的通用公司(GE)董事会中,除了董事长是内部人员外其他都为独立董事。美国投资者责任研究中心(1997)对标准普尔1165家公司的研究结论是,董事会中独立董事平均比例为61%,其中标准普尔500家公司的独立董事在1997年就已达到66%。据科恩—费瑞国际公司2000年5月的报告,美国公司1000强中,董事会的年均规模为11人,其中内部董事2人,约占18%,独立董事9人,约占82%。目前在发达国家企业中,独立董事比例和功能作用得到了突出的加强,已成为判断董事会独立性和公司治理有效性的重要标志。

在公司治理体系中,既有了专业化、专家化的经营者,也设置了专业化、专家化的对经营者进行监督的监管者(监事)。在这种条件下,为什么还要引入独立董事?不仅如此,所有者委托独立董事进入董事会,独立董事作为专业化、专家化的主体,既区别于其他董事,也区别于监事。那么独立董事受托于所有者到底应该履行什么职责,发挥什么功能,与其他董事或监事的关系又是怎样?

6.3.1 独立董事定位的历史起点与文献回顾

独立董事是不在公司内部担任除董事以外的职务并领取薪水,又在公司内没有其他实质性利益关系的外部非执行董事。独立董事实质上是外部的独立非执行董事(Independent Non-executive Director)的简称,独立董事必须在身份上是独立的,既然是独立的就一定是非执行的。独立董事制度源于20世纪30年代,1940年美国《投资公司法》要求投资公司的独立人士在董事会中的比重不少于40%,之所以这样是为了防止内部人控制。上市公司独立董事的出现是基于早期的公司治理的内在缺陷,这种缺陷导致了公司的委托代理问题日趋严重，特别表现在董事会的功能日趋失效。20世纪70年代末，西方发达国家，尤其是美国上市公司的股权高度分散，董事会的席位逐渐被企业高管占据。在董事会中引入独立董事显然是为了防止这种内部人控制、监督高管层所建立的制度。这样，独立董事从其形成看就被定义为监督高管层，特别是进入董事会的高管，正是循着这一历史起点，对独立董事功能定位的研究也紧紧围绕监督展开。

国外的研究主要是法马（Fama，1980）、法马和詹森（Fama and Jensen，1983）、威廉姆森（Williamson，1985）、赫马林和韦斯巴赫（Hermalin and Weisbach，1988、罗斯泰因和怀亚特（Rosenstein and Wyatt，1990）、弗洛克（Froker，1992）等从理论上指出在董事会中引入独立董事从两个方面增强了董事会职能：一是为董事会决策提供有益建议；二是更好地监督其他董事和高管。这里既认为独立董事只是为董事会决策提供建议，也认为独立董事要对其他董事和高管行使监督权。

国内引入独立董事制度后，相关研究也大多遵循国外的研究路径展开。独立董事的引入，其初衷不仅仅是为了遏制内部人控制，而且也是为了解决大股东侵占中小股东利益的问题。在法律法规上，2001年证监会发布的《关于在上市公司建立独立董事制度的指导意见》也主要强调独立董事的监督功能，特别是保护中小股东的权益[①]。

简新华等（2006）指出中国大多数上市公司的治理结构中独立董事与监事会在监督职能上相互重复，以致独立董事与监事会任何一方作用的发挥都会导致另一方成为多余。赵德武等（2008）指出，在中国引入独立董事制度的初衷并非为了提高公司业绩，而是为了解决股东与高管层的代理问题以及大股东利益侵占问题。正因为这样监督就是独立董事的主要职能。郑春美（2011）从会计监管的视角对独立董事制度的有效性进行了实证研究。这一研究使得独立董事的监督作用的发挥深入到会计监管层面。宁向东等（2012）的研究表明独立董事在监督过程中，其勤勉性和公正性会受到四项因素的影响。这一研究深化了独立董事监督功能发挥的影响因素，其目的仍然是为了更好地发挥独立董事

---

① 《关于在上市公司建立独立董事制度的指导意见》（2001年），第一部分、第二条独立董事应当按照相关法律法规、本指导意见和公司章程的要求，认真履行职责，维护公司整体利益，尤其要关注中小股东的合法权益不受损害。

的监督作用。刘浩等（2012）的研究表明银行背景独立董事咨询功能的发挥较为明显，但监督功能没有明确的体现。刘春等（2015）指出独立董事兼具监督和咨询两大功能，在我国的文化制度背景下，独立董事更有可能发挥咨询而非监督功能。祝继高等（2015）以基于中国强制披露的董事会投票数据，从董事会决策的视角研究了非控股股东董事和独立董事对控股股东和管理层的监督行为差异。这是对独立董事监督功能的一种深入研究，虽然结论与独立董事应该发挥的作用不一致，但仍然没有离开监督的主题。

上述研究以及其他研究，有学者提出独立董事具有咨询或决策建议的功能，显然咨询或决策建议功能与决策功能具有本质的不同，前者不具有决策权，而后者却享有决策表决权。只有极少数文献明确提出独立董事具有决策功能。陈宏辉等（2002）指出，引入独立董事是为了提高董事会决策效率。研究发现随着董事会独立性的提高，董事会决策的公正性提高，但适用性下降。显然，这一研究确实指出了董事会的基本功能是进行决策。但是，仍然存在问题：一是虽然提出了董事会的基本功能是决策，但没有明确提出独立董事的基本功能也是决策；二是由于独立董事引入董事会主要是为了解决公正性问题，这在一定意义上就意味着独立董事可以监督其他董事的不公正问题，从而内含了独立董事具有监督其他董事的作用；三是这一研究指出独立董事的比重越高，其决策的适用性效率反而下降，而决策的适用性是决策的对错问题，既然决策的适用性下降，引进独立董事的意义就会打折扣。引进独立董事不仅要解决公正性的问题，更需要解决正确性的问题，虽然在进行决策时不公正会导致不公平，但比之决策失误所带来的损失却更大；四是这一研究提出了独立董事可以参与董事会决策，但并没有指出独立董事在决策中为什么能发挥正向决策效应。而且参与这一词本身就弱化了独立董事作为决策者主体的属性。

综上所述，对于独立董事的研究还需回答以下问题：独立董事的基本功能是决策还是监督；独立董事为什么能够在董事会决策中发挥特殊作用；独立董事在进行决策时是代表了不同主体的利益，还是应该保持独立的立场；独立董事在发挥决策的基本功能时对其他董事是具有监督作用还是制衡作用；独立董事是否对控股股东和高管层具有监督作用，如果存在，这种监督的本质属性是什么？

6.3.2 独立董事的基本定位是"决策者"而不是"监督者"

由上可知，政府的相关规定以及主要文献都认为独立董事的基本功能定位是监督，而且主要是监督其他董事和高管，甚至对控股股东进行监督，独立董事在行使监督职能时必须维护少数股东权益。

就独立董事主要行使监督功能而言，从形式上看这种定位至少不符合董事会的特征。两权分离的公司制企业设立董事会，就是要通过董事会这种专业化、专家化的组织架构，代表所有者行使重大的经营决策权。董事会自产生开始就是专业化、专家化和组织化的决策主体，董事会中的董事是决策者不是监督者，相应独立董事也是决策者不是监督者。把独立董事的基本功能定义为监督会带来公司治理结构的混乱。一方面，独立董事与监事会对董事的监督权必然产生重叠，监事会要监督所有董事，而独立董事也要监督其他非独立董事，必然产生两者职责不清或者相互推诿形成监督真空或重复监督。

实际上在两权分离的过程中，最早是所有权与经营权的分离，通过这种分离产生了专业化、专家化的经营者，所有者与经营者之间形成了委托受托经营责任关系。为了保证经营者履行责任、实现所有者的目标，必须对经营者的行为进行监督，由此就产生了代表所有者的专业化、专家化的监督主体，也就是审计，所有者与审计之间形成了委托受托监督（审计）责任关系。如果董事会的基本功能也定义为监督，这不符合所有者与董事会之间是委托受托经营责任关系的属性，同时，也必然造成与审计的监督责任边界不清；另一方面对高管层进行监督并不是源于独立董事的独立性，而是董事会在公司中的地位及其职责所在。在公司的科层结构体系中，董事会的权力层级高于高管层的权力层级，董事会做出的决策是否被高管层有效执行必然受到董事会的监督。显然，独立董事对高管层的监督是来自于董事会自身的权力属性，而不是独立董事所特有的独立性特征。也就是说，只要是董事都必然也必须监督高管层的行为。独立董事的独立性是相对于其他董事的非独立性而言的，独立董事必须保持自身的独立性，就是要在董事会中形成对其他非独立董事的制约。所有的董事进行相关决策时都具有平等权力，也就是一人一票，正是这种平等权力使得独立董事可以凭借其独立性对其他非独立董事进行制衡。平行（平等）权力主体之间形成的是制衡关系而不是监督关系，监督需要凭借高层级权力才可以监督低层级权力。在公司治理结构中，不能把独立董事的独立性定义为是为了对高管层进行监督而赋予的属性，只要是董事会的董事都必须对高管层进行监督。问题还在于只有在决策正确的条件下监督决策执行才有实际意义，所以，公司的董事会的构造和运行就要确保决策的正确性，这样监督才有了科学合理的前提，而保证决策的正确性才是独立董事保持独立属性的原因。

所谓独立董事要对控股股东进行监督，这显然有违所有者与经营者之间委托代理关系的本质，经营者受托于所有者，在地位上并不存在监督所有者的可能；也不符合独立董事形成的历史缘由，独立董事最早形成也是要代表全体股东的利益，在它产生时并没有赋予独立董事对控股股东进行监督的职责。

就独立董事要维护中小股东的利益、监督大股东侵占中小股东利益的行为而言，也存在逻辑上的缺陷。主要表现在独立董事代表或维护中小股东利益意味着只是接受中小股东的委托进入董事会，而独立董事的聘任却必须要通过股东大会批准，显然要得到大股东或更准确地讲要得到大多数股东同意才能被聘任。从这个意义出发，独立董事也只能是代表大多数股东的利益，而不是代表中小股东的利益。否则，大多数股东就会不同意聘任或者辞掉独立董事。如果深入分析可以发现，独立董事是董事不是监事，而独立董事作为董事会的成员，首先必然是决策者不是监督者。同时，在公司的内部治理体系中，董事会做出决策，高管层执行决策，董事会必然监督高管层执行决策。就前一决策职能而言，独立董事作为董事会的一员，其基本定位就是进行决策。在董事会的决策中，任何一个董事都享有同等的决策权力。就后一监督职能而言，董事会监督高管层，是公司内部管理分层的结果，董事会做出的决策是否被高管执行，必然受到董事会的监督，这种监督称之为管理权监督。

两权分离后形成了所有权和经营权，任何监督都必须凭借权力才能进行，依靠所有权权力进行的监督叫所有权监督，它产生于两权分离；而依靠经营权权力所进行的监督叫管理权监督，它产生于管理分层。监事会对董事会和高管层的监督显然属于所有权监督，监事会是代表所有者（股东大会）进行监督。独立董事对高管层进行的监督，是作为董事会的一员所进行的监督，而董事会对高管层的监督是为了保证自身的决策被有效执行而进行的，它属于管理权监督，这种监督产生于管理分层的需要，而不是两权分离的需要。所以，不仅独立董事的基本定位是决策者，不是监督者，即便是监督决策执行而形成的监督，也不是代表中小股东利益所进行的所有权监督，而是为了确保自身所做出的决策是否被执行而进行的管理权监督。

独立董事是否代表或者维护中小股东的利益？在我国之所以独立董事定位于要代表或者维护中小股东的利益，是由于在现实中，公司制企业特别是上市公司一股独大，大股东侵占中小股东利益的现象颇为严重。所以，为了解决这一现实问题，就想当然地认为和要求独立董事代表或者维护中小股东的利益。问题在于独立董事由股东大会聘任，在一股独大的情况下，如果不能获得大股东的同意，独立董事就不可能被聘任，在这一聘任机制下，独立董事何以能代表中小股东的利益。从历史和理论的视角看，独立董事之独立，在欧美发达国家是有其内在含义的。独立董事具有两个基本特征：专家性和独立性。专家性是指独立董事作为决策者具有专业行为能力。相关制度对独立董事专业行为能力的高要求，无不说明专家性是独立董事任职的前提，也是独立董事有效履行职责的基础；独立性是指独立董事在进行决策时所持的立场必须是不偏不倚的，也就是不代表任何主体的利益而客观公正地发表意见。

这里独立性的本质就是客观公正，它具有两个含义：一是在决策中，对于与决策有关的利益各方，不持偏袒立场，始终保持独立。所以，独立董事既不代表中小股东利益，也不代表大股东利益。如果独立董事代表大股东利益，就可以使大股东以公众外貌保护自己，当有人指控大股东压制少数股东时就可以获得独立董事的支持，获得其行为公正性的证据。独立董事代表中小股东利益也存在类似的问题。独立董事不偏袒任何一方的利益，只是客观公正地就决策本身的必要性和可行性发表专家意见。独立董事也不代表现实股东的利益。既然存在现实股东，就必然存在潜在股东，从利益视角看，现实股东与潜在股东的利益有对立性。在这种前提下，独立董事代表现实股东的利益进行决策就可能损害潜在股东利益。所以，独立董事不偏袒任何一方利益，只是客观公正地就决策本身的必要性和可行性发表意见。二是在进行决策中，独立董事只是就决策本身的必要性和可行性发表意见，并就决策事项是否可行做出最终决定。这里，独立董事所秉承的是科学的态度和客观的立场发表决策意见。在国外研究中，特别指出了董事会的独立性。而独立董事的数量和性质是影响董事会独立性的根本因素，董事会独立性又是保证其客观公正和有效履职的关键，这不无说明董事会独立履职是董事会决策效率的重要因素。

综上所述，独立董事的定位是决策者、是专家，在进行决策时，不偏袒任何一方利益，客观公正地发表意见，也称独立人。归结起来，独立董事是独立的专业决策者。

6.3.3 董事会的决策特征与独立董事的关系

以上只是说明了独立董事的基本功能定位是决策，问题仍然在于独立董事为什么能够提高公司的决策效率。实证研究的结果并没有得出完全正面的结论，一些研究认为独立董事会增强董事会的独立性，这种独立性与公司绩效之间有正相关关系，也有实证结果表明董事会中是否有独立董事，有多少独立董事与公司绩效之间没有显著的关系。

尽管如此，全世界的基本状况是，董事会中独立董事的比重不断上升，以致有的董事会几乎全是独立董事。这种趋势使得人们产生了一种怀疑，当董事会的成员主要或都由外部董事特别是独立董事组成时，由于这些董事不熟悉公司的历史和内部情况，是否能够担当决策重任？从表面上看，这一怀疑具有真实合理性，但是如果深入研究董事会的基本功能定位，就不难发现，这一怀疑确有缺陷。

董事会的基本功能是决策。在两权分离后，重大的经营决策主要通过董事会进行。董事会的重大经营决策"九九归一"都是以投资决策作为起点，公司的设立以投资决策为基础，公司的可持续发展也离不开投资决策，任何投资决策在执行过程中总会存在执行偏差，为纠正这种偏差也必须进行决策，目的就是要保证投资决策目标的实现；公司只要进行了投资决策，就必然会产生相应的筹资决策，投资是筹资的前提，离开了投资的必要性和可行性，筹资就失去了方向和存在的必要；公司只要进行了投资决策，就必然要产生相应的人力资源决策，投资是进行组织构造和招聘各类人才的前提，离开了投资的必要性和可行性，任何组织构造和人员招聘就没有存在的必要。如此等等，公司的一切决策都是围绕投资决策而延伸，公司的一切经营活动也是围绕投资决策而展开。从这个意义出发，董事会的基本决策就是投资决策。在公司的日常经营活动中，也会出现各种各样的问题，为了解决这些问题，必然要进行决策，而这些决策无外乎就是要实现投资决策的目标。尽管如此，公司经营中出现的问题可以按照解决这些问题是否要进行投资分为两类：需要追加投资才能解决的问题、不需要追加投资就能解决的问题。就后者而言，一般属于高管层在经营活动过程中所面临的决策执行问题，其决策权一般都在高管层。而需要追加投资才能解决的问题，也会按照董事会和高管层的决策分权，凡是要通过对外投资和超过一定投资规模的对内投资，必须经过董事会批准，属于董事会的决策权力，这些都是投资决策。总之，董事会的基本决策就是投资决策。

那么，投资决策具有什么特征，这种特征与独立董事的引入以及独立董事比例的不断上升有着何种内在联系？任何投资决策都具有前瞻性和外部性。前瞻性源于所有的投资都是基于未来的，公司之所以投资，是由于未来对投资项目所形成的产品有市场需求。就公司的投资决策而言，不是因为公司过去做过什么才决策什么，而是由于市场有什么需求，特别是新的需求，公司才进行决策。所有的投资决策都要适应市场需求的变化，正是由于这样，投资决策是面向未来的，因此参与投资决策的人必须要具有前瞻性。实际上，在投资决策中，决策者很容易受到经验主义的影响，这很容易形成路径依赖，导致决策失误。柯达胶片的失败就是一种典型的例子。

正因为董事会的董事所进行的决策更多地需要前瞻性，而不是以往的经验，所以，董事会的董事是否一定是公司的创始人，是否具备公司发展的历史经验并不重要，恰恰相反，这样可能受经验局限而产生路径依赖（如柯达的经历就表明了这一点）。最为重要的是，作为董事会的成员，需要了解市场需求的变化。正是从这个意义出发，董事会中外部董事，特别是独立董事的比例上升，正是基于独立董事不受经验主义的拖累，同时他们又是行业中的专家，更具有专业基础上的前瞻性能力特征。

投资决策也具有外部性。如果前瞻性是指应按照市场的未来需求进行决策，那么外部性则是在已预期了市场的未来需求基础上，怎样实现这种需求，这里关键是要获得实现这种需求的资源。所以，外部性不是因为其公司拥有哪些资源才做什么或满足什么样的需求，而是要根据未来的市场需求从外部获得必要的资源。在市场经济条件下，获得资源的本质实际上就是要获得人、财、物的支持。这里既包含了公司已有资源的运用，更意味着公司可以从外部获得内部稀缺的资源。典型的实例是比尔·盖茨当年只是发明了一个软件产品，尽管比尔·盖茨进行产品生产的任何资源都不具备，但是他仍然通过在纳斯达克上市而获得了自己所需的资源。简单的结论就是，不是由于公司拥有了什么资源才去做什么,而是由于公司发现了市场需求,公司就能从社会找到相应的资源,社会也必将向公司提供这些资源。这就是投资决策的外部性,其关键就是要决定以什么方式从社会取得哪些资源。

正因为董事会的董事所进行的决策更多地具有外部性,而不是内部性,而内部性很可能造成董事"身在庐山,不知庐山真面貌"。所以,董事会的董事是否是公司的内部人,从而更了解公司内部所具备的各种资源就并非一定重要。恰恰相反,作为董事会的成员,更需要知道公司外部的各种有用资源。正是从这个意义出发,董事会中外部董事,特别是独立董事比例的上升,正是基于独立董事是行业中的专家,他们又处在公司之外,从而不容易受到内部资源的约束,而是更喜好于从公司外部,判断满足未来需求所需资源的可满足程度。

不可否认,董事会的决策项目有很多是来自于公司自身经营中要解决的问题,如果独立董事不能长期持续地身处公司之内,就很难发现这些问题。这只是一种逻辑推导,从公司的现实经营看,高管层在经营过程中一定会发现和遇到各种问题,他们就是这些问题的亲历者,当然也是这些问题的提出者。他们只有提出这些问题并予以解决,才能履行他们的责任。由于高管层提出了经营中的问题,解决这些问题如果涉及到董事会层级的决策权限,自然就会进入董事会决策。所以,并非必须要董事会的董事作为内部人了解公司经营中的问题才能提出决策事项。事实上,董事会成员也是提出决策事项的重要主体。在董事会的决策治理中,为了解决内部性和外部性相结合的问题,会在董事会下设立若干具有咨询特征的专业委员会,这些委员会的人员构成包括了内部人和外部人。在董事会的决策治理体系中,有来自公司内部包括高管层所提供的决策建议,也有来自于董事会各专业委员会的决策建议,还包括董事会的董事所提出的决策建议,所有这些决策建议如果涉及董事会层级的决策权限,最终必须由董事会做出决策。在这里必须说明的是,独立董事既然是决策者就不是咨询人,所以独立董事的功能之一也不是咨询。咨询的基本特征只是提供建设性意见,但并不享有决策权,而独立董事作为董事会成员对任何一项董事会决策都享有决策权。在进行决策时,独立董事可以听取各方面的咨询建议,但最终的决策却是通过独立董事独立地行使表决权实现,而作为咨询人只有建议权,不享有表决权。

董事会在投资决策时，为了保证决策的正确性，不仅要了解未来的市场需求，也就是决定投资项目是否必要，而且也需要决定投资项目的可行性。投资项目的可行性实际上与上述的投资决策的前瞻性和外部性存在密切的关系。前瞻性主要解决投资项目的市场需要，而外部性（也包括公司内部资源的利用）主要解决投资项目的资源可得性。

那么，一个投资项目的可行性到底包括哪些方面？通常涉及五个方面：（1）市场可行性，回答市场需要什么、需要多少；（2）技术可行性，回答在技术上能否生产，生产的产品能否达到需要的质量标准；（3）政策可行性，回答国家政策是否允许生产，有哪些限制性条件和优惠政策；（4）管理可行性，回答建立什么样的组织架构，聘任什么样的人才，形成怎样的制度体系才能确保投资项目有效运转；（5）财务可行性，回答投资项目是否能够达到预期的投资报酬率，以及采取什么样的方式，通过什么样的渠道筹措所需的资源。

正是由于投资决策要回答投资项目这五个方面的可行性，所以，在进入董事会的独立董事的能力结构中，就应该具备这五个方面的独立董事。在各国有关的规定中，还特别强调董事会中至少有一名熟悉财务、会计的独立董事，这不仅显示了投资决策中的财务可行性对财务、会计独立董事的必要性，而且也显示了财务、会计独立董事的重要性。这种重要性表现在市场经济条件下，任何一项投资决策都是为了实现投资报酬，再好的投资项目尽管能满足市场的需要却无法实现投资者的预期报酬，站在投资者的角度，它仍然是一个不可行的项目。也就是说，在投资项目的五个可行性中，财务可行性具有最终决定性，这就凸显了财务、会计独立董事的重要性。不仅如此，在董事会决策中，财务会计信息具有对决策进行支持所不可替代的特殊作用。而财务、会计独立董事的专业特征使其对财务会计信息的认知、分析和使用，具有较其他董事得天独厚的优越性。这就是董事会必须优先引入财务、会计独立董事的原因。

6.3.4 企业制度的变迁与独立董事的制衡功能

公司制企业最为重要的治理特征是设立了股东大会、董事会和高管层。股东大会是出资者，董事会是经营决策者，高管层则是决策执行者。董事会既受托于股东大会进行经营决策，同时也要监督高管层执行决策的情况，在公司治理结构中其作用最为重要。要真正有效地发挥董事会的作用，关键是要尽可能保证董事会经营决策的正确性。一方面，经营决策的正确性是出资者授权董事会的基本目的。董事会是专业化、专家化的决策主体，出资者之所以授权，就是要通过董事会使决策的正确性程度提高。另一方面，经营决策的正确性也是董事会对高管层进行监督的前提，正确的决策才能为监督高管层的执行情况提供科学合理的标准；也只有正确的决策才能使得董事会对高管层的监督"硬碰硬"，决策自身不正确使"监督自信"很难实现。历史地看，企业制度经历了自然人企业向公司制企业的历史变迁，这种变迁的一个重要的原因是如何确保企业决策的正确性，适应这一要求，才产生了董事会。

企业的早期形态是自然人企业，自然人企业的特点之一是一个人或者少数人说了算，很容易出现导致企业失败的决策。主要原因是在自然人企业中缺少决策制衡机制。就企业的生命力而言，关键是保证企业可持续发展，使企业成为"千年老店"，甚至更长。这里最为关键的是两个方面：一是必须确保不能出现导致企业失败的决策，这是决策制衡的底线；二是一个企业的决策治理很难保证各项决策都达到最优状态，但是，必须确保大多数决策比较正确，从而能够有效地保证企业可持续发展，这是决策制衡的期望目标。为了实现这一目标，在公司制企业形成了股东大会，按照各个股东所持股份的多少对决策进行票决，而形成相互制衡；在公司制企业也形成了董事会，按照每个董事一人一票对重大经营决策进行票决，而形成相互制衡；在公司制企业还形成了经理办公会，按照每个高管人员一人一票对重大的执行决策进行票决，而形成相互制衡。所以，在企业决策上，公司制企业与自然人企业的最大区别是，自然人企业一个人或者少数人说了算，而公司制企业则是相互制衡。这样既可以较好地防止造成企业失败的决策的出现，也能够保证大多数决策都比较科学合理。在实践中，有的公司还特别规定，独立董事具有一票否决权。建立这个规则显然是为了实现董事会的决策制衡的第一个目标，就是确保不能出现导致企业失败的决策，对于这样的决策，即使是只有一个独立董事不同意，也要被否决。从董事会的大多数决策实践看，如果一个独立董事对决策项目持否定意见，通常董事会就不会强行让这一决策项目通过。而是通过不断完善决策项目的论证，直到全面解答独立董事和其他董事的疑问，使项目趋于科学合理为止，或撤销决策项目。这样做，既实现了确保董事会不会出现导致企业失败的决策，也使得决策项目的论证更加科学合理。

在这里，独立董事的引入，不是为了监督董事会的其他董事的决策行为。在前面已经提到，最早引入独立董事，是在股权分散、管理层进入董事会获得对公司控制权的情况下，为监督进入董事会的高管所建立的一种制度。其实，这里使用监督高管层董事是一种误解，独立董事和其他高管层董事都是董事，享有同等的决策权力，不存在谁监督谁的权力基础。与此不同，引入独立董事并不断地增加独立董事的比重，就是要通过董事会的基本决策机制使独立董事对其他董事形成制衡关系，这种制衡关系一是表现为一人一票的票决机制，二是表现为独立董事的否决权机制。所以，独立董事的引入，在董事会中所发挥的基本作用是决策制衡，而不是监督，监督主要是针对高管层的决策执行行为而言。那么，监督和制衡到底存在什么差别，独立董事又是怎样发挥制衡作用？

任何人类社会组织，无论是宏观组织（如国家）还是微观组织（如企业），为了使组织协同运转，必然产生纵向科层结构和横向水平结构，也就是说，社会组织是由纵横交叉的两种结构组合而成。尽管如此，它们也会有偏重。在集权的组织结构中，更多地强调纵向科层结构。在这种结构下，为了确保组织的协同运转，一方面，强调最高层集权，要求下级服从上级；另一方面，为了确保下级服从上级，必然采取上级监督下级的方式，保证下级行为与上级的决策目标一致。所以，在相对集权的组织结构中，更多地采用监督机制，而监督则必然依靠大权力才可能监督小权力，所形成的问题是最高权力者谁来监督。由于最高权力者得不到监督，从而产生"上梁不正下梁歪"的组织整体协同运转失效。解决这一问题，最基本的方法就是要在最高权力层次分权而治，不能一个人说了算，这正是自然人企业向公司制企业转变的内在原因。事实上，伴随社会进步，社会组织包括宏观组织和微观组织，都在不断地将权力下放，甚至将权力下放到基层。当权力被分权至组织的各层级时，任何组织就必然会形成横向水平结构，这就是分权体制。在分权体制下，要保证组织有效协同运转，一方面，上级不可随意干预下级权力；另一方面，下级分享权力后也不可滥用权力。所以，在每一个层级上，就要通过分权形成相互制衡，不仅保证了每一个层级行为的合理性和有效性，而且也使得上一层级对下一层级的监督成本大大降低。由于任何社会组织都存在纵向科层结构和横向水平结构，所以，社会组织的协同运转机制就是监督机制和制衡机制的结合。

那么两者的关系如何？制衡是监督的前提，而监督是制衡的补充。之所以制衡是监督的前提，在于监督的缺陷就是最高权力层次无人监督，只有在最高权力层次通过分权形成制衡，才能保证最高权力层次的行为的合理性和有效性。一旦在组织每个层级上分权而治，还可以使得监督的成本大大降低。只是在每个层级分权而治，仍然会出现分权而治的各个主体集体协同作弊时，监督就变得重要，这种监督不仅来自于高一层次，更是来自于企业外部。

各国都有对公司制企业董事会的最低法定人数的规定，这意味着在董事会这一横向水平层次上，实行分权而治，不能一个人说了算，而是要通过董事会大多数人的意见协同，才能够通过董事会的相关决策。只有在董事会决策相对较优条件下，公司的高管层执行这一决策才有正确前提；董事会对公司的经理办公会和高管人员执行这一决策的情况所进行的监督才有可靠基础。但问题仍然在于，在传统的董事会已经相互制衡的条件下，为什么还要引入外部独立董事？传统的董事会的成员一般都由股东和高管人员构成，基于这两类人员比重的不同而形成了股东型董事会（董事会成员以股东为主）和经理型董事会（董事会成员以高管人员为主），这两种董事会的根本的问题在于，股东与股东、股东与高管人员、高管人员与高管人员在公司都有自身的利益，在进行决策时，往往会带有自身利益的倾向，甚至出现内部人控制。而独立董事由于其独立性，与公司不存在直接的或间接的利益关系，能够客观公正地对决策事项发表意见，从而形成了与其他董事的相互制衡。通过这种制衡能够较好地弥补其他董事基于自身利益而不顾科学合理和有效性，进行决策的缺陷。

问题还在于，在公司治理结构中，股东大会已经委派监事会对董事会及其成员进行监督，从理论上说，监事会的监事可以对董事会的董事只考虑自身利益，或者内部人控制以致可能危害其他相关各方利益的行为进行监督，为什么还要引入独立董事？监事会进行监督的前提条件是，当董事会及其成员违反了股东大会所确定的有关规定时，监事会可以依这一标准进行监督。但是，在董事会的决策中，决策的正确与否并没有事先的标准，而是依赖于各个决策者个人的专业和专家判断。由于决策的正确与否没有事先的标准，因而，监事会成员无法监督决策是否正确。监事会成员列席董事会也只能是根据自身的专业能力对决策的可行性做出判断。当监事会成员认为决策本身的正确性存在缺陷时，享有发表意见的权力，但不享有决策权，从而导致监事会并不能否决董事会决策。为此，就有必要在董事会中嵌入具有独立性和专业化、专家化的董事。由于独立董事具有决策权，也具有独立性和专业化、专家化水准。这样，独立董事对于不正确的决策，既可以发表决策意见，并可以对决策进行表决，从而对其他董事形成制衡。从这个意义出发，独立董事在董事会中发挥的作用是决策制衡作用，而不是监督其他董事的作用；独立董事不是监督者，是决策者。当然，独立董事通过制衡使得董事会的决策正确，在此基础上，也可以对高管层执行决策的行为进行监督，这当然是基于董事会与高管层之间的科层结构关系所形成的监督，是董事会作为经营决策者的内生权力和行为。

既然独立董事在董事会的决策中发挥制衡作用，而在董事会与高管层的科层结构中又发挥着监督作用，那么，为什么又明确规定独立董事中必须有财务会计专长的独立董事。由于财务、会计的独立董事所做出的财务可行性的判断，对董事会的各项投资决策起着最终的决定作用，任何一个投资决策如果不能给股东大会带来预期的投资报酬，这一决策就必须被否决。同时，任何一个投资决策虽然能够为股东带来预期的投资报酬，却无法获得必要的筹资（也就是不能获得各种必要的资源），也会导致投资预期报酬的不能实现。财务、会计的独立董事正是通过投资决策的未来投资报酬和筹资的可行性分析，独立发表意见，行使决策权力。既维护了出资者权益，又代表出资者行使了财务决策权。另一个原因是董事会决策正确最重要的条件是决策信息的相关性、真实性和完整性，这些决策信息主要是财务会计信息。在董事会中引入财务、会计的独立董事也是为了更好地甄别这些信息的相关性、真实性和完整性。在此基础上对这些信息按照决策的需要进行分析、为决策提供依据，显然需要专业的财务、会计能力。最后，在董事会中引入财务、会计的独立董事还在于董事会具有对高管层进行监督的功能。在分层管理的条件下，监督的最重要的内容之一就是高管层是否履行了决策执行的责任，而这一责任是否履行主要是通过财务会计信息反映。财务、会计的独立董事凭借其专业能力，对财务会计信息的真实性、可靠性和完整性进行专业分析，能够监督高管层决策执行行为的合法性、合理性和有效性。可见，必须要有财务会计专长的独立董事，首先是为了满足董事会决策的需要，而后也是为了监督高管层执行决策的需要。

通过以上分析，可以看出，在两权分离后，出资者必然委托监事会等监督主体对董事会和高管层进行监督，这种监督必须要有监督标准，通过这种监督确保董事会和高管层行为的合法性和合理性，包括会计信息的真实性和可靠性。但是，这种监督却无法解决董事会和高管层的决策和决策执行效率的问题，也就是董事会和高管层行为的有效性。为了解决这一问题，就必须在董事会中引入独立董事，独立董事依赖其决策的独立性制衡其他董事和高管层的利益偏袒行为，也依赖其专业性降低其他董事和高管层在决策中的低效和无效问题，独立董事还通过其董事的身份对高管层进行监督，以确保董事会决策得到合理有效地执行。

上述分析结论的政策效应是：既然独立董事的独立性在于其客观公正，不偏袒任何一方利益，也就是所谓利益中立，那么，对独立董事的政策规定中就必须明确独立董事的独立本质是客观公正、保持中立，而不是代表少数股东或其他任何一方的利益，只有这样才能增强董事会独立性。只有当董事会独立性得到不断增强，董事会决策才不至于偏袒某一方利益。由此，董事会才能成为科学有效的决策主体；既然独立董事是董事，是决策者，而不是监督者，那么，对独立董事的政策规定中就必须明确独立董事的主要专业能力是决策能力，也就是实现独立董事的专业化和专家化。独立董事的专业化就是要求在董事会中按照决策的能力结构标准形成独立董事的专业化结构，应该拥有具备各种专业能力的独立董事进入董事会。独立董事的专家化要求每一个独立董事都具备在本专业领域中的专家化地位；既然独立董事在董事会中的功能是决策制衡而不是决策监督，那么，对独立董事的政策规定中就必须要明确独立董事在行使决策权，发挥制衡作用的决策程序。程序公正、程序有效视为结果公正、结果有效，决策制衡有决策制衡的程序，监督有监督的程序，两者不可混淆、不可偏废。在决策制衡程序中最为关键的是，任何董事享有平等的决策权。为了发挥独立董事防止决策失误的风险的作用，还可以使得独立董事享有某种程度的否决权。

在公司治理体系中，为了确保经营者能够履行所有者赋予的经济责任，所有者不仅委托审计组织对经营者履行责任的情况进行监督，而且在履职的过程中通过委派独立董事进行过程控制，由于董事会主要行使经营决策的功能，所以在董事会的决策过程中，引入独立董事对整个决策发挥制衡的作用。

第 7 章
出资者的信息需要和控制

两权分离的公司制企业使得所有者与经营者之间形成了信息不对称问题，经营者相对于所有者具有很强的信息优势。经营者可能利用这种信息优势，其直接后果是经营者可能产生道德风险以及逆向选择的行为。为了尽可能缩小所有者与经营者之间的信息不对称，两权分离后所有者必然对经营者提出信息需求，企业中最为重要的信息需求就是会计信息，与出资者的这种信息需求相对应，就形成了经营者的会计责任。这里的会计责任不仅仅只是限于经营者向所有者提供会计信息的责任，而是为了使所有者与经营者的信息不对称尽可能减少而要求经营者所披露的信息的最低水平。

7.1 信息不对称的成因与对策

两权分离在客观上和主观上都有可能导致出资者与经营者信息不对称，那么信息不对称的成因到底是什么，采取什么样的对策才能更为有效地降低这种信息不对称性？

7.1.1 信息不对称的成因

在两权合一的条件下所有者就是经营者，不存在信息不对称问题，只要所有者与经营者分离，并且经营者独立履行经营责任就必然存在信息不对称问题。

美国三位经济学家约瑟夫·斯蒂格利茨、乔治·阿克尔洛夫、迈克尔·斯彭斯提出了信息不对称理论，并使用不对称信息进行市场分析。它打破了传统经济学的基本假设，即"经济人"拥有完全信息。实际上，在市场中利益攸关的各市场主体特别是供求双方不可能同等的占有完全的市场信息，从而导致信息不对称。信息不对称理论应用于企业领域形成了企业理论，就是委托代理理论。由于委托人和代理人存在信息不对称，代理人无论在能力和行为上都拥有私人信息，委托人并不能够详尽和准确地观测到代理人的能力和行为。其结果就会导致以下风险：如果信息不对称是在签约前，就会导致逆向选择；如果信息不对称是在签约后，就会导致道德风险；如果代理人的行为不可观测，就是隐藏行动；如果代理人具有委托人无法观测的知识，称为隐藏知识或隐藏信息。归结起来，这都属于代理人问题，代理人的行为并不一定都是为了委托人的最大利益。在所有者与经营者的委托代理关系中，信息不对称导致所有者与经营者之间的契约并不完备，所有者与经营者追求的目标并不一致，所有者希望自身投资报酬最大化，而经营者希望自身效用最大化，结果也会产生上述代理人问题，这些问题就是信息不对称所引发的问题。要解决这些问题，关键是要找到引发信息不对称的原因。那么，到底是什么导致了所有者与经营者之间的信息不对称？

7.1.1.1　两者在信息形成中的作用不同

任何信息都表明了事物的某种性态，是事物的某种属性的反映。两权分离后经营者的行为也必然会产生各种信息，这些信息揭示了经营者行为的属性、行为的过程和行为的结果，是经营者自身行为的反映。从这个意义出发，经营者是其受托责任履行信息的生成者、是信息源；而所有者在两权分离的条件下并不履行经营职责，由此就不会产生与此相关的行为信息，也不可能通过自身就能获得这些信息。所有者必须要通过经营者才能获取这些信息，经营者向所有者所提供的信息的数量和质量就决定了所有者获取相关信息的数量和质量。而经营者向所有者提供的信息的数量和质量最终是由所有者与经营者双方博弈的力量所决定，尽管如此，所有者也不可能像经营者作为信息的生成主体拥有同等数量和质量的信息。

7.1.1.2　两者拥有的信息量不同

所有者与经营者信息不对称也基于两者拥有的信息在量上的差异。两权分离后，所有者与经营者之间产生了委托受托责任关系。在受托签约之前，有关经营者个人能力和品格以及过去行为的信息是属于经营者的私人信息，经营者拥有了全部这些信息；所有者会通过各种方式获取经营者个人能力和品格以及过去行为的信息，尽管如此，所有者也不可能得到所有这些信息特别是原生信息。在签约履责之后，不仅经营者履行责任的信息是自身行为的结果，而且整个企业的所有员工以及其他利益关系人的行为信息也能通过经营者的直接管理和控制予以获取，从理论上说经营者可以拥有这些信息；而由于两权分离，所有者并不直接享有经营权，当然在时空上也就必然与经营过程相分离，所有者要想获得企业的各种信息就必须要通过企业予以提供，所有者主要是根据公司章程的约定获得企业信息，整体上说，所有者所拥有的信息比之于经营者总是要少得多。

7.1.1.3　两者的行为目标不同

两权分离后，如果所有者与经营者的行为目标完全一致，即使客观上存在两者在信息形成中的作用不同以及信息数量的不同，也不一定会造成信息不对称问题。只要经营者与所有者的行为目标完全一致，从理论上说经营者就可以无限制地向所有者提供其所知晓的全部信息，或者反过来说，只要所有者有任何信息需要经营者都会予以满足。所以，信息不对称问题的最终形成在于两者的行为目标不一致。整体上说，所有者追求自身投资报酬的最大化，而经营者则追求自身效用最大化，最终导致道德风险和逆向选择行为。经济学家经常用道德风险概括人们偷懒、"搭便车"和机会主义行为，更准确地说，道德风险分为三个层次：

一是经营者利用信息优势牟取个人私利从而牺牲所有者的权益，造成所有者的直接损失，如无节制的在职消费、侵吞企业资产、违规违法经营等；

二是经营者利用信息优势不作为、少作为、低效作为，这与偷懒、搭便车和机会主义行为密切相关；

三是经营者利用信息优势将企业财务状况恶化的责任归结为自身不可控制的客观原因等其他因素。

而逆向选择则是由于信息不对称使得所有者做出了与其应该选择的行为相反的选择，如经营者利用信息优势使得所有者应该解聘经营者却做出了继续聘用的相反决策。又如经营者利用信息优势对公司上市进行财务包装，或者导致所有者的投资失误，或者影响潜在的投资者购买股票的意愿并进而影响股票的合理定价。逆向选择还可以表现为经营者利用信息优势做出与所有者所期望的相反的选择，这种选择有可能违背所有者的风险偏好。正是由于经营者的道德风险和逆向选择行为，使其在主观上故意使客观上存在的信息不对称成为现实问题。

7.1.1.4 两者的信息需求不同

两权分离后，由于所有者和经营者所履行的职责不同，他们对信息的需求也会产生差异，这种差异也可能导致信息不对称问题。整体上说，两权分离后，所有者的主要行为是投出资本、选聘经营者，进行存量资本结构的调整，监管企业及其经营者履行其委托责任的情况，并对其履行责任的情况进行考核、评价，建立相应的激励制度，进行收益分配等，所有者并不直接参与企业的生产经营活动和管理活动。所以，其对信息的需要更多地具有结果性、整体性、全面性、价值性、趋势性和控制性。结果性是指所有者为了了解两权分离后经营者履行其受托责任的情况所要获取的信息。整体性是指所有者需要了解经营者所履行的受托责任的总情况，这一总情况表明了一定时期整个企业的财务状况和经营成果。全面性是指所有者所了解的一定时期企业财务状况和经营成果必须包含了企业生产经营的各个方面，不能有遗漏。价值性是指所有者为了追求投资报酬最大化要求所提供的信息主要是价值信息。上述会计提供信息目标的结果性、整体性、全面性和价值性就是为了更好地满足报告受托责任对会计目标的要求。趋势性是指所有者为了进行持续不断的投资决策，而必须获得企业未来发展趋势的信息，通过这种信息还可以为企业在资本市场上的定价提供依据，这主要是为了满足所有者的决策有用以及投资定价的信息需要。控制性是指所有者通过信息的获取，对经营者的道德风险和逆向选择行为进行有效的约束，这种控制具有公司治理的特征，信息的透明程度越高、公司治理的强度也就越大。

两权分离后，经营者主要履行经营职责，经营者要对整个生产经营活动进行有效地计划、组织、指挥、协调和控制，为此，就必须要了解生产经营活动和管理活动过程的各种信息。与所有者的信息需求相比，经营者的信息需要就更具有原因性、细节性、过程性、业务性等特征。原因性是指经营者不仅要了解生产经营活动的结果，更需要了解这一结果之所以形成的原因。只有获得原因信息，才有助于通过决策对有利因素进行放大，对不利因素进行有效地控制,从而使得企业效益最大化。细节性是指经营者不仅要了解整个生产经营和管理活动的整体情况或者全貌,也需要掌握其细节。在战略正确的前提下,细节决定成败。只有获得细节的信息,才可能进行精益管理和精益生产。过程性是指经营者为了确保其决策的有效实施,必须要进行过程控制,为此,必须要获得企业生产经营和管理活动过程中的各种信息,通过这些信息反映执行过程的差异,并修正差异,从而保证决策目标的实现。业务性是指经营者不仅要了解企业的以价值为基础所反映的财务状况和经营成果的信息,更需要掌握财务状况和经营成果形成的业务信息,实现业务信息与价值信息的有机对接。经营者履行所有者的受托责任主要是价值指标,而这些指标最终只有通过业务行为才能实现。所以,经营者必须要通过业务行为的信息据以了解整个企业生产经营活动的状况,进而对业务行为进行有效地计划、控制,确保其价值目标的实现。

尽管所有者与经营者在信息需求上存在上述差异,但是由于所有者所需要的信息都是通过经营者所提供的,经营者当然都必须全面充分地获得这些信息,而且,经营者在其经营决策和控制过程中也需要使用这些信息。但经营者所需要的原因信息、细节信息、过程信息与业务信息等往往主要是为经营者所获得和利用,从而形成了所有者与经营者之间的信息不对称。这种不对称的形成,一方面由于经营者基于自身利益往往倾向于不愿意向所有者提供更翔实的信息,另一方面,所有者基于其立场也往往倾向于不太关注这些翔实的信息。

7.1.1.5 两者获取信息的时间先后不同

所有者与经营者的信息不对称不仅涉及信息的内容,而且也涉及信息的时间。任何信息都是有时效性的,谁获得了信息获取的时间优势,谁就可以"先下手为强"。由于两权分离,所有者所获得经营者履行受托责任的信息都是通过企业或者经营者所提供的,从时间顺序上看,经营者显然具有信息获取的时间优势。为了缩小这种时间优势,所有者通常都会对经营者或者企业提供的信息的时效性进行约束,也就是会计信息质量上所提出的"及时性"要求。如果所有者的这一要求得不到满足,企业或者经营者所提供的信息时过境迁,这种信息对所有者的决策也就没有了价值,这就是由于时间优势而形成的信息不对称对所有者所造成的影响。

7.1.1.6 两者获取信息的保密性约束不同

要提高所有者的投资报酬率,一方面取决于所有者的投资决策的科学合理性,提高这种科学合理性关键取决于所有者所获得的接受投资企业的信息的充分性和真实性,所有者获取的信息越多,投资决策就越有效。站在所有者的角度,总是期望接受投资的企业能提供所有相关信息。但是,两权分离后,所有者大多处于企业外部,特别是上市公司的股东处于不断地流动变换中,如果向所有者提供企业的所有信息,也就意味着企业的信息全部公开化。事实上,任何企业都有自身的商业秘密,为了保护自身的竞争优势,提升自身的竞争力,与此相关的信息就不能对外公开。在市场经济中,提高市场效率的最为重要的方式就是企业与企业之间的相互竞争,通过这种竞争实现优胜劣汰,这是提高市场效率的一种内在机制,也就是竞争机制。要竞争就必然要保护商业秘密,相应的信息就不可能对外公开。所以,无论理论上还是实践上都表明,所有者总希望信息披露越充分越好,而企业基于保护商业秘密的需要,是不可能披露所有的信息,这样就产生企业信息披露的边界。正是这种边界的存在,也客观上造成了所有者与经营者之间的信息不对称,所以,要实现两者之间的信息完全对称,只是一种理论设想。当然,由于存在这种信息不对称的客观事实,经营者也可能基于自身利益的考虑,对这一信息披露的边界进行人为的操作,从而形成对所有者不利的影响。

7.1.2 信息不对称的解决措施

两权分离要求经营者向所有者披露其受托责任的履行情况,由于理性"经济人"假设,经营者必然利用其自身所处的信息优势谋求自身效用最大化,从而形成了所有者与经营者之间的信息不对称。所有者对于这种主观故意所引起的信息不对称必须要进行管制,管制的措施主要包括:

7.1.2.1 合理界定信息披露的边界

所有者对经营者有可能主观故意而导致信息不对称所采取的最基本的措施就是要明确界定经营者必须披露哪些信息,也就是所谓信息披露的边界必须要首先界定清晰。正如前面所述,客观上,企业并非必须要将所有的信息都要向外披露,基于商业秘密的需要,有些信息是不得对外公开的。这里,对外公开也就是公开披露,严格意义上讲,公开披露就是向整个社会或者更直接地说向整个市场进行披露。公开披露的信息可以分为强制性披露和自愿性披露，强制性披露是指由相关法律、法规和章程明确规定公司必须披露信息的一种基本义务。强制性披露的内容一般包括公司概况及主营业务信息、基本财务信息、重大关联交易信息、审计意见、股东及董事人员信息等基本信息内容。尽管如此，不是所有的信息都被纳入强制性披露的范围。由于公司要保护商业秘密，以及信息披露也会产生相应的经济后果，公司会存在一些信息不能披露，以及一些信息必须要进行有选择性地披露。选择性信息披露就是上市公司按照自身需要有选择地披露信息的行为，也称之为自愿性披露。这里，所谓信息披露的边界包括强制性披露和自愿性披露的信息，由此所公开披露的信息的最大边界就是不触及公司的商业秘密，而上市的公司制企业所承担的法定披露义务的信息则是强制性披露的信息。

两权分离的公司制企业实际上分为上市的公司制企业以及未上市的公司制企业。对于上市的公司制企业，公司作为一个独立的法人参与市场竞争，为保持自身的竞争优势就必须保守自身的商业秘密，这类信息就不可能成为强制性披露的内容。由于上市的公司制企业的股东可以分为流通股股东和非流通股股东，对于流通股股东所披露的信息主要是指强制性公开披露的信息，以及自愿性有选择披露的信息，这些信息不能涉及到公司商业秘密保护的底线。

尽管如此，对于非流通股股东而言，只要股东所持有的股份不在市场上出售而长期持有，仍然可以通过私下的渠道获得公司的商业秘密的信息，前提是这些股东是公司的长期投资者，他们为了自身的投资报酬而不会泄露公司的商业秘密。从理论上说，这些长期持有股份的股东能够从私下渠道获得的公司的商业秘密的信息或者全部信息的前提，是持有股份的最短期限必须是商业秘密解密之后的一定时期。只有这样，股东才不可能利用自身私下所获得的特别信息，通过内幕交易在资本市场获取不当利益。同时，当股东的切身利益与公司的生产经营活动长期密切相关时，才有可能保护公司的商业秘密。在现实中，有的上市公司的大股东同时也是公司的董事会或者高管的主要构成人员，这显然是一种不完全的两权分离，在这种条件下，这些大股东既然是公司的董事会或者高管的主要构成人员，自然就会了解公司的全部信息。一般来说，不会存在所有者与经营者之间的信息不对称问题，或者至少不会存在流通股股东与公司之间的信息不对称问题。对于非上市的公司制企业而言，没有上市公司那样的强制性公开信息披露的义务，也不存在流通股东利用上市公司的内幕信息进行内幕交易的可能。并且，非上市的公司制企业的大股东通常都是公司的董事会或者高管的主要构成人员，所有者和经营者信息不对称的问题并非突出，大多数情况下只是个别的非股东的董事或高管人员与大股东之间产生的信息不对称问题。这种信息不对称通常不是发生在股东对公司的整体信息的了解上，大多数情况下是股东对某一董事或者高管人员的个人信息和个人行为的不知情。对于非上市的公司制企业，只要股东长期地持有公司的股票，就有必要了解公司的全部信息。

在这里，必须要区分开来的是股东利用公司的内幕信息进行内幕交易与股东泄露公司的商业秘密的信息以牟取私利是两种不同的违法行为。当长期持有公司股票的股东熟知公司的商业秘密，并通过泄密获取私利时，是属于泄露商业秘密的违法行为；而股东利用自身所获得的商业秘密及其他独享的信息进行内幕交易，获取不当资本利得时，是属于内幕交易的违法行为。如果是非上市的流通股的股东，以及长期持有股份的股东，获得了公司的商业秘密以及其他独享的信息，因自身所持有的股份不可能进行与此相关的交易，也就不会存在内幕交易。但这些股东仍然可以暗示他人进行此类交易，或者直接将公司的商业秘密泄露与其他竞争对手获取私利，仍然会产生商业秘密的保护问题。但采取的保护方式并不是将这些信息与这些股东或者所有者隔离开来，而是一旦泄密就将受到国家的法律制裁。

从这个意义出发，商业秘密只是对于上市公司的流通股股东而言，因为流通股股东通过公开披露的渠道获得信息，商业秘密不可能作为被披露的信息内容，否则就会被公之于众而无法保密。所以，所谓合理界定信息披露的边界，实际上是指强制性公开披露的信息边界，因为这些信息要向整个社会或者市场公开披露，一旦商业秘密也纳入披露范畴，就不可能再保密。而对于非流通股股东以及长期持有公司股份的股东，由于他们个人的自身利益和公司的长期利益息息相关，他们必然要了解公司的全面信息，同时，他们在客观上也会知晓公司的商业秘密的信息，对这些股东而言，确有必要实现所有者与经营者之间的信息的尽可能对称。至于，这些股东如果将公司的商业秘密的信息泄露出去，显然属于泄密罪，应该追究其违法责任，也就是说，这些股东负有保守公司商业秘密的法定义务。

7.1.2.2 形成基于资本保全的财务会计制度

确定了所有者应该获得的信息边界后，就应该由经营者向所有者提供相关的信息。两权分离后，为了报告经营者履行所有者的受托责任的情况，产生了会计信息的需要，这些信息要通过一定的报表形式予以反映和提供，这种报表就称为财务会计报表，它是实现所有者与经营者信息对称的最重要的形式。所有者必须要根据自身的信息需要确定财务会计制度，并在公司章程中进行明确规定。

确定财务会计制度核心的问题是要解决披露哪些信息以及怎么确认计量这些信息。其中，披露哪些信息是解决信息不对称问题的关键，整体上说，发展的趋势是已经由只披露过去信息向披露未来信息转换，由只披露财务信息向披露非财务信息转换，由只披露价值信息向披露业务信息转换，由只披露结果信息向披露原因信息转换，由重点披露数量信息向披露质量信息转换，由只披露整体信息向披露细节信息转换，由只披露已实现成果信息向披露潜在风险信息转换，由只披露企业经营责任信息向披露社会责任信息转换。

其次，怎么确认计量这些信息也很重要。站在所有者的角度对所提供的财务会计报表中的每个项目进行确认和计量时，必须要首先贯穿资本保全优先原则。这一原则要求所有者投入企业的资本所转化而成的资产在使用过程中，提取资产使用和耗费的成本，必须要确保所有者本金的收回。本金的收回不是指名义货币的收回，而是指其本金的购买力平价始终保持不变；这一原则也要求企业期末资产按照公允市价进行估值，特别要保证期末资产的变现能力能够最终在未来得以实现，凡是变现能力被高估的资产都必须要提取减值准备。只有这样，才能保证所有者的资本保全和资本增值的信息的真实性，也才能真实地反映经营者履行资本保全和资本增值责任的情况。由于所有者进行投资都是面向未来的，也就是为了实现未来投资报酬最大化，但会计报表中所确认计量的利润都是过去的经营活动的成果，所以，不仅要确认计量过去经营活动的成果，更需要进一步反映利润在未来的变动趋势。

由于每个企业的所有者的信息需要存在差异，每个企业的经营管理活动也存在差异，每个企业的所有者都必须要根据自身的需要对企业的经营管理活动的特点，通过与经营者讨价还价确定本企业的财务会计制度，只有这样，才能为解决所有者与经营者的信息不对称问题创造坚实的基础。

7.1.2.3 建立对经营者提供信息的时效性保证制度

两权分离以后，所有者与经营者的信息不对称也会形成于信息提供的时效性，经营者对所有者提供的信息如果时过境迁，当然会造成信息不对称问题。要解决这一问题，首先要对经营者所提供的信息进行时效性分类，反映经营者履行经营责任的信息具有期间特征，应该按照经营责任履行的不同期间进行提供；为所有者进行决策所提供的信息，应该按照决策时点的需要提供信息。在资本市场上，股东总是期望能够提供在每一个交易时点上的决策信息，正是这种需要，使信息的提供越来越趋向于持续性提供，如公开披露的信息已经由年报缩短至季报以至月报，一些重要的指标的披露时间甚至更短；为了所有者进行过程控制所提供的信息，这种信息更具有时间序列上的可持续性，如所有者有可能通过企业的现金收支过程的信息，获得对企业生产经营活动的知情权，这种信息提供的方式越来越成为一种趋势。在大型企业集团，大多建立现金池，通过现金池的现金流入流出就能观测到整个集团及其所属企业引起现金流入流出的生产经营活动状况。

7.1.2.4 建立对经营者提供信息的真实可靠性的保证制度

两权分离后所导致的信息不对称问题，不仅存在于所有者和经营者所了解信息的内容不一致，也存在于经营者所提供的信息是否真实可靠。如果经营者按照规定的内容进行了信息披露，但提供的信息并不真实可靠甚至主观作假，更会导致信息的不对称。所以，就必须要对经营者所提供的信息是否真实可靠提供保证。这种保证措施至少包括以下方面：一是要建立原生信息的真实可靠性的保证措施，也就是要在企业内部建立完善的内部控制制度，并保证其有效实施。从这个意义出发，内部控制制度的建立是所有者为了防止信息不对称而采取的重要措施之一；二是要建立再生信息的真实可靠性的保证措施，再生信息是在原生信息的基础上进行再加工的信息，财务会计报表所提供的信息就属于此类信息。为了保证再生信息的真实可靠性，要建立有效的会计控制特别是会计核算控制程序或者制度，确保原生信息在加工的过程中不会由于人为疏忽或主观故意而导致信息失真；三是还必须建立对业已形成的财务会计报表进行鉴证的制度，通过第三方审计，进一步确定财务会计信息的真实可靠性。所有这些方面，都是所有者针对两权分离后所产生的信息不对称问题而采取的防范措施。

7.1.2.5 建立市场中介人的专家研究和分析制度

在上市公司的信息监管体系中,按照市场法则形成的证券分析师对确保上市公司所提供的信息质量发挥重要的作用。证券分析师是指按照法定程序取得证券投资咨询执业资格,在证券经营的专业机构就职,主要对与证券市场相关的各种因素进行研究和分析,主要工作内容包括证券市场、证券价值及变动趋势进行分析预测,以书面或者口头的方式向投资者提供投资价值报告和建议等服务的专业人员。证券分析师通过自身的知识积累和实践经验,以专门的技术方法对整个证券市场和特定的上市公司进行研究分析,这种研究分析本身就是一个搜集、分类、归纳、整理、提供和使用信息的过程。证券分析师对某一上市公司的相关信息的分析就能够校正或者揭露上市公司所披露的信息是否真实、可靠,从而有助于防止上市公司信息作假;同时,证券分析师还能够提供上市公司所公开披露的信息之外的研究分析信息,有助于降低投资者与上市公司的信息不对称性程度。正因为证券分析师在上市公司的信息披露中发挥着这样的作用,它就因应市场的需要而自然产生。但是,证券分析师的研究分析也可能对市场或者说对降低信息不对称产生负面的作用,所以要对证券分析师建立严厉的监管制度。

7.1.2.6 完善经理人市场的制衡制度

两权分离必然会产生所有者与经营者之间的经理人市场,所有者通过在经理人市场上寻找优秀的经营者,而经营者也通过经理人市场发现适合自身能力发挥的所有者,两者之间构成了供求关系。一旦经理人市场形成,经营者就面临优胜劣汰的竞争压力,首先是来自于所有者对经营者的选聘的压力,其次是来自于经营者与经营者相互竞争的压力。正是这种压力使经营者必须保持良好的职业道德和具备更高的职业能力,从而使经营者难以或者较少地利用自身的信息优势造成所有者与经营者的信息不对称问题。怎样才能使得经理人市场更具有优胜劣汰的竞争压力,关键要建立两种机制:一是要使经营者行为信息高度透明,为此,必须建立经营者个人信用账户;二是要形成对不守信用的经营者的"人人喊打"机制,必须造成"一失足千古恨"的高压态势。为了使这两种机制的作用得以有效地发挥和真正地实现,有必要建立经理人市场的中介人制度,也就是通常所说的"猎头公司"。通过"猎头公司"为所有者与经营者的市场博弈提供专业服务,更直接地说,就是通过"猎头公司"向所有者提供对经营者的信用担保，确保经营者不会和不能主观制造信息不对称问题，并给所有者带来不应有的损失。这里，由于"猎头公司"是以平等的市场竞争主体参与到经理人市场，所以，通过"猎头公司"所进行的上述行为就是通过市场供求双方的制衡机制发挥作用的。

7.1.2.7 建立对企业信息外部社会监督机制

所谓外部社会监督机制，就是要通过各种社会渠道、社会媒体对企业信息作假进行揭露，使得提供信息的企业随时都能受到来自社会各个方面的信息监管的压力，而且一旦遇到信息作假就会陷入四面楚歌的境地。发挥社会监督机制的效应，必须要解决以下问题：一是要提高整个社会对企业披露信息的认知能力和水平。在发达国家，中学以前的教育，就开始传授相关会计和财务的知识，这实际上是把会计和财务知识作为一种通用的商业语言为整个社会所熟知。二是要增强整个社会对企业的信息披露的关注度。这种关注度一方面来自于资本市场在整个社会中的重要作用以及自身的完善和成熟度，一个国家的人们进入资本市场进行投资的广度和深度就是其重要的标志，广度和深度高的国家就意味着人们参与资本市场的程度就高，人们对上市公司所提供的信息的关注度就必然也高；另一方面来自于政府对于揭露上市公司信息的作假行为的激励措施及其激励程度，政府越是激励人们，激励措施越是到位，人们揭露作弊行为的关注度和揭露水平就会大大提高。三是要为整个社会进行信息作假的揭露提供较为完善的背景信息，如果政府对上市公司强制性的公开披露的信息越多、质量水平要求越高、惩罚的措施越严厉，那么整个社会揭露信息作假的基础条件就越成熟。

7.1.2.8 建立对经营者提供虚假信息的惩罚制度

如果说上述各项措施都是为了尽可能地防止经营者制造信息不对称问题，那么，对经营者提供虚假信息进行惩罚，就是当信息不对称问题已经被经营者制造后所采取的最后了断措施，其目的就是要使制造问题的经营者必须有切肤之痛，并借以警示其他经营者。整体上说，对制造了信息不对称问题的经营者的惩罚措施包括行政处罚、刑事处罚和民事赔偿。行政处罚包括一定年限之内不得担任现职和进入某一行业、解聘经营者、降级等措施；刑事处罚则是按照国家《刑法》条例的相关规定所进行的处罚，它必须要对经营者所制造的信息不对称问题进行刑事判决；从理论上说，经营者所造成的信息不对称问题给所有者带来的主要是经济损失，所以，所有者更倾向于民事赔偿，使经营者能够具有民事赔偿的能力就成为了解决问题的关键。在实践中，确实也产生了经营者在履职期间必须要提取履职风险准备金、投保责任险以及通过采取期权等方式确保经营者行为的长期化等措施，所有这些办法都是为了降低所有者由于信息不对称问题所带来的损失。

从上述所采取的防范和规避信息不对称问题的措施可以看出，这些措施大多与出资者财务相关，一些措施涉及到出资者财务标准的制定，另一些措施涉及到出资者财务标准的执行的监管，还有一些措施则涉及到违反出资者财务标准的行为的处罚。

7.2 信息对称的底线标准

出资者与经营者之间的信息不对称确有客观存在性，但是，为将这种信息不对称性降至最低，保证出资者在行使其权利时所需要的基本信息，出资者必然尽可能地追求与经营者的信息对称，并就信息对称制定底线标准。

7.2.1 经营者提供受托责任履行情况的信息是底线标准

两权分离使得出资者与经营者之间信息不对称，这种信息不对称容易导致经营者的背德行为和逆向选择行为。为了防止这些行为的发生，出资者必然要求实现自身与经营者的信息对称。由于出资者与经营者的信息不对称是由主观和客观原因形成。主观原因形成的不对称也就是主观不对称，主观不对称可以通过出资者赋予经营者的信息责任而予以缓解和消除；客观原因形成的不对称也就是客观不对称，它一般不能通过出资者赋予经营者的信息责任予以解决，如企业的商业秘密。尽管如此，出资者必须坚守信息披露的底线，经营者必须要将出资者信息披露的底线标准所确定的信息披露给出资者。这一底线标准的信息就是会计责任所确定的经营者对出资者提供的会计报表中所披露的信息，如果经营者不能提供这一底线标准的会计信息，出资者就不可能对经营者进行经营授权。也就是说，在出资者赋予经营者的财产责任、经营责任、法律责任和会计责任中，会计责任的履行成为了其他责任履行的前提，如果不能有效地履行会计责任，出资者就不会对经营者进行履行其他责任的授权。

那么，经营者对出资者进行信息披露的底线标准到底是什么？由于两权分离使得经营者对出资者承担了财产责任、经营责任和法律责任，有效地履行这些责任是出资者进行授权的前提。经营者是否履行了这些责任必须要通过会计报表所提供的信息才可以反映，从这个意义出发，会计报表所提供的经营者履行受托责任的信息就是经营者对出资者提供信息的底线标准。

经营者对出资者所承担的受托责任包括财产责任、经营责任和法律责任。法律责任的履行是融合在财产责任和经营责任的履行过程中的，也就是说，只有履行财产责任和经营责任才会产生是否违法违规的行为，没有这两个责任的履行就不会存在法律责任履行的问题。所以，经营者履行会计责任提供的会计报表所披露的信息主要是与财产责任和经营责任有关的信息，在提供这两个责任的履行信息中，就已经包含了法律责任相关的信息。或者更直接的说，财产责任和经营责任的履行，既必须保证责任履行的有效性，也必须保证履行的合法合规性。既然经营者通过会计报表向出资者主要是披露财产责任和经营责任的履行情况，那么出资者对经营者所确定的信息提供的底线标准，就是必须披露财产责任和经营责任的履行情况。由于在公司制企业财产责任就是指资本保全责任，经营责任则是指资本增值责任，所以，经营者必须向出资者提供的底线信息就是指资本保全和资本增值责任履行情况的信息。资本保全与出资者的本金是否收回相关，而资本增值与经营者的经营业绩有关。经营者向出资者提供资本保全责任履行情况的信息，其目的是为了向出资者证明其投入资本安全完整，这也是经营者受权经营的前提条件，通常把提供这一种信息的会计称为资本保全会计；经营者也必须向出资者提供资本增值责任履行情况的信息，其目的是为了向出资者表明其投入资本经过自身的经营产生了增加的价值。只有这样，出资者和经营者才能共同受益，也只有这样出资者进行授权的目的才能真正实现，通常把提供这一信息的会计称为经营者业绩评价会计。经营者通过经营实现资本保全并不能表明其能力的大小，只有通过资本经营实现资本增值才能反映经营者能力的高低。正是在这个意义上讲，资本保全会计主要是从出资者的角度出发说明其投出的资本是否能够收回，经营者业绩评价会计则主要是以经营者为主体说明其经营能力的大小，它是以经营者为出资者所带来的资本增值的多少为衡量标准的。所以，两权分离后出资者必然要求经营者从两个视角即资本保全视角和能力评价视角（业绩评价视角）提供经营者履行受托责任的会计信息。资本保全视角提供的会计信息的相应会计制度称之为财务会计制度，经营者业绩评价视角提供的会计信息的相应会计制度称之为经营者经营能力评价制度，两者可以统称为出资者的会计制度或者出资者会计。出资者会计属于出资者财务的范畴，出资者必然要求经营者提供一定时期财务状况和经营成果的信息，这些信息就是为了说明经营者履行财产责任和经营责任的情况。事实上，经营者履行财产责任和经营责任的结果是以价值形式予以反映的，也就是资本是否保全、资本是否增值都属于价值信息，这类信息就是财务会计信息而不是业务信息。

7.2.2 资本保全会计（财务会计）的本质和作用

7.2.2.1 资本保全会计的本质

出资者必须确保其投出资本的安全与及时收回，也就是经营者必须实现资本保全是出资者的底线要求。问题在于什么情况下才实现了资本保全？依照国家税法中的税务会计所提供的企业财务状况和经营成果的信息是否能够表明企业实现了资本保全，换句话说，税务会计所反映的利润是否是建立在资本保全的基础上。回答这一问题首先必须了解资本保全的本质，也就是资本保全会计的本质。

出资者投入企业的资本既有数量也有质量，从而资本保全分为数量保全和质量保全。数量保全是指一定时期期末企业的净资产等于期初投入资本，由于期末净资产是时点数，也可以将这称为静态保全。从企业实际的资金运动过程看，资本数量保全具有动态性。资金运动是以出资者投入企业的资本为起点的，当出资者将资本投入企业后就形成了企业的资本金，企业的资本金又以初始资产状态而存在，包括现金资产、实物资产或者无形资产。企业为了经营还必须将这些资产转化为是适用于生产经营用途的资产。一旦转化为适用于生产经营用途的资产，所有这些资产就必须被实际的使用。资产使用的过程一方面是形成新的产品的价值的过程，另一方面也是资产的价值被转移和耗费的过程，这种被转移和耗费的价值必须通过新产品的价值予以补偿和收回，这里补偿和收回的价值就是资本数量保全的价值。如出资者以现金投入本金2000万元，这会在资产负债表资产一方增加2000万元的现金，为了满足生产经营活动的需要，就需要用这2000万元的现金购买适用生产经营活动的资产，这些资产在使用的过程中有的会以成本的形式从收入中收回，有的会以费用的形式

（不包括活劳动费用）从收入中扣减。如果收入大于等于2000万元的成本费用，就意味着资本在数量上实现了资本保全，由此出发，资产使用和耗费后提取相应的成本费用不单单是为了计算利润，更重要的是为了实现资本的数量保全，也就是从收入中收回出资者投入的本金。

由于本金一般是在某一时点一次性投入或者在较短的时间内投入，而由投入的本金所形成的资产的使用和耗费往往不是在某一时点上或者某一较短的时点内发生，而是要经过一个较长的时间。尤其是固定资产以折旧的形式进行摊销需要数年的时间，这样便会产生时间价值问题。时间价值不仅包括出资者投入的本金在投入到收回期间由于资金的使用而增加的价值，而且也必须包括由于通货膨胀而导致的购买力下降所减少的价值。由于本金投入使用而增加的价值通常都表现为出资者投资的投资报酬，它是通过税后利润分配得以体现的。由于通货膨胀导致的购买力下降所减少的价值，意味着如果仍然按照投入的本金的数量收回投资其购买力必然下降。从购买力平价的角度而言，如果发生通货膨胀，出资者投入的本金的初始购买力必然大于未来收回同等本金的购买力，所以要维持出资者投入本金的购买力不变，在未来收回的本金就必须考虑通货膨胀的因素，如果发生通货紧缩情形正好相反。整体的看，随着时间的推移资产的价格一般都出现涨价的趋势。如果说资产的使用和耗费所提取的成本、费用是为了补偿出资者投入的本金也即实现资本数量保全，那么考虑到通货膨胀因素就有两种数量保全的状态，即名义资本保全和实物资本保全。名义资本保全是指资产使用和耗费的补偿成本按照历史成本价格提取的一种方式；而实物资本保全是指资产使用和耗费的补偿成本按照公允市价或者更本质的说按照购买力平价不变的价格提取的一种方式。如果30年前所购买的固定资产的历史成本价是1000万元，30年以后重新购建该固定资产必须要一亿元，那么，固定资产应提取的折旧就不是1000万元而是一亿元。这里一亿元的购买力平价与30年前的1000万元是相同的，这才是资本数量保全的本质。

由此我们可以得出两个结论，一是对资产的使用和耗费计提成本、费用不仅仅只是为了计量利润而是为了更好地确认本金的收回程度，或者说计提成本、费用不像传统财务会计那样是为了计量利润的多少，而是为了确定出资者的本金的收回数额，也就是确定了资本数量保全的程度。计量利润可以采用收益费用观也可以采用资产负债观。正是基于这样的视角，出资者必然特别关注其投入的本金所形成的资产在使用和耗费后所应该提取的成本、费用的数额。二是提取成本、费用的数额并不是按照出资者投入的本金所形成的资产在使用和耗费后的数额。在财务会计中大都采用历史成本法对资产的使用和耗费提取成本、费用，历史成本就是当时的购建价格。但由于通货膨胀，显然资产按历史成本价格提取的成本、费用是不能真正实现购买力平价意义上的资本数量保全的。对出资者而言资产使用和耗费所提取的成本、费用的数额越多，出资者资本数量保全的程度就越高，反之，如果提取的成本、费用的数额越少，出资者资本数量保全的程度就越低甚至不能实现资本保全。在持续通货膨胀的条件下，资产的价格在不断上涨，而名义货币的购买力平价在不断下降，也就意味着资产的补偿成本、费用的提取数额必须超过其资产的历史成本价。由于我国的税务会计制度在资产使用和耗费后所提取的成本、费用仍然按历史成本价计量，当然不能实现出资者资本数量保全的目标。只有当资产在使用和耗费后提取的成本、费用按照购买力平价不变进行计量，并且企业所实现的收入能弥补这一成本、费用时，经营者才真正履行了资本数量保全的责任。

资本保全不仅表现为数量保全也表现为质量保全，如果说数量保全是指期末净资产必须等于出资者投入的本金，那么，质量保全是指期末净资产的变现能力必须等于出资者投入本金的变现能力。在理论上说，出资者投入的本金都处于现金状态，而期末的净资产并非都处于现金状态，这样就产生了期末净资产是否能够全部变现的问题。如果不能按照资产负债表中所确认的数额变现就意味着资产出现了潜亏，也就意味着资本不能实现质量上的保全。这只是从资产的视角理解资本质量保全，如果从收入和成本、费用的关系看，资本保全不仅要求收入大于等于成本、费用，而且收入必须是收到现金的收入，既然收入全部是现金，所补偿的成本、费用也就有了现金基础从而实现了资本质量保全。但是，税务会计在收入、费用确认时采用收付实现制，与资本质量保全的要求并非一致。综合上述两个方面，使得基于资本保全的财务会计和基于纳税的税务会计必然产生永久性差异和暂时性差异。

任何一个企业都必须要遵守税法的要求，按照税务会计对收入、成本、费用进行确认和计量，否则就是违法行为。但是按照税务会计的确认原则和计量方法是无法确保出资者投入本金的数量保全和质量保全的，出资者必须在税务会计的基础上重新调整确认原则和计量方法，以满足实现资本数量保全和资本数量增值的需要，也只有这样才能真实的评价经营者是否履行了资本保全的责任。由此就产生了基于资本保全视角的财务会计的需要，税务会计不能代替财务会计，财务会计不仅区别于税务会计，更是表达了出资者对经营者提供财务报表的要求。这一要求通常表现在一般公认的会计准则中，但是又必须根据一般公认的会计准则确定适应本企业的具体的财务会计制度。也就是说，出资者寻求与经营者的信息对称的底线标准之一是必须制定适合本企业的财务会计制度，并在公司章程中予以明确规定，一般是作为公司章程的副本。

7.2.2.2 资本保全会计的作用

基于资本保全的财务会计有着极其重要的作用。

首先，它表明了出资者资本保全的数量边界和质量边界，使出资者的资本保全有了明确的理论界定。出资者赋予经营者的基本责任就是要确保资本的安全，而资本安全不仅包括数量上的安全也包括质量上的安全。出资者只有确保了自身的资本安全，资本增值才有现实的基础，资本保全是资本增值的前提，如果资本都尚未保全却赚到了利润这显然是虚假的。出资者的资本保全绝不仅仅是投入资本以名义货币的形式予以收回，而是以成本、费用的形式从收入中收回，其收回的价款必须确保投入资本的购买力平价不变。正是在这个意义上，出资者投入企业的财产所有权才得以完整的体现和实现，出资者的权利才得以真正保护。

其次，它使企业的法人财产权得以完整、得以保护。在公司制企业条件下，公司享有法人财产所有权，出资者投入企业的资本就构成了法人的财产，法人对这些财产享有独立和完整的所有权。在企业的生产经营过程中，法人财产的形态在不断发生变化，但是法人财产的数量和质量不应发生变化，只有这样才能保证法人财产权的完整性。正是通过基于资本保全的财务会计对所使用的法人财产以成本和费用的形式提取，并从收入收回，才能保证法人财产在数量上和质量上的完整性，也才能保证企业的可持续发展。在实践中，一些企业存在潜亏实际上意味着法人财产权的完整性不复存在。

最后，它也使对经营者的业绩评价能够更加客观正确。出资者投入企业的资本归属于出资者，是出资者的原始投资，它并不是经营者通过自身的经营所带来的，所以与经营者的业绩无关，经营者的业绩必须是在资本保全的基础上企业新增加的价值。如果不能科学合理的界定资本保全（通常是转移价值）

与企业新增价值的边界，就不可能客观正确地评价经营者的业绩，从而导致出资者对经营者的激励和约束机制失灵。

7.2.3 经营者业绩评价会计的本质和作用

7.2.3.1 经营者业绩评价会计的本质

基于资本保全的财务会计已经实现了出资者资本数量保全和资本质量保全与企业新增价值边界的合理界定，以此为基础所计算的收益（或者利润）就应该能够衡量经营者的经营业绩，为什么仍然需要单独提出经营者业绩评价会计？

问题在于虽然出资者的资本保全在能够充分实现的条件下，并不意味着企业的全部新增价值都是经营者努力的结果，评价经营者业绩必须以自身努力创造的价值为基础。经营者业绩评价会计与基于资本保全的财务会计在衡量经营者业绩上存在根本的差别，这一差别就是在基于资本保全的财务会计中，无论与经营者努力是否有关的收入和成本、费用都被列入财务报表之中，从而使对经营者的业绩评价不能完全真实合理。在基于资本保全的财务会计报表中至少存在以下四个方面是不能真实合理的衡量经营者业绩的。

1. 利润并不能代表经营者努力所实现的全部新增价值。

一个企业所创造的新价值不仅包括归属于出资者利润、债权人的利息、政府的税收等，也包括分配给企业员工和经营者的薪酬，也就是说利润只是企业创造的全部新增价值的一部分。一个公司制企业必须要实现公司价值最大化，也就是要把企业新增价值的蛋糕做大。企业新创造的价值越大才能说明企业创造价值的能力越强。相对经营者而言也就是企业新创造的价值越大说明经营者的能力越强。在企业新创造的价值最大化后，就必须在政府、出资者、经营者和员工之间进行分配，所以，所谓出资者利润最大化从理论上是不科学的。原因在于，只有在整个企业所新创造的价值最大化的基础上，出资者利润最大化才有可能的基础。如果企业新创价值为零，出资者不可能分享利润；如果企业有了新创造的价值，也不可能都归属于出资者，而是必须在参与企业价值创造的政府、出资者、经营者和员工之间进行分配。不难看出，出资者利润最大化不是新价值创造的范畴而是属于收入分配的范畴，出资者只是参与企业已经最大化了的新创造价值的分配。出资者在最大化了的新创造价值的蛋糕中能够分享多大的份额取决于政府、出资者、经营者和员工进行分配博弈的较量。从这个意义出发，以利润考核经营者的业绩不是在考核经营者新创造价值的能力，而是考核经营者在为出资者获取更多利润分配的博弈能力。当然，四个主体参与新创造价值的分配结构不变时，出资者的利润越多也就意味着企业新创造的价值越大，利润与新创造的价值之间存在此消彼长的关系。问题仍然是四个主体参与新创造价值的分配结构不可能不变，也就意味着用利润作为经营者业绩评价的指标显然不如用新增价值更能全面反映经营者的努力程度。明显的例证是某两个对照企业，如果利润完全相同，其他条件也完全相同，只是一个企业的利息、纳税以及工资收入高于另一个企业，那么，从利润而言反映经营者的努力程度是相同的，但从全部新增价值而言，经营者的努力程度却存在很大的差别。有鉴于此，就有可能要将基于资本保全的财务会计所计算确定的利润转化为经营者业绩评价会计所计算确定的全部新增价值，企业所创造的新增价值能更准确地反映经营者的努力程度。事实上，基于资本保全的财务会计是站在出资者的视角进行信息披露的，而出资者最关注的是其资本的保全和资本的增值；经营者业绩评价会计则是为了反映经营者的努力程度，而经营者的努力程度显然不仅仅是体现在资本的增值程度上，更是体现在整个企业的新创价值上。

2. 现在的利润并不能代表经营者为未来新创价值所做的努力。

两权分离后出资者受托经营者的资本增值责任，不仅限于现在增值更是希望长期化的增值。就目前基于资本保全的财务会计而言，研究与开发费用一般在当期列入相关期间费用，从而导致当期的利润减少。从理论上说经营者都不会愿意在当期多提研究与开发费用，研究与开发费用提得越多，经营者在当期的业绩评价就会相对越不利。研究与开发费用所形成的结果有助于企业未来获利能力的提高，从企业可持续发展的视角无疑是必要的。但由于研究与开发费用的使用与提取的时间与产生收入的时间并不一致，从而无法实现收益与费用相匹配的原则。当两个企业的利润完全相同，其他条件也完全相同，只是研究与开发费用提取比例不同时，如果仅仅以利润评价经营者的业绩显然两个企业的业绩是完全相同的，但考虑到提取的研究与开发费用在两个企业的实际的盈利能力就存在明显的差异。所以，用现在的利润衡量经营者的努力程度显然存在不完整性，为了解决这一问题，美国等发达国家采取了将研究与开发费用在当期资本化（或者投资）的方式，这样就可以在当期不会减少利润。正因为这样，经营者业绩评价会计在确认和计量经营者的努力程度对利润的影响时不仅要考虑对现在利润的影响，也要考虑对未来盈利能力的影响。

3. 并非所有的利润都是经营者努力的结果。

企业利润的形成不仅与经营者的主观努力有关，也与企业的生产经营环境的变化有关，这一环境包括自然环境、市场环境和政策环境。仅仅由于环境变化而带来的企业利润变化，或者更准确地说企业新创价值的变动并不是经营者主观努力的结果，经营者并没有为此付出代价。从经营者业绩评价的角度看，既然经营者并没有为此付出代价就不应该纳入企业业绩评价的范畴，环境变化导致企业利润变化或者新创价值的变动属于客观因素的影响，这些影响包括：（1）自然环境影响。如自然资源垄断或者自然灾害；（2）市场环境影响。如市场普遍的涨价和跌价；（3）政策环境的影响。如国家政策整体和普遍的调整。所有这些客观因素所引起企业利润变化或者新创价值的变动，都不是经营者主观努力所能改变的，当然不应列入经营者业绩评价的范畴。否则不仅会造成经营者业绩评价失真，而且也可能造成经营者业绩评价有失公允。就前者而言，主要是这些因素所导致的利润变化或者新创价值的变动并不是经营者主观努力所为，就后者而言，有可能导致企业前后期不同经营者的业绩评价不客观公正以及不同企业经营者业绩评价不客观公正。

4. 并非取得相同的利润经营者努力的程度也相同。

企业取得的利润或者新创价值不仅存在数量上的差异而且存在质量上的差异。两个企业利润完全相同，其他条件也完全相同，一个企业的利润或者新创价值主要是通过具有高度竞争性的业务所取得，而另一个企业则是通过一般竞争性的业务所取得，前者经营者所付出的努力必然要大；一个企业的利润或者新创价值主要是通过核心竞争力的业务所取得，而另一个企业则是通过其他业务所取得，前者经营者付出的努力必然要大，一个企业的利润或者新创价值主要是通过主营业务或者经常性业务所取得，而另一个企业则是通过其他业务或者非经常性业务所取得，前者经营者所付出的努力必然要大，如此等等都无不说明相同的利润（资本质量增值）或者新创造的价值的质量也会存在差异。基于资本保全的财务会计所确定的利润并没有全面考虑质量特征，所以，必须要通过经营者业绩评价会计进行合理调整。

总之，基于资本保全的财务会计与经营者业绩评价会计存在的最根本的差异有两个方面：一是前者以资本保全作为会计确认和计量的出发点，后者是以经营者的努力程度及其效果作为会计确认和计量的出发点；二是前者必然将企业的全部经营成果或财务状况进行披露，而后者只是将与经营者努力相关的信息进行披露。

7.2.3.2 经营者业绩评价会计的作用

经营者业绩评价会计有着极其重要的作用，主要表现在以下方面：

1. 它能够真实的反映经营者自身在履行出资者资本增值责任的努力程度，从而能够对经营者的能力进行客观的评价，为出资者选择经营者提供科学的依据。

2. 它为有效评价经营者的业绩提供了基础，正是通过这种合理的业绩评价更好地发挥对经营者激励与约束机制的作用，经营者只有通过自身的努力才能获得好的业绩评价别无他途。

3. 它为公司治理的有效发挥提供了可靠的信息基础，公司治理最为重要的前提之一就是信息的透明度，信息越透明治理效用就越大。经营者业绩评价会计能够更加客观真实地反映经营者的努力程度，信息的透明度更高对经营者的激励约束作用越大。

综上所述，之所以能够实现两权分离，是因为经营者愿意也能够履行出资者受托的财产责任、经营责任和法律责任，这些责任履行的结果好坏必须要通过会计信息予以反映，如果出资者不能获得这些会计信息也不可能将财产委托于经营者进行经营，报告经营者受托责任履行情况的信息就成为了经营者向出资者提供信息的底线标准。由于，基于资本保全的财务会计所需要的信息与经营者业绩评价所需要的会计信息存在明显的差异，为了确保这两种会计信息的真实可靠，出资者就必须要对经营者建立两种会计制度标准，从而形成了出资者的两种会计。

7.3 信息对称的内容扩展

两权分离后，所有者要求经营者至少披露受托责任履行情况的信息，否则所有者不可能进行授权，这是会计责任的最底线要求。而且提供的信息越充分越好，正是这种内在要求，使得经营者向所有者披露的信息内容不仅仅停留在底线要求上,而是其内容在不断地扩展。

7.3.1 所有者信息需求的目的与信息披露内容的扩展

所有者向经营者提出的信息披露的底线标准是最低标准,也是经营者向所有者至少必须要披露的信息。它包含了所有者资本保全的信息,以及经营者履行资本增值责任的信息,披露这两类信息不仅是所有者了解经营者受托责任履行情况所必需的最底线的信息要求,也是经营者为了解脱所有者受托责任的履行情况自愿提供的最基本的信息。所有者之所以愿意受托责任与经营者,是以提供这两类信息作为前提的;经营者之所以能够获得受托是必须要向所有者提供这两类信息,并且,经营者只有提供这两类信息才能解脱受托责任。可见,经营者向所有者提供信息的底线标准就是满足报告受托责任的要求。正因为这只是底线标准,要解决所有者与经营者信息不对称,仅仅满足报告受托责任的信息需要是不够的,必须在此基础上进一步扩展经营者向所有者报告的信息内容。

从理论上说,这种信息内容的扩展的极限就是实现两者信息的完全对称,但是,由于公司法人存在自身的商业秘密,为了维持自身在市场上的竞争优势,这些商业秘密的信息是不可以对外披露的,从而形成了公司对外进行信息披露的门槛。尽管如此,从全世界有关信息披露的发展历史看,经营者向所有者进行信息披露的内容在不断扩大确是一种必然的趋势。产生这种趋势的内在动因是所有者对公司信息需求的目的的不断变化,早期的信息需求的目的主要是为了报告受托责任,继而进一步扩展至决策有用和投资者保护。

公司信息披露的目的从受托责任向决策有用变迁,就是要求公司提供的信息不仅要满足报告受托责任的需要,更是要与决策相关并能支持决策,也就是公司所提供的信息必须对所有者的决策具有相关性和有用性。这主要表现在两个方面:一是要求公司提供的信息能够揭示未来可能存在的风险,由于风险是指未来收益的不确定性,这就意味着公司提供的信息,要由主要反映过去财务状况和经营成果转向揭示未来风险;二是要求公司提供的信息能够反映其经营活动及其成果的未来变动趋势。实际上,这种需要的形成是与资本市场的产生和发展密切相关的。在资本市场上,所有者作为投资者买卖各种证券,不是为了买卖过去,而是为了买卖未来。投资的目的都是为了在未来获得期望的报酬率，公司的过去业绩的好坏也许并不重要，重要的是公司在未来能够有很好的业绩表现。投资者利用股票市场的高度流动性进行股票买卖，获取资本利得成为了投资者的主要目标，同时，股票投资者也利用股票市场"用脚表决"，从外部对经营者或者公司进行有效治理。正是在这个意义上讲，对于所有者而言，未来的信息比过去的信息更为重要，"亡羊补牢，已经晚也"，过去已经成为过去，关键是必须要开创未来。所有的投资都是面向未来的，未来的信息比过去的信息更为重要。为了迎合这种信息需要，许多上市公司开始披露公司未来发展变化趋势的信息，这些信息越来越与作为投资人的所有者的决策密切相关。

但是，在第二次世界大战以前，受股份公司对资金大规模需要以及资金分散于大众投资者的双重影响，公司要想取得大规模的资金，就必须要从数量庞大的中小股东手中募集，结果是股权高度分散。股权分散使得中小股东对公司很难进行直接约束，而不得不转移到股票市场操作上以获取短期的资本利得。所以，这时的中小股东特别关注的是公司股票价格的短期变动，从公司获取信息的目的也是为了判断这种股票价格短期变动的趋势，通过短期投机操作谋取利益。甚至当股票市场的价格变动与整个经济不相一致，仅仅取决于股票市场供求状况变动时，中小股东很可能不是依靠公司的信息，而仅仅依靠市场上的各种传言进行股票投资决策。所以，尽管这个时期投资者也需要获得进行决策支持的未来信息，但这些信息更多地具有外部性、短期性、表面性、结果性的特征。

公司信息披露的目的在决策有用的基础上又进一步向投资者保护转变。投资者保护的信息披露目的是在资本市场得到进一步完善和发展后出现的，机构投资者通过收购中小股东的股权对公司进行长期地股权控制，这样就形成了股票投资者获取信息的两个主要目的：一是为了有效地对股票市场上市的公司的股票进行定价，就是通过信息的这种定价功能，使每个公司的股票的价格能够真正反映公司的实际价值，只有这样，才能更好地保护股票投资者的利益；二是为了通过股票市场的股票交易，从外部对经营者或者公司形成压力从而产生外部治理作用，同时，要通过有关公司治理的信息的披露以及提高信息透明度增强公司的内部治理作用。满足投资者保护目的的需要，信息内容的扩展主要在什么方面发生了变化。就投资者保护的定价目的而言，就是要使公司披露的信息能够使资本市场的股票价格真实地反映公司的价值,由此,就产生了披露公司真实价值的财务报告信息的需要。这种财务报告信息必须有助于既能反映公司的潜在盈利趋势,也能披露未来现金净流量的走向。就投资者保护的治理功能而言,就是通过财务报告所披露信息的内容结构的改变和透明度的提高形成对经营者团队的激励和约束。信息内容结构的改变不仅涉及内容的扩展,也直接涉及到与公司治理有关的信息的披露,而信息的透明度从一般意义上说,就是能尽可能多披露就多披露,能尽可能详细披露就详细披露,不泄露公司的商业秘密就成为信息对外公开披露的最后防线。

历史地看,第二次世界大战以前的资本市场还处于初步发展阶段。由于投资者关注于股票市场的投机操作,股票市场产生泡沫现象,公司的股价无法反映公司的实际价值,最终引发了股票市场价格的急剧下跌,投资者的股票很难出售而必须较长时期持有。不少机构投资者利用这个机会收购中小股东的股份,也出现了公司相互收购兼并的浪潮,结果,股权开始集中。机构投资者对股权的相对集中以及长期持有,一方面,使得机构投资者由于自身的股权利益而必须关注公司内部治理和经营管理状况;另一方面,由于机构投资者对股权较长时期的持有,使其不得不从只关注短期的市场行情进行市场炒作而转向关心公司的实际价值和盈利的可持续性。正是这样,就出现了从决策有用向投资者保护的信息披露目的的转变,这种转变意味着决策有用目的下的信息披露仍然存在缺陷,这些缺陷包括:(1)不能满足不同利益相关者进行决策的信息需要;(2)所提供的信息只是对短期股票市场炒作更为有用,难以对公司的长期价值进行评价;(3)所提供的信息不能满足公司治理的需要;(4)信息的事后性特征没有得到根本地改变。为了改变这些缺陷,公司所提供的信息要满足各利益相关者的需要,从而信息更具有全面性;公司所提供的信息要满足对公司长期价值的估值需要,从而信息更具有长期预测性;公司所提供的信息要满足公司治理特别是由公司外部的"用脚表决"到公司内部的"用手表决"的治理需要,从而信息必须要有披露内部治理的信息,信息的透明度也必须要更加提高;公司所提供的信息要满足公司风险提示的需要,从而信息必须要揭示导致公司失败的各种不利因素。由于机构投资者长期地持有公司的股权,比之于股票市场上进行短期操作的中小股东更具有关心公司发展、关注公司治理的内在需要,为满足这种需要所提供的信息显然要比进行短期操作的中小股东获得的信息更为内容全面和深入。当一个公司的股东只是为了长期地持有公司的股权而不是进行市场炒作时，这一股东就拥有了获得公司一切信息的权利，这时的股东和公司是同一个命运共同体，这正是机构投资者作为股东出现后，公司对股东所披露的信息不断扩展的原因所在。

在我国国有企业改革过程中，由于国有企业分为政策性垄断型企业、政策性混合型企业和商业性竞争型企业，国家对这些企业所享有的股权权力存在差异，从而对这些企业的信息需求也必然存在差异。对于政策性垄断型企业，一般采取国家独资的形式，国家作为企业的唯一所有者，对企业所享有的所有权是独一的、长期的、不会随意改变的，正因为此，作为国家所有者或其代表，可以要求企业提供所有的信息，也就是从理论上说，所有者和经营者必须实现信息的完全对称；对于政策性混合型企业，一方面，企业必须按照国家政策进行经营，另一方面，又必须按照市场竞争规律面向市场经营。就前者而言，国家作为所有者和其代表，也应该享有获取按照国家政策进行经营的所有信息，而面向市场的经营所产生的信息，也必须要首先考虑保护商业秘密的要求；对于商业性竞争型企业，则必须以保护商业秘密为前提，在不能披露商业秘密信息的基础上，再根据企业各相关利益者的信息需要对信息披露的内容进行扩展。必须说明的是，如果企业的所有者具有长期股权投资的特征，由于其要承担企业经营成败的终极责任，这样的所有者就应该享有获取企业所有信息的权力。

7.3.2 信息披露内容的扩展路径

既然所有者对所投资的公司的信息需求目的在不断地扩大，公司所要披露的信息的内容就在不断地扩展，纵观这种扩展的历史过程，以及各个国家现在对公司进行信息披露的要求，不难发现，为了更好地解决所有者与经营者信息不对称的问题，信息披露内容的扩展表现出以下趋势：

7.3.2.1 从披露过去信息向披露未来信息扩展

经营者向所有者报告受托责任的信息都属于过去信息的范畴，它是由资产负债表、利润表和现金流量表为主体所构成的，这些报表披露的是企业一定时期终了的财务状况和经营成果的信息。伴随社会责任报告和综合报告等的出现，企业所披露的信息内容已全方位扩展。社会责任报告是企业将其履行社会责任的理念、战略、方式方法，以及经营活动对经济、社会、环境等领域形成的有利和不利影响等信息，向信息使用者进行披露的报告。综合报告是一种向信息使用者说明企业如何持续创造短期、中期、长期价值的报告，包括了财务、社会、环境以及治理信息，说明了这些因素之间的相互关系以及对企业短期、中期、长期目标的影响，并揭示企业对于外部的真实影响。这些报告的出现至少意味着企业信息披露的内容已经由过去向未来扩展，由财务信息向非财务信息扩展。就由过去向未来扩展而言，企业披露的信息已经包括短期、中期、长期价值等叙述性报告。从理论上说，所有的投资者进行投资都是面向未来的，所以，他们最需要的信息是接受投资企业未来发展的信息。无论企业过去的财务状况和经营成果如何，只要在未来企业具有投资价值，投资者才会进行投资。伴随着资本市场的不断完善和发展，理性的投资者的这种需要就更加迫切，而从政府的监管视角出发，也希望资本市场能够更好地反映公司的价值，这正是有效的资本市场运行所需要的理想结果。正是基于这种动因，对于上市公司所做的信息披露就不仅仅只是局限于过去信息，而是在这一基础上拓展至未来信息的披露。不少国家的上市公司开始提供盈利预期的报告，以及有关未来风险分析及其控制的报告。有的国家在上市公司的上市条件的规定中也已经涉及到公司未来发展的信息，在我国就规定主板上市的企业主营业务所实现的销售和利润在总销售和总利润中的比重，还要求对非经常性业务所实现的收入和产生的成本费用单独列示。这些规定实际上都与上市公司在未来盈利的稳定性密切相关。

当然，有关未来信息的披露并非简单，还面临许多问题：一是未来信息是预测信息，并不一定能够做到完全准确，所以，就产生了未来信息的真实性问题，谁也难以充分地保证未来信息的真实性，信息的用户特别是投资者必须要对此类信息进行再分析和判断，正是这种分析和判断力的差异，决定了信息用户或者投资者在市场上的竞争能力的差异。当然，在这里仍然存在的问题是，预测信息很难保证其真实性，但一旦公司进行预测信息的披露，就可能产生主观故意不真实和客观无意不真实，首先是如何来判断这两种不真实，其次是对主观故意不真实应该如何进行处罚。如果主观故意不真实不能被有效地发现并进行严厉地控制，这种预测信息的提供就必然会对信息用户和投资者以及资本市场的发展带来相反的作用；二是预测信息的披露有可能涉及到商业秘密,在披露这类信息时,披露的企业如何有效地分析判断所披露的信息中是否不包括商业秘密就变得十分重要。但一个信息是否涉及商业秘密可能需要多方面的专业能力和市场预期特别是对未来竞争预期的能力,把握不准就有可能导致泄密,守住不能泄露商业秘密的底线就成为了提供未来信息的重要前提之一。

7.3.2.2 从披露财务信息向披露非财务信息扩展

财务信息是指以货币形式反映,以财务报表为载体的有关企业财务状况和经营成果的信息。而非财务信息是指除财务报表信息以外的与企业的生产经营活动有着直接或间接联系的各种信息,这些信息不一定以货币形式反映,更不在财务报表中直接列示。不在财务报表中披露的信息大都可以认定为非财务信息,尽管如此,这些信息又都直接或间接地与财务报表中所披露的信息存在某种关系。从世界各国的现实实践看,上市公司所提供的非财务信息的内容越来越广泛,主要包括:(1)背景信息,涉及企业的战略目标与经营总体规划、企业所处的行业和经营的范围、产品寿命周期及产品结构等;(2)业务信息,涉及经营业绩的信息,主要是指经营活动或者主要业务的指标、重要的资源数量与质量指标等,以及在此基础上说明引起这些经营活动或者主要业务指标变动的业务原因的信息。事实上,在整个企业信息体系中,都在尽可能地实现财务信息和业务信息的一体化,特别是在计算机技术引入到公司后,所有会计核算软件都在向这个方向迈进。只是在这种一体化的过程中,财务信息向业务信息的扩展还停留在较浅的层次,仍然无法实现向深层次的业务原因的追索;(3)管理部门的分析讨论信息,涉及企业财务状况、经营成果变化的原因、存在的风险、发展的趋势以及相关的控制措施等;(4)预测性信息,涉及企业盈利预期的信息,以及实现盈利预期的相关计划等;(5)社会责任信息,涉及由于企业的生产经营活动对职工、顾客、社区、政府、社会以及对产品和环境等各个方面带来的有利和不利影响,对不利影响所应该采取的控制和防范对策;(6)人力资源信息,涉及企业员工总量和构成情况的信息、员工安全和健康的信息、员工培训、员工福利和社会保障信息等;(7)核心竞争力及持续发展信息,涉及研究与开发创新能力、员工能力、资源利用情况;(8)公司治理的信息,在资本市场上,机构投资者和大股东常常长期地持有上市公司的股份,必然关注公司治理以维护自身的利益,公司的其他利益相关者也有了解公司治理状况的内在需要。与披露公司治理相关的信息包括公司治理结构的信息、内部控制制度的信息、预算管理的信息。

不难看出，这些信息是在经营者向所有者提供受托责任履行情况的基础上的信息的进一步延伸，由于受托责任履行情况的信息是财务信息或者价值信息，这种延伸就扩展到非财务或者非价值信息的相关方面，其趋势包括由结果的财务信息扩展至原因的业务信息，由过去的财务信息扩展至未来的预测信息，由内部的财务信息扩展至外部的影响环境和背景的信息，由物的价值信息扩展至人的能力信息，由企业的财务责任信息扩展至企业的社会责任信息，如此等等。问题仍然在于，到底哪些非财务信息与信息使用者的决策以及投资者保护相关，这些信息与财务信息或者更直接地说与企业财务状况和经营成果的信息存在什么样的内在联系，这些信息与商业秘密保护的边界存在哪里，这些信息本身存不存在某种内在的关系以及披露的最终边界在哪里？所有这些问题至今并没有得到明确的答案，只有当这些问题被有效地解决后，非财务信息的披露才能形成完整的体系和有效的披露方式。

7.3.2.3 从披露结果信息向披露原因信息扩展

报告受托责任的会计目的必然要求披露企业财务状况和经营成果的信息，原因很简单，经营者对所有者的受托责任是否完成，是以结果的形式予以呈现的。伴随着会计决策有用和投资者保护目标的需要，会计信息仅仅只是提供结果信息，显然不能满足这些目标的需要，而是必须要在提供结果信息的基础上也提供原因信息。由于原因是分层的、是由浅入深的，也就是必须要进行原因追索，直至终极原因，在信息理论中称之为"底层信息"。提供原因信息有助于会计信息的决策有用目标的实现，理由很简单，因为原因信息中既存在对企业有利的因素，也存在对企业不利的因素。如果追索的原因越深入，找出的影响企业发展的有利和不利因素就越具体，针对这些因素提出的决策方案就越有效。从这个意义出发，提供决策有用的会计信息关键就是要提供原因信息。提供原因信息也有助于投资者保护目标的实现，一方面，提供原因信息提高了企业信息的透明度，透明度越高，公司治理的强度越大；另一方面，提供原因信息有助于投资者对公司未来的发展做出更为准确的判断，从而，使市场对公司的价值的评价更为有效。企业的信息从结果信息向原因信息扩展，主要是按照外部原因和内部原因两条路径进行延伸。外部原因主要包括供求状况、竞争对手的状态和政府政策的变化,任何一个企业既存在供应一方,也存在需求一方,这是供求状况存在的基础;任何一个企业也存在同业竞争,这是竞争对手存在的前提;另外,我国的经济运行结构是政府调节市场、市场引导企业,政府调节市场必然要制定各种政策,并通过这些政策对市场进行调控进而影响企业,这是政府政策变化的存在原因。内部原因显然是由作为财务结果的财务状况和经营活动成果追索至业务层面的原因。业务层面的原因首先表现为整个业务过程对企业财务状况和经营活动成果的影响,在企业业务活动过程中,从形式上看,经历了采购、储存、生产、销售和售后服务等业务环节,而从实质上看,在这个过程中,必然存在人、财、物、信息、技术等各种要素的流动,伴随着业务环节的转换,这些要素的形态也会发生变化,并相应形成企业的收入、成本和费用,最终给企业带来利润。所以,进行原因追索必须在企业业务活动的每个环节进一步追索至每一个环节的人、财、物、信息、技术等各种要素对财务状况和经营成果的影响。企业的业务活动的每个环节又是由若干个作业形成,也就是说,每个业务环节的业务的完成是通过有机联系的多项作业实现的。进行原因追索必须从每个业务环节向每个业务环节构成的各项作业延伸,在每个作业中仍然会涉及人、财、物、信息、技术等各种因素的影响,进而影响每个作业的价值和作业的成本,为此,就必须要进行作业的价值分析和作业的成本分析,这种分析最终就是为了说明企业的总收入、总成本和费用形成的最终原因。必须说明的是,披露原因信息实质上也是在披露企业未来风险的信息,因为,原因信息中既存在对企业有利的因素,也存在对企业不利的因素,如果这些不利的因素在未来继续存在,就构成为企业的风险,正是在这个意义上讲,披露原因信息有助于控制企业风险,也有助于企业为了控制这些风险所进行的决策。

理论上说,从披露结果信息向披露原因信息的扩展是按照上述路径进行的,问题仍然在于,原因信息的原因层次如何按照其内在逻辑由浅入深进行构造,并最终找到终极原因仍然没有最终的解决方案,并且,原因信息越深入,涉及企业的商业秘密的可能性就越大,如何明确哪个层次的原因信息以及哪些原因信息涉及商业秘密,以及进行披露后可能造成的后果,就成为原因信息披露所必须要解决的前提问题。

7.3.2.4 从披露总体信息向披露细节信息扩展

经营者向所有者报告受托责任的信息既是结果信息也是总体信息，它披露的是企业财务状况和经营成果的总体状况。正由于披露的是总体信息，也就忽略了细节信息，也许企业的总体状况是好的，但并不意味着企业不存在可能导致未来失败的负面因素；企业的总体状况是不好的，也并不意味着企业不存在有利于进一步发展的利好因素，所以，人们常说"细节决定成败"。会计信息的使用者不仅需要获得企业总体状况的信息，也需要获得与此相关的细节信息，特别是当决策有用和投资者保护成为会计信息使用者的目标的条件下更是如此。

在现实的实践中，会计所提供的细节信息主要有以下几个方面：一是附注，由于报表中的项目信息都是综合信息，而某些重要的具体信息被这种整合性所掩盖，导致报表使用者的误读，为了了解这些具体的信息，在会计报表中大多用附注的方式揭示出来；二是脚注，它主要是对会计报表中的项目所采用的会计政策、方法以及表内无法反映的重要事项所做的补充说明，虽然它不能取代和跟踪报表正文中的内容，但是可以对报表正文做进一步的细化补充；三是明细附表，就是对报表中的某些项目单独用表格形式反映其构成项目及报告期内增减变动的明细情况；四是补充报表，主要用来披露表内综合信息的明细信息、调整信息以及尚未正式列入会计报表内容的一些财务和非财务信息，它是对表内信息的进一步补充、扩展和延伸。实际上，上市公司的年度财务报告所披露的内容已经在这些方面得到了非常深入和细化的扩展，也形成了相对标准的披露内容和披露形式。但问题仍然在于，为了满足决策有用和投资者保护的需要，会计报表中的每个项目是否都应该进行这种内容细化，每一个项目细化的边界在哪里，也就是要细化到怎样的程度才能满足会计信息使用者的要求，这种细化的披露是否会影响商业秘密的保护，其边界在哪里？所有这些问题至今仍然没有明确的答案，似乎仍然是通过当事人的职业判断个案解决。

7.3.2.5 从披露数量信息向披露质量信息扩展

总体上说，经营者向所有者报告受托责任的履行情况，仍然是以数量信息为主的。无论资产负债表、利润表或现金流量表，都是以货币为计量单位进行数量披露，难以由表及里揭示数量背后的质量状况。如资产负债表披露了企业的总资产以及各类资产的数量，但并没有说明每项资产在未来的变现能力；利润表披露了企业的全部收入、成本和费用以及各类业务的收入、成本和费用，但并没有说明这些收入、成本和费用是否形成了相应的现金流入和现金流出，以及在未来的变动趋势；现金流量表披露了现金净流量及其相应的流入流出业务结构，但并没有说明现金流在未来的稳定性。尽管如此，为了更好地满足决策有用和投资者保护的需要，会计信息开始由只注重披露数量向注重披露质量扩展，对于资产负债表中的资产，必须要披露每项资产提取的减值准备及其原因；对于利润表重要的不是披露利润的数量，而是要披露利润的业务结构，并通过这种结构说明利润的稳定性；对于现金流量表，重要的也不是披露现金净流量的数量，而是要披露现金净流量形成的业务结构，并通过这种结构说明现金流在未来的稳定性。问题仍然在于，决定每项资产变现能力、利润和现金流在未来稳定性的关键因素是什么，用什么标志衡量这些因素的优劣，并没有得到现成的答案。

7.3.2.6　从披露表内信息向披露表外信息扩展

表内业务是指在会计报表的正式栏目中所记载的各项业务，凡表内业务的相关信息都会在会计报表的正式栏目中予以列示和披露，由此形成表内信息。表外业务是指未在会计报表的正式栏目中记载的业务，凡表外业务的相关信息一般都不会在会计报表的正式栏目中列示和披露，由此形成表外信息。以银行业务为例，在资产负债表中的表内业务包括贷款业务、票据业务、证券投资业务、现金资产业务。负债业务包括：存款业务、借入款业务，表外业务有保证、银行承兑汇票等。由表外业务所形成的表外信息是企业不能或不便在正式的会计报表中反映，但这些信息确实能有助于信息使用者全面、真实、正确地了解企业的财务状况和经营成果，特别是了解企业潜在的风险如或有风险和未来的发展趋势。正因为这样，表外信息也是投资人所需要的重要信息，目前各国都采取了以会计报表的补充和说明的方式进行相关信息的披露，而且这种补充和说明的内容的范围在不断扩大，复杂程度在不断提高。

这里只是对会计信息披露的内容的扩展的实践进行了归纳和总结，这些扩展的内容之间是否存在某种共同的联系或者规律并没有找到，这就导致了各个国家对于这些扩展的内容的规定并不一致，会计信息的使用者在使用这些扩展信息时到底能带来哪些作用，也没有形成一致的认识，而会计信息的提供者在提供这些信息时其边界在哪里，也没有找到具体的方案。尽管如此，会计信息披露的实践已经推动了这种内容扩展的进程，这一进程是不可改变的。也许扩展的结果能达成统一的认识并形成统一的标准，也许难以达成统一的认识并形成统一的标准。至少就目前而言，上市公司披露的所扩展的信息内容有的已经达成统一的认识并形成统一的标准，有的还处在模糊的状态之中，整体的趋势是，会计所披露的信息必须要更加有助于信息使用者的决策有用和投资者保护的需要。

第 8 章
出资者的筹资、资产使用和现金控制

出资者进行投资也就是企业进行筹资的过程，企业以资本和负债的形式取得筹资后必然要将所筹得的资金用于经营活动，为此必须购买经营活动必备的各种资产，并加以使用，以便为顾客提供新的产品和服务。伴随着企业筹资和用资的过程，企业就会发生现金的流入和流出，一方面现金的流入和流出是企业经营活动的结果，另一方面现金也以自身的特殊形态得以存在和流动。在两权分离的条件下，出资者要不要对企业的筹资活动、资产使用活动和现金的流入流出进行必要的控制，这显然与出资者的权益保护和风险规避密切相关。

8.1 出资者财务与筹资控制

企业筹资既是出资者投资的结果，又是企业从事经营活动的起点。企业获得资金购买经营活动所需要的各种物质要素，通过经营活动过程的展开向市场提供所需要的产品，取得收入，收回通过筹资而投入企业的资金。如此周而复始、循环往复，企业筹资就成为了一个持续不断的行为。由于筹资是为了满足经营活动的需要，显然筹资是属于企业经营权的一部分。尽管如此，由于站在企业角度的筹资就是站在出资者角度的投资，出资者是否愿意向企业投资就成为了企业能否获得筹资的前提。出资者是否愿意向企业投资不仅取决于出资者的收益目标是否实现，而且也取决于出资者与企业特别是经营者的关系的协调，或者更直接地说，取决于出资者对企业经营风险和财务风险的风险偏好和可控性程度。

可见，出资者对企业筹资进行控制不仅存在内在的必然性，而且也存在现实的必要性。必然性表现在企业筹资就是出资者投资，出资者必然要对投资进行控制，也就是要对企业的筹资进行控制；必要性在于企业一旦获得筹资，就要用于经营活动，而经营活动有可能使筹资得以收回，也可能使筹资无法收回，甚至破产。出资者从投资回报和收回本金的视角，必须要对投资风险进行控制，也就是要对企业的筹资进行风险控制。由于企业筹资可以采取不同的筹资形式，使得出资者对筹资的控制也会存在明显的差异。

8.1.1 筹资的类型与出资者财务

企业的筹资可以从不同的角度进行分类，形成了不同的筹资形式，不同的筹资形式的特征不同，出资者是否要对其进行控制以及控制的内容和方式也会存在差异。正如前面所述，企业筹资的过程也就是出资者投资的过程，没有投资就不可能存在筹资，投资是筹资的前提。它包含了两个方面的意义：

一是站在企业的视角，企业之所以进行筹资是为了开展经营活动所必须要进行的投资，这里的投资主要是指购买固定资产和流动资产的行为。当然，这一投资行为或者资产的购买行为是属于经营者的基本权利，也就是资产经营权权利，正常情况下，出资者不得进行干预，也就是不必进行控制。

二是站在出资者的视角，企业进行筹资的过程就是出资者进行投资的过程，投与不投、投多投少、投到什么样的行业、投给什么样的企业，这当然属于出资者的权利，也就是资本经营的权利。出资者的主要行为就是资本经营，资本经营的最主要行为就是投资，相应的投资权也是出资者的最基本权利。

在资本市场上，筹资方和投资方就是市场上的供求双方，相应形成资金的供求关系。具体来说，在资本市场上，资金供给方必然处于相对有利的地位，一方面，从自然属性上，有钱的人比之于需要钱的人必然处于优势地位，给和不给、给多给少、怎么给不是由需要钱的人说了算，而是由给钱的人说了算；另一方面，在资本市场上，资金往往是相对紧缺的，因此从供求双方的关系看，供给方处于优势地位。尽管如此，如果没有资金的需求方，供给一方的资金就变得没有价值，它仅仅只是一种不能盈利的货币而已，从这个意义出发，没有资金需求方，也就没有资金供给方，两者不可分离。不仅如此，一旦供给方或者出资者将资金投入需求方或者企业，企业对资金就拥有了实际的经营权（也有人称之为控制权），这时所有权与经营权真正发生分离。如果这种分离不会导致经营者背叛和逆向选择，出资者无须对经营者进行筹资控制；如果这种分离也不会导致经营者在使用出资者投入的资金时发生损失以致破产也即面临经营和财务风险，出资者也无须要对企业的筹资使用进行必要的约束。

但事实并非如此，出资者在进行投资时，必须要考虑投资后对企业使用资金的控制。但在时间节点上，仍然区分为两个环节：其一是筹资的环节，它是出资者投出了资金、企业已经取得了资金的使用权但还没有使用，这就是指的企业筹资活动。站在出资者的角度，在这个环节进行筹资控制，主要是进行筹资的决策控制；其二是使用资金的环节，在筹资活动完成并已签订相关协议之后，企业开始使用资金。在使用资金的过程中，企业或者经营者必须要按照筹资中已经签订的相关协议履行受托经营责任，这显然不属于筹资控制的内容。但在签订筹资的协议中，必然会牵涉到筹资在未来使用的约束性条款，也就是出资者在进行筹资控制时必须要未雨绸缪，制定相关的约束性条款，而实际的控制则是在资金的使用过程中发生，属于资金使用控制的范畴。从理论上讲，一旦企业筹得资金，也就是出资者投出了资金，出资者与经营者（企业）之间的委托代理关系在法律上就已经成立或者生效，这时，筹资活动就已经完成。

筹资活动无论站在企业的角度还是出资者的角度都属于财务行为，由这种行为引起的关系也就是财务关系。就企业而言，企业筹资是从金融市场上获得资金，企业取得资金是为经营活动提供准备，筹资是经营活动的前提，但不是经营活动本身。企业存在商品运动和资金运动，组织商品运动属于经营活动的范畴，组织资金运动属于财务活动的范畴，筹资是资金运动的起点，是一种纯粹的财务活动。通过筹资，企业与出资者建立了股权关系、与债权人建立了债权债务关系，这都是典型的财务关系。在资产负债表中，筹资活动及筹资活动形成的财务关系表现在表的右方。就出资者而言，出资者投资是通过金融市场投出资金，也就是投入企业。出资者的投资行为本身就是财务行为，在财务管理中，筹资、投资、日常的经营资金管理以及收入分配是最基本的财务行为。不仅如此，在两权分离后，出资者主要从事资本经营，而资本经营包括投出资本、监管资本的运用、进行存量资本结构的调整、参与收益分配等行为，资本经营行为也主要属于财务行为。实际上，两权分离后，出资者的行为主要是财务行为。出资者投出资本后，与企业之间必然形成财务关系，这种关系当然是股权关系，这种股权关系还可以进一步分为独资、控股和参股关系。这种关系也体现在资产负债表的右方。所以，出资者对筹资的控制属于出资者财务的范畴。

由于筹资形式不同，出资者与企业之间所发生的财务关系也不尽相同，正是这种不同的财务关系决定了出资者对企业筹资的控制内容、控制方式和控制程度也存在明显的差异。筹资形式可以分为以下几类，每一种出资形式与出资者财务的关系都不尽相同。

8.1.1.1 权益筹资、债务筹资与出资者财务

按照企业与资金提供者的权益关系，筹资分为权益筹资和债务筹资。权益筹资使得出资者与企业之间形成股东权益关系，而债务筹资使得债权人与企业之间形成债权债务关系。无论是权益筹资还是债务筹资，企业能否最终取得资金都取决于出资者和债权人的意愿。债权人借钱的基本意愿就是到期必须还本付息，但是，由于企业经营活动确实面临风险，债权人到期还本付息的意愿未必最终都能实现。既然如此，债权人必然事先要对企业是否存在到期不能还本付息的风险进行预测和评估，并根据可能存在的风险的性质和大小，确定对企业是否提供债务筹资以及提供债务筹资时所必须附加的约束性条款。出资者投资的基本意愿是实现其预期投资报酬率，由于企业经营风险的存在，投资者的预期报酬率有可能难以实现，甚至出现投资失败以致本金也难以收回的可能。为此，出资者必然要对自身的投资进行必要性和可能性分析，而这种必要性和可行性分析的内容是以企业的经营活动的盈利能力为基础的，两者是一个问题的两个侧面。出资者必须以企业经营活动的盈利能力为判断投资的基础，企业经营活动的盈利能力只有达到出资者预期的投资回报率，才能获得这种权益筹资。从这个意义出发，一方面在两权分离的条件下，权益筹资的权力属于出资者而不是属于企业经营者。由于权益筹资必然会涉及所有者权益的变动，包括资本规模、资本结构的变动，或者更准确地说，涉及资产负债表右方的所有者权益的变动的事项，都属于出资者的基本权力。从这个视角出发，权益筹资的财务行为起源于企业的内在需要，但最终的决定权力不在经营者而在所有者；另一方面，出资者最终是否决定对企业提供权益筹资又必须以企业经营活动的盈利能力为基础，这意味着企业必须要为出资者提供其投资的未来盈利预

期和可能面临的风险。事实上，中国证监会对上市公司的年报都要求披露企业未来可能面临的经营风险以及化解对策；每一个公司制企业的股东大会都会要求经营者提供年度预算，并经股东大会批准；每一项权益筹资都要求提供募投的方向以及募投的必要性和可行性分析。所有这些都是为出资者是否对企业提供权益投资提供决策依据，否则，企业就不可能取得权益筹资。

除此而外，权益筹资与债务筹资之间也存在相互影响的关系。从理论上说，权益筹资的比重越高，债权人提供债务筹资的可能性越大；债务筹资的比重越高，出资者提供权益筹资的可能性就会降低。但问题在于出资者提供的权益筹资是一种长期投资，通常不可以撤回，而债权人提供的债务筹资却必须要按照协议约定的期限到期还本付息。显然，出资者的风险大大高于债权人的风险。不仅如此，由于出资者提供的权益筹资不可以撤回，当企业过度债务筹资，如果企业到期不能还本付息，不仅会影响债权人的利益，并且有可能导致企业破产，也就是出资者的投资遭受损失。从这个意义出发，债务筹资会影响出资者的权益，既然如此，出资者不仅要对企业的权益筹资进行控制，而且要对债务筹资进行必要的约束。

8.1.1.2 外部筹资、内部筹资与出资者财务

企业筹资按照来源不同分为内部筹资和外部筹资，内部筹资是指企业通过利润留存而形成的资金，外部筹资是指企业从外部筹措而形成的资金。在内部筹资中也有通过成本、费用形式预提的各种准备金，如各种资产减值准备、折旧和其他预提费用，这些形式所形成的资金一是不会增加整个企业的资金规模，二是不可能长期使用。而利润留存所形成的资金会增加整个企业的资金规模，也可以长期持续地使用。在这里，内部筹资只是指利润留存而形成的资金。外部筹资包括权益筹资的一部分和债务筹资，因为权益筹资中也包括利润留存而形成的筹资，也就是说权益筹资并非都是外部的，利润留存则是内部的，利润留存会使得出资者在企业的股东权益发生变化（每股净资产）。

正如前面所述，外部的权益筹资和债务筹资与出资者财务之间存在密切的关系，那么，内部筹资或者更直接地说利润留存作为一种筹资方式与出资者财务更是存在直接关系。出资者财务包括投出资本、监管资本的运用、存量资本结构的调整以及参与企业利润分配，很显然，利润留存是否存留以及存留比例与出资者参与企业利润分配的权利密切相关，或者说是一个问题的两个方

面。出资者参与利润分配根本上就是要决定税后利润分配的比例以及分配的形式，在财务上统称为利润分配政策，股份公司则称之为股利政策。出资者正是通过利润分配政策的决策从而决定企业是否能够取得内部筹资以及内部筹资使用的可持久性，甚至有可能对内部筹资的用途也进行必要的约束。

8.1.1.3 直接筹资、间接筹资与出资者财务

企业筹资按照是否通过金融中介机构取得社会资金，分为直接筹资和间接筹资。直接筹资是企业从资金的直接所有者取得资金的方式。间接筹资，是企业从银行和非银行金融组织等中介机构筹集资金。两者的差异就在于是由资金的直接所有者向企业提供资金，还是由资金的直接所有者委托中介机构向企业提供资金。从整体说，随着资本市场越来越发达，金融脱媒现象也成为一种趋势，企业直接筹资的比重会不断地增加。直接筹资可以通过股票市场和债券市场（证券市场）进行，也就是通过出售股票和债券进行筹资，还可以是企业与资金的直接所有者通过签订合同的形式进行筹资。所谓造成金融脱媒现象的直接筹资主要是指通过证券市场所进行的筹资。间接筹资一般情况下是指从金融机构借入资金的筹资，但事实上在日本等国家，金融机构也可能直接对企业持有股份，或者通过债转股持有股份。由此出发，直接筹资与间接筹资的本质区别在于是不是通过证券市场运用证券工具进行筹资，直接筹资必然通过在证券市场运用证券工具进行筹资，间接筹资则是通过金融中介机构进行筹资。这种分类与企业同资金提供者的权益关系没有直接的联系。

在证券市场上，资金的提供者包括股东和债权人，股东就是出资者，而债权人就是贷款者。出资者可以通过证券市场直接出资，也可以以出资协议的方式直接出资，这两种出资方式都形成企业的权益筹资，权益筹资与出资者财务的一般关系在前面已经论及。这里主要研究通过证券市场（或者说股票市场）出资所形成的企业权益筹资与出资者财务的关系。出资者的主要行为是财务行为，在证券市场日趋发展后，出资者的财务行为主要通过证券市场进行。出资者的第一项财务行为就是投出资本，出资者通过证券市场买入股票投出资本，卖出股票资本退出，正是通过这种资本市场交易行为行使出资者的财务权利；出资者投出资本的行为是以企业提供的财务会计信息为基础的，为了保证这种信息的真实性和可理解性，出资者必然要制定相应的会计信息提供的制度，也称企业会计制度，并委托独立的注册会计师对企业所提供的信息的真

实性进行鉴证，这显然属于出资者财务监管的范畴；出资者也必然通过证券市场的交易行为调整自身的存量资本结构，无论从独资、控股、参股到退出，还是从收购到兼并，都是通过证券市场的股票交易行为进行。直接筹资使得出资者可以借助证券市场完成自身的出资者财务行为，这也就是所谓"用脚表决"，它更是"管资本"的一种现代形式。尽管如此，只要公司存在股东大会，出资者就必然要在股东大会、董事会和经理办公会之间进行筹资分权，形成股东大会对董事会和经理办公会，也就是对经营者的筹资权力的控制。如企业要发行股票和债券，都必须要得到股东大会的批准，只有在通过股东大会授权的条件下，董事会和经理办公会才可以进行股票和债券发行的实际操作。

8.1.1.4 设立筹资、扩张筹资与出资者财务

企业筹资按照筹资的目的划分，可以分为设立筹资和扩张筹资。设立筹资是在企业初始设立时所筹措的资金，也可以称为创始筹资。扩张筹资是企业因扩大生产经营规模和多元化经营的需要而后续筹措的资金。企业是由发起人设立的，企业的发起人就是企业的发起股东，所以，企业的设立筹资的权力无论在形式上和实质上都属于发起人所拥有并行使，这时还不存在对经营者筹资控制的问题。一旦企业设立后，为了扩大生产经营规模和多元化经营，企业的资金需要量将不断增加，由此就产生了扩张筹资的必要。扩张筹资是否需要取决于经营规模扩大和多元化经营的需要，这种需要是否存在首先是由经营者作出判断的，因此，扩张筹资的必要性和可行性是由经营者提出的，这一点和初始筹资大不相同。尽管如此，这并不意味着经营者就拥有了扩张筹资的所有权力。从出资者财务的视角看，经营者所提出的扩张筹资有可能需要新的出资者进行投资，这就涉及新的出资者愿不愿意进行投资的问题，其决策权实际上是在出资者手中；同时也涉及原有出资者能不能出资，以及愿不愿意新的出资者加入其中进行出资的问题。原因很简单，新出资者的加入，意味着原有出资者的股权结构必然被调整，即便是原有出资者出资也会涉及原有出资者的出资结构是否被改变的问题，这显然与原出资者的权利有关，也与新出资者的权力有关，必须得到两者的认可企业才可能实现筹资的愿望；除此而外，扩张筹资也可能是债务筹资，由于债务筹资事关出资者在未来面临的风险，特别是破产风险，对于在证券市场上大规模地进行债务筹资必然涉及出资者的权益，出资者也必要对这种筹资进行控制。

8.1.1.5　长期筹资、短期筹资与出资者财务

企业筹资按照所筹集资金的期限，可以分为短期筹资和长期筹资。短期筹资就是企业使用期限不超过 1 年的筹资，长期筹资则是超过 1 年以上的筹资。企业在使用资金的过程中，有的资金占用具有长期性，而有的资金占用具有短期性，也就是说企业的资金需要具有临时性和长期性的两种需要，这与企业经营活动的波动性特征有关。长期占用的资金必须要由长期筹资予以满足，临时性占用的资金则需要短期筹资予以满足。一般来说，权益资金都是属于长期性筹资，而负债则分为长期负债和短期负债，长期负债属于长期筹资，只有短期负债才属于短期筹资的范畴。企业占用的资金的时间越长，要求资金的提供者所提供的资金的期限越长，提供资金的期限越长，资金提供者所面临的风险越大，所要求的期望报酬率也越高。出资者投入企业的资金一经出资，就不得随意撤资，期限越长，风险越大；而长期负债都有约定的到期还本付息日，但它比之于短期负债的使用期限要长，给债权人带来的风险比短期负债要大得多；短期负债在所有这些筹资中对企业到期还本付息的压力最大，但对债权人的风险最小。也就是说，从筹资的期限看，资金的提供者与资金的使用者所面临的风险正好是相反的。

对于长期资金的提供者，由于其面临的风险极大，他们在提供资金时，必然要对企业未来的可持续盈利能力进行风险预期，对资金的使用附加各种约束性条款。就出资者而言，出资者在出资前必须要进行必要性和可行性的审慎性评价，决定是否投资。在出资后，对于出资的使用也有各种必要的约束性条款（这一点在资产使用的控制中再论及）；就债权人而言，提供长期贷款所附加的约束性条款要比短期贷款更严格。由于短期筹资主要是满足企业的临时性需要，并且这种临时性需要又具有不确定性，这就要求企业必须根据企业经营的这种临时性需要灵活地进行筹资，它属于经营者的基本权利。由于短期筹资对企业还本付息的压力很大，债权人对企业是否能偿还这种短期债务的风险评价难度相对较小，所以，一方面企业或者经营者会对短期负债的现实风险进行控制，另一方面债权人由于比较容易评价企业短期内还本付息的可能性而比较容易识别风险，并据以作出是否提供资金的决策，债权人的决策往往是比较有效的，对出资者会有保护性的作用。所以，出资者一般不会对企业的短期债务筹资进行控制，出资者只是在企业的负债规模（包括长期负债和短期负债）超

过一定的程度时，才会从整体上对企业的债务筹资进行控制，而不会单纯地针对某一特定的短期债务筹资进行控制。

综上所述，无论哪种筹资方式，只要涉及与所有者权益相关，主要是指企业资本规模的变化和资本结构的调整，出资者都必然要对这些筹资进行控制，短期债务筹资是为了满足企业临时性需要，属于经营者的基本权利。由于负债的杠杆效应，一方面，经营者必须利用负债经营为出资者带来收益，另一方面，过度负债会导致企业破产，从而出资者承担最终破产责任，出资者又必须要对负债进行风险控制。

8.1.2 基于出资者视角的筹资控制

由于企业筹资直接与出资者的权益密切相关，同时，还可能给出资者带来破产的风险，所以，出资者必然要对企业筹资进行控制。出资者对企业筹资的控制不仅表现在初始出资是出还是不出上，而且，也表现在一旦出资后对企业的扩张筹资（后续筹资）的控制上。出资者对企业筹资的控制也不仅表现在对权益筹资的控制上，而且，对债务筹资也要进行必要的控制。出资者正是通过对企业筹资这个资金的入口进行必要的控制，以尽可能减少投资的风险，实现预期的投资回报。出资者进行企业筹资控制主要包括以下方面：

8.1.2.1 权益筹资控制

由于企业权益筹资涉及所有者权益的调整，从而影响所有者权益，出资者必然要对权益筹资进行控制。实际上我国的《公司法》等相关法律都就出资者对企业权益筹资的控制权力进行了明确的规定，凡企业的权益筹资都必须得到股东大会的批准。企业发起设立的权益筹资实际上是由作为出资者的发起人股东决定的，发起人股东必然要签订企业设立协议以及出资的有关条款，并且要制定公司章程，在公司章程中作出明确的规定。在这些手续基本完善的基础上再到工商行政部门办理相关注册。整个过程都是由发起人股东所进行的决策，所以企业发起设立的初始权益筹资的决策权和实际的操作过程都是由发起人股东进行的。一旦企业发起设立，之后所进行的扩张权益筹资的最终决策权当然是股东大会，其目的就是为了确保股东权益不受损害。尽管如此，权益筹资是否实际需要仍然取决于企业发展的需要，在两权分离后这种发展的需要是由企业的经营活动来决定的，这当然离不开经营者（或者企业）对企业未来经营发展的趋势所作出的分析和判断，也就是企业对资金实际的需要，以及满足这种需要的筹资的方式。这就意味着权益筹资在两权分离后筹资的最终决策权是在出资者，而筹资是否必要则主要来自于经营者的决策分析和判断。所以，后续的扩张权益筹资在控制流程上必须首先通过经理办公会拟定权益筹资方案，经董事会审订后，报股东大会批准。在收购兼并过程中也可能引起企业资本规模和资本结构的调整，与此相关的决策议案也必须要得到股东大会的批准。

8.1.2.2 债务筹资风险控制

如果说权益筹资会直接影响所有者权益，那么，债务筹资虽然不直接影响所有者权益，却会给出资者带来风险，过高的债务筹资会导致企业破产。事实上债务筹资是一种双刃剑，从理论上说，企业借鸡下蛋比养鸡下蛋更好，企业通过债务筹资可以产生财务杠杆正向效应，这在于负债的资金成本相对较低，以及负债所产生的节税效应。而且，负债可以随借随还，能更好地与企业的生产经营活动对资金需要的增减相匹配，可以减少企业资金的冗余以及防止资金的短缺。从这点出发，债务筹资可以长短配合，实现现金的流入流出在规模上和时间上的有效匹配。正由于这样，债务筹资特别是短期负债，是实现企业资金弹性需要的最基本的筹资方式。债务筹资是经营者通过筹资运作实现出资者利益最大化的重要途径之一，经营者要享有必要的债务筹资的权力，出资者不应越过这种权力。当然也必须看到，经营者甚至包括出资者有债务筹资的内在冲动，债务筹资容易引起经营者偏好于投资高风险的项目，因为负债往往是一种固定资金成本的筹资方式，利用负债进行投资的报酬可能远远大于固定利息率。投资所带来的收益就会归属于出资者和经营者，投资失败的风险却由债权人、出资者和经营者共同承担，而出资者和经营者的风险被债权人稀释。一般而言，股东和经营者都有投资高风险项目的动力，加之债务筹资使得经营者的现金流控制权被强化，经营者确实具有债务筹资的内在偏好。但无论如何，过多负债确实会导致企业破产，出资者一定会成为破产的最后承担者，所以，适度的控制经营者债务筹资的冲动，防止破产风险就成为必要。

由于过度负债会使债权人遭受相应的损失，债权人也会对企业债务筹资进行必要的约束，包括抵押担保的约束、流动性约束，也就是通过债务契约明确保护债权人的权利。一旦企业不能履约，就可以通过处理抵押资产、使企业破产等行使债权权力,这必将对经营者和企业产生债务的刚性约束,经营者和企业必须考虑到期还本付息的能力,否则就会面临诉讼或破产的风险,经营者则面临失去职位甚至失去饭碗的风险。所以,债务筹资通过债权人的债权契约的控制具有公司治理的效应。

尽管如此,由于经营者的债务筹资冲动以及债务筹资可能导致的破产风险,出资者仍然必须要对债务筹资进行必要的控制,其目的就是要防止过度负债而导致企业失败的可能性。这里必须注意,正常经营活动过程中的债务筹资规模的扩张与收缩属于经营者的基本权力,出资者所控制的只是债务筹资导致企业资不抵债而最终破产的可能性。对于债务筹资的控制主要表现在以下三个方面:

1. 商业信用债务筹资,它属于企业经营活动过程中正常的商业往来而发生的债务筹资,是与企业经营活动过程密切相关的一种商业信用,这种债务筹资伴随着某一项经营活动而发生而结束。这种债务筹资是否发生,发生多大的规模都以经营活动作为物质保证,属于经营者决策权的范畴,出资者不必对每一个单项商业信用债务筹资进行控制。虽然出资者不对单项商业信用债务筹资进行控制,但商业信用债务筹资的总规模有可能导致企业资不抵债,出资者必须将商业信用债务筹资纳入负债总规模的控制中。

2. 银行信用债务筹资,它属于企业向银行直接借款所形成的债务筹资,短期的银行债务筹资主要是为了满足企业经营活动的临时性需要,任何一项短期的银行债务筹资并不需要通过出资者的批准,其决策权属于经营者或者企业。而任何一项长期的银行债务筹资也就是银行的长期贷款,由于银行面临较大的风险必将对企业进行严格的信用风险审查,并设置严厉的约束性条款,这就为出资者进行债务筹资的破产风险控制提供了前提,也可以不经过出资者批准。尽管如此,通常银行在约束性条款中要求企业的长期银行债务筹资必须要得到股东大会的批准,也有企业在公司章程中明确规定长期债务筹资要经过股东大会的批准。之所以这样做,主要在于长期债务筹资的规模相对较大,影响企业长远。不过,总体来说,为了更好地发挥经营者利用负债的财务杠杆效应还是应该尽可能地将这种债务筹资权放给经营者,出资者主要还是进行债务筹资规模的总控制,这样比较符合负债是一种双刃剑的属性。

3. 证券市场筹资,按照《公司法》和证监会的有关条例的规定,无论初始发行和增发股票以及发行债券都必须要通过股东大会批准，股票发行属于特别决议，必须经过三分之二以上股东同意；而债券发行属于普通决议，必须经过半数以上股东同意。这意味着通过证券市场的直接筹资，无论是权益筹资还是债务筹资都必须要经过股东大会批准。一方面，企业是否需要筹资是基于企业经营活动的需要，首先就必须要得到企业经理办公会和董事会的认可，只有经理办公会和董事会才能知道企业的经营活动是否需要筹资以及怎样进行筹资更为合理有效。为此，经理办公会必须提出筹资的可行性方案，经董事会审订后报股东大会批准。显然，对于股票筹资因涉及出资者的所有者权益的变动，必须要通过股东大会批准；而债券筹资尽管不涉及所有者权益的变动，但由于向社会公开发行债券募集资金一般规模较大，又涉及社会公众的利益，有可能诱发社会不利影响甚至社会动荡，股东最终必须要对此承担经济责任和社会责任。因此，要求企业在进行这种公开募集资金时必须要谨慎行事，也要求股东必须要对此提供保证，确保到期必须能按时还本付息。所以，证券市场的债务筹资不仅每一次公开发行都必须要得到股东大会的批准，而且，股东大会也必须要控制每一次证券市场的债务筹资所导致的负债总规模的增加而导致企业可能面临的到期不能偿债的破产风险。

4. 债务筹资总规模控制，正如上面分析所述，从出资者的角度看，债务筹资的控制主要是为了防止债务风险，即到期不能还债而导致企业破产的风险。企业到期不能偿债的风险显然不是就某一单项债务规模，而是对企业总的债务规模而言的，所以，出资者控制债务筹资的方法主要是债务筹资总规模控制，就目前的实践看，这种总规模是在两个层面进行控制的：一是授信额度控制，企业通常要向银行获准授信额度并在授信额度内才能进行债务筹资，而银行的授信额度的总规模必须要得到股东大会的批准，属于出资者的基本权利；二是实际债务筹资总规模控制，由于企业的债务规模不仅包括银行的借款，还包括商业信用所形成的负债，以及直接发行债券所形成的负债等，所以，企业实际的债务筹资规模既有可能超出银行的授信额度规模，也可能小于授信额度规模。而真正导致企业债务风险的债务规模最终不是取决于授信额度的大小，而是取决于实际的债务总规模，因此，出资者必须对此进行控制，控制的方法有三种：

（1）债务筹资绝对额控制，就是通过股东大会确定企业债务筹资的总绝对额，当企业债务筹资的规模超过这一绝对额时就必须要得到股东大会的批准。这种控制方法适合于企业经营规模相对比较稳定的企业。它的缺点之一是债务规模没有与企业的资产规模相联系，一般来说，企业的资产规模越大，债务的绝对额也可以相应增加，因为债务的偿还最终是依靠资产的变现规模所决定，资产规模越大，变现规模越大，到期还本付息的能力也越强，企业债务规模的绝对额水平也可以随之增加，资产就是债务偿还的物质保证。它的缺点之二是没有与企业的周转能力和盈利能力挂钩，企业债务的偿还最终取决于其周转能力的大小和盈利能力的高低。周转能力越强，企业资产的变现能力也就越强，从而偿还债务本金的能力也就越强；而盈利能力越高意味着企业偿还利息的能力也越强。所谓财务杠杆效应实际上就是要在企业周转能力强，盈利水平高的条件下，通过债务筹资带来正的杠杆效应。

（2）资产负债比例控制，就是将负债的规模与资产的规模相联系，股东大会主要确定资产负债比例，企业根据这一比例自行确定其债务筹资规模。其控制特点就是实现了负债与资产的挂钩，并且采取资产负债比率控制的方式，这种方式适合于经营规模不断变化从而资产规模相应变化的企业。伴随着企业资产规模的扩大，尽管资产负债比率不变，但企业债务筹资的规模却相应变化。这种控制方法较好地实现了资产作为债务偿还的物质保证的这一特性，但是，也带来了两个问题：一是资产作为债务偿还的物质保证是以资产的变现能力为前提的，资产的变现能力取决于资产的周转速度。由于资产负债比率与资产的周转速度没有挂钩，如果资产周转慢，变现能力差也会最终导致债务到期不能偿还，因此，静态的资产规模的大小并不能反映资产变现能力大小，而是必须要联系资产的周转速度才能最终表明企业的债务能否偿还。二是债务的偿还不仅要还本，而且要付息，也就意味着资产的每一次周转不仅要能够通过变现收回债务的本金，而且必须要能够带来一定的收益，从而能够偿还利息。而资产负债比例控制只是以静态的资产作为基础，没有考虑到利息的偿还能力，利息的偿还能力与企业的盈利能力相关。

（3）资产负债比例与资产周转能力和盈利能力的挂钩控制，企业的债务筹资最后能否到期还本付息最终取决去其资产周转能力和资产的盈利能力。资产周转能力一般用资产周转速度衡量，与利息偿还相关的资产盈利能力则是资产息税前利润率。股东大会在确定控制负债规模的资产负债比率时必须要根据资产周转速度和资产息税前利润率的变动情况相机调整资产负债比率。调整的方法是首先要确定一个与某一资产周转速度和资产息税前利润率相联系的资产负债比率的基准率，一般以行业平均标准为基础确定。如某一行业平均资产周转速度为三次、平均资产息税前利润率为50%，而相应的行业评价资产负债比率为55%，以此为基数，根据企业实际的资产周转速度和资产息税前利润率的变化调整作为控制标准的资产负债比率。由于涉及两个指标，必须要分别确定资产周转速度和资产息税前利润率对资产负债比率调整的权重，这一权重主要根据这两个指标在企业中的重要性程度确定。周转速度慢而盈利能力高的则应提高周转速度的权重，周转速度快而盈利能力低的则应提高盈利能力的权重。如股东大会在确定资产负债比率的控制标准时，企业的资产周转速度提高了10%，而盈利能力提高了5%，所确定的两个指标的权重分别为30%和70%，由此计算的资产负债比率的实际控制数就可以在基数的基础上增长6.5%，最终的资产负债比例的实际控制标准就是58.575%，以此类推。这种控制方法可以采取动态的控制方式，即每一个月月底确定控制标准作为下一个月的实际控制数，企业自行计算，自行控制，董事会和监事会进行监管。这种控制方法很好地把负债的财务杠杆正效应和负效应有效地结合起来，企业周转能力和盈利能力强时，企业就可以多债务筹资，从而发挥财务杠杆的正向效应；当周转能力和盈利能力弱时，企业必须要控制或者降低债务筹资规模，以避免债务风险。

总之，出资者对筹资进行控制，最终的目的就是为了保护所有者权益，防止债务风险，同时还必须有助于确保经营者的经营权力的有效实现。

8.2　出资者财务与资产控制

企业通过筹资获得了资金，必然用这些资金购买经营活动所需要的资产，包括固定资产和流动资产，或者长期资产或短期资产。出资者要不要对企业购买、使用和减少资产的行为进行控制，怎样进行控制，这显然也与出资者的权益保护和风险偏好密切相关。

两权分离的公司制企业，出资者享有对企业的所有权或者股权，而经营者则享有经营权。伴随着两权分离的进一步深化，经营权进一步分离为资本经营权和资产经营权，由此就形成了所有权与资本经营权和所有权与资产经营权的两层次分离。相对于出资者，无论资本经营者还是资产经营者，他们都是将出资者投入公司的资本转化为资产后，运用这些资产开展经营活动。从这个意义出发，无论资本经营者还是资产经营者，他们经营的都是出资者投入的资本所转化而成的资产，尽管两者的资产的形态存在根本的区别。所谓经营者所享有的经营权，实质上就是对出资者投入企业的资本所转化而成的资产的经营权。既然两权分离经营者享有资产的经营权，是否意味着出资者对经营者所经营的资产就不需要进行管控，经营者享有对资产经营的全部权利？必须说明的是，这里的资产是指资产负债表左方的资产，可以包括表内资产以及表内没有披露但确实被经营者经营的资产。经营者是否享有资产经营的全部权利，必须要以资产的属性为基础才可能得出正确的答案。

8.2.1 资产的属性与出资者财务

在会计上，通常对资产的定义是企业过去的交易或者事项形成的、由企业拥有或者控制的、预期会给企业带来经济利益的资源。这是一个实质性定义，为了更好地理解资产的属性，应该对资产的基本特征做进一步地描述性研究，特别是从出资者财务的视角探索资产的特征。那么资产有哪些基本特征呢？

8.2.1.1 资产是出资者投资的结果

两权分离的公司制企业，一方面，出资者向企业出资，也就是投资，承担有限责任；另一方面，企业接受投资，并将出资者的出资转化为用于企业生产经营活动的资产。这两者的关系具体地体现在资产负债表的左右两方，右方说明了出资者对企业的出资，说明出资者整体对企业享有所有权，并以此为限承担有限责任；左方说明了经营者运用出资者的出资购买各项资产以开展各项经营活动。所以，从资产负债表中就可以直接看出，资产是出资者投资的结果，出资者可以通过实物或无形资产等出资直接成为资产负债表中的资产，也可以通过现金出资并以现金去购买实物和无形资产等而成为资产负债表中的资产。离开了出资者的出资，公司法人就不可能设立，公司法人也不可能拥有财产，也就不存在公司法人财产权，经营者运用资产进行经营的可能性当然也不会存在。也就是说，出资者对公司的出资抑或投资决定了公司的设立、运行和存续，而公司的设立、运行和存续是公司拥有资产并对资产拥有法人财产权为前提的，没有公司的资产，就没有公司的经营。而公司要拥有资产就必须要获得出资者的投资，公司要获得出资者的投资就必须要满足出资者的投资意愿，否则，出资者就不会投资，也就不会形成公司的资产。

那么公司的出资者的投资意愿是什么，它与出资者财务是何种关系。任何出资者都有自身的投资的风险偏好，以及与这种投资风险偏好相适应的投资报酬，正是这两者的合理匹配，决定了出资者的投资意愿。出资者的这种投资意愿是通过其投资方向、投资规模、接受投资主体、投资地点以及投资时间等的选择予以实现的，通过这些与投资相关的要素的有机组合以满足出资者风险偏好的需要。

出资者对投资方向的选择就是要决定进入什么样的行业。不同的行业投资的风险极不相同，任何出资者都会决定自己的投资行业，在公司设立中，它表现为对公司经营范围的规定，公司的资产运用不能超越这一范围。

出资者对投资规模的选择就是要决定对企业出资的规模，进而相应决定了企业资产的规模①。出资者的投资规模越大，承担的风险也越大，特别是就每一个股东而言，在设定的总股本规模的条件下，每个股东的股权比例就是其愿意承担的公司风险的比重。也就是说，公司要扩大资产的规模，就有可能要偏离所有出资者或者每个出资者的风险偏好，出资者必然要按照自己的风险偏好对投资规模进行控制，进而对资产规模进行控制。如果公司通过出资者的投资直接扩大资产规模，显然要符合出资者的意愿；如果公司要通过负债扩大资产规模，也不能越过出资者关于资产负债比例控制的基本意愿。

出资者对接受投资主体的选择就是决定谁来经营出资者投入资本所形成的资产。在同一个行业，投入同样规模的资本最终能否实现出资者的风险偏好或者说预期报酬，关键取决于接受投资主体也就是接受投资的公司，或者说接受投资的经营者团队、员工群体以及公司发展的历史、现实的经营环境和未来的发展趋势。正是从这个意义上讲，出资者对于接受投资主体的选择是实现其投资风险偏好的主要基础，正因为这样，出资者投资所形成的资产必须要由接受投资的公司进行经营，才能保证出资者的风险偏好的实现。

---

① 值得说明的是，企业的资产规模并不仅仅只是由出资者的投资决定，也取决于企业负债的规模，但是，在资产负债比例管理的条件下，出资者的投资规模相应也就决定了企业的负债规模，从而也就决定了企业的总资产的规模。

出资者对投资地点的选择就是对投资环境的选择。出资者的投资终将投到某一公司，任何一个公司都有自己的经营所在地，这种经营所在地的环境状态是决定公司经营风险大小的重要因素之一，公司只有将出资者投入公司的资本所转化而成的资产在经营所在地的环境下经营，才能满足出资者投资风险偏好的意愿。

出资者对投资时间的选择也与其投资的风险偏好密切相关，但这种选择主要表现在出资者投出资本的时间点，以及撤资的时间点，这是由出资者自身的决策所决定，在资本市场完善的条件下更是如此。在出资者投出资本和撤资的整个期间，经营者经营出资者投资转化而成的资产并不会为出资者带来由时间因素所形成的风险。

8.2.1.2 资产是由企业过去的交易或者事项形成

资产必须是现实存在的资产，而不是未来预期的资产，这至少意味着当出资者将资本投入企业后，企业已经将出资者投入的资本通过交易或者事项转化成为企业可以用于经营的现实资产，企业预期在未来发生的交易或者事项不形成资产。这里的交易或者事项包括购买、生产、建造资产等的交易或者事项，正是通过这些交易或者事项，一方面使得出资者投入企业的资本转化为满足企业特定经营需要的有用资产，从而为企业的经营活动提供物质基础；另一方面也使得出资者投入企业的货币资产①转化为各种非货币资产。货币资产与非货币资产的最大差异在于其风险不同，货币资产是已经实现了的资产价值，可以随时随地用来购买各种非货币资产；而非货币资产无论是企业购买的，还是通过企业生产经营活动转化而成的，最终都必须要通过市场变现才能够实现其价值，从而面临变现风险。经营者或者企业在过去的交易或者事项中所形成的资产必须要符合出资者有关经营范围的规定，出资者的投资都有其特定的经营领域，对于不符合这一经营领域的交易或者事项中所形成的资产必须要进行管控。同时，由于不同的资产的变现风险大不相同，而一旦资产不能变现就会给出资者带来直接损失，或者减少企业的净资产从而损害出资者权益，甚至带来企业破产，出资者必须要对资产变现的风险进行有效控制。

---

① 非现金入资除外，非现金入资意味着出资者投入的直接就是企业经营用资产。

8.2.1.3 资产是企业拥有或者控制的经济资源

经济资源通常指具有稀缺性且能带来效用的财富,是人类社会经济体系中各种经济物品的总称。资产作为企业拥有或者控制的经济资源,显然是能够为企业带来效用的财富。出资者的投资在没有投入企业前,仅仅只是一种财富,如果说货币它只是发挥储存手段的功能,并没有成为经济资源。出资者一旦将自身的财富投入到社会的经济运行中就成为了经济资源,这种经济资源具有双重经济价值。当出资者通过资本市场将资源投入到某一特定的企业中,出资者实际上是通过资本市场在进行资源配置,站在所有出资者整体的视角,就是要把有限的经济资源配置到那些经济效率最高的企业去,从而使得宏观经济效率最高,这就是通常所说的市场作为"无形的手"的资源配置功能,它创造了宏观经济价值。一旦出资者的投资作为经济资源配置到某一企业,企业必须按照自身经营的特点进行再配置,也就是要把出资者投入企业的资本配置为各种有利于实现企业价值最大化的资产,这种配置不仅涉及配置到哪些资产上去,而且涉及每一类资产在总资产中所占的比例。企业进行资产配置的科学合理性程度越高,就越能使企业价值实现最大化的目标。有关出资者通过资本市场对企业进行投资而实现的宏观资源配置行为与出资者财务的关系已在第一点作出说明,那么,在微观层面,由企业或者企业的经营者在企业内部所进行的资源配置与出资者财务存在何种关系?

首先,企业要对其资源进行配置,必须要对资源享有所有权或控制权。经营者能对出资者投入企业的资本所转化而成的资产进行经营的前提,是企业法人必须要对这些资产享有所有权或者实质的控制权。从理论上说,两权分离的公司制企业,公司作为法人对法人财产享有充分的所有权,包括对法人财产的占有、使用、处置和分配权。正是拥有了这种权利,经营者或者企业才可以将出资者投入企业的资本转化为资产,并进行资产结构的合理配置;也才可以运用这些资产对外开展各种经营活动。尽管如此,在公司内部,就出资者与经营者或者企业的关系而言,企业内部的资产是由出资者的投资所形成的,没有出资者的出资就没有企业可以用来进行经营的资产,说到底,企业的资产的最终所有权属于出资者。企业法人享有对企业资产的经济意义上的所有权,而出资者则享有法律意义上的所有权,经营者或者企业可以经营这些资产,但这些资产的最终归属权则是全体出资者或者股东。正因为这样,经营者和员工可以经营这些资产，但不可以将这些资产据为己有，也不可以通过关联方交易的方式转移改变出资者对企业资产的所有权，出资者对于经营者的这些行为必然享有管控的权利，以维护自身的财产所有权权利和法人财产所有权的完整。

其次，企业要对其资源进行配置，必须要确保出资者的风险偏好或者预期收益目标的实现。如果说出资者在对某一企业进行投资时是按照其自身的风险偏好或者预期收益目标进行选择的，但是，一旦出资者将其资本投入到某一企业，其自身的风险偏好或者预期收益目标是否能够实现，最终取决于经营者或者企业运用其投入资本进行资产配置的经营领域和资产配置的效率的高低。如果经营者或者企业在进行这些资产配置，也就是说经营这些资产时偏离了出资者的风险偏好，配置效率低下，导致出资者的投资报酬不能实现时，出资者必然要对经营者或者企业进行管控。

再次，资产是经济资源本身一定会具有使用价值和价值。对企业而言，利用这些经济资源可以生产产品、提供服务，这就是其使用价值；当把这些产品出售、服务实现时，企业就会取得货币收入，这就是其价值。企业之所以要把出资人投入企业的资本转化而成的资产加以经营，最终目的就是为了实现其价值，但要实现这一价值，就必须要为顾客提供产品和服务的使用价值。离开了这一使用价值，对顾客而言，企业的产品和服务就变得毫无用处，顾客就不会向企业支付等价的货币，企业就不会得到货币收入，企业价值最大化也就无从实现。正因为资本本身具有使用价值和价值，企业通过资产的经营所形成的另一种形态的资产或者提供的服务也具有使用价值和价值，并且，资产的使用价值是保证资产或者提供的服务的价值得以实现的前提，所以，维护资产的使用价值的安全和完整是实现企业价值的前提。在企业资产经营过程中，由于资产具有使用价值和价值，企业的经营者、员工以及其他利益关系人很可能通过各种方式侵吞资产，或者将资产的使用价值据为己有、自己使用，或者通过资产的出售使资产的价值得以实现而获得货币收入，出资者必然要对这些资产的侵吞行为进行监管。

8.2.1.4 资产预期会为企业带来经济利益

出资者投资于企业，企业运用出资者的投资所转化成的资产开展各项经营活动，目的就是为了取得经济利益。显然，这种经济利益是通过经营资产而带来的，这种经营行为既包括将资产直接出售，更包括通过资产的运用形成新的产品或者提供劳务，以满足市场需要。按照马克思的资本周转理论，企业经营资产的过程是从货币资金开始，以货币资金购买生产经营活动所需要的各种要素，运用这些要素进行生产经营活动，生产出新的产品或者提供劳务，并通过产品的出售和顾客对劳务的享用收回货币资金，收回的货币资金大于初始投入的货币资金，这就是资产所带来的经济利益。企业的这种资金循环周而复始，形成资金的周转。在资金的周转过程中，一方面，资产直接地或间接地会带来现金或现金等价物的流入，也就是资产预计会给企业带来经济利益，这正是经营者或者企业受托出资者进行资产经营的基本目的；另一方面，资产也可能会不能变现，从而给企业带来资产变现的风险，也就是经营风险。这种风险有可能最终导致企业陷入破产的状态，从而使得出资者的投资不仅不能取得投资报酬而是遭受损失。所以，资产预期会为企业带来经济利益，实质上隐含了也可能带来损失，也就是说，预期具有不确定性，既可能带来收益，也可能带来损失。从这个意义出发，资产也是风险，就是资产不能变现的风险。按照马克思的资本周转理论，资产必须要实现"惊险的一跃"，就是资产必须要通过市场变现，如果不能变现，资产就变得毫无价值。正因为资产能否变现会直接影响出资者的投资的本金能否收回、投资报酬能否取得，所以，出资者必然会对企业资产的变现能力进行必要的监管。

综合以上分析不难看出，资产的属性与出资者财务之间至少存在以下几个方面的关系：①资产的实体属性要求保护资产的安全和完整，从而确保资本保全；②资产的产权属性要求维护资产的所有权权属，包括法人财产所有权权属和出资者所有权权属，从而防止财产所有权的非法转移；③资产的交易属性，包括使用价值和价值属性，一方面，要保证使用价值的有用性和完整性，另一方面，在资产的交易过程中，必须实现使用价值转移，或者资产的所有权转移的同时必须要确保资产的价值的实现，从而防止由于资产的交易行为而导致企业资产价值的损失，防止通过资产交易出现利益输送的行为；④资产的变现属性或者资产的风险属性，意味着资产不仅会带来经济利益或者说收益，也会由于不能及时足额地变现而导致风险。为此，企业在资产的使用过程中，必须要实现风险与收益的对称性，不能偏离出资者的风险偏好。

8.2.2 基于出资者视角的资产管控

在两权分离的条件下，经营者经营资产属于其基本的经营权力，出资者一般不得参与或者干预经营者的资产经营行为，只有这样才能清晰地界定出资者与经营者的权力边界，也只有这样才能明确经营者的受托经营责任，实现经营权与经营责任的合理匹配。尽管如此，基于资产的上述特性，为了维护出资者的利益，出资者对于经营者的资产经营行为仍然要进行必要的管控，其基本的理论基础是权益理论和风险偏好理论。权益理论包括业主理论、实体理论、剩余权益理论、企业理论、基金理论等，在这些理论中，业主理论和实体理论是最为主流的理论。业主理论（Proprietary Theory）认为企业是所有者的企业，是所有者的代理机构。企业的资产、负债及净权益都归属所有者，资产 = 权益。实体理论（Entity Theory）认为企业与所有者是不同的实体，所有者是所有者，而企业作为法人，在法律上是独立实体，在经济上也是独立实体，因而企业的资产和负债都归属于企业，与所有者无关。尽管企业作为法人确实对企业的资产拥有法人财产权，但是，这些资产的存在是以出资者投入的资本和债权人的借款为基础的，也就是资产 = 负债 + 所有者权益。如果资产减少，所有者权益必然减少。从实质上说，两种理论都表明了资产与所有者权益的关系，所有者权益的物质基础是资产，没有资产也就没有所有者权益。正因为这样，出资者必然要维护资产的安全，维护资产的安全也就是维护出资者的权益。除此而外，风险偏好理论也表明，出资者进行投资都有自身的风险偏好。所谓投资的风险偏好（Risk Preference or Risk appetite），是指为了实现投资目标，投资者在承担风险的种类、大小等的基本态度。由于投资者所处的环境、经验、能力等因素不同，投资者的风险偏好也不相同。出资者进行投资时都会根据自身的投资风险偏好选择投资企业，这种投资风险偏好一方面表现在出资者对接受投资企业的选择上，另一方面也表现在接受投资企业的资产经营上。也就是说，出资者的投资风险偏好最终要通过经营者的资产经营的规模、结构等才能最终得以体现。如果经营者在资产的经营过程中偏离了出资者的风险偏好，必然会给出资者带来不利影响，以致影响出资者的权益，所以，出资者必然要对经营者的资产经营行为进行有效的控制。出资者对经营者的资产经营行为的控制包括以下方面：

8.2.2.1 对资产实行实物负责制

资产的安全性是维护所有者权益的物质基础,一旦资产发生损失,所有者权益也必然遭受损失,出资者必然要维护企业的资产的安全,维护资产的安全就是要确保资产的存在性和功能性。资产的存在性是指资产以其自然状态存在于企业,实物资产必须要有实物的存在,无形资产必须要有专利、著作权、商标等的存在,金融资产必须要有各种证券的存在,如此等等,资产必须要以某种自然状态而存在,这是资产存在性的前提;资产的存在性不仅以其自然状态而存在,而且,处于自然状态的资产必须为企业所确知并能够控制,这意味着各种资产必然存在于与企业关联的、对资产享有占有和使用权的主体手中,这一主体必须代表企业对所占有和使用的资产承担安全责任。也就是说,企业与占有和使用企业资产的主体之间存在着有关资产安全的权利义务契约关系。通过这一契约关系,企业不仅确知资产存在于哪一主体手中,而且通过责任追究使得这一主体能够保证资产的安全,从而实现企业对其拥有的资产进行控制。企业作为法人其财产的安全性,是通过与企业关联的每一个主体对其所占有和使用的资产所承担的安全责任得以实现的。正由于此,出资者必然要求企业对资产实行实物负责制,首先,出资者要求企业的高管层必须对整个企业的资产安全承担责任,正是这一责任使得企业的高管层必然将这种责任分解落实到每一个实际占有和使用资产的主体;实际占有和使用资产的主体在承担实物负责制所规定的责任时,一是要对所占有和使用的资产的自然存在状态负责,二是资产在使用的过程中必然要变更实物负责主体,为此必须要实行严格的变更手续制度,三是定期进行资产的盘存、账实核对。只有这样,才能做到资产总是有人管理和控制,资产的安全责任也才能真正得以落实。资产的安全不仅体现在其存在性上,也体现在其功能性上,资产的功能性一是指其资产能够按照其用途发挥作用,二是指资产在使用的过程中其功能有可能弱化或者损耗,但必须要使其随时得以恢复,而使资产能够正常地发挥其作用。一个有其自然存在状态但没有或者不能发挥功能的资产,这样的资产就不具备其功能价值,其结果必然会导致所有者权益的损失。在实物负责制的条件下,资产的实物负责人不仅要保证资产的存在性,而且必须要对资产的功能性作用负责,它包含了两层责任:一是要通过实物负责人对资产的功能进行必要的维护和修复;二是实物负责人无法对资产的功能进行修复时,必须要进行及时的报告,请求专业部门进行修复。总之，资产的实物负责制是出资者维护自身在企业的权益的基础，出资者必然也必须要求企业实行实物负责制。

8.2.2.2 对关联方交易进行控制

维护出资者的所有者权益，不仅要确保企业资产的存在性和功能性，而且在资产的交易过程中，必须确保不会发生通过关联方交易而进行利益输送的行为，这种利益输送会直接地损害所有者权益。在企业有关资产的交易中，交易的对方有可能是关联方，也可能是无关方。按照理性人假设，企业内部各利益主体都会谋求自身利益的最大化，在交易对方是关联方的条件下就有可能发生利益输送的行为，通过这种利益输送，企业内部各利益主体以谋求自身利益最大化，但最终损害的是出资者的权益；在交易对方是无关方的条件下，企业内部各利益主体没有进行利益输送的内在动机，因为输送的利益不可能归自身所有。关联方交易可以一般化为存在利益关系的双方之间发生转移资源或义务的事项，而不管其是否收取价款。在关联方交易中的利益输送是指企业内部有关利益主体从企业转移资产和利润到自己手中的各种行为。在关联方交易中所进行的利益输送必然会损害全体出资者的利益，甚至影响到企业利益相关者的利益，出资者必须对其进行控制。控制的方法是：首先，参与关联方交易的主体必须要进行相关信息的披露；其次，必须要提供关联方交易的各种交易条件的充分理由，在市场经济条件下，必须以市场为背景形成这些理由；再次，要尽可能通过第三方独立机构为交易条件提供客观公正的鉴证；最后，凡关联交易事项都必须要通过董事会的独立董事的同意并报股东大会批准。

8.2.2.3 对改变经营范围的审批

出资者发起设立企业时，就会在公司章程中明确规定公司的经营范围，经营范围本质上就是出资者的投资方向，投资方向的选择表明了出资者的投资风险偏好的意愿，经营者不得随意改变。经营者运用资产进行经营，必须按照出资者规定的经营范围进行。一旦企业要在出资者规定的经营范围外使用资产，也就是改变资产使用的经营范围，就必须要按照公司章程规定的程序报请股东大会进行批准。在实际的经营范围的控制中，企业改变经营范围就必须要修改公司章程，同时，要到政府部门办理注册变更登记，而要完成这些程序就必须要得到股东大会的批准。

8.2.2.4 对改变资产使用主体的审批

出资者进行投资不仅有经营范围的限制,而且也有接受投资使用主体的限制。接受投资的主体有其自身的经营环境和自身的经营范围和经营能力,而这些是与出资者的风险偏好直接相关的,一旦改变接受投资的主体,出资者的风险偏好也就被改变。这里,所谓改变接受投资的主体也就是企业的资产不再为企业本身所占有和使用,而是被其他企业和个人长期地占有和使用,并为这些企业和个人带来收益,尽管这一收益也可能部分地为企业所分享。在企业中改变资产的占有和使用主体的行为包括以下方面:

1. 对外投资。

企业对外投资直接改变了资产的使用主体,从而改变了出资者的风险偏好。企业可以分为从事资本经营和资产经营的企业,从事资本经营的企业的主要功能是投出资本,其资产主要是以对外投资的方式形成的。从事资本经营的企业的资产必然要以投资的方式投入到其他企业,所以,资产使用的主体必然被改变。在从事资本经营的企业的资产负债表上,其主要的资产是对外投资,或者购买的具有对外投资特征的各种金融资产,特别是证券资产。出资者对资本经营的企业的资产使用所发生的主体变更的控制,主要是通过投资的范围进行的,而投资的范围恰好表明了出资者的投资风险偏好的基本意愿。进行资本经营的企业的投资必须投给符合出资者投资范围的接受投资主体,如果超过这一范围,就必须得到出资者或者股东大会的批准;出资者也可能不对资本经营企业的投资范围进行控制,而是直接用投资的风险偏好水平进行控制,在这种条件下,进行资本经营的企业的投资必须投给符合这一风险偏好水平的接受投资主体。如果接受投资主体的风险偏好水平不符合出资者的意愿,就必须得到出资者或者股东大会的批准。在从事资本经营的企业进行对外投资并形成资产后,出资者或者股东大会对资产控制的其他方面与从事资产经营的企业具有相似性。

对于从事资产经营的企业,出资者投资到这一企业,其目的是要求企业通过资产经营实现利润最大化,所以,企业的资产必须要为企业的经营活动所使用,而不是对外投资。一旦对外投资,资产的占有、使用主体就被改变,出资者的风险偏好也就被改变。即便是对外投资的结果仍然属于同一行业,但由于投资后资产运用的主体被改变,也就意味着资产运用的环境条件、资产使用主体的能力大小被改变。实际上，出资者将资本投资到企业从事资产经营，根本的目的就是要由该企业通过资产的购进、储存、生产、销售等行为实现资产的增值，从而实现资本增值，而不是让接受投资企业通过对外投资获取收益。一旦从事资产经营的企业发生对外投资行为，就必须要得到出资者或者股东大会的批准，为此，企业必须要提供对外投资的可行性论证以及采取的风险控制的措施，经过出资者和股东大会批准后方可实施。

2. 融资租赁。

资产租赁分为经营性租赁和融资性租赁，经营性租赁是企业为了盘活资产，取得更多的收益而采取的一种经营方法。经营性租赁具有短期性、临时性和灵活性的特点，其权力属于经营者。融资租赁是出租人按照承租人对出卖人（供货商）的选择，从出卖人购买租赁物并提供给承租人使用，承租人向出租人支付租金，承租期满，货物所有权归属于承租人的交易。融资租赁行为已经改变了资产的占有和使用主体，从而也改变了出资者的风险偏好，所以，必须要得到出资者或者股东大会的批准。与融资租赁类似的是企业对外长期租赁资产而获取租金，由于长期租赁的资产并没有为企业的生产经营活动所使用，所取得的收益也为承租人所拥有，企业只是获得固定的租金，这种长期租赁实质上是资产的占有和使用主体被改变，从而改变了出资者的风险偏好，必须得到出资者或者股东大会的批准。无论融资租赁还是长期租赁固定资产，企业都必须要向出资者或者股东大会提供可行性分析报告，经批准后方可实施。

3. 对外担保。

对外担保表面上看并不是企业的资产直接被用于其他企业和个人，但它是或有负债（Contingent Liability）。或有负债是企业过去的交易或事项形成的潜在义务，这种义务只有在未来不确定事项的发生或不发生才能予以证实。对外提供担保作为或有负债，一旦被担保人不能偿还相关债务，就必须要由担保人偿还债务，担保人偿还债务当然要用其自身的担保资产作为偿还债务的物质基础，一旦这种或有负债发生就会直接减少资产，从而损害所有者权益。正由于对外提供担保的这种或有负债属性，对外提供担保就必须要得到出资者或者股东大会的批准。实际上，在企业实务中，被担保人必须与企业存在利益的一致性或者共同的利益，如母公司为子公司提供担保；或者被担保人与企业存在互保行为，也就是相互提供担保，并且双方承担的风险具有相同性；或者被担保人与企业之间存在利益的关联性，通过这种对外担保会为企业带来相应的利益，如被担保方是企业产品的需求者，通过对其进行担保使企业自身的产品的价值能够得以有效实现。无论对外担保因何种原因发生，从根本上说必须要保证被担保人能够为担保人带来相称的利益。尽管如此，由于对外担保是或有负债，还是可能会给出资者带来利益损失，所以必须要经过出资者或者股东大会批准，企业必须要为对外提供担保的担保主体的偿债能力进行分析报告，同时要对担保可能发生的风险予以防范，如再担保、反担保等。

4. 将生产用资产转变为非生产用资产。

出资者投入企业的资本就是要用于企业的生产经营活动，为其带来利润。如果企业将资产从生产用转变为非生产用，也就意味着出资者投入企业的资本没有用于生产经营活动，也不可能为企业带来收益。最典型的将生产用资产转变为非生产用资产就是将生产设施改造成为职工福利设施，这实质上表明资产的实际占有和使用主体已经由企业转变为作为个人消费者的员工，而不是作为生产经营活动参与者的员工。历史上，国家为了对国有企业用于职工福利的资产进行控制，采取按工资总额的一定标准提取职工福利费，这也表明国家作为出资者对国有企业的这种资产使用行为所进行的控制。在完全市场化的企业中，一般来说，生产用资产是不可以转化为非生产用资产的，如果发生这种行为，必须要得到出资者或者股东大会的批准。出资者或者股东大会批准这种行为，有的是基于一种社会惯例，而更多的是通过这种方式激发企业员工的积极性和对企业的归属感，这显然能够为企业带来更大的价值，从这个意义出发，这种资产转化行为实际上是作为一种激励手段在使用，而不是单纯地提供一种员工福利。

5. 对外捐赠资产。

对外捐赠资产是一种无偿行为，它直接减少了总资产，从而也减少了所有者权益。或者更直接地说，对外捐赠资产就是捐赠所有者权益，既然是所有者权益的捐赠，就必须要得到出资者或者股东大会的批准。纵观世界各个国家企业对外捐赠资产也是一种基本的行为，但是，形式上看捐赠行为是企业进行的，而实质上看，捐赠行为是出资者或者股东的行为。不仅在于捐赠的资产是所有者权益的一部分，而且捐赠的决策是由出资者或者股东大会做出的，企业无权对外捐赠资产，也无权作出对外捐赠资产的决策。企业对外捐赠资产一般由于两种原因引起：一是出资者或者股东要对外捐赠资产，通过出资者或者股东大会的决策确定对外捐赠资产的对象、数量、用途以及管理程序。一般情况下会成立捐赠基金，聘用管理人并委托信托人进行监管，所以，捐赠资产的管理与企业是分离的。二是企业基于经营的需要对外捐赠资产，很多情况下具有广告效应，目的是为了提升企业的品牌形象。在这种情况下，企业必须要为捐赠资产提供相应的必要性和带来的潜在效应的分析，为出资者和股东大会提供决策依据。

6. 关键或者大额固定资产的购买和建造。

与流动资产不同，固定资产的购建以及运用会带来固定风险，原因在于一旦购建了固定资产就会带来固定成本，这种固定成本无论企业是否开展业务活动并带来收入都必然存在和发生。特别是固定资产除了物理磨损还会发生精神磨损，最终可能导致固定资产不具有功能价值，也就是生产的产品卖不出去，或者只能低价销售，得不偿失。由固定资产所带来的这些风险最终可能导致企业破产或者企业亏损，出资者或者股东必须承担最终的损失。出资者或者股东大会对固定资产购建的控制主要表现在两个方面：一是对关键性的固定资产的购建的控制，关键性固定资产是决定企业生产经营能力和核心竞争力的资产，企业对关键性的固定资产的购建既形成固定资产从而产生固定风险，同时也是内部投资，会形成投资风险，也就是固定资产所生产的产品能否在市场上实现并带来收益。二是对大额固定资产购建的控制，大额固定资产的购建会给企业带来大的固定成本，从而形成大的固定风险。无论关键性还是大额的固定资产的购建，企业都必须要提供购建计划和方案，并报到出资者或者股东大会批准后方可实施。固定资产的关键性和固定资产购建额度的控制数额因行业不同、企业的经营性质和经营规模不同而有差异，出资者和股东大会必须在公司章程中予以明确。

7. 重要固定资产的清理变卖和报废。

固定资产的清理变卖和报废会直接影响企业总资产的数额，从而影响出资者的权益；固定资产在清理变卖和报废的过程中的估值更是直接影响出资者权益数量。为了尽可能减少固定资产清理变卖和报废所带来的价值损失，出资者或者股东大会必须要对企业的这些行为进行控制。需要说明的是，这里固定资产的重要性可以是对企业的经营影响程度而言的，一旦固定资产清理变卖或者报废有可能缩减企业的生产经营规模或者导致企业停产，甚至企业经营终止；也可以是其数额较大，一旦固定资产清理变卖或者报废有可能对企业的资产的总量产生较大的影响。一般来说，对于这些固定资产的清理变卖或者报废都必须制定专门的清算方案，成立专门的清算小组。在清算小组中会有股东（甚至债权人）代表参加，同时要聘用专门的律师和注册会计师。清算工作还有专门的法定程序，从出资者财务的视角看，这一程序的最后一个环节就是必须要经过出资者或者股东大会的批准清算方案、清算小组和最终清算结果。

总之，在两权分离后，出资者必然要对经营者的资产运用行为进行管控，这种管控具有财务属性，因而形成出资者的基本财务权利。之所有要进行这种管控，是因为经营者的资产运用行为有可能直接损害出资者权益，或者偏离出资者的投资风险偏好。

8.3 出资者财务与现金控制

企业在筹资和购买资产并进行使用的过程中，必然会发生现金的流入和流出，现金伴随这些业务活动的发生而流动，但现金作为一种特有的资产也会有自身的特殊属性和运动规律。出资者要不要对接受投资的企业的现金进行控制，怎样进行控制？

两权分离，经营者拥有经营权，也就是经营者享有自主从事生产经营活动的权利。企业生产经营活动的过程，一方面，是商品运动的过程，另一方面，则是资金运动的过程。或者更直接地说，伴随生产经营活动的过程必然会发生现金的流入和流出。虽然现金的流入和流出并不是资金运动的全部，但是资金运动的最重要的体现就是现金的流入和流出。企业的一切经营活动最终都必然要流出现金，企业的一切经营活动最终也必然要流入现金，只有当流入的现金大于流出的现金时，生产经营活动才是有效的。从资金运动的公式也可以表明这一点，资金运动的公式以货币资金的投入开始，并以收回更多的货币资金而结束。由于现金的流入和流出是与生产经营活动密切结合在一起的，由此，对现金流入和流出的相应权力也属于经营权的范畴，是经营者的基本权力。尽管如此，由于现金的特殊性质，也使得出资者要对现金的流入和流出行使一定的控制权，以维护出资者权益。那么，现金具有哪些特殊性质，这些特殊性质与出资者财务存在何种联系,以及出资者如何对现金进行控制以维护自身的权益?

8.3.1 现金的特殊性质与出资者财务

现金又称货币资金,在资产负债表中资产一方列在所有资产的首位,主要表明了货币资金的变现能力最强,实质上是处于百分之百的现金状态,不存在变现的风险,以此表明了货币资金与资产负债表中的其他资产所存在的变现能力的差异。从这个意义出发,这里的货币资金主要是从资产的视角进行定义的。在这里,所要研究的现金的特殊性质主要不是基于它的资产属性的视角,而是它作为货币属性的视角。

8.3.1.1 现金的特殊性质之一,它是货币也就是一般等价物

作为一般等价物的货币,它既可以作为价值尺度衡量其他一切商品的价值,也可以交换其他一切商品。正是货币的这种一般等价物的特殊属性,使得市场经济条件下商品交易的目的不再是为了为买而卖,而是为卖而买,通过卖最终取得货币。一旦取得了货币,由于其一般等价物的特殊属性,拥有货币的主体就可以取得任何其他自己所需要的商品,这正是造成资本主义"人为财死,鸟为食亡""金钱万能"的拜金主义的重要前提。也正因为货币具有一般等价物的属性,所以,人们对货币的占有动机就会显得更加强烈,占有货币就会不择手段。

伴随两权分离的公司制企业的产生,出资者通过向公司投资而对公司拥有所有权权利,而经营者享有经营权权利。出资者是以现金的形式对公司进行投入,即使非现金出资,也要进行评估,而评估的本质就是确定在投资的时点上非现金资产在市场上的变现数额。出资者一旦向公司出资,这些现金就为经营者所实际地占有、使用、处置和分配,在生产经营活动过程中,现金或者货币资金也会发生形态的转换,但最终必须转换为货币形态,只有这样,才能使得出资人收回自己的本金,并获得相应的投资报酬。正因为在企业的生产经营活动过程中现金或者货币资金总是必然存在,而且处在不断的流入和流出的状态,就很容易使得经营者及其公司内部的成员直接侵吞现金,或者利用现金流入流出的时间差为己所用。加之,现金具备一般等价物的特征,人人都具有获取现金的内在欲望,通过现金及其现金流入流出进行舞弊就既有着主观需要,

也有着客观可能。现金的侵吞会直接减少所有者的权益,所有者必然要防止现金的侵吞行为,包括据为己有和挪用,出资者财务对现金的控制首先就必须要保证现金的安全。

8.3.1.2　现金的特殊性质之二,它是货币从而具有交换手段的功能

以货币为媒介的商品交换经历了简单的商品交换和发达的商品交换,简单的商品交换是为买而卖,货币只是作为交换的媒介;发达的商品交换是为卖而买,货币不仅作为交换的手段,而且成为了交换的目的。公司制企业所进行的商品交换都是发达的商品交换,公司通过将出资者投入的货币形态的资本用来购买从事生产经营活动所需要的生产资料,经过生产转化为商品并将其出售,以货币的形态收回投入的资本并取得投资报酬。在这个过程中,以货币购买生产资料,包括购买原材料、固定资产,也包括购买劳动者的劳动力,将生产出的产品出售后收回现金,又回到货币形态。货币的运动过程与商品的运动过程是无缝衔接的,甚至是合二为一的(一手钱一手货的交易行为)。伴随着现金的流出,就会发生商品(包括劳动力)的购买行为,伴随着现金的流入,也会发生商品的销售行为。也就是说,企业的一切经营活动同时或者迟早(信用经济条件下)都会发生现金的流入和流出,不仅如此,只有现金流出才可能获得生产经营活动所需要的商品,也只有流入现金,企业才愿意将自己生产的商品进行出售。从这个视角出发,现金成为了生产经营活动的前提和归宿。归结起来就是,生产经营活动过程就是现金流入流出的过程,并且现金也是进行生产经营活动的前提和归宿。

正是由于现金或者货币资金所具有的交换手段的特殊性质,所以,在不超越经营者的经营权的条件下,出资者通过对现金的控制,既可能获得对企业生产经营活动的知情权,也可以行使对出资企业的基于所有者权利的控制权。两权分离后,在所有者与经营者的委托代理关系中,由于信息不对称极易导致代理问题,所以,要解决代理问题就必须要解决信息不对称的问题。由于企业的一切生产经营活动都伴随着现金的流入和流出,出资者若能够掌握这种现金的流入和流出过程,就能知晓正在发生着的一切生产经营活动,这正是通过现金控制使得出资者获得对企业知情权的本质,对出资者披露现金流量表就与这种知情权有着密切的关系。不仅如此,如果出资者能够通过对现金流入流出的控制行使出资者所应有的权利,出资者的权利就有可能得到真正的落实,这也

正是通过现金控制使得出资者获得对企业的控制权的本质。中国证监会之所以要求募投资金必须要专户存储，就是为了控制募投资金的使用必须与募投方向保持一致，如改变募投方向就必须要通过股东大会批准，这显然就是为了维护出资者的权益，确保出资者对募投资金的投向的基本权利的有效实现。

8.3.1.3 现金的特殊性质之三，它用于生产经营活动就具有了时间价值

货币具有时间价值，是以其投入到生产经营活动中为基础的。现金作为单纯的货币具有贮存手段的功能，现金的增加只是意味着货币数量的增加。由于货币是一般等价物，货币数量增加也就意味着财富数量增加。现金作为财富积累的方式被贮存不会带来新增价值，也就是说，不会带来时间价值。只有当现金投入到企业生产经营活动中才可能带来时间价值。正是由于这一点，现金或者货币的所有者才愿意将其投入到企业并通过企业用于生产经营活动。在企业生产经营活动中用现金购买生产资料，通过生产过程生产出新的产品出售后收回的现金必然大于投入的现金，这就是货币的时间价值。一般意义上，货币的时间价值是指当前拥有的货币比未来收到的同样金额的货币具有更大的价值，原因在于当前拥有的货币可以进行投资，这里所谓投资就是投入到企业的生产经营活动之中。出资者（或者债权人）之所以愿意把自己的货币或者现金以股权（或者债权）的形式投入到企业，就是因为通过企业将这些货币或者现金投入到企业的生产经营活动中，会给出资者（或者债权人）带来利润（或者利息）；而企业的经营者也必须不断地把货币或者现金投入到企业的生产经营活动中，才能履行出资者的资本保值增值的受托责任。

正由于现金具有货币的时间价值，出资者才愿意将自身的货币资金投入到企业；如果企业的经营者不能给出资者投入企业的资本带来投资收益，也即货币的时间价值，经营者会面临被解雇的风险，而出资者即使将自身的货币投入到了企业也会撤资，更不用说进行再投入。经营者的根本任务就是要将货币资金或者现金不断地投入企业的生产经营活动中，以期获得更多的现金流入，现金或者货币资金只有被不断地使用才能创造价值，才能带来货币的时间价值。为此，出资者必然尽可能地促使经营者不得将货币资金处于闲置或者沉淀状态。同时，如果投入生产经营活动中的货币资金能够带来更多的货币时间价值，出资者就会将更多的货币资金投资于或者留存于企业。任何出资者都会促使经营者不得将货币资金闲置，一旦企业货币资金过多，就不会让企业进行再

融资（再发行股票或再贷款）。在企业的收益进行分配时，也会要求更多地进行现金分配。经营者为了避免出资者对企业现金的这种控制行为，也为自身获得更多的现金控制权，就必然要尽可能地将现金投入到生产经营活动中，通过寻找新的现金使用的领域获取更多的收益。对于中间出资者（包括母公司、投资公司等），为了尽可能促使企业的现金不会产生闲置，通常会通过建立现金池在所投资的企业之间调节现金余缺，使现金在整个成员企业之间得到最大限度的使用，从而为整个集团带来最多的货币时间价值。

8.3.2 基于出资者视角的现金控制

正由于现金的特殊属性，使得出资者必然要对现金进行有效的控制。通过这种控制，首先，要确保现金及其使用的安全性和现金的使用效率；其次，通过现金流入流出过程的监测了解企业正在发生的一切，从而使得出资者对企业运营的知情权得以有效地实现；最后，通过对现金支出用途的限制以实现出资者的风险偏好。具体来说，作为出资者财务内容之一的现金控制包括以下方面：

8.3.2.1 确定现金及其使用的内部牵制制度

现金及其使用的过程很容易出现直接侵吞或挪用现金的舞弊行为，为了防止这种行为的发生，就必须要对现金本身及其现金的流入流出过程进行有效地控制。这种控制除了从外部所进行的结果监督外，最为重要的是在企业生产经营活动过程中必须建立一种有效的现金及其使用的牵制制度，通过这种牵制制度使得企业内部的任何员工在现金的使用过程中难以侵吞和挪用现金。可以将这种控制称为过程控制，如果过程控制能够自动实现现金控制的目标，结果监督往往就变得不那么重要。

对现金的控制是通过制定内部控制制度并确保其执行而得以实现的。内部控制制度经历了内部牵制、内部控制制度、内部控制结构、内部控制系统、风险管理整体框架五个阶段。无论其怎么变化，内部牵制是其最为重要的内容，而对现金的内部牵制则是重中之重。内部牵制的核心内容是不相容职务必须分离以达成相互牵制。企业各项业务的处理都要经过授权、批准、执行、记录和检查等五个步骤，就与现金相关的业务而言，包括：（1）出纳与使用现金的职务要分离；（2）使用现金的职务与批准使用现金的职务要分离；（3）使用现金的职务与记录该现金使用的职务要分离；（4）保管现金的职务与记录现金的职务要分离；（5）保管与记录现金的职务与账实核对的职务要分离等。

在计划经济时期，我国对企业的现金控制是通过财政部制定的现金管理条例进行的，而在发达国家则是通过制定内部控制制度进行的。实际上，财政部制定现金管理条例虽然是由行政部门主导的，但从本质上说是代表的是所有权权利，在计划经济条件下政资不分、以政代资。所以，为了保护国家所有者在企业中的权益，财政部就代表国家所有者制定现金管理条例，以确保现金及其使用的安全和使用效率。在西方发达国家，所制定的内部控制制度包含了现金的控制，尽管这个制度是由民间专业机构制定，但所代表的仍然是所有者的利益，特别对于上市公司，更是直接反映股东的权益。在我国实行市场经济对企业进行两权分离的公司化改造后，也开始制定内部控制制度，这一制度也是由财政部牵头制定的，但反映的仍然是所有者的利益。实际上，一方面，在国家或者整个社会层面要制定一般的公认的内部控制制度，另一方面，在企业层面出资者要根据一般的公认的内部控制制度制定符合企业自身的可以落地执行的内部控制制度，这一内部控制制度必须要得到股东大会的批准，属于出资者的权利。从这个意义出发，现金的内部牵制制度的制定以及确保其执行是出资者的基本权利，属于出资者财务中的现金控制的内容之一。

8.3.2.2　确定现金的用途尽可能减少直接使用现金

在企业的生产经营活动过程中，企业直接使用现金越多，对现金的安全性程度的影响就越大，现金占用量也会越多，从而也影响现金的使用效率，由此，就必须要尽可能地减少直接使用现金。就经营者和企业员工而言，从行为取向上可能更愿意直接使用现金，至少它能够带来更多的便捷性、自由性和支出的相对隐秘性，而这很有可能损害所有者权益。所以，在出资者财务中必须要对现金的用途进行限制，其目的就是为了减少由于经营者或员工在现金使用中可能产生的舞弊行为、隐蔽行为和现金占用而导致的使用效率低下行为。在我国，国务院发布了《现金管理条例》，在这个《条例》中就明确规定了现金使用的范围，涉及八个方面。这一规定虽然是由国务院公布的具有行政法规的特征，但事实上，这一条例除了从行政的视角规范现金使用行为以防止洗钱等违法行为外，实际上也包含了维护出资者的权益的要求。但由于《现金管理条例》具有普遍的适用性，并不一定反映了某一特定企业或者集团的特殊性，出资者在财务管理中应该根据《现金管理条例》的一般要求，进一步制定出资者关于现金使用用途的更具体的规定。实际上，伴随着科学技术的进步和金融工具的不断丰富，在西方发达国家企业的生产经营活动中几乎很少使用现金，即使涉及个人的一些支付行为也都大多采用信用卡或者支票进行结算，企业一般不再直接使用现金，所有的现金流入流出行为都通过企业在银行等金融机构所开设的账号进行，这样就使得企业的现金流入流出都通过自身以外的银行等金融机构进行监控，这对维护所有者权益有着重要的作用。

8.3.2.3 控制现金总量以减少现金占用数量

企业持有的现金总量越大，不仅涉及安全性问题，更是影响现金的使用效率，从而直接影响所有者权益。作为企业的出资人（或者股东），必然享有现金流权，现金流权是指每个股东按持股比例享有该企业的财产分红权，特别是现金分红权。现金流权由每一控制链条的持股比例的乘积所得，如果考虑一致行动人，则是各自的现金流权的加权总和。现金流权实际上就是一种分配权，而且这种分配权与现金流有着密切的关系。一方面，所有者享有现金流权，另一方面，经营者往往希望企业拥有更多的现金，从而为经营者对现金的实际控制权提供基础，由此就很容易产生超额现金持有。超额现金持有就是指现金的持有水平超过正常需要的水平从而出现现金冗余，大量的现金冗余必然会带来很高的机会成本。所以，在出资者财务中，出资者必然要控制经营者或者企业所持有的现金总量，控制的基本边界是如果当追加的投资所使用的现金所带来的期望收益率不能达到出资者所需要的最低投资报酬率时，出资者就必然要采取各种方式减少企业的现金持有。控制的方式主要包括：（1）通过收益分配控制现金总量。企业的出资者（或者股东大会）享有收益分配权，在收益分配的方式上可以采取现金分红以及非现金分红。在企业的现金出现冗余时，现金分红就是一种必选的分配政策；在企业的现金出现不足时，非现金分红从而增加内部融资也是一种需要考虑的分配政策。（2）通过再融资控制现金总量。当企业的现金出现冗余时，出资者（或者股东大会）会行使再融资的否决权以不再增加企业的现金总量，相反亦然。（3）通过股票（或者债券）回购以减少企业的现金持有总量。在资本市场发达的国家，企业的出资者（或者股东）也可以通过股票（或者债券）的回购以减少企业的现金冗余量，而股票（或者债券）的回购的最终审批主体就是股东大会，这显然属于出资者的财务权利。

8.3.2.4 进行现金的集中管理并实行收支两条线

现金控制不仅要保证现金的安全,也需要保证现金的使用效率,实现现金的时间价值。也需要通过现金的流入流出管理使出资者能够获得知情权。在单一企业现金的集中管理于现金的内部牵制制度中都有明确的规定,也就是必须由出纳集中管理,在银行统一开户,这实质上反映了单一企业的出资者对现金管理的基本要求。与此不同,这里所讲的现金集中管理主要是指在大型企业集团、投资公司等母公司在投资多个企业的情况下,对所投资企业的现金所进行的集中管理。由于母公司对于所投资的企业就是出资者,母公司利用出资者的权利对所投资的企业进行现金管理就属于出资者财务管理的内容。这种现金集中管理主要适用于中间出资者所进行的财务管理,通过这种现金集中管理既有助于实现现金的安全性,更是为了实现现金的有效使用和出资者的知情权。实际上,除了作为出资人的母公司能够对所属成员企业的现金享有集中管理的权限外,任何单一成员企业都不具备这种权力。任何单一成员企业都是独立核算、自负盈亏、自主经营的企业,它们主要是维护企业自身的利益,在现金管理上就是要确保自身的现金有偿使用,而使用他人的现金也必须要付出相应的代价。正因为这样,母公司在对各成员的资金进行集中管理时必须要确保各成员企业的利益不会受到损害,等价交换是其必须贯穿的基本原则。

现金集中管理经历了统收统支、拨付备用金、设立结算中心、内部银行和财务公司的多种形式,目前,在世界各国大多采取现金池的方式进行现金的集中管理。无论采取何种形式进行现金集中管理,都必须要实现集中而不集权的原则,要充分保证母公司属下各子公司的独立核算、自负盈亏的基本权利。正是基于这样的原则,现金集中管理在集团内部采取了内部资本市场的模式,在母公司所属成员企业之间进行现金的调配都采取了自愿有偿的原则,并与外部资本市场的资金价格保持一致。在母公司进行资金的集中也主要通过现金池方式实现,现金池实际上是一个理论概念,具体的做法各有不同。比较好的方式是通过银行体系进行,目的就是要把母公司所属成员企业的所有现金都存入到由母公司统一在银行开设的账号之中,这样,才能便于母公司将现金在成员企业之间进行合理的配置。具体来说,包括由母公司在银行分别开设收入和支出的总账账号,实现收支两条线。也就是母公司成员企业流入的现金必须先进入收入账号,如要使用必须从收入账号划入支出账号,通过支出账号才可以流出现金；在母公司于银行所开设的收入和支出总账账号之下，再分别由各子公司开设自身的分账账号。这样，总账账号就是母公司开设的账号，每一个母公司所属的成员企业都只是在总账账号下开设分账账号。正是通过这种总账账号下的分账账号方式，既保证了总账账号作为现金池的功能，又通过分账账号明确划分了母公司所属成员企业各自的现金边界。母公司所属各成员企业的收入分账账号反映了相应企业的现金流入和现金存量，而支出分账账号反映了相应企业的现金流出和尚未支付完毕的现金。实行总账账号与分账账号分开，首先，能够通过总账账号了解全集团公司的现金流入流出和结存状态。其次，也能够通过每个成员企业的分账账号了解各自企业的现金流入流出和结存状态。再次，便于母公司能够在成员企业之间合理有效地按照等价交换原则调配现金，从而提高资金的使用效率。同时也为母公司获得所属成员企业与现金流入流出相关的生产经营活动的知情权提供基础。最后，母公司通过将收入账号的现金转入支出账号的批准权，可以对相关需要获得批准的现金流入流出事项进行管控。两权分离后，出资者（或者股东大会）仍然享有所有者的基本权利，经营者在生产经营活动中涉及与这些基本权利相关的事项时，必须要得到出资者（或者股东大会）的批准。只有通过批准后，这些事项所需要的现金才可以支付，母公司正是通过成员企业的现金从收入账号划入支出账号，以控制这些事项是否得到出资者（或者股东大会）的批准。正因为有如此多的好处，世界各国大型企业集团都会由母公司通过银行体系构造现金池，对所属各成员企业的现金进行有效地配置和管控。

总之，在出资者财务中，出资者必然要对现金进行管控，以确保现金的安全和使用效率，同时，出资者还要通过现金的管控获得对企业的知情权以及借助现金管控确保出资者所应有的其他所有权权利的真正实现。

第 9 章
出资者的存量资本结构调整的控制

出资者进行投资的目的是谋求自身的收益最大化,而这种最大化将建立在企业价值最大化的基础上。尽管出资者为了实现这一目的,在投资时已经进行了必要性和可行性研究,但由于接受投资企业的经营环境的不确定性和企业自身的主观努力程度的大小不同,都可能导致出资者的目标难以实现。为了避免和消除这种风险,出资者必须对其初始投资进行必要的调整,也即存量资本结构调整。

9.1 存量资本结构调整与股东权益

所谓存量资本结构调整就是出资者对已经进行的投资在数量和结构上进行改变,以实现其初始投资的目标,或者获得更高的投资回报,并使得投资的风险降到最低。存量资本结构调整的方式包括企业兼并、收购、合并、资产重组、股权转让、股份回购、经营者股权分配、资产剥离、资产置换、债务重组、托管、租赁、分立、分拆、终止经营、破产清算等,所有这些存量资本结构的调整行为最终都会直接和间接地影响出资者的权益,正因为这样,存量资本结构的调整属于出资者的基本权利,而出资者在行使这一权利时,其业务行为主要与财务有关,属于出资者财务的范畴。正如上述,存量资本结构调整的目的之一是实现初始投资的目标,出资者在进行投资后,由于社会、政治、经济、法律等环境出现了不利的变化,以及接受投资企业自身存在的种种问题,有可能导致出资者的投资目标不能实现,出资者必须对存量资本结构进行调整；目的之二是获得更大的投资回报，出资者在进行投资后，由于社会、政治、经济、法律等环境出现了有利的变化，加之接受投资企业的内部治理结构的有效性，各项经营活动卓有成效，出资者的投资目标超预期得以实现，出资者也必须要对存量资本结构进行调整；目的之三是尽可能将投资风险降到最低，从理论上说，投资的风险与收益是对称的，收益越高风险越大，收益越低风险越低。但就任何一个具体的投资项目而言，出资者总是会尽可能地避免和消除风险，实现投资风险最小化和投资收益最大化，通过存量资本结构的调整就有可能促进这一目标的实现。

存量资本结构调整会直接和间接地影响所有者权益，正因为此，所有者必须要对此行使权力。那么，存量资本结构调整会在哪些方面影响出资者权益？

9.1.1 资本规模

存量资本结构调整会直接影响资本规模，也就是在原有资本规模的基础上增加或者减少资本，是一种资本的存续结构。出资者在初始投资规模的基础上有可能增加投资或者减少投资，从而导致初始投资规模和后续投资规模的变化。资本规模的变化只是假定初始和后续投资在数量上的变化，并不涉及股权结构问题，也就是说，无论增加或者减少资本规模都是在原有的股权结构不发生变化的基础上进行的。尽管如此，由于要求所有的股东增加或者减少资本规模从而直接影响出资者的投资数额，而投或不投、投多投少、投到什么方向都属于出资者的基本权利。在初始投资时只有出资者作出这些决策才会创立企业，在后续投资时，出资者作出这些决策会决定企业是否在规模扩大和规模缩小的基础上存续，规模缩小的极致状态就是撤销企业。无论增加资本规模还是减少资本规模都会涉及出资者的投资风险的变化，增加资本规模既可能是企业环境趋好，企业经营效率提高，从而投资收益率提升的结果，这意味着增加资本规模不仅降低了风险，并且带来了更多的收益；增加资本规模也可能是企业经营的规模效应没有充分释放，达不到预期投资收益率的结果，这意味着增加资本规模会避免和消除风险，并能够最终实现投资的预期收益。减少资本规模既可能是企业环境趋坏，企业效率下降，从而投资收益率下降的结果，这意味着减少资本规模就是为了避免更大的投资损失；减少资本规模也可能是为了实现企业经营的适度规模效应,当企业经营规模适当缩小时,有可能大大降低成本,减少损失,从而使得投资的预期收益能够得以实现。减少资本规模可以采取直接抽回投资或者回购的方式,也可能采取企业分立分拆的形式;减少资本规模的最终状态就是撤回所有资本,这意味着投资存续只有风险没有收益,甚至连本金都有可能全部损失,在这种情形下出资者必然会终止企业,或者在企业实际进入破产状态的条件下实行破产清算。从这些方面可以看出,增加和减少资本规模的决策本来就是由出资者自身进行的,并且这些决策最终会影响出资者的基本权益和承担的实际风险的变化。

9.1.2 资本结构

存量资本结构调整也会直接影响资本结构,如果说资本规模的变动是假定资本结构不发生变动,那么资本结构或者股权结构的变动则是指股东主体和不同股东的股权比例的调整,这种调整既可能发生在资本规模不变的条件下,也可能伴随着资本规模的变动而发生。这里股权结构的调整包括了股东主体,也就是谁持有公司的股份以及股权比例,也就是持有多少股份两个方面。就股东主体的调整而言也包括了以下几种情形:一是原有股东部分退出,其相应的股权转让给尚未退出的股东;二是原有股东不变而增加新的股东;三是原有股东部分退出或全部退出,增加新的股东,也就是更换股东主体。股东主体的变更一方面是不同股东对投资收益率预期的差异所致,正是这种差异导致了一部分股东退出以转移投资风险,而另一部分股东进入,希望获得期望的投资收益率。另一方面,股东主体的变更如果单纯是由增加新的股东所致,这意味着新老股东对投资收益率的预期是向好的,新股东的增加通常会带来资本规模的扩大;也可能出现相反的状态,所有的股东主体都有退出企业的倾向,这意味着股东对投资收益率的预期是向坏的,当所有股东退出的倾向变成事实时,接受投资企业必然会终止经营,及至破产清算。不难看出,股东主体的调整最终都与投资的风险密切相关,当投资收益率趋高,风险下降时,通常会增加新的股东主体,相反,原有股东主体也会退出企业;当新老股东对投资风险的预期存在差异甚至相反时,就会存在更换股东主体的可能。股东主体结构的调整是完全由股东的意愿所决定,无论老股东的退出还是新股东的进入都取决于股东本身的意愿,完全属于股东的权利。股东在进行退和进的决策时必然要考虑投资的预期收益率或预期的投资风险。股东主体的变更也可能是基于股东治理和企业价值链关系的需要，就股东治理而言，为了加强股东大会的决策能力有必要引入机构投资者。机构投资者的专业化、专家化、组织化程度高，从而其理性程度和决策水平也高。就企业价值链关系而言，企业基于纵向价值联系和横向价值链关系的需要，可能要引入纵向产业链条上和横向互补的关联企业进入股东大会，形成战略一体化联盟从而提升企业价值。

  股权结构调整还包括股权比例的调整，股权比例的调整包括以下形式：一是原有股东主体不变，资本规模不变，而在原有股东之间重新调整股权比例；二是为了扩大资本规模而新增股东主体，相应导致原有股东与新股东之间以及原有股东之间的股权比例被调整，上市公司增发股票就会导致这样的结果；三是原有股东的部分股东退出而导致股权比例发生变化，上市公司回购股权就会导致这样的结果；四是既有原有股东的退出，又有新股东的进入，并同时调整原有股东的股权比例。总之，股权结构调整最终表现为不同股东在企业所持有的股权比例的变化。之所以发生这种股权比例的变动，首先在于股东对于所接受投资企业的未来收益的预期，如果当预期收益趋低时股东就可能退出，当预期收益趋高时新的股东就可能进入，如果不同的股东对预期收益存在差异甚至相反时就有可能有退有进。其次在于股东的控制权要求，按照同股、同权、同利、同责的法律规定，一个股东要想获得更多的控制权就必须要提高股权比例，反之，为了防止一股独大也必须分散股权。整体上说，一个高度集中的股权结构不利于股东的有效治理，一个高度分散的股权结构有可能不能形成股东治理，比较合理的股权结构既要有助于股东大会的治理功能的有效发挥，也要防止一股独大。在发达国家中，股权结构中有控制权的股权比例应该是相对控股权，这样才能形成大股东意愿和能够发挥治理效能，又能防止大股东一言堂，形成相互制衡的股权结构。可见，股权比例的调整不仅仅只是与股东的投资收益预期有关，并且还与股东的控制权要求相关。股权比例的调整不仅取决于单个股东的意愿，而且也受全体股东的制约，尽管如此，股权比例的调整最终都取决于单个股东和全体股东的共同意愿，属于股东自身的权力范畴。股东在进行股权比例的调整决策时，既要考虑投资的预期收益或预期风险，也要考虑自身的控制权要求。

9.1.3 控制权

存量资本结构调整也可能仅仅只是由于控制权的要求，这意味着在股东结构和各股东的股权比例没有变化的条件下，也可能改变不同股东的控制权权力的大小，这必然与所有股东的权益直接相关。股东结构的变化意味着新的股东的控制权要求，它是以股权为基础的。而股权比例调整所形成的控制权要求也是股权比例调整的自然结果，贯穿的原则是同股同权；而这里的控制权要求与股权比例没有关系，而是通过股东及其利益相关方的契约约定改变按股权比例所形成的控制权，具有同股不同权的特征。它贯穿的原则是实质重于形式，在法定形式上要以股权比例形成股东控制权的大小，但是，当某些股东或者利益关系人股权比例虽然较低，但对企业的业务或者对企业的盈利能力具有实质性影响或者操控时，这些股东或者利益相关者就可能获得比自身所持有的股份比例更多的控制权。主要在两个方面得以体现：一方面是基于业务控制权所获得的更多的股东控制权，当一个股东既持有企业的股份同时又与企业之间存在业务链关系时，如果股东在业务链关系中处于核心地位，就有可能获得比所持有的股份比重更大的控制权，这种实质的控制权源于在业务链关系中如果股东不作为甚至反向作为，就可能严重地影响企业业务的正常进行，正是基于这种优势，相应的股东会获得更多的控制权；另一方面是基于决策能力优势而带来的企业经营的自然垄断，使得企业的盈利能力与行业相关企业相比具有绝对优势，进而作为决策主体的股东可能享有比所持有的股份比重更大的控制权，这种实质的控制权源于作为股东主体，既参与了企业的经营决策，又拥有同其他股东相比更卓越的决策能力。阿里巴巴马云的管理团队在上市时尽管只占有公司 10.4% 的股份，但是，马云的管理团队要求上市后享有董事会半数席位的任免权，以保持管理团队的稳定性，而万科的王石团队由于没有这样的规定导致了管理层与股东，特别是新股东的纠纷。马云的管理团队之所以请求这一控制权权力，是基于这个管理团队过去经营管理所取得的成功，是他们才有了阿里巴巴的今天；马云管理团队的这种决策能力的独有优势，既证明了过去经营管理的成功，也可能保证企业未来经营管理的持续成功。马云管理团队的可持续的经营管理成功的事实，成为了马云管理团队获得比所持有的股份的比重更大的控制权的基础。尽管如此，马云管理团队能够获得比所持有的股份的比重更大的控制权，仍然需要其他股东的认可。其他股东之所以愿意放弃这部分控制权，根本在于马云管理团队的决策能力优势具有不可替代性，如果不放弃这部分控制权，就有可能稳不住马云管理团队，从而导致股东的预期投资收益不能实现，或者出现投资风险。可见，在全体股东中，一部分股东能够获得比所持有的股份的比重更大的控制权，取决于全体股东的共同意愿，一方面一部分股东想获得比所持有的股份的比重更大的控制权，另一方面其他的股东愿意放弃一部分按持股比例应该得到的控制权。两者之所以能够达成一致，都是基于控制未来的投资风险以获得预期的投资收益。

9.1.4 战略调整

存量资本结构调整也可能仅仅只是基于投资战略调整的需要，这种调整也可能涉及资本规模和股权结构的调整，也可能与此无关而仅仅只是改变投资的战略方向。投资战略从目标上说可以分为规模经济和范围经济。规模经济就是通过在相同的业务领域扩大或缩小投资规模以释放其规模效应，这里的战略选择就是以适度规模取胜，当企业的规模达到一定的程度时还可能形成市场的自然垄断优势。范围经济就是通过在有关联性的多个业务领域进行投资形成投资的业务领域的多元化，这种多元化是相关多元化，从而可以形成价值链关系，可以降低成本，增加收入。这种多元化也可以降低风险，正所谓东边不亮西边亮，从而形成风险的互补效应。战略调整也可能是终止原有的投资战略方向，而开辟新的投资领域。无论投资的战略是为了取得规模经济还是范围经济或者终止原有投资方向开辟新的投资领域，通常都会与资本规模和股权结构的调整相关，只要涉及两者的调整就必然与股东的基本权益有关，股东为了维护自身的基本权益必然要行使相应的股东权力。除此而外，也与投资的战略选择有关，在初始投资时所有的出资者都要进行初始的战略选择，但是，经过投资后，随着接受投资企业的外部环境和内部因素的变化，出资者有必要调整相关战略，这种战略调整显然与出资者的投资风险偏好相关。当企业的战略进行调整时也一定会改变出资者的投资风险偏好，因而必须要得到出资者也即股东的认可。所以，当资本规模和股权结构的调整涉及到投资战略的重新选择时，股东不仅要对资本规模和股权结构的调整行使权力，也必须要对投资战略的改变行使权力。在规模经济的条件下，由于会增加或减少注册资本的规模，必须要得到股东的同意；在范围经济的条件下，由于要增加新的业务领域（在公司章程和工商注册中就是企业的经营范围的扩展），也必须要得到股东的同意。战略调整也可以是在原有股本规模、股东结构和股权比例不发生变化的条件下进行，主要是实现相关多元化经营以及终止原有业务开辟新的业务领域，资产置换就是一种最典型的形式，通过资产置换可以取得多元化条件下开辟新业务所需要的新资产，也可以取得终止原有业务而开辟新的业务领域所需要的资产。表面上看，这种战略调整不涉及股本规模、股东结构和股权比例的变化，从而与股东的权益不直接相关，但是由于战略调整改变了企业的经营范围或者领域，也就改变了出资者的投资风险偏好，从而间接影响股东的权益，既然如此就必须要得到股东的同意。总的说来，战略调整有可能涉及股本规模、股东结构和股权比例的变化，这种改变属于股东的直接权力；同时战略调整还必然涉及出资者的投资战略方向的改变，也就是接受投资企业的经营范围的变动，无论这种变动是否会改变股本规模、股东结构和股权比例，但由于会改变出资者的投资风险偏好，仍然必须得到股东的认可。

综上所述，存量资本结构调整的行为，一方面会引起股本规模、股东结构和股权比例的变化，它直接涉及出资者权益，股东必须对此进行决策；另一方面也会导致股东之间的实质控制权的变化，以及作为出资者的股东的投资风险偏好的变化，它直接或者间接地影响出资者权益，股东也需要对此进行决策。

9.2 基于出资者视角的存量资本结构调整的行为控制

在上面的分析中可以看出，之所以要进行存量资本结构调整，是因为出资者的初始投资的收益目标未能充分实现，也就是面临投资风险，为了消除投资风险，实现投资收益目标，就必须要科学合理地对存量资本结构进行调整。可见，存量资本结构调整的本质就是要避免和消除投资风险，要做到这一点出资者就必须要能够识别风险、控制风险，最终要达到化险为夷，取得预期的投资收益。当出资者投资于企业时，其投资风险是体现在企业的经营风险和财务风险之中，所以，投资风险的识别、控制既存在于接受投资企业，也存在于出资者本身。这一点与前面几篇文章中提到的现金控制、筹资控制、资产使用和成本费用的控制并不相同，这些控制主要是把经营者作为控制的对象，由出资者行使相应的控制权力。出资者对存量资本结构调整的行为控制主要包括风险识别、重组效应、结构调整三个方面，其中重组效应、结构调整属于风险控制的范畴。

9.2.1 风险识别与披露

出资者初始投入企业的资本经过企业经营后有可能超预期实现投资收益，也可能没有实现，甚至无法实现。超预期实现表明有追加投资的必要，而没有达到预期目标甚至无法实现预期目标，就必须要对存量资本结构进行调整。其实，投资收益实现目标、没有实现目标和无法实现目标本质上所描述的就是投资的风险状态，这种风险状态是通过企业的经营成果和财务状况得以体现的。任何出资者在对企业进行投资后都必然要获得有关企业经营或财务所面临的基本风险以及这种风险所形成的终极原因。出资者可以根据企业所面临风险的类型以及形成的原因决定，是否继续进行投资以及在继续投资的条件下，如何避免和消除风险。正是基于出资者的这一需要，企业的经营者必须要向出资者提供风险分析和风险控制的相关报告，这就是风险识别中的出资者对经营者的强制性披露要求，这种报告不仅在政府的政策中有严格规定，而且在公司章程中也要明确。财政部就要求企业提供年度风险评估报告，企业的董事会办公室与审计部门共同组建企业风险评估小组进行风险评估，并制定风险应对策略控制风险。显然这一报告既是对企业的要求也是对股东权益的维护。除此而外，中国证监会对上市公司的信息披露也要求进行风险提示，其主要内容体现在管理层讨论与分析中，要求分析企业面临的各项重大风险因素，如政策性风险、业务模式风险、信用风险、流动性风险、市场风险等，在此基础上必须确定这些因素对企业现在及未来业绩的影响，以及为了控制这些风险已经和将要采取的应对措施。这些规定无不都是从维护股东权益，也就是出资者视角出发的。除了政府的规定，出资者为了获得更多的有关企业所面临的风险以及风险控制的信息，可以在这些规定的基础上进一步在公司章程中明确本企业风险披露的具体要求。有关企业的风险披露不仅涉及到企业面临的整体风险，而且对于企业所要进行的重大生产经营项目的风险也要披露，如企业重大的投资项目必须要进行投资可行性分析以及相应的风险提示和控制措施。

不仅在企业层面必须要进行风险识别和相关信息的披露，即使在股东层面也要进行风险识别。对上市公司而言，由于资本市场的存在，股东一方面要根据企业经营成果和财务状况进行投资，也就是要根据企业所面临的风险状况进行投资，另一方面也有必要通过对整个资本市场的发展趋势或者变动情况进行分析，以获得有关资本市场的相关风险信息。股东不仅可以凭借自身获得和分析这些信息，而且也可以通过资本市场的专业分析师或者股评专家获得相关信息。总之，在进行存量资本结构调整中，不仅要获得企业所面临的风险及其风险控制措施的信息，而且也要获得存量资本结构调整的每一种方式所面临的风险及其风险控制措施的信息。

9.2.2 重组效应与分析

既然存量资本结构调整的目的是为了实现股东的预期投资收益，也就意味着没有调整之前股东的预期投资收益的实现面临风险，为了避免和消除这一风险就必须要进行存量资本结构调整，进行存量资本结构调整是以重组为基础的，通过重组可以获得重组效应以实现股东的预期投资收益。也就是说，进行存量资本结构调整必须要以获得重组效应为前提，否则存量资本结构调整就失去了意义。存量资本结构调整以重组效应为前提，而存量资本结构调整也必然会导致各种重组形式的出现。实际上，企业兼并、收购、合并、资产重组、股权转让、股份回购、经营者股权分配、资产剥离、资产置换、债务重组、托管、租赁、分立、分拆、终止、破产清算、清理变卖等大都具有重组特征，正是通过这种重组以求获得重组效应。出资者要做出存量资本结构调整的决策就必须要先选择重组的形式，并分析重组所带来的效应，只有当通过重组能够避免和消除企业或者股东业已存在的风险，并能实现预期的投资收益时，这种存量资本结构的调整才具有实际的作用。为了进行这种决策，出资者必须要获得相关重组形式和重组效应分析的信息，并运用这些信息进行股东决策，取得这些信息可以是来自于企业或者经营者，也可以来自于股东自身的搜寻。与存量资本结构调整相伴而生的重组形式包括资本重组、债务重组、资产重组、经营重组、市场重组、技术重组、管理重组等。

9.2.2.1 资本重组

资本重组又称股权重组，涉及企业的资本（股本）规模的扩张与收缩，股东结构调整，股权比例改变。通过资本重组可以实现规模效应、增强股东控制的有效性以及实现股东对企业战略的有效支撑。

资本重组的资本规模的扩张和收缩显然是与接受资本的企业的预期投资收益有关，如果由于规模效应没有得到有效地实现，就可以通过增加资本实现规模扩张，这种追加资本所带来的规模效应可以发生在整个生产经营活动的全过程的每个环节。可以是增加生产环节的规模，也可能是增加销售环节的规模，如此等等，总的体现就是要在纵向一体化中解决生产经营活动的瓶颈环节，使各个环节产生平衡效应，防止木桶效应的出现，也就是解决规模效应的短板问题。当企业范围经济效应也就是多元化（相关多元化和无关多元化）效应没有得到有效地实现，就可以通过增加资本而实现多元化效应。这种效应就是通过横向多元化也就是扩大经营范围得以实现，相关多元化更好地运用了企业各种生产经营活动的价值链关系，从而使企业的整体效益提高；而无关多元化是在企业的规模巨大时，通过无关多元化可以有效地分散风险从而使企业的整体效益提高。企业也可以通过收缩资本规模调整股东的收益预期。一般来说当整个宏观经济环境处于不景气时，股东都会开始收缩自身的投资规模，也就是收缩企业的资本规模，这样可以减少股东的投资收益的损失甚至减少资本损失。收缩资本规模也可以只是存在于某一微观企业的经营不景气的状态或者由于股东发现了投资报酬率更高的企业或者投资项目。资本扩张和收缩都会带来资本数量的变动，从而影响所有者权益。资本重组其资本扩张和收缩的企业作为一个经济实体仍然存在，出资者按照重组后的股份数额，对资本扩张和收缩的企业享有权利和承担义务。资本扩张和收缩的企业往往会对最高经营管理层进行调整，还可能伴随经营方向的改变进行符合自身利益的调整。资本的扩张和收缩最后也可能引起公司属性的变化，如有限责任公司变为股份有限公司。

资本重组的股东结构调整是指改变企业原有的股东结构，包括增加新的股东、退出股东或者两者兼有。历史地看，股东主体也经历了一个变迁的过程，之所以发生变迁就是为了更好地提升了股东主体的专家化、专业化和组织化程度，早期的股东主要是自然人，自然人的根本缺陷是既没有组织化也很难实现专业化和专家化，后来经历了民间投资协会，再到公司法人就是从事资产经营的企业，最终转化为具有高度专业化、专家化和组织化的机构法人就是从事资本经营的企业。这种股东主体的变化意味着企业通过资本重组调整股东主体以提升股东主体的决策能力是一种历史的必然。实际上，通过资本重组调整股东结构还可能由于伴随资本的增减而发生，这显然是基于资本规模的扩张和收缩而导致的。企业为了更好地优化股东结构，除了引进专业化的投资者外还可能基于公司战略发展的需要引进战略投资者和政治关联投资者。股东结构中引进战略投资者，通常是基于企业的纵向价值链和横向价值链关系，或者更广义地说价值网络关系的需要，通过战略投资者的引进可以提升企业的价值，同时也可以增强股东的决策能力。而政治关联投资者主要是为了更好地处理企业与政府、社会的关系而引进的投资者，这种投资者的引入能够更好地协调各方利益提升企业价值。

资本重组的股权比例改变是指企业原有的股东主体结构不变但对每个股东持有的股份比例进行调整，这种调整必然涉及到每个股东在公司中权益的调整。历史地看，最早的公司制企业的股权比例大多是一股独大的形态，其结果导致在股东大会中大股东一人说了算，不能形成股权制衡，后来，在西方发达国家也出现过分散性股权结构，由于股权过渡分散任何一个股东都难以形成有控制力的股权比例，从而导致了公司的内部人控制。伴随着公司制企业的进一步发展和完善，股权比例也得到了进一步的改善，形成了制衡性股权结构，制衡性股权结构既要解决一股独大的问题，也要解决内部人控制的问题，为此在股权比例上必须要有少数的大股东能够占有比重较大的股权比例，但任何一个大股东的股权比例不能形成一股独大一人说了算的状态，这样既形成了大股东与大股东之间的相互制衡，又能够使得这些大股东愿意行使股东权利进行股东控制。在此基础上还必须要保护小股东的权益也就是当涉及到小股东利益的决策时，还必须要有小股东的一定比例的股份的认可，决策方案才能通过，这样又形成了小股东对大股东的制衡。可以看出，股权比例与股东治理结构关系密切。

9.2.2.2 债务重组

债务重组分为狭义的债务重组和广义的债务重组，狭义的债务重组是指债权人按照与债务人达成的协议或法院的裁决，同意债务人修改债务条件的事项。狭义的债务重组的目的是为了有效地缓解企业的债务压力，使企业可以持续经营，并不断提高投资收益水平。狭义的债务重组有两个特点：一是它是原有债务协议中的债权人与债务人的关系的调整，只涉及到一个债务人（目标企业);二是必须修改原定债务偿还条件,也就是债务重组时确定的债务偿还条件不等于原有债务协议中的偿还条件。狭义的债务重组形式主要包括:(1)以低于债务账面价值的现金清偿债务;(2)以非现金资产清偿债务;(3)债转股;(4)修改其他债务条件,如减少债务本金、降低利率、免去应付未付利息等。其中前三种属于即期清偿债务,后一种属于延期清偿债务。狭义的债务重组一般不包括以下情形:(1)债务人发行的可转换债券按正常条件转为其股权(因为没有改变条件);(2)债务人破产清算时发生的债务重组;(3)债务人改组(权利与义务没有发生实质性变化);(4)债务人借新债偿旧债(借新债与偿旧债实际上是两个过程,旧债偿还的条件并未发生改变)。

广义的债务重组不仅涉及一个债务人(目标企业)的债权债务关系的调整,也涉及多个债务人(多个目标企业)之间的债权债务关系的调整,其调整的方式还包括债转股、债务转移、债务混同等方式。广义的债务重组不仅是为了缓解债务压力,调整企业盈利水平,也可能是为了满足政府监管的需要。债务重组本质上是一项法律活动,它是通过一定的方式改变债权人与债务人(目标企业)之间原有债权债务合同关系的过程。资产清偿方式进行的债务重组,是债权人与债务人(目标企业)变更债权、债务合同条款并依约履行的行为。债务人负债转移意味着债务承担主体发生变动,这意味着原有债权债务合同中的权利义务主体进行了调整。债转股方式的重组,将债权人与债务人(目标企业)之间的债权、债务合同关系转变为股权关系。不同于债务人(目标企业)发行的可转换债券按正常条件转为股权(因为没有改变条件),债转股是将本来就是债权债务的关系转化为股权关系。修改债务条件方式进行的重组就是将债权人与债务人(目标企业)原有合同中的权利义务关系进行变更。而在法院主持下达成的债务重组协议及其履行过程,其法律属性更是毋庸置疑的,同时,必然会涉及到原有债权债务合同关系中的权利义务调整。

由于这里是从出资者财务的存量资本结构调整的视角研究债务重组,所以,这里的债务重组事项是由存量资本结构调整所致,并且,这种债务重组事项的发生会影响所有者权益,进而必须要得到出资者的认可。以此为基础形成的债务重组形式主要包括:

1. 短期债务转长期债务,也就是财务上所说的资本结构被调整。资本结构是指企业长期的股权资本与债权资本的构成及其比例关系。当短期债务转变成长期债务时，必然会引起资本结构的调整，由于长期负债的利率要高于短期负债，这种调整就必然会带来所有者收益的减少；由于长期负债相对于债权人其风险较大，通常会有各种抵押条款，如股权质押、资产抵押等，同时其约束性条款也会更加苛刻，这些苛刻的条款有不少会影响到出资者权益。长期债务的一般约束性条款主要包括：（1）对借款企业流动资金保有量的约束，其目的在于维持借款企业资金的流动性和偿债能力；（2）对支付现金股利和再购入股票的约束，以限制现金流出；（3）对资本支出规模的约束，以增强流动性和企业以后不得不变卖固定资产以偿还贷款的可能性；（4）其他长期债务的约束，以防止其他贷款人取得对企业资产的优先求偿权。长期债务的例行性保护条款主要包括：（1）定期向银行提交财务报表的约束，以利债权人及时掌握企业的财务情况；（2）在正常情况下不得出售较多资产的约束，以保持企业正常的生产经营能力；（3）及时缴纳税金和偿还其他到期债务的约束，以防被罚款而造成现金流失；（4）不得以任何资产作为其他承诺的担保或抵押，以避免企业过重的负担；（5）不准贴现应收票据或出售应收账款，以避免或有负债；（6）租赁固定资产规模的限制，以防止企业负担巨额租金从而削弱其偿债能力，也防止企业以租赁固定资产的办法摆脱对其资本支出和负债的约束。长期债务的特殊性保护条款主要包括：（1）贷款专款专用；（2）企业不得投资于短期内不能收回资金的项目；（3）限制企业高级职员的薪金和奖金总额；（4）企业主要领导人在合同有效期间不得被更换；（5）企业主要领导人必须购买人身保险等。不难看出，这些条款中有许多都影响到所有者权益。

短期债务转长期债务是债务重组中的修改其他债务条件的方式之一，除此而外，还包括：减免原债务的部分利息、修改利率、延长债务偿还期限、延长债务偿还期限并加收利息、延长债务偿还期限并减少债务本金或债务利息等。企业债务一旦产生都必须要签订合同，并履行合同，当一方因故不能履行合同时，就可以通过协商变更合同，修改其他债务条件，当这些债务条件的修改影响股东权益时，必须要得到股东的批准。

2. 债转股，是指公司的债权人同意将自身的债权按照一定的条件转换为公司股权。债转股一般发生在企业面临财务危机之时，这时企业有可能被其主要债权人接管，由于这些企业的债务和剩余资产都很多，企业很难进入破产程序。这时，债权人更倾向于接管公司进行持续经营。结果会导致企业原股东的权益在债转股中大幅削减。不难看出,债转股会直接调整企业的存量资本结构,会极大地改变原股东的权益,尽管在债务重组中不包含可转换债券在转换时所引起的股权和债权的结构调整,但是,必须说明的是在确定发行可转换债券时,由于可转换债券最终会引起股东权益的变化,可转换债券发行方案必须得到出资者的批准。如果在债务重组中,企业以非现金资产或发行权益性证券的公允价值大于企业应偿还的债务,就会直接影响股东权益,更需要得到出资者的批准。

3. 债务转移,是指负债企业将债权人的负债转移给第三方承担的行为。负债企业的债务转移,对于债权人来讲,就是一种债券转让。这里第三方一般是负债企业的关联企业或者有意对负债企业进行重组的其他企业。第三方愿意出资购买债权,并由其承接对负债企业的债权。债权的购买可以以现金、实物、有价证券或其他财产权利进行支付。债务转移也可以存在于收购兼并之中,吸收合并和新设合并都意味着债权人债务的承担主体发生变化。债权人债务的承担主体发生变化,不仅要征得债权人同意,而且也必须得到股东的批准。因为发行债券意味着股东的风险增加,必须得到股东的认可,而吸收合并和新设合并本身意味着合并或者被合并企业的主体地位被改变,也是必须要股东认可的。

4. 债务混同,是指债权债务归于一人。根据《合同法》的规定,债权和债务同归于一人的,合同的权利义务终止,但涉及第三人利益的除外。也就是说,当债权人与负债企业合并时,负债企业对该债权人的负债自然消除。债务混同涉及到债权人与负债企业的合并,这也是要得到股东批准才能发生的行为。

5. 削债,是指由债权人削减部分债权,以减轻负债企业的负担。削债作为债务重组的方式一般在资不抵债的情况下采用。如果不削债企业破产,债权人只能收回部分债权甚至收不回任何债权。债权人通过适当的债权减让有利于减少损失,甚至通过企业起死回生获得更多的补偿,因此削债这种债务重组方式经常得到采用。如"粤海重组"案中,广东省政府就是经过与境外债权人的艰苦谈判,为粤海公司平均削债42.78%,并形成一个"双赢"的债务重组方案,最终成功重组粤海公司。由于削债,债权人必然要对企业提出各种限制性要求,这些要求大多与股东的权益有关,所以,股东必然要参与到债务重组的谈判之中,并批准相关决策。

6. 以非现金资产清偿债务，是指负债企业与债权人协商以非现金资产清偿债务的行为，这种行为发生在负债企业无力以货币资金支付有关债务的情况下。处于偿债困境的企业虽然没有现金，但还存在非运营资产，如果能将这部分资产剥离出来，并用于偿还债务，就可以在调整债务结构的同时也调整经营结构，也就是退出不能盈利的经营领域，其资产称为非经营性资产，并以此偿还债务。用于偿债的非现金资产包括存货、固定资产等实物资产以及知识产权、债权、股权、资产使用权等无形资产。必须注意的是，采取以非现金资产抵偿债务的方式进行债务重组时，通常都与股东权益的变动有关，原因在于任何资产用来偿还债务都会涉及到资产的估价，而资产估价的高低直接影响股东权益。正因为这样，国有企业如果涉及国有资产的转让，应取得有关主管部门和财政部门的批准，并根据有关国有资产评估的规定对非现金资产进行评估。同样，其他企业也应进行资产评估并得到股东大会的批准。

7. 融资减债，是指通过增资扩股、发行股票或债券等融资方式筹集资金还债的方式。当负债企业急需偿债资金时，负债企业可以通过吸收新股东以扩大股本的方式融资还债；负债企业可以通过向社会公开发行股票的方式融资还债；负债企业也可以通过发行境内债券或境外国际债券的方式融资还债。我国境内债券的发行规模受到严格的控制，发行债券必须进入公开市场，随着我国资本市场的进一步发展完善，发行债券将会成为我国中小企业筹集中长期发展资金的重要方式。按照有关规定，增资扩股、发行股票、发行债券必须具备一定的条件并办理相关批准手续，其中这些都必须要得到股东大会的批准才能进行。

8. 调整资产负债比例，是指通过收购兼并使得收购兼并后的企业的资产负债比例得以调整的债务重组方式。这种重组通常都是基于满足监管当局的要求而进行的，通过满足监管要求就可以进一步进行融资以扩大企业的经营规模。当一个资产负债比例相对较低的企业与一个资产负债比例相对较高的企业合并时，就可以通过平均而调整整体的资产负债比例的水平，从而达到监管当局所规定的标准。由于这种债务重组方式涉及到收购兼并，必然要由股东大会批准才能实施。

9.2.2.3 资产重组

资产重组是指企业、以及企业与企业之间一定类型的资产进行分拆、置换、整合的重组行为。通过资产重组能够使资产被充分有效地利用，更好地发挥资产的功能效应，以及科学合理地调整经营方向，更好地满足市场的需要。资产重组通常是以产权联结为基础。以产权联结为基础的资产重组具有牢固性，而以其他契约形式进行的资产重组通常谈判成本高，也存在道德风险；资产重组涉及资产定价，必须要以市场价格作为定价的基础，必须避免行政干预；资产定价必须要按照法定的程序进行科学合理的资产评估；通过资产重组要保持企业竞争性和垄断性的统一。资产重组会使企业规模不断扩大从而形成大的企业集团。它既会产生规模效益，降低成本，提高市场竞争力。但也会造成垄断，进而受到政府的监管和制裁。所以，企业在资产重组的过程中，既要不断扩大自身的规模，同时又要防止越过垄断管制的红线。资产重组包括收购兼并、股权转让（非流通股的划拨、有偿转让和拍卖等，以及流通股的二级市场购并）、资产剥离或对应的股权出售（上市公司将企业资产或所拥有股权从企业中分离、出售的行为）、资产置换（上市公司资产与公司外部资产或股权互换的活动）和其他资产重组形式。

1. 收购兼并，是指企业收购其他企业股权或资产、兼并其他企业，或采取定向扩股合并其他企业的资产重组形式。它与上市公司的大宗股权转让并不相同，股权转让是在公司的股东层面上进行的，而收购兼并则是在企业层面上进行的。收购兼并行为不仅涉及到资产的重组，也会涉及到股权主体和股权结构的变动，以及直接影响股东权益，必然要获得股东大会的认可。

2. 股权转让，是指企业的大宗股权的转移行为，股权转让一般采取股权有偿转让、二级市场收购、行政无偿划拨和通过收购控股股东等形式。股权转让也可能涉及资产重组，还可能只是股东之间的股权交易，这里所说的股权转让一定是由于资产重组的需要而形成的。企业大宗股权转让后，在实现资产重组的同时，一般会出现公司股东、甚至董事会和经理层的调整，以及引入新的管理方式、调整原有企业业务，实现公司经营管理以及业务的升级。正因为这样，股权转让必须得到股东大会的认可。

3. 资产剥离与所对应的股权出售（划转），是指企业将本身的一部分资产出售给目标公司的资产重组行为。按出售标的划分为实物资产剥离与所对应的股权出售（划转）。资产剥离与所对应股权的出售作为减少企业经营负担、改变企业经营方向的重要措施，也得到了广泛的利用。通过资产剥离可以使企业轻装上阵，集中优势兵力进行重点突破，也使企业的经营能够聚焦和配置核心竞争力。资产剥离既涉及到企业经营的调整，又涉及到剥离资产的价值的确定，还涉及相应的股权出售（划转），都与股东权益直接相关，必须得到股东大会的认可。

4. 资产置换，是指企业控股股东以优质资产或现金置换企业的不良和呆滞资产，以及以主营业务资产置换非主营业务资产等的资产重组行为。资产置换对于被置换企业而言能够迅速地改善资产质量、提高收益水平，它是各类资产重组方式中效果最快、最明显，也是被普遍采用的方式。在这种方式中，股东必须要以优质资产换劣质资产，以主营业务资产换非主营业务资产，这是股东的一种利益捐献，所以，必须要得到股东的认可。

5. 其他资产重组形式，是指上述四种形式以外的其他资产重组形式包括股权回购、托管、分拆、融资租赁等方式。

股权回购是指企业按一定的程序回购发行或流通在外的本企业股份的行为。如果股权回购伴随着资产的转移就具有资产重组的性质；托管是指受托人接受委托人的委托，按照预先规定的合同，对托管对象进行经营管理的行为。托管一定会托管资产，受托人接受托管人的委托托管相应的资产；分拆是指一个母体企业将其在子公司中的股份，按比例分配给现有母公司的股东，从而在法律上和组织上将子公司的经营从母公司的经营中分离出去，从而形成两家独立的、股权比例相同的公司；融资租赁是指实质上转移与资产所有权有关的全部或绝大部分风险和报酬的租赁。上述这些资产重组行为都会涉及股东权益的变动，也必须得到股东的认可。

9.2.2.4 经营重组

经营重组是指企业经营规模和经营范围的调整。通过这种调整可以实现经营的规模经济效应，既可以降低成本，又可以提高盈利水平，也可以实现经营的范围经济效应包括实现多元化经营、或者改变原有经营范围，从而可以降低风险，提高盈利水平；经营重组还可以更加凸显主业，聚焦于企业的核心竞争力，从而形成竞争优势效应，通过这种竞争优势能够更好地实现盈利的提升。进行经营重组需要对现有的业务进行分析，根据最新的会计数据，利用波士顿矩阵模型的市场竞争力和获利能力两个指标，梳理出明星业务、现金牛业务、问号业务和瘦狗业务。每一类业务重组的目的不同，必须针对不同类别的业务选择不同的重组方案。对于具有竞争优势的经营业务可以通过重组扩大规模；对于需要协同整合才能产生更大效益的业务可以通过重组实现优势互补；对于需要瘦身而附加价值又比较低的业务则需要通过重组进行剥离，以实现轻装上阵，凸显核心业务的核心价值。经营重组包括以下形式：

1.规模扩大，是指通过重组以实现企业经营规模的增大以获取规模经济效应。经营规模可以通过股票和债券等直接融资的方式扩大，也可以通过银行等金融机构间接融资的方式扩大，其中有的融资方式和融资规模会涉及所有者权益的变动，必须要通过股东大会的批准，如通过股票和债券等直接融资以及长期借款则通常要通过股东大会的批准；扩大经营规模有的是属于经营者的基本权利，可以由企业的经营者自行决定，如通过银行的短期借款扩大企业的经营规模，只要借款的规模在股东大会授权的范围内则不需要批准。

2.结构调整，是指通过对企业现有的经营结构或者说经营范围进行调整以获取范围经济效应。通过经营重组调整经营结构，有以下几种形式：多元化包括相关多元化、无关多元化，改变原经营范围，缩减经营范围。其中相关多元化主要是以下形式：

（1）同心多元化经营，是指企业以原有的经营业务和生产技术条件为基础，生产经营与原产品或者经营不同的新产品。如汽车制造厂在生产汽车的基础上，再生产拖拉机、柴油机等。通过经营重组实现同心多元化经营，能够充分利用原有的经营业务和生产技术基础，同时，还能够大大降低成本，从而提高企业的整体盈利水平。

（2）横向多元化经营，是指企业在原有的经营业务或者生产的产品基础上，经营新的业务或者生产新的产品以满足现有顾客新的需求。可口可乐公司曾经就在生产可口可乐的基础上再生产食品，喝可口可乐的顾客也会要吃一些相关的食品。横向多元化经营的特点是原产品与新产品的基本用途不同，但它们之间有密切的销售关联性。通过经营重组实现横向多元化经营，能够带动新的业务和产品的销售，从而增加新的盈利点提高企业的整体盈利水平。

（3）纵向多元化经营，它又分为前向一体化多元经营和后向一体化多元经营。前向一体化多元经营是指供应链或者产业链向前延伸，如采购向生产，生产向销售延伸，原料工业向加工工业延伸，制造工业向流通业延伸，如钢铁厂设金属家具厂和钢窗厂等。后向一体化多元经营是指供应链或者产业链向后延伸，如销售向生产、生产向采购延伸、采购向原材料供应延伸，加工工业向原料工业或零部件、元器件工业扩延伸。通过经营重组实现纵向多元化经营，尽管原业务或产品与新业务或产品的基本用途不同，但它们之间有着供应链和产业链关系，从而能够打通供应链和产业链实现链上整体价值的放大。如后向一体化可保证原材料、零配件供应，风险较小；前向一体化在新的市场遇到激烈竞争时，有原料或商品货源的保障。

除了相关多元化经营外，还存在无关多元化经营，也叫复合多元化经营，是指企业向与原经营业务或产品、技术、市场无关的经营范围扩展。如美国国际电话电报公司的主要业务是电讯，后扩展经营旅馆业。无关多元化经营是以充足的资金和其它资源为基础的，只有实力雄厚的大公司方为合适，实力雄厚的大公司在多元化的每一个板块进行大规模的投资，从而可以形成自身的竞争优势，也就是无关多元的每一个元都必须达到具有竞争优势的状态，无关多元化经营才能真正有效。当然，无关多元化经营也会带来风险分散的优势，就是所谓"东边不亮西边亮"。

通过经营重组还可以改变原经营范围，是指企业停止一年的经营业务而转入到新的经营业务，通常发生在原有经营业务处于萎缩衰减的趋势之下，这种情形既可以发生在整个产业变化的趋势下，也可能发生在某一企业自身的经营业务发展的趋势下，如不开辟新的经营业务企业只能陷入经营失败。

通过经营重组还可以缩减经营范围，它是指对原有经营范围进行缩减，停止不利于企业进一步增加竞争优势，实现可持续发展的经营业务。缩减原经营范围实际上就是要更好地聚焦企业的核心竞争力，集中所有资源于最优势的经营业务上，实质上就是坚持有所不为就是有所为。可口可乐在生产副食品后发现副食品生产的竞争劣势明显，持续亏损，最后将其出售，不仅如此，在可口可乐的生产链条上也只做最具有核心竞争力、附加值最高的环节。

上述通过经营重组对经营范围或者经营结构的调整都意味着变更工商注册中的经营范围，也意味着调整公司章程中由股东大会所规定的经营范围，都必须要得到股东大会的批准。

9.2.2.5 市场重组

市场重组是指重构企业的市场体系以提升企业的市场占有率，包括从无到有建立市场体系，以及对现有市场体系的结构进行调整。企业可以通过自身的力量提升市场占有率，但这样往往要进行大量的投入并会花费较长的时间，才能真正进入一个新的市场和扩大原有市场的规模。通过市场重组可以利用其他企业已经形成的市场体系为我所用。通常分为新建市场和扩容市场两种形式。

1. 新建市场。新建市场是指通过市场重组进入一个以前没有进入的市场。我国企业在进入国外市场时，通常采用收购所在国拥有销售体系的公司而进入这一国家新开辟的市场，京东方正是通过收购香港冠捷形成了海外的市场销售体系，从而打入海外的新市场。在零售业通过加盟连锁的方式，也是一种迅速开辟新市场的市场重组方式，在大型机械制造业采取委托销售的形式，对于重新开辟新的市场极为重要。这一方面可以缩短进入市场的时间，也可以规避所在国的许多政策壁垒，还可以实现与所在国的顾客的有效融洽和文化认同。

2. 扩容市场，是指通过与同一个市场存在竞争关系的企业的重组，实现弱强联合、强强联合，从而提高在同一个市场中的市场占有率。通过这种市场重组，可以防止两败俱伤，提高市场竞争力，也可以减少由于竞争博弈而带来的各种成本。

市场重组都与股东权益存在密切的联系，必须得到股东大会的批准。

9.2.2.6 技术重组

技术重组是指通过对其他企业或者研发机构的不同技术或者先进技术进行引进、吸收、消化、整合而成为企业自身的技术或者形成更新的技术。通过技术重组不仅可以形成企业自身的技术优势，而且通过这种技术优势可以增强企业的竞争能力，从而提高盈利水平。技术重组的形式主要是兼并重组、收购重组、新设重组和投资新建。

1. 兼并重组，是指一家企业以现金、证券或其他形式购买取得其他企业的产权，使其其他企业丧失法人资格或改变法人实体，并取得对被兼并企业决策控制权，在此基础上获得相关技术的行为。

2. 收购重组，是指企业用现金、债券或股票购买其他企业的部分或全部资产或股权，在获取控制权的基础上取得相关技术的行为。兼并和收购的根本差别是，兼并意味着被并企业作为法人实体不再存在，而收购中的被收购企业的法人实体仍然存在，其产权只是部分转让。很显然，兼并重组获取技术比之于收购重组获取技术更为彻底、更为可持续。

3. 新设重组，是指两个或两个以上的企业合并后，设立新企业，参与新设合并的原有企业都被终止经营而撤销，原有企业的技术归于新设企业，在新设企业中所形成的新技术也归新设企业所有。要想取得对新设企业技术的控制权就必须要成为新设企业的大股东。

4. 投资新建，是指若干家有技术关联的企业共同出资新建一家新的企业，并将关键技术投入新设的企业之中，不仅投入的技术归新设企业所有，而且新研发的技术也归新企业所有。通过新设企业参与投资的各方都可以掌控相关新技术。

历史上，京东方科技集团曾经与松下彩电在中国合资建设松下彩管，后又通过收购韩国现代的 TFT 生产线而获得了相关的技术，一跃而成为世界第三大同类企业。通过技术重组的方式获得技术无疑可以大大缩短技术研发的时间，降低研发费用，并能迅速地占领迅速高地，也能为进一步持续研发提供基础。上述通过技术重组的方式取得技术都会影响股东权益，必须得到股东的批准。

9.2.2.7 管理重组

管理重组实质上是对整个企业的组织体系、制度体系、文化体系和管理方法体系等进行重新调整。在存量资本结构调整的过程中必然会面临不同企业的组织差异、制度差异、文化差异和管理方法差异，通过对不同企业的这种差异的取长补短、优势互补和有效融合或者重构这些体系，就可能提高重组企业的组织运行效率、制度的科学性和文化的相容性，相应也带来员工的主观能动性的不断提高，组织运行成本的不断下降，组织运行效率的大大提高，最终会提高企业的盈利水平。管理重组可以是指管理创新，就是企业根据管理环境和管理对象的变化，更新管理理念，调整管理内容和管理方式，以提高管理的针对性和有效性；管理重组也可以是管理注入，就是优势企业向弱势企业注入更科学、合理、有效的管理。这里显然是指第二种含义。在管理重组时要贯彻"精髓注入"原则，是指任何先进的管理模式、管理经验都不可能照搬、照套，而是要学其精髓；"点滴注入"原则，由于管理是一种思想、一种文化，而思想和文化的形成不是一蹴而就的，需要滴水穿石、循序渐进；"持续注入"原则，就是一套有效管理模式的注入或者不同企业的管理优势的相互借鉴需要持续不断、坚持不懈。管理重组主要包括组织体系重组、制度体系重组、文化体系重组和管理方法体系重组。

1. 组织体系重组，是指对企业组织运行体系的系统调整，包括业务流程、部门设置、岗位设置、作业设计、人员配备、信息体系等的调整。组织体系重组包括组织机构的重新组合、增减、拆并等，其目的是改善和优化现有的组织结构和业务流程，提高企业组织体系的运行效率。

2. 制度体系重组，是指对企业整个组织体系进行新的权责结构调整，以此为基础建立新的业绩评价体系，其根本的目的是要在组织的纵向体系或者科层结构上实现集权与分权的有效结合，做到集中而不集权，分权而不分散；在横向体系也就是每个层次的每个部门和岗位上，实现权力与责任的高度匹配，责任与利益的高度一致。通过制度体系重组就是要激发组织的活力，调动每一个员工的积极性，从而提高企业的运行效率。

3. 文化体系重组，是指不同企业文化之间的磨合和融合，最终实现一体化。包括企业价值理念、经营哲学、经营目标、经营风格、工作作风和道德风尚等方面的一致性。如海尔集团老总在上任之初带领员工挥泪砸自己企业生产的有严重质量问题的冰箱，使海尔人在自我否定中猛醒就是企业的一种质量文化，将这种文化注入其他企业就需要一个过程。通过文化体系重组就能够引入先进文化，提升文化档次，从而能够增强员工的自信心、凝聚力和奋发向上的力量，为企业的发展带来巨大的动力。

4. 管理方法体系重组，是指对实现管理目的所采用的手段、方式、途径和程式的整个管理方法体系进行重新构造的过程。任何管理，都要选择、运用相应的管理方法。企业与企业之间通过相互借鉴科学合理的管理方法，并融入到自身的管理和经营活动中去，不仅可以提升企业的管理效率，更重要的是通过管理效率的提高可以提升企业的营运效率，从而实现企业的最终目标。

管理重组可以发生在企业内部，也可以发生在不同企业之间，一般来说，在不同企业之间的组织体系、制度体系、文化体系和管理方法体系等的管理重组具有取长补短、优势互补和相互融合的特征。上述管理重组属于不同企业之间所发生的重组行为，这种重组行为不一定直接缘起于管理需要，但直接间接都会影响重组企业的组织体系、制度体系、文化体系和管理方法体系。既然这种管理重组发生在不同企业之间，必然会影响股东权益，必须要得到股东大会的批准。

总之，存量资本结构调整是建立在能够产生重组效应的基础上的，正是由于存在这种重组效应，就能够为存量资本结构调整的利益相关各方带来实际的好处，也就是能够提高存量资本结构调整后企业的盈利水平，使得股东的投资收益率不断提高。也正是由于重组效应对存量资本结构调整的这种决定性作用，作为出资者的股东就必须要对各种存量资本结构调整的行为进行重组效应分析，当存量资本结构调整所带来的重组效应能够产生较大的收益时，这种存量资本结构调整才会有效。出资者正是通过分析这种重组效应，然后做出是否进行存量资本结构调整最终决策。

9.2.3 结构调整与控制

由于存量资本结构调整最终都会影响出资者的权益，抑或股东权益，所以，存量资本结构调整的决策以及控制这一决策的最终实施都属于出资者权利范畴，为了保证出资者对存量资本结构调整的这一权力的最终实现，出资者应该拥有以下权力要求：

9.2.3.1　必须确定存量资本结构调整的各种形式的可行性方案

企业的存量资本结构调整行为涉及兼并、收购、合并、资产重组、股权转让、股份回购、经营者股权分配、资产剥离、资产置换、债务重组、托管、租赁、分立、分拆、终止、破产清算等形式，经营者必须根据出资者的建议以及存量资本结构调整的不同形式的差异提出可行性方案。为了保证可行性方案的完整性、合理性和科学性，出资者应该确定每一种存量资本结构调整形式的可行性方案的标准论证结构。通过这种标准的论证结构的规定，可以控制可行性论证的过程，也可以尽可能减少可行性论证的缺陷，从而使得可行性论证方案更加符合实际，更容易实现。可行性方案的标准论证结构应该在公司章程中予以规定

9.2.3.2　必须确定存量资本结构调整的各种可行性方案的论证程序

企业的存量资本结构调整行为往往涉及企业的战略性、全局性和长期性问题，所以，一个可行性方案的论证和确定必然涉及到企业的各相关利益主体以及企业经营管理活动的方方面面。为了保证可行性方案的完整性、合理性和科学性，就需要在各相关主体之间进行利益协调以达成利益的均衡性，也需要对可行性方案所涉及的企业经营活动的方方面面进行合理性和科学性分析，以保证制定的方案最优，为此就必须要确定可行性方案。这一论证程序应该在公

司章程中予以规定。整体上说，这一论证程序至少包括与存量资本结构调整相关各方拟定初步的可行性论证方案，经由经理办公会审议后报请董事会审查，最终由股东大会审定。这里出资者享有两项基本权利，一是要求与存量资本结构调整有关各方提供可行性论证方案的权利，二是对逐级上报的可行性论证方案拥有最终审定的权力，包括同意和否决的权力。

9.2.3.3　必须监督存量资本结构调整的可行性方案的实施情况

存量资本结构调整的可行性方案只有被切实可行地实施才能达到预期的目标，同时，存量资本结构调整的可行性方案也可能存在缺陷和漏洞，需要在实施过程中进行必要的调整，这种调整当然会影响股东的权益，必须要得到出资者的认可。所以，对于存量资本结构调整的可行性方案的实施的监督，就不仅仅只是为了保证其能够落实，而是要继续维护出资者的权益。进行这种监督就必须要为了这两个方面制定相应的程序，包括确保可行性方案落实的程序，以及可行性方案需要进行调整的相关程序。

总之，存量资本结构调整的行为属于出资者的基本权力范畴，为了维护出资者的基本权益，以及实现出资者的预期投资目标，出资者必须要对存量资本结构调整的行为行使决策权和监督权。

第 10 章
出资者的成本费用和收益分配控制

出资者投入企业的资本再转化为资产后,经营者运用这些资产进行生产经营活动。在生产经营活动过程中,为了制造产品和提供服务,必然会发生成本费用,通过产品的销售和提供的服务会取得收入。收入在补偿出资者的投入后,新创造的价值必须在企业各利益主体之间进行分配。对于企业发生的成本费用,出资者是否需要进行控制,怎么控制?出资者必然参与收入分配,怎样参与收入分配?这些是下面所要研究的问题。

10.1 出资者的成本费用控制

两权分离,经营者运用出资者的投资所形成的资产开展生产经营活动,通过生产经营活动,一方面为市场提供所需要的产品和服务以形成收入,另一方面为了生产和经营产品、提供服务必然要发生成本费用。成本和费用存在明显的差异,表现在成本是按特定的产品或劳务对象所归集的费用,而费用分为广义的费用和狭义的费用。广义的费用就是企业在日常活动中发生并导致所有者权益减少的、与向所有者分配利润无关的经济利益的总流出;狭义的费用是指企业为了生产经营商品和提供劳务等所发生的销售(经营)费用、管理费用和财务费用。显然,成本是广义费用总额的一部分,不包括期间费用和期末未完工产品的费用等。成本是以产品和劳务作为对象而归集了的费用,但并非所有的费用都能归集到产品和劳务上去。无论是成本还是费用最终会导致所有者权益的减少,所以,作为出资者必然要对成本费用进行合理有效的控制。

由于传统的成本费用的分类是为了满足企业成本核算和内部成本控制的需要,并没有从出资者的立场进行成本分类,这就无法说明出资者应该控制哪些成本费用以及怎样进行控制。

10.1.1 出资者财务与成本费用的性质

10.1.1.1 传统的成本费用的分类是为了满足核算和决策的需要

传统上,成本费用主要是按照成本核算和内部决策的需要进行分类。按照成本核算的需要对成本的分类主要包括直接成本和间接成本、生产成本和销售成本、车间成本和工厂成本、已耗成本和未耗成本、主要成本和加工成本、生产费用(外购材料、外购燃料、外购动力、固定资产折旧、工资及工资附加费和其他支出等项)和产品成本、生产费用和期间费用(销售(经营)费用、管理费用和财务费用)等;按照内部决策的需要分为相关成本和非相关成本、可控成本和非可控成本、付现成本和沉没成本、计划成本和实际成本、边际成本、增量成本和差别成本、可避免成本和不可避免成本、变动成本和固定成本等。不难看出者两种成本费用的分类与出资者对成本费用的控制没有直接的联系,主要表现在:按成本核算要求进行的成本费用分类是为了将发生的成本费用归集到某一特定的核算对象或者某一特定的用途上,其目的是为了计算出某一核算对象和特定用途的总成本费用以及内部结构。按成本核算要求进行的成本费用分类具有写实主义的特征,它反映了成本费用形成的实际过程和内在结构,最终的目的是为了计算出企业为获得特定的收入所发生的相关成本费用,所采取的最基本的会计原则是费用与收入配比,以此为基础就可以计算出一定期间所发生的成本费用为企业带来了多少收益。显然,按成本核算要求所进行的成本费用分类是以企业作为核算主体的,是为了如实得反映出企业实际发生的成本费用,并以此为基础核算整个企业的经营成果和财务状况。因此,以核算为目的的成本费用分类既没有体现出资者进行成本控制的意愿,既不能反映出资者到底要控制哪些成本费用,也没有指明对这些成本费用应该如何进行控制,它是以报告经营者的受托责任履行情况为目的的,而不是以出资者成本费用控制为目的的。

按照内部成本费用决策的要求所进行的成本费用分类也是为了满足企业内部成本费用管理和控制的需要(这主要在管理会计中得到广泛的应用)。在企业内部成本费用管理中，成本费用预测和成本费用预算、成本费用规划（包括成本计划和定额）和成本费用控制、成本费用控制结果的考核和评价的每一个环节都要进行成本费用决策。为了满足这种决策的需要就必须要贯彻相关性的原则，要求成本费用与相关的决策事项存在直接和间接的相关性，这里成本费用归集的对象不是企业的特定产品或者特定用途，而是特定的决策事项，这些决策事项都是为了满足企业进行成本费用管理和控制的需要，其主体仍然是企业自身，包括企业内部科层结构下的各个层级。每个层级都有成本费用控制的目标，它们必然要进行相应的成本费用决策以实现成本费用的控制目标。之所以要实现这一控制目标，根本上在于成本费用的降低与这些决策主体之间存在着利益的相关性，降低成本费用就会增加自身的收入。进行成本费用决策也必须要实现可控性原则，可控性原则意味着决策主体本身也是成本费用的控制主体，通过其自身的决策就可以实现成本费用的管理和控制目标。如果决策主体与控制主体相脱离，既无法考核成本费用控制主体的相关责任，也无法衡量成本决策主体决策的科学性和有效性，从而无法实现成本费用管理和控制的目标。可控性原则还意味着有关决策事项中的成本费用具有降低的可能性，正是这种可能性使得企业内部各相关责任主体都能够通过成本费用的降低为自身带来利益，否则就不会在主观上使得各成本费用的决策与控制主体能够产生控制成本费用的内在动力。可见，按照决策目的所进行的成本费用的分类，是基于企业内部各成本费用责任控制主体的需要而形成的，其目的是各成本费用责任控制主体通过决策降低成本费用而实现自身利益。这里降低成本费用成为了决策和控制主体的自觉自愿的行动，而不是一种外在的强制，降低的成本费用又与决策和控制主体自身的行为所形成的成本费用直接相关，是在其可控之下。

10.1.1.2 出资者视角的成本费用控制的特性

出资者对成本费用的控制是由于两权分离所引起的，其控制的对象是经营者或者整个企业，它当然是一种外在的强制。而所要控制的成本费用也不是由于出资者的行为所引起的，而是被控制的主体经营者或者企业的行为所导致。出资者之所以要进行控制，是在于经营者或者企业的其他成员通过成本费用支出就可以直接获得利益好处，这种利益好处有可能直接或间接损害出资者的利益。所以，出资者对成本费用的控制是为了防止经营者或者企业损害自身的利益，而基于决策需要所进行的成本分类则是为了增加出资者利益的同时也增加经营者和企业其他成员的利益,从而具有利益的一致性。那么,出资者对成本费用进行分类是基于怎样的立场?在两权分离后,出资者与经营者之间形成了委托受托经济责任关系,经营者对出资者承担了财产责任就是资本保全责任;承担了经营责任也就是资本增值责任;承担了法律责任,必须遵守国家法律和公司章程的相关规定;承担了会计责任,提供的会计报告必须真实、可靠、及时。经营者必须履行所有这些责任,这些责任的履行必然涉及成本费用,从而形成了相关的成本费用责任,出资者必然要对经营者履行这些成本费用责任的情况提出相应的要求。

就资本保全责任而言,分为资本数量保全和资本质量保全,在我们发表的文章中已经指出,资本数量保全就是指资产的补偿成本的提取程度。出资者将资本投入企业后,企业必然要用这些投入资本购买资产从事生产经营活动,资产在生产经营活动过程中使用后就会产生成本费用。在这里有必要对成本和费用的性质进行区分,首先是成本,成本是物化劳动和活劳动的必要劳动耗费即 $C+V$,就是为生产产品的物化劳动的转移价值 C,以及支付给劳动者的必要劳动的工资支出 V。这一成本的定义从出资者利润核算的视角出发的,工资支付会直接减少出资者的利润,从而成为了成本。如果站在出资者资本数量保全的视角,出资者投入企业的资本会转化为从事生产经营活动的资产,资产在使用的过程中要提取相关的补偿成本,这里的补偿成本的属性就是物化劳动的转移价值 C,而不包括活劳动所支付的价值;其次是费用,凡是涉及收入分配性质而形成的费用,如工资、奖金、利息等,从本质上说它并不是费用,而是接受分配者的收入,如果站在出资者分享利润的视角看,它就成为了费用;另一部分费用则是与生产经营活动中所耗费的资产有关,如低值易耗品的消耗,它们是 C 的构成部分。归结起来,与资本数量保全相对应的成本只是指与 C 相关的成本费用。不难看出,就资本保全责任而言,实质上就是出资者投入企业的资本转化为资产,经营者在生产经营活动中使用这些资产并以相应的成本费用的形式从企业获得的收入中予以补偿。出资者首先关心的是自己投入资本的收回,当自身的投入资本都不能收回时,就意味着出资者的破产。既然如此,出资者必然要对投入资本所形成的资产在使用后所要提取的成本费用予以特别的重视,这不仅表现在这些资产在使用后必须要提取成本费用,而且提取成本费用的数额必须要足以补偿其投入资本。补偿投入资本要求企业的收入至少等于所提取的成本费用，同时，由于出资者是以现金形态向企业投入资本的，补偿投入资本的收入也必须要处于现金状态。

就资本增值责任而言，分为资本数量增值和资本质量增值。数量增值涉及两个方面：一是出资者是否获得了利润以及获得了多少利润，二是这些利润是否是经营者履职的结果。出资者投入资本的目的是为了实现税后利润最大化，税后利润的形成是以企业的收入扣除税金以及税前的各项成本费用为基础的，这里的成本费用显然与资本数量保全的成本费用的内涵和外延极不相同。用于资本数量保全而提取的成本费用只是 C 的部分，而用于确定税后利润的成本费用可以一般地定义为是从企业收入中减少税后利润的所有支出，这就是出资者的立场，对出资者而言，只要减少其税后利润就是其成本费用支出。

实际上，在马克思的价值学说理论中，C+V+M 中的 V+M 是企业新创造的价值，而不是成本费用。企业新创造的价值必须在政府、出资者、经营者和员工之间进行分配，原因很简单，这四个主体为企业创造新的价值提供了不可或缺的要素。政府提供了环境要素包括公共产品和公共秩序，所有者提供了物质要素包括生产的手段和生产的对象，经营者提供了决策要素，而员工则提供了执行要素。没有政府提供的环境要素，企业就失去了生产经营的前提；没有所有者提供的物质要素，企业就失去了生产经营的物质基础；没有经营者的提供的决策要素，政府的环境要素和所有者的物质要素就不可能有效组合发挥创造新价值的作用；没有员工的执行要素，经营者再好的决策也不可能变成创造新价值的现实。正由于政府、出资者、经营者和员工共同为企业新价值的创造提供了不可或缺的要素，就必须要参与新创价值的分配，从他们的视角看，所分得的新创造价值的部分就是收入，而不是成本费用。

但如果仅仅从出资者的立场，在新创造的价值一定的条件下，其他三者所分得的数额越多，出资者的税后利润就越少，其他三者的收入就是所有者的税后利润的减项，也就成为了所有者的成本费用支出。经营者和员工的工资收入成为了人工成本费用，贷款者的利息收入成为了利息成本费用，出租者的租金收入成为了租赁费用，政府的税收收入成为了税收费用（如所得税费用），如此等等，在出资者看来，其他相关利益主体对新创造价值的分配数额就是其成本费用。出资者要想增加自身的税后利润就必须要尽可能地减少这些成本费用。由于政府收税是法定的，单个企业的出资者不可能对税收的多少进行限制，对于贷款者和出租者等市场主体所获得的收益的多少是由市场定价的，出资者不可以对其进行事先和硬性规定。这样，出资者主要只是对于经营者和员工所取得的收入按照某种方法进行约定，总体的原则是，只有伴随着出资者税后利润的增加，经营者和员工的收入才有可能增加。出资者所获得的税后利润并非都是经营者履职的结果，在考核和评价经营者的业绩时，对与经营者履职无关的相关成本费用的增加或减少必须要进行调整，只有这样才能真实地判断经营者的能力、评价经营者的业绩。所以，站在出资者对经营者进行业绩评价和考核的立场，计入税后利润之前的成本费用，必须与经营者履职有关。由于市场普遍的价格上涨和政府政策的变动而导致的成本费用的变化与经营者能力无关，就必须要进行相应的调整，以最终确定能够反映经营者履职情况的税后利润。质量增值不涉及成本费用问题，它只是指利润的收现程度和未来的稳定性。

就法律责任而言，两权分离后，经营者在整个生产经营活动过程中必须要遵守国家法律法规的规定，也必须要遵循公司章程的要求。经营者如果违法违规必然会带来相应的处罚，从而形成违法违规成本或费用，它会直接减少出资者的税后利润，出资者不能容忍其发生。经营者除了不能违法违规外，也不能向出资者提供假信息，也就是信息做假，以及不能直接侵吞企业的资产。由于信息做假不属于出资者成本费用控制的范畴，所以，出资者对成本费用的控制就主要涉及经营者直接侵吞企业的财产。侵吞财产就意味着企业的成本费用的增加，从而减少出资者的税后利润。侵吞财产分为直接侵吞和间接侵吞，直接侵吞财产就是经营者将企业财产直接据为己有或通过关联交易据为己有，间接侵吞是通过在职消费等减少企业资产而增加企业成本费用。就前者而言，出资者是不可能允许经营者发生这些行为，而且一旦发生，经营者就已经触犯了国家的法律法规，国家必然要对其绳之以法。而间接侵吞并不直接触犯国家法律法规，它主要取决于出资者与经营者之间的相关约定，也就是出资者对经营者在企业中的各种在职消费行为必须要事先进行控制。从人性而言，经营者具有无限在职消费的内在冲动，如果出资者不对其进行控制，通过在职消费就足以使出资者不仅不能获得利润，甚至本金都会被消费掉。由于在职消费是以成本费用的形式列入企业支出中，所以，出资者必须要对相应的成本费用规定支出的范围和支出的标准。

总之，从出资者的立场出发，成本费用的性质首先是基于实现资本数量保全的，以保证出资者的本金不仅可以收回，而且其购买力能够保持不变；其次，成本费用的性质是为了实现资本数量增值的，只有在C的基础上再扣除V+M中分配给其他相关利益主体的份额后，才是出资者的利润，对出资者而言，这些也属于成本费用的范畴；再次，成本费用的性质是经营者的在职消费支出，为了防止经营者无限制的在职消费，出资者必然要将这种消费限制在可以容忍的范围。

10.1.2　出资者视角的成本费用控制

既然成本费用的多少涉及出资者的资本数量保全（本金的收回）和资本数量增值（税后利润的多少），也涉及控制经营者通过在职消费所产生的背德行为，所以，出资者必然要对成本费用进行有效的控制。出资者的成本控制主要包括以下方面。

10.1.2.1　实现资本数量保全的成本费用控制

如上所述，出资者投入企业的资本都要转化为资产，资产在使用的过程中必然以提取成本费用的形式予以补偿，怎样进行补偿，补偿多少？为了实现出资者的资本数量保全，必须要通过成本费用的提取从企业的收入中予以补偿，所以，出资者必然要在以资本保全为基础的财务会计制度中明确规定与此相关的成本费用的确认、计量的原则和方法，也就是说，出资者是通过在公司章程中载明企业的相关财务会计制度，以实现对与资本数量保全有关的成本费用的核算的控制。在这种核算控制中，有两个方面必须给出明确的规定：一是出资者投入企业的资本在转化为资产并使用后到底采取什么样的价格提取相应的成本费用，也就是资产的补偿成本的提取价格如何确定，这一价格的高低决定了出资者投入资本的数量保全程度。在相关的文章中已经指出，资本数量保全分为名义资本保全、财务资本保全和实物资本保全，在这三种保全形式下，资产在使用后提取成本费用的相应价格明显不同。名义资本保全下资产的补偿成本采取的是历史成本价格，也就是资产购建时的价格，资产的使用会经历一段时间，随着时间的推移，资产的市场价格会发生变化，如企业的固定资产大多出现涨价的趋势，如果采用历史成本价提取固定资产折旧就不可能在未来重新购建相同的固定资产，企业的再生产就不可能持续下去，企业就会面临破产的可能。实物资本保全下资产的补偿成本采用的是公允市价,从理论上说就是要确保出资者所投入的资本的购买力平价不变,这里讲的保全是购买力的数量保全,而不仅仅只是名义货币的数量保全。从世界各国财务会计的发展趋势看,对于资产的补偿成本的提取越来越趋向于使用购买力平价不变基础,如果企业按照这一基础上提取资产的补偿成本,在收入扣除这一成本后仍然大于零,就意味着资本实现了数量保全,出资者正是通过这样的方法实现资本数量保全的成本费用控制。

在资产的使用过程中不仅会出现涨价的可能,资产也可能出现跌价,也就是贬值,一旦贬值意味着资产在使用或者出售时所收回的现金就会低于购建价格,从而从资产使用或者出售获得收入的视角看,也会导致出资者的资本不能实现数量保全。为此,就必须要对资产的贬值提取减值准备,提取减值准备也就是提取相应的费用,出资者必须要对资产减值所提取的这种减值准备或者费用要提出明确的提取范围和提取标准。减值准备的提取虽然减少了当期的利润,却也为资本数量保全提供了更加坚实的基础,相较于利润,出资者更是首先要确保自身投入资本的安全,否则利润的取得就不可能有持续稳定的基础。

不难看出,实现资本数量保全的成本费用控制就是通过以资本保全为基础的财务会计制度的制定予以实现的,出资者只有对其投资所形成的资产的补偿成本或费用以及减值准备的提取作出明确的规定,才能有助于实现资本数量保全的目标。

10.1.2.2 实现出资者资本数量增值的成本费用控制

资本数量增值也就是出资者必须要获得投资报酬,在会计上这一报酬是以税后利润的形式体现的。在实现资本数量保全的基础上,影响利润的根本因素就是与企业相关的各利益主体参与全部新增价值的分配份额,表面上看它是以成本费用的形式出现的,但实质上是一种收入分配。在上面已经论及,政府的税收是以税法的形式予以规定,单个企业的出资者不可能对其进行改变,也就不能进行控制,贷款者和出租者等主体所获得的利息和租金等收入也是根据市场价格确定的,属于经营者权利的基本范畴,无须出资者进行控制。真正与出资者权利有关的,以成本费用的形式所形成的分配收入主要是经营者和员工的薪酬收入,这一收入一方面是由于经营者和员工在企业新创造的价值中提供了不可或缺的要素而必须分享,另一方面经营者和员工薪酬收入的高低又会直接影响出资者的税后利润。就经营者和员工而言，当然希望获得更多的薪酬收入，也就是不断增加税前的相关成本费用，如果不能得到有效的控制，不仅出资者不能获得税后利润，甚至本金也会作为薪酬而发放。实际上，对于经营者和员工的薪酬收入的控制存在三种权力结构，国家为了保护经营者和员工的基本利益，都会规定本国个体工作者的最低工资保障线；出资者为了确保资本数量保全和资本数量增值的目标也会规定出资企业的最高工资总额，这一工资总额也可能是通过出资者与经营者和员工讨价还价的结果，但必须要确定最高工资总额控制线却是一个不可改变的事实，在这里贯穿的基本原则是利益共享，随着企业新创价值的增加，出资者与经营者和员工所分配的收入也应该增加；最后，经营者与员工也要通过讨价还价的方式最终确定每一个员工的实际工资，在这里贯穿的基本原则是多劳者多得。显然，第二种权力结构是出资者对企业工资总额的控制，其控制的方法大多是在确定企业工资总额基数的基础上（这一总额不能低于国家规定的最低工资保障线的要求），根据企业每一年度新增利润的涨幅以及其他辅助性要求的实现程度确定工资总额的涨幅。必须说明的是，工资总额的涨幅通常会要参照行业甚至整个地区和国家的涨幅情况，同时也与各个企业的出资者与经营者和员工的讨价还价的有利程度相关，当经理人市场和劳动力市场上供不应求时，经营者和员工处于优势一方，企业的工资成本和相关费用就会增加，反之亦然。尽管如此，出资者控制工资总额因其利益攸关，总是会尽可能地减少工资总额。

10.1.2.3 实现对经营者和员工在职消费的成本费用控制

企业由于开展各种经营活动会发生相应的在职消费，在会计上有关在职消费的费用项目大致可分为八类：办公费、差旅费、业务招待费、通信费、出国培训费、董事会费、小车费和会议费等。在职消费有其存在的必要性，它是伴随着企业的生产经营活动和管理活动而产生的。但是，这些费用项目如果无节制地发生，一方面会使出资者资本数量增值的目标难以实现，甚至还会导致资本在数量上不能实现保全，在现实中有的企业就出现了"吃了资本吃贷款"的恶劣状况，最终导致企业破产。另一方面，十分容易成为经营者和员工获取好处的途径，一旦这些在职消费的开支数额超过了生产经营活动和管理活动之所需，经营者和员工就可以从这些项目的开支中间接地捞取好处，是一种间接的取得收入的渠道。从理论上说，经营者和员工更乐意从成本费用中获取收入，而不愿意通过与企业的经营业绩挂钩而分享收入。原因在于，从成本费用中获取收入有可能不需要经营者和员工付出任何代价，或者经营者和员工可以将创造的新价值从成本费用中全部据为己有，如出资者投入本金 100 万元，经营者和员工可以以成本费用的形式将这 100 万元全部归为自己，经营者和员工没有付出任何代价就可以得到 100 万元的好处；但是，出资者必然要对其进行控制，首先要确保自身投入的本金实现数量保全，也就是经营者和员工要想得到自身的收入，必须要从新创造的价值中获取，如果经营者和员工所新创的价值 100 万元，经营者和员工以成本和费用的形式将这 100 万元归为自己，经营者和员工付出的代价与其所得正好相等。一旦经营者和员工的收入与企业的经营业绩挂钩，也就是主要与利润挂钩，显然，企业所创造的全部新增价值就不可能全部归为经营者和员工，而是必须在政府、经营者和员工之间进行分配，经营者和员工所能得到其中的一部分。这就是经营者和员工更愿意从成本费用中取得好处，而相对来说不愿意以经营业绩的好坏，也就是利润的高低分享收入的原因。

出资者为了对经营者和员工的在职消费进行有效的控制，必须对成本费用进行重新分类，这种分类是以成本费用项目是否直接间接与经营者和员工收入有关作为标志而划分的，也就是把成本费用区分为与经营者和员工直接和间接收入有关的项目，以及与经营者和员工收入无关的项目。凡是与经营者和员工直接和间接收入有关的项目，都必须要由出资者制定相关的开支范围和开支标准，开支的标准必须要与相应的成本费用所形成的产出直接相关，只有这样才能保证经营者和员工的在职消费是与企业的生产经营活动和管理活动相关，并且是必须的。以销售业务发生的招待费用为例，如果按照税法的规定，招待费用按照销售收入的千分之三到千分之五提取是不符合出资者利益的。理由在于，按照销售收入提取销售费用，不能满足出资者资本数量保全和资本质量保全的要求。假定出资者投资企业 2000 万元，企业购进存货 2000 万元，通过销售取得了 1500 万元的收入，这时企业已经亏损 500 万元，也就是出资者的本金损失了 500 万元。当出资者的本金已经损失 500 万元时，从理论上说，出资者不可能再愿意企业提取招待费用。但是，由于按照销售收入提取招待费用，只要企业形成了销售收入就必然可以提取，而不论这一销售收入是盈利的销售收入还是亏损的销售收入。这里企业由于发生了 1500 万元的销售收入，如果按千分之五提取，招待费用就是 7.5 万元，从而使得出资者的本金亏损进一步增加，资本数量保全的目标更难以实现。更为严重的是，如果企业的销售收入是以赊销形式形成的，企业并没有收回现金，但是招待费用的支出是必须要付现的，从而导致企业必须要借债以致形成债务风险，这实质上又导致出资者不能实现资本质量保全的目标。站在出资者的立场，销售业务中的招待费用的发生必须是企业在销售中赚了钱才能吃（不能吃本金），企业的销售收入收到了现金才能付（不能借钱吃）。依照这样的立场，销售业务中招待费用就必须要按照收到现金的毛利额提取，有了毛利额就意味着资本实现了数量保全，收到了现金就意味着资本实现了质量保全。当然并不能将所有的毛利额都作为招待费用提取并使用，毛利额必须要用来补偿其他的成本费用，缴纳税金和出资者取得利润。出资者应该根据不同企业的经营环境、经营业务的类型等因素确定招待费用的提取额，一般都会在年度预算中作出明确规定。

总之，出资者为了保护自身的利益，必须要对经营者或者企业的成本费用进行必要的控制。为了实现资本保全，必须要对投入资本所形成的资产在使用后的补偿成本费用的价格提出标准；为了实现资本增值，必须要对参与企业收入分配的有关利益主体的收入分配（在会计中是以成本费用的形式体现）的最高限额做出规定；为了使在职消费控制在合理的范围内，必须为每一种类型的在职消费项目设定开支的范围和标准。

10.2 出资者的收入分配控制

出资者进行投出资本、监管资本的运用和存量资本结构调整的财务行为最终的目的就是为了获取收益，站在出资者自身的利益视角看，总是要谋求收益的最大化，但这是以公司所创造的价值最大化为前提的。只有公司创造的价值最大化，出资者才能够分享更多的收益。收入分配本身并不能直接创造价值，而是对已经创造的价值在各利益相关者之间进行分享，收入分配本质上不是为了解决任何一个利益相关者的收益最大化问题（这属于价值创造的内容），而是必须使得各利益相关者的收入分配能够实现均衡性的目标。收入分配的均衡性的最终表现就是：参与公司价值创造的各利益相关者都能根据自身所提供的要素对价值创造的贡献程度或者重要性程度分享相应的收益。正因为出资者为公司的价值创造提供了不可或缺的要素，出资者必然要分享公司创造的价值；也正因为出资者所提供的要素对公司价值创造的贡献程度或者重要性程度不同，出资者分享的收益也会有差异。

10.2.1 出资者财务与公司初次收入分配的三个层次

公司创造的价值首先必须在政府、出资者、经营者和员工之间进行分配，在此基础上，政府、出资者、经营者和员工所分享的价值又必须在其内部进行分配；除此而外，由于两权分离，为了确保经营者履行出资者所赋予的受托责任，也有必要通过收入分配的方式激励和约束经营者的行为，这是公司制企业所特有的收入分配问题。收入分配问题与出资者财务存在密切的关系，一方面，收入分配涉及各方利益，协调平衡各方的利益属于财务关系处理的范畴，在这一财务关系的协调中，出资者扮演着十分重要的角色；另一方面，收入分配也涉及到现金流入流出，它本身就是财务问题，这一问题与出资者的投资报酬预期以及风险偏好水平密切相关。

第一层次的分配是公司创造的价值在政府、出资者、经营者和员工之间所进行的分配。公司创造的价值是由四个不同的主体所提供的四种要素的有效整合而形成的，这四个主体包括政府、出资者、经营者和员工，他们分别提供了环境要素、物质要素、决策要素和执行要素。政府提供的环境要素包括公共产品和公共秩序，没有政府所提供的公共产品和公共秩序，公司就没有经营的良好环境，就不可能取得经营的效率，甚至不可能正常经营；出资者通过投资为公司经营提供了物质要素，没有出资者所提供的资本所形成的物质要素，公司的经营就没有生产的手段和生产的对象，就好像巧妇也难为无米之炊；经营者通过决策将公司的生产条件与外部环境之间进行有效的融合，确定公司的发展战略以及实现战略的路径。没有经营者所提供的决策要素，再好的经营环境和充分有效的生产条件也不可能真正发挥作用；员工提供执行要素，就是要将经营者的决策通过员工的行动变为现实，没有员工所提供的执行要素，再好的决策也只能是空中楼阁。在公司的价值创造中，四个主体所提供的四种要素是不可或缺的，正是这种不可或缺性，每个要素的提供主体都会要求参与公司的收入分配，否则就不会向公司提供相应的要素，公司的价值创造就无法进行，更无从实现公司价值最大化。公司的价值创造是由四个主体所提供的四种要素而形成的，也只有这四个主体的有效融合才能实现公司价值最大化，任何单一主体所提供的单一要素既不能直接创造公司的价值，也不能实现公司价值的最大化。既然如此，公司的每一个要素的提供主体都必须分享公司创造的价值，同时也不可能在公司所创造的价值的分配中谋求自身分享价值的最大化，一个主体多分就意味着其他主体少分，当其他主体少分时就有可能离开公司而导致公司解体，或者不能进行价值创造，每个主体分享公司创造的价值最终都是以其所提供的要素对公司的价值创造的贡献程度或者重要性程度为基础的，最终就是要实现各要素提供者的收入分配的均衡性。

由于四个主体所提供的四种要素对于公司创造价值是不可或缺的，他们都为公司的价值创造作出了贡献，所以，四个主体都必须分享公司所创造的价值，也就是参与公司的收入分配。四个主体所提供的四种要素对公司价值创造的贡献或者重要性程度并不相同，并且，四个主体所提供的四种要素是完全不同质的，无法形成统一的分配标准，从而四个要素的提供主体要通过分配博弈最终才能形成自身的收入分配的份额。这无不说明，出资者必须要分享公司所创造的价值，为了分享这一价值，出资者必须要参与第一层次的收入分配的各方博弈，这种分配博弈的最终结果是，出资者的基本利益必须得到保障，更不能受到损害。为此，出资者必须要通过有效的方式，既防止其他利益主体损害自身利益的行为，又要保证能够获得合理的收益。

第二层次的分配是政府、出资者、经营者和员工各自内部的分配。经过第一层次的分配后，政府、出资者、经营者和员工作为整体都各自分享了公司创造的价值，对于这一部分分享的价值还必须在政府内部、出资者之间和员工之间进行再分配。政府内部的分配是以公共预算的形式进行的，经营者团队内部以及员工之间也必须根据各人员对公司价值创造的贡献大小进行分配。与此不同，出资者之间的分配是按照出资的份额进行分配，出资者投入企业的资本具有同质性，或者更直接得说，作为无差别的资本投入公司，每一资本（或者每一股份）对公司价值创造的贡献大小或者重要性程度也是相同的，正因为这样，出资者之间的分配贯穿的原则就是按资分配，这样的分配是再简单明了不过的事。尽管如此，每个出资者都对属于整个出资者所应该分享的公司价值享有分配的权利，都必须得到自身所应该分享的份额，否则就会损害相关出资者的利益，如大股东侵占小股东利益，任何一个小股东都拥有按照自身的出资份额分享收益的权利。第二层次的分配不仅包括不同出资者之间的收入分配，还包括出资者应分享的收益是留存公司还是分配给出资者本人的分配问题，这一分配问题涉及出资者与经营者之间的利益关系问题。对出资者而言，是否将自己应该分配的收益留存于公司，关键在于公司未来的经营能不能为其带来更多的收益；对经营者而言，从控制权的视角，留存收益越多，其控制权越大，也越有利于进行开展经营活动。但并非留存收益所投入的经营活动一定会带来更多的收益，特别是经营活动总是存在一定的风险性。出资者与经营者之间进行留存收益的博弈，实质上就是对未来经营风险所进行的一种分析和决策，一旦出资者认为留存收益所投入的经营活动的风险能够得到有效的控制时就有可能将收益留下而不进行分配，而这一决策的主动权主要在于出资者，经营者往往只是基于公司经营的需要而向出资者提供决策的建议，必要时也会与出资者进行讨价还价。

第三个层次的分配是出资者为了激励和约束经营者而形成的分配。应该说，公司所创造的价值在经过第一层次和第二层次分配后，在公司内部的初次分配就已经完成，但是，两权分离使得出资者与经营者之间形成了委托代理关系，为了保证这种委托代理关系的有效实现，出资者必然借助分配手段以激励和约束经营者履行受托责任。在经理人市场上，出资者与经营者必然要通过讨价还价确定对经营者的收入分配政策。某一经营者的收入水平首先取决于整个市场的经营者的平均收入水平，而这一平均收入水平又由经理人市场的经营者的供求状况所决定。经营者越是供不应求，这一平均收入水平就越高，反之亦然。其次，某一经营者的收入水平也取决于自身在市场上的竞争能力，当某一经营者在整个经理人市场上，其竞争能力超越平均水平时，就会获得超额收入，从而高出市场平均收入水平。某一经营者的竞争能力超越平均水平的实质就是通过其经营所获得的投资报酬水平高于平均水平，这一高出的水平的差距越大，经营者获得的超额收益就会越高。这也说明经营者的收益最终还是取决于所聘用的公司的盈利水平的高低，或者更直接地说出资者的投资回报水平的高低。某一特定公司的出资者与经营者必然就这一投资回报水平进行讨价还价，并依此决定对经营者的分配政策。也就是说，出资者与经营者所形成的委托代理契约仍然是由两者个别签署的，反映了两者之间的特别约定，从这个意义出发，第三层次的分配仍然是某一特定公司的出资者为激励和约束经营者而形成的分配关系。从激励的视角看，出资者必然要通过对经营者确定收入分配的方案，使得经营者只想多干、只想干好，从而追求卓越，使得公司价值最大化的同时也使得出资者的收益不断增加；从约束的视角看，出资者必然要通过对经营者确定收入分配的方案，以防止经营者的背德风险，也就是当公司所创造的价值一定的条件下，必须划定经营者应该分享的份额。如果不能做到这一点，经营者就有可能无所限制地增加自身的收入，或者直接进行在职消费，而使得出资者的利益不能得到保证，甚至受损。可见，第三层次的分配与第一层次和第二层次不同，第一、第二层次的分配属于纯粹的分配问题，也就是在公司创造的价值一定的条件下，如何在利益相关者之间分配这一创造的价值，这是对已经创造的价值的分配，具有事后性；而第三层次的分配是要通过分配方案的确定，让经营者能够凭借自身的能力使公司能够创造更多的价值，这显然是基于未来公司的价值创造，具有事前性。经营者为公司创造的价值越多，经营者分享的收益就会越高，这就有了激励机制的特征，而不仅仅只是分配。同时，通过分配方案的确定，也为经营者在公司未来所创造的价值中所分配的份额划定了明确的边界，不能多吃多占，这一点与第一、第二层次的分配相同，但它同时也具有约束机制的特征。

第三个层次的分配是出资者为了对经营者建立激励和约束关系而形成的，但最终都必须要落实到当经营者在实现出资者所提出的盈利目标的条件下所应该获得的收入，经营者获得的这一收入是与出资者讨价还价的结果，这意味着出资者必然要对经营者所获得的这一收入进行有效的控制。一方面，这种控制表现在只有最终得到出资者的认可，经营者才可能获得这一收入。所谓讨价还价既不是出资者也不是经营者单方面的决定，而是出资者与经营者必须双方达成一致，有一方不认可，收入分配的契约就不可能达成，这就是出资者对经营者收入分配的控制特征。另一方面，这种控制是在两个层面进行的，一是在公司所创造的全部价值中，出资者必然与经营者团队进行讨价还价，以最终确定经营者团队在所创造的价值中应该分享的份额，这就是前面所说的第一层次的收入分配；二是在经营者团队所分享的价值中，对其成员进行的收入分配，存在的问题是出资者是否要与经营者团队的每个成员通过讨价还价确定收入分配的份额。就目前的实践来看，出资者主要只对公司的董事长和总经理的收入分配进行控制，如国务院国资委就制定了《中央企业负责人薪酬管理办法》，这里的负责人就是指公司的董事长（包括党委书记）和总经理。实践中的这种做法从理论上讲也是科学的，在公司中董事会是进行重大经营决策，总经理班子保证这些决策的进行，也就是直接组织生产经营活动。大体上说，董事会是决策者，总经理班子是执行者，从而出资者分别对决策和执行进行授权。出资者的这种授权是直接通过董事长和总经理进行的，董事长和总经理对出资者承担了受托责任，他们履行这种责任的程度就决定了他们收入分配的份额。董事长和总经理也是由股东大会任免的，出资者必然要对其收入分配进行控制。设立了监事会的公司，出资者也还要授权监事会进行监督，监事会主席的收入分配也应该得到出资者的认可。此外，从公司纵向的科层结构看，公司的董事会和监事会对股东大会直接负责，其成员都由股东大会任用，而总经理班子则对董事会直接负责，其成员由董事会聘用，由此就决定了公司的董事和监事的收入分配必须得到股东大会的认可，而总经理班子中的高管人员的收入分配必须得到董事会的认可。

总之，出资者在收入分配中必然要通过各种有效的方式维护自身的权益，在市场经济条件下主要通过讨价还价的方式与参与分配各方达成分配契约，也就是必须要得到出资者的认可。出资者至少在以下方面要对公司的收入分配进行有效的控制：一是必须对整个公司创造的价值中经营者和员工整体所分配的份额进行控制，其目的是既能调动经营者和员工的积极性，同时也能确保自身收益的边界能得以明确。出资者在与政府对公司创造的价值的分配关系中，也会通过讨价还价的方式推动政府税收分配的合理性和有效性，其目的是为了保证企业可持续发展的同时，也使自身的利益得到保障。二是必须对公司新创造的价值中归属于出资者的部分是否在企业进行留存以及留存多少进行控制，其目的是为了使自身的投资能够在未来取得更多的收益。三是必须对公司创造的价值中属于经营者团队的部分再分配给董事长、总经理和全体董监事的分配份额及其分配方式进行控制，其目的是为了有效地激励和约束他们能够履行受托责任，同时也能够明确地界定经营者团队所应分享的公司创造的价值中归属于他们的份额，从而保证经营者团队中其他成员的利益得以实现。

10.2.2 出资者视角的收入分配控制

出资者投资的根本目的就是为了获取投资报酬，而投资报酬的多少取决于在公司中的收入分配的份额，而收入分配的份额又取决于出资者在收入分配中的讨价还价能力，或者更直接地说，取决于出资者在收入分配中所发挥的控制作用的大小，包括要不要控制以及如何控制，其中，要不要控制已在上面论述，这里主要讨论如何控制。由于公司的初次收入分配存在三个层次，出资者在这三个层次的分配中都必须要参与其中进行控制，三个层次的分配的属性不同，出资者对收入分配进行控制方式也必然存在差异。

10.2.2.1 第一层次分配的出资者控制

第一层次的分配是将整个企业创造的全部新增价值在出资者、政府、经营者和员工之间进行分配，整个出资者所取得的分配份额是由这一层次的分配所决定，出资者整体必然为了自身的利益参与这一层次的分配并进行有效的控制。出资者在这一层次的分配中既要与政府进行讨价还价，又要与经营者和员工讨价还价，只有当出资者在这两个层面的讨价还价中处于相对有利的地位，出资者才能获得更多的分配份额。

1. 就出资者与政府进行讨价还价而言，其核心就是要确定政府对企业征税的水平。政府对企业征税的水平越高，在其他条件不变时出资者所获得的收入分配份额就会越大，反之亦然，出资者的收入与政府的税收收入是此消彼长的关系。在分配的时序上，政府征税也先于出资者的收入分配，也就是只有先缴纳了政府的税收后，出资者才可能取得收入，这意味着如果征税水平高，扣税后出资者有可能没有税后收入。不仅出资者与政府的税收关系如此，经营者和员工与政府之间也存在类似的税收关系，就是政府对公司征税的水平越高，经营者和员工的收入水平也可能下降，当经营者和员工的绩效收入与公司的利润挂钩时更是如此。正因为这样，出资者、经营者和员工都存在一种与政府进行征税讨价还价的内在必要，三者目标的一致性使得他们必然以公司整体的身份与政府进行收入分配的博弈，其目的是尽可能降低政府的征税水平。当然，政府为了维持必要的支出必须获得相应的税收收入，也要与公司进行相应的博弈。所以，出资者、经营者和员工与政府的税收博弈是以公司为主体而出现的。公司是通过显性博弈和隐性博弈两种方式与政府进行讨价还价以实现政府征税水平的公平合理和有效性：

（1）显性博弈。所谓显性博弈就是公司通过正式和公开的方式与政府就征税水平进行讨价还价，主要有政治博弈和市场博弈两种方式。政治博弈就是公司通过法定的、正式的渠道或者方式与政府就征税水平进行讨价还价，最典型的形式就是代表公司的人民代表、党代表通过参政议政的方式就政府的征税水平发表意见、提出建议；也可以通过代表公司的行业协会对政府的征税水平发表意见、提出建议。市场博弈就是当政府的征税水平过高时，公司的出资者、经营者和员工的预期收入水平无法实现时，出资者就会撤资，经营者就会辞聘，员工就会辞职，公司就不可能持续经营下去。当市场上大量的公司都呈现出这种状况时，整个国家的经济状况必然下降，政府的税收收入也随之减少。为了恢复经济必须要让更多的公司持续经营下去，政府就会降低征税水平，从而最终能够在公司的初次分配中实现出资者、经营者、员工与政府之间的收入分配的均衡性。显性博弈不仅存在于宏观场合也存在于微观场合，也就是对于每个公司而言它们总是会通过税收筹划进而合理避税以尽可能地降低政府对某一公司的征税水平，大多数情况下这种税收筹划都必然涉及到与政府的征税部门的讨价还价。实际上，一个国家对企业的征税水平并不是政府单方面就能强制决定的，它是利益各方相互博弈的结果，这种博弈的结果就是要实现在一定的国民总收入的条件下，既要保证政府的各项支出有稳定的税源，又要保证企业可持续发展。后者意味着出资者、经营者和员工都能够在征税的条件下能够取得合理的收入，收入分配的均衡性就成为了博弈的最终目标。

（2）隐性博弈。所谓隐性博弈就是公司通过非正规或者非法和私下的方式尽可能地避免和减少政府的征税，包括灰色博弈和黑色博弈（违法博弈）两种形式。灰色博弈是指公司通过分析和利用有关税收的法律法规的漏洞和模糊不清的规定以降低政府的征税水平的一种方式。这种方式之所以能够成功，一方面源于政府有关税收的法律法规的缺陷，另一方面也在于公司能够及时准确地分析和利用这种缺陷。灰色博弈不仅存在于政府征税水平较高的状态下，也存在于政府征税水平较低的状态下，从公司的行为取向看总是会尽可能多地降低政府的征税额。黑色博弈（违法博弈）主要是指公司通过偷税漏税的方式降低政府的征税水平的一种方式，偷税漏税既可能存在于政府征税水平高公司难以为继的场合，也可能存在于政府征税水平并非很高的场合。但是，偷税漏税一旦被发现公司将面临更大的处罚的风险，从而导致公司在未来遭受更大的损失。公司采取这种博弈方式或者是处于万不得已的状态，或者是一种铤而走险的情形，应该说当公司的收入水平较高时发生违法博弈的可能性会相对下降，当政府征税的措施和手段越有力，偷税漏税的处罚力度越大，发生违法博弈的可能性也会相对较小。但是，当许多的公司不得不靠偷税漏税的方式才能生存下去时，政府的降税也就成为了一种可能。

总之，出资者为了在公司的初次分配中能够获得更大的份额，必然会与政府就征税水平进行博弈，尽管博弈的直接目的是为了实现出资者的利益最大化，但最终结果就是要实现政府征税与所有者获利之间也就是两者收入分配的均衡性。

2. 就出资者与经营者和员工进行讨价还价而言，政府以征税的形式参与公司收入的初次分配并与公司之间形成博弈关系，而在公司内部，出资者必然与经营者和员工就收入分配进行博弈，其目的是为了保证出资者应该分享的份额甚至争取得到更大的份额。在市场经济条件下，这种博弈主要采取讨价还价的市场博弈方式。在市场经济条件下，必然存在经理人市场和劳动力市场，出资者正是通过这两个市场与经营者和员工进行收入分配博弈。当经理人市场和劳动力市场供不应求时，经营者和员工的整体收入水平就会增长，但这种增长也不是无限的，如果出资者的投资不能得到合理的回报时也就可能撤资，从而导致公司的经营难以为继。市场博弈的结果最终就是要实现出资者、经营者和员工的收入分配的帕累托最优，长期地看，一个公司的经营者和员工的收入水平最终由市场的平均水平决定，这就是经营者和员工收入分配的宏观性特征。尽管如此，任何一个公司的出资者，由于其通过投资设立了公司，没有出资者的投资公司就不可能存在，正是在这个意义上讲，出资者在与经营者和员工就收入分配进行讨价还价时更具有优势，特别是在资本要素稀缺的情况下更是如此。每个公司的出资者为了维护自身的利益，必然要与本公司的经营者和员工就收入分配的方式和水平进行讨价还价，这种讨价还价不仅取决于市场的基本状态，而且也与每个公司的出资者与经营者和员工的讨价还价能力密切相关，这就是为什么不同的公司的经营者和员工收入分配方式和水平总是千差万别的，这也就决定了每个公司的经营者和员工收入分配的微观性特征。

出资者与经营者和员工进行收入分配讨价还价的结果，一方面，长期和最终地看是由市场平均水平决定的，另一方面，每一个公司的出资者又必然要对经营者和员工的收入分配的方式和水平进行控制，这种控制的目的无非是两个方面：一是必须守住底线，也就是出资者必须确保自身投入的资本能够实现数量保全和质量保全，或者更简单地说，在正常经营的条件下，经营者和员工不可以以收入分配的形式将出资人所投入的资本直接侵吞;二是为了激励经营者和员工,在守住出资者资本数量保全和质量保全底线的基础上,对公司新创造的价值必须给予经营者和员工必要的分配,当经营者和员工的收入分配与公司新创造的价值或者绩效之间形成一种科学合理的互动关系时,公司创造新价值的能力就会大大提升,出资者的投资回报也会相应提高,从这一点出发,出资者与经营者和员工之间存在目标的一致性。那么出资者与经营者和员工进行收入分配的博弈时,通常是把经营者和员工作为一个收入分配的整体进行博弈,原因很简单,经营者和员工的收入分配的水平提高,出资者收入分配的水平就会降低。既然如此,出资者对经营者和员工收入分配的控制也采取总量控制的办法,从各个公司的实践看,大体有总额和总量两种控制方法:

(1)总额控制法,就是在某一预算年度,以公司所在地区和所处行业的平均工资水平为基数,结合公司在行业中的竞争力地位,也就是公司的财务状况和经营成果的比较优势,确定一个与此对应的固定的工资总额作为基数,再根据预算完成的程度确定绩效工资的增长份额。可以看出,总额控制法是由固定的工资总额加绩效增长的工资额两部分构成。从理论上说,固定的工资总额的底线是政府所确定的每个员工的最低工资控制标准,即便是在亏损的条件下,公司也不能低于这个标准对员工和经营者进行收入分配,如果公司的业绩不能得到改善,最终只能是公司被解散或者破产,出资者显然承担了最终的破产责任。在正常的情况下,任何公司都必须要实现可持续经营和发展,从而公司要保证自身经营规模的不断扩大和盈利水平的不断提高。正是适应这一要求,就形成了绩效工资。不同的公司的特征不同,绩效工资的增长模式也存在差异,但整体上说,一个公司的业绩在行业中的排位越高,绩效工资的增长水平就应该越高(横向地比);一个公司自身的业绩的增长水平越高,绩效工资的增长水平也应该越高(纵向地比)。总额控制法一般适用于正常的可持续经营发展的公司。

(2)总量控制法,就是在某一预算年度,通过直接确定公司的用工人数、工资标准的方式确定公司的工资控制总额。我国在计划经济时期就曾经采用这种控制模式,这个时期一个企业的工资收入水平往往与企业的业绩之间不存在挂钩关系,企业的生产经营活动都是由政府计划安排的,所以政府为了控制企业的工资水平就直接采取了确定用工人数和工资标准的方式。在市场经济条件下，当一个公司还没有处在正常的可持续经营发展的状态时，一般都采用这样一种工资控制模式，如公司处于初创时期，没有盈利或者盈利水平不稳定时就可以采取这种方式。

从形式上看，出资者所采用的总额控制法和总量控制法都是在控制经营者和员工的工资成本，但站在经营者和员工的视角，这是他们在参与公司的收入分配，属于收入分配的范畴；所谓出资者控制也不是单向的，工资总额的控制方法和控制水平的最终确定取决于出资者与经营者和员工的讨价还价状况。

10.2.2.2 第二层次分配的出资者控制

第二层次的分配是在第一层次分配的基础上，再在政府、出资者、经营者和员工内部所进行的收入分配，就出资者而言就是税后利润的再分配。按照《公司法》的要求同股同权同利，所以，出资者就是根据自身在公司中所出资的份额分享公司的税后利润，之所以能做到这一点是因为出资者投入公司的资本都处于同质状态而无差别化，这样就形成了按资分配，这一种再简单不过的分配形式。显然，第二层次分配的关键点并不在于此，第二层次分配的关键点是，出资者所获得的利润还需要在是否分配给出资者还是留存给企业之间进行决策。因为税后利润本身是归属于出资者的，所以，这一决断属于出资者的基本权力，分配还是留存最终取决于出资者的基本意愿。尽管如此，出资者在进行这一决策时仍然面临两难的选择，当出资者自身需要资金而公司也需要资金时，出资者必然要作出何者更为急需或者更为有效的决策；当公司在未来有可能有更好的投资机会和更高的获利水平时，出资者是否愿意将可分配的利润继续进行投资，但投资总是有风险的，出资者必须在未来投资的风险和收益的均衡中作出选择；当公司出现亏损而导致资金紧张时，出资者是否愿意将可分配的利润继续留存使公司免遭难以为继的困境，还是"一鸟在手胜过双鸟在林"，实施股利分配而使企业陷于困境。公司的经营者也会面临两难的选择，从控制权视角看，经营者总是乐意出资者将更多的利润留存公司，但是一个公司不能长期持续地对出资者进行收入分配，很可能招致出资者对公司的持续经营和发展能力的负面评价，尤其对于上市公司，不仅影响公司的股价，而且会影响公司再融资的能力。出资者要在两难中进行利润分配与留存的决策，经营者也是如此。当然在利润的分配与留存中还存在一些政策因素的考虑，但主要取决于出资者和经营者在这种两难选择中对情势分析和判断的契合程度，尽管如此，最终出资者对利润的分配与留存享有最终的决定权。出资者在长期的利润分配和留存的实践中积累了许多的经验，形成了多种形式的股利分配政策，这些政策从本质上看就是为了平衡出资者和经营者的两难困境而作出的抉择。这些抉择至少包括了以下方面：一是发放股利还是不发放股利，当出资者与经营者都认为公司未来的获利水平会持续提高时，就会倾向选择不发放股利，当公司未来的经营不可能趋好时就会倾向于选择发放股利；二是固定股利还是浮动股利，当公司的股东对公司未来的发展存在不确定性时，就会更多地倾向于选择发放固定股利，如公司的一些股东会选择红利股，就是为了减少这种不确定性。如果公司的股东对公司未来的发展持续看好，就会倾向于发放浮动股利。如果公司的股东对公司未来的发展既希望能够稳定持续，又能够有较大的增长，就可能采取固定股利加浮动股利的政策，这种政策一方面满足了出资者获得现实的投资报酬的需要，另一方面又能够根据公司业绩的变动进行股利政策的调整。三是现金股利与财产股利，现金股利就是对分配的股利直接付现，财产股利就是以现金以外的其他资产分配股利，主要有股票股利和债券股利。当公司现金充沛又没有太大的未来投资需求时，常常就会采取现金股利政策。当公司现金比较紧缺，特别是未来存在有利的投资机会而又需要大量的现金时，往往会采取股票股利和债券股利的政策。采取股票股利政策时，出资者往往认为未来的投资机会会带来丰厚的利润，这样所发放的股票的价格就会得到较大的提高，从而取得较多的资本利得。采取债券股利是基于出资者往往对未来投资机会所带来丰厚利润的确定性程度把握不准，一旦未来出现不利趋势，出资者仍然能够得到还本付息的结果。如此等等，出资者有权作出分配政策的最终决策。

  出资者不仅要对利润是否分配和留存以及采取怎样的方式分配进行控制或者作出决策，而且也必须对分配或者留存的比例进行控制，也就是出资者必须在每个预算年度决定可供分配的利润多少分多少留。事实上，在公司法中也明确规定，税后利润的分配权是股东的基本权力，即使出资者与经营者也会为税后利润的分配进行讨价还价，但这种讨价还价必须是基于出资者的立场，经营者讨价还价的目的就是要说服出资者采取某一分配政策对其更为有利，最终只有获得出资者的认可，分配方案才能得以通过。

10.2.2.3 第三层次分配的出资者控制

这一层次的分配是在两权分离的条件下，出资者构造一个什么样的分配机制才能确保经营者的行为与出资者的目标达成一致。它包括了两个层次：

一是在出资者对公司所确定的工资控制总额中，经营者能够分享的份额。如果出资者不能有效地控制这一份额，经营者有可能在工资总额中尽可能多地扩大自己所分享的份额，这有可能导致经营者仅仅可以通过这种份额的调整实现自己的利益，而无需要真正履行出资者所受托的目标。有的公司的出资者也可以单独对经营者制定收入分配的办法，而无须纳入工资控制总额中。无论经营者的收入是否纳入工资控制总额，出资者都必须对经营者制定单独的收入分配办法，有关理由已在上面论及。在这里必须要进一步强调的是，大多数情况下出资者主要是对公司的董事长（包括董事）、监事长（包括监事）和总经理确定收入分配的办法，公司的经营决策、经营执行和监督的最高负责人的收入分配办法一经确定，其他公司高管的收入分配办法就具有了参照的依据。

二是在确定经营者在工资总额中能够分享的份额后，应进一步确定采取什么样的收入分配的结构才能更好地实现经营者的行为与出资者的目标达成一致。在公司已有的实践中，有的采取固定薪酬加绩效年薪的办法，也有的采用固定薪酬加年薪加期权的办法，如此等等，可谓百花齐放，精彩纷呈。尽管如此，出资者对经营者收入分配的具体方法必须考虑实现以下基本目标：一是必须确保经营者的行为与出资者的目标达成一致，其内涵就是出资者追求利润最大化，就必须将经营者所分配的收入与公司的利润挂钩。出资者不仅追求利润最大化，而且也追求资本利得最大化，也就是股价最大化，也必须要将经营者所分配的收入与公司的股价挂钩。二是必须确保经营者行为的长期化，其内涵就是出资者追求长期的收益最大化，因为出资者的投资通常都是一种长期投资，因而必然追求长期的收益最大化。为了实现这一目标就必须要防止经营者行为的短期化，为此必须将经营者现在应该获得的收入转化为未来不确定的收入，只有当经营者在未来也能够履行出资者所受托的责任时，现在的收入才能最终归属于经营者，否则，一旦未来形成损失，经营者现在的收入就必须要进行扣减。在西方发达国家盛行的股权特别是期股和期权的收入分配方式，就是为了更好地实现经营者行为的长期化。三是必须确保经营者的行为最佳化，其内涵就是出资者通过收入分配的具体办法的确定，能够促使经营者只想做得更好，做得最好，从而追求卓越。任何出资者都希望投资报酬最大化，这只有通过经营者行为的最佳化才可以实现。为了做到这一点就必须要对经营者的收入实行累进分配，所谓累进分配就是经营者实现的利润水平越高，分享的收入就应该更多。原因很简单，经营者实现的利润水平越高，实现的难度越大，经营者分享的收入就应该越多。

不难看出，出资者对经营者的收入分配的控制包括收入分配总额和收入分配结构两个方面，通过这种控制就是要实现经营者能够真正履行出资者的受托责任。

通过全文的分析可以看出，出资者必然参与公司三个层次的初次分配，出资者为了自身的利益必然与各个利益相关者就每个层次的分配份额和分配方式进行讨价还价，也就是分配博弈，通过这种分配博弈就是要实现各个利益相关者收入分配的均衡性，只有这样，公司才能可持续生存和发展。

参考文献

[1] 阿道夫·贝利:《没有财产的权力》,商务印书馆1962年版,第46页。

[2] 毕茜、彭珏、左永彦:《环境信息披露制度、公司治理和环境信息披露》,载于《会计研究》2012年第7期,第39~47页。

[3] 柴爱梅:《我国上市公司的利润分配问题》,载于《山西财经大学学报》2011年第S4期,第259页。

[4] 陈宏辉、贾生华:《信息获取、效率替代与董事会职能的改进——一个关于独立董事作用的假说性诠释及其应用》,载于《中国工业经济》2002年第2期,第79~85页。

[5] 程宏伟:《隐性契约与企业财务政策选择研究》,载于《财会月刊》2004年第4期,第6~7页。

[6] 范如国:《员工效率工资与企业的管理效率分析》,载于《南开管理评论》2009年第4期,第128~135页。

[7] 范瑞英、范瑞武:《论资本结构与企业价值最大化》,载于《科技进步与对策》2001年第6期,第165~166页。

[8] 干胜道:《对所有者财务的若干理论问题研究》,载于《经济学家》1997年第6期,第79~84页。

[9] 干胜道:《试论创建所有者财务学》,载于《财经科学》1997年第6期,第21~23页。

[10] 干胜道:《所有者财务,一个全新的领域》,载于《会计研究》1995

年第6期,第17~19页。

[11] 葛家澍:《资产概念的本质、定义与特征》,载于《经济学动态》2005年第5期,第8~12页。

[12] 黄群慧:《国企混合所有制改革应分类推进》,载于《光明日报》,2014年11月17日,第11版。

[13] 张政军:《国有企业分类管理如何推进》,载于《经济日报》2013年5月3日,第13版。

[14] 贺清龙:《国外国有资产管理经验与启示之二 政府管理国有资产的机构设置(下)》,载于《中国监察》2007年第17期,第39~40页。

[15] 贺清龙:《国外国有资产管理经验与启示之四 发达国家的国有资本预算管理制度》,载于《中国监察》2007年第19期,第42页。

[16] 胡曲应、邓宇佳:《未来财务报告新形式:综合报告》,载于《中国乡镇企业会计》2013年第4期,第19~20页。

[17] 吉利、张正勇、毛洪涛:《企业社会责任信息质量特征体系构建》,载于《会计研究》2013年第1期,第50~56页。

[18] 季晓南:《国有重点大型企业监事会 积极推进混合所有制经济发展》,载于《人民日报》2014年11月18日,第7版。

[19] 简新华、石华巍:《独立董事的"独立性悖论"和有效行权的制度设计》,载于《中国工业经济》2006年第3期,第60~67页。

[20] 孔祥俊:《企业法人财产权研究——从经营权、法人财产权到法人所有权的必然走向》,载于《中国人民大学学报》1996年第3期,第52~60+126页。

[21] 雷星晖、刘万才:《资本结构影响因素的战略观点:一个新视角》,载于《兰州商学院学报》2007年第1期,第1~6页。

[22] 雷兴虎、冯果:《论股东的股权与公司的法人财产权》,载于《法学评论》1997年第2期,第80~84页。

[23] 李红艳:《会计报表表外信息披露的重要性及相关问题》,载于《当代经济》2009年第2期,第21~22页。

[24] 李江涛、杨磊:《国有资产管理的"两个转变"和委托代理链条的收敛性》,载于《中国工业经济》2003年第5期,第48~54页。

[25] 李松森:《论国有资产管理经营的目标》,载于《财政研究》1999年

第 6 期，第 43~47 页。

[26] 李维安、钱先航：《终极控制人的两权分离、所有制与经理层治理》，载于《金融研究》2010 年第 12 期，第 80~98 页。

[27] 李心合：《利益相关者财务控制论（上）》，载于《财会通讯》2001 年第 6 期，第 3~7 页。

[28] 林钟高、徐虹：《财务冲突及其纾解期，第一项基于契约理论的分析》，载于《会计研究》2006 年第 6 期，第 8~14 页。

[29] 刘春、李善民、孙亮：《独立董事具有咨询功能吗？——异地独董在异地并购中功能的经验研究》，载于《管理世界》2015 年第 3 期，第 124~136+188 页。

[30] 刘大可、朱光华：《试论所有制结构理论中的出资者与利益相关者》，载于《经济科学》2001 年第 4 期，第 5~10 页。

[31] 刘峰：《从经济环境看财务会计的目标》，载于《当代财经》1995 年第 11 期，第 53~59+64 页。

[32] 刘浩、孙铮：《国家出资者财务管理研究》，载于《会计研究》2004 年第 9 期，第 31~35 页。

[33] 刘浩、唐松、楼俊：《独立董事期，第监督还是咨询？——银行背景独立董事对企业信贷融资影响研究》，载于《管理世界》2012 年第 1 期，第 141~169 页。

[34] 刘兴华：《关于企业筹资控制制度的建立》，载于《财会研究》2007 年第 9 期，第 48~49 页。

[35] 刘有贵、蒋年云：《委托代理理论述评》，载于《学术界》2006 年第 1 期，第 69~78 页。

[36] 谢志华：《论所有权监督与管理权监督——兼论与审计的关系》，载于《审计研究》1993 年第 2 期，第 15~20 页。

[37] 罗飞、王竹泉：《论国家作为出资者对国有企业的财务管理》，载于《会计研究》2001 年第 4 期，第 3~9+65 页。

[38] 那力、臧韬：《税收博弈论》，载于《税务与经济》2008 年第 1 期，第 53~58 页。

[39] 宁向东、张颖：《独立董事能够勤勉和诚信地进行监督吗——独

立董事行为决策模型的构建》,载于《中国工业经济》2012年第1期,第101~109页。

[40] 钱爱民、张新民:《经营性资产期,第概念界定与质量评价》,载于《会计研究》2009年第8期,第54~59+96页。

[41] 乔榛:《马克思分工理论期,第发展马克思主义经济学的一种范式》,载于《经济学家》2005年第3期,第36~42页。

[42] 沈洪涛、黄珍、郭肪汝:《告白还是辩白——企业环境表现与环境信息披露关系研究》,载于《南开管理评论》2014年第2期,第56~63页。

[43] 宋玉:《最终控制人性质、两权分离度与机构投资者持股——兼论不同类型机构投资者的差异》,载于《南开管理评论》2009年第5期,第55~64页。

[44] 汤谷良:《经营者财务论——兼论现代企业财务分层管理架构》,载于《会计研究》1997年第5期,第21~25页。

[45] 汤谷良:《资本经营财务探析》,载于《商业会计》,1997年第10期,第20~21页。

[46] 王斌:《现金流转说期,第财务经理的财务观点》,载于《会计研究》1997年第5期,第31~35页。

[47] 王丹、陈兴述:《企业财务活动的契约解读》,载于《财会月刊》2009年第24期,第97~98页。

[48] 王光远:《受托责任会计观和受托责任审计观》,载于《财会月刊》2002年第2期,第3~5页。

[49] 王桂莲、刘子莹:《综合报告与财务报告、社会责任报告比较研究》,载于《会计之友》2014年第24期,第9~12页。

[50] 王冀宁、朱玲:《美英法德日芬的国有资产管理体制的国际比较》,载于《求索》2007年第6期,第10~13页。

[51] 王克敏、陈井勇:《所有权结构、投资者保护与管理者行为控制》,载于《数量经济技术经济研究》2001年第11期,第66~69页。

[52] 王跃堂:《独立董事制度的有效性期,第基于自愿设立独立董事行为的初步评价》,载于《经济科学》2013年第2期,第87~97页。

[53] 吴昊、武央、邓宜康:《委托—代理关系下企业的筹资决策研究》,

载于《数量经济技术经济研究》2004年第4期,第92～95页。

[54] 吴宣恭:《论法人财产权》,载于《中国社会科学》1995年第2期,第26～37页。

[55] 吴易风:《产权理论期,第马克思和科斯的比较》,载于《中国社会科学》2007年第2期,第4～18+204页。

[56] 仵志忠:《信息不对称理论及其经济学意义》,载于《经济学动态》1997年第1期,第66～69页。

[57] 夏冬林:《美国会计中的业主权理论与实体理论》,载于《会计研究》1993年第1期,第57～59+21页。

[58] 谢志华、郭一鸣:《国有产权制度改革与出资者财务约束》,载于《中国工业经济》1997年第8期,第31～35页。

[59] 谢志华、粟立钟:《出资者的投资偏好期,第风险与投向》,载于《财务与会计》2015年第6期,第66～69页。

[60] 谢志华:《出资者财务论》,载于《会计研究》1997年第5期,第25～30页。

[61] 谢志华:《关于出资者财务的几个理论问题》,载于《财务与会计》2000年第12期,第8～11页。

[62] 谢志华:《两权分离与出资者财务》,载于《财务与会计(理财版)》2014年第9期,第66～70页。

[63] 谢志华:《两权四层次分离期,第出资者系列与经营者系列》,载于《财务与会计(理财版)》2014年第4期,第62～65页。

[64] 谢志华:《市场经济条件下 国有产权和国有企业运行的几个核心问题》,载于《北京工商大学学报(社会科学版)》2002年第4期,第23～27页。

[65] 谢志华:《再论资本经营》,载于《会计研究》1998年第10期,第36～38页。

[66] 谢志华:《审计与价值创造》,载于《审计研究》2014年第4期,第8～13页。

[67] 谢志华:《所有权、终极所有权和法人所有权》,载于《财务与会计(理财版)》2014年第5期,第59～62页。

[68] 徐碧琳:《上市公司独立董事制度研究——中美上市公司独立董事制

度之比较》，载于《外国经济与管理》，2002年第1期，第22～26页。

[69] 杨蓉：《上市公司股权结构、管理者行为与代理成本》，载于《华东师范大学学报（哲学社会科学版）》2009年第6期，第110～116页。

[70] 杨尧忠、徐前权：《并购——重组存量资本的较优选择》，载于《经济评论》1996年第6期，第73～78页。

[71] 姚伟、黄卓、郭磊：《公司治理理论前沿综述》，载于《经济研究》2003年第5期，第83～90+94页。

[72] 叶康涛、祝继高、陆正飞：《独立董事的独立性、基于董事会投票的证据》，载于《经济研究》2011年第1期，第126～139页。

[73] 余蔚平：《认真贯彻企业会计准则全面提升会计信息质量》，载于《会计研究》2014年第6期，第3～7页。

[74] 袁志忠、白美丽：《两权分离下的受托责任分析》，载于《石家庄经济学院学报》2002年第6期，第645～647页。

[75] 张辉：《公司股东股利分配请求权的思考》，载于《商业经济与管理》2007年第5期，第75～80页。

[76] 张进：《郁天禅 契约论视角下的企业财务战略管理探讨》，载于《财会通讯（理财版）》2008年第8期，第47～48页。

[77] 张琼：《关于劳动者参与利润分配的思考》，载于《生产力研究》2006年第7期，第16～17+27页。

[78] 张维迎：《全球微观经济机制的调整与中国的选择》，载于《国际经济评论》1998年第21期，第12～17页。

[79] 张先治：《基于价值的管理与公司理财创新》，载于《会计研究》2008年第8期，第32～39+94页。

[80] 张小宁：《分享制企业激励制度的比较——利润分成、员工持股、EVA、分配权等的比较分析》，载于《中国工业经济》2003年第10期，第82～88页。

[81] 赵德武、曾力、谭莉川：《独立董事监督力与盈余稳健性——基于中国上市公司的实证研究》，载于《会计研究》2008年第9期，第55～63页。

[82] 赵息、许宁宁：《管理层权力、机会主义动机与内部控制缺陷信息披露》，载于《审计研究》2013年第4期，第101～109页。

[83] 郑春美、李文耀:《基于会计监管的中国独立董事制度有效性实证研究》,载于《管理世界》2011年第3期,第184~185页。

[84] 卫兴华、何召鹏:《究竟该怎样理解"积极发展混合所有制经济"》,载于《北京日报》,2014年12月1日,第18版。

[85] 祝继高、叶康涛、陆正飞:《谁是更积极的监督者期,第非控股股东董事还是独立董事》,载于《经济研究》2015年第9期,第170~184页。

后 记

　　实践是理论之源，理论是行为之导，有用、有效的实践一定能结出理论之果，科学、完善的理论一定能引导伟大的实践。

　　五彩缤纷的经济社会的改革和发展为理论创新提供了不竭之源，国有资产管理体制和国有企业的改革和发展的实践为出资者财务的研究提供了丰厚的理论土壤，没有这样的改革和发展实践，出资者财务的理论研究是不可想象的，或许只是天方夜谭。我们不得不感谢这个伟大的时代给我们所带来的多姿多彩的实践。

　　任何一种来自实践的理论都是许多心智高尚、心怀博大的学者矢志不渝、潜心探索的结果，没有他们的孜孜以求、洞悉底蕴、抱诚守真，即便是丰富多彩、栩栩如生的实践也可能只是过眼之云，不可能引人注目、震耳发聩，更不可能上升为科学的理论。正是由于学者们前赴后继的探索，从复杂纷繁的事物的表象中洞察到了事物的本质和规律才形成了指导人类行为的思想，出资者财务理论的形成和发展无不印证了这一结论。我们不得不感谢所有那些为出资者财务理论的形成和发展无私奉献的人们。

　　如火如荼的经济社会实践和百家争鸣、百花齐放的理论探索都离不开政府和企业管理者的高瞻远瞩、审时度势，他们不仅为理论的产生提供了丰富的土壤，也为理论的运用提供了切切实实的需要。正是政府和企业的实践需要催生了出资者财务，并使得出资者财务在伟大的改革和发展实践中有了一席用武之地，再好的理论如果不能被实践所运用也只会是纸上谈兵。我们不得不感谢政府和企业及其管理者为出资者财务理论的形成和发展所提供的基础和强有力的需求。

著书立说本是学者自身的事情，而在研究的成果以专著的形式呈现在读者眼前的时候，也只是标上了学者自身的名字。但是任何一个理论的形成和任何一本专著的出版，其背后一定饱含了无数人的心血和付出、支持和鼓励。这里不仅有我的同事、我的学术友人、我的学生、我的家人，也有我的博士生许诺、我的硕士生凌思远，特别是财政部会计名家培养工程支持项目、国家社科基金重大项目：国家治理视角下国有经营预算制度研究（14ZDA027）、北京工商大学"科技创新平台—投资者保护的风险抑制机制及效果"（PXM2018_014213_000033）项目、北京工商大学"学科建设—工商管理一流学科建设提升（19005001481）"项目、北京工商大学国有资产管理协同创新中心（条件环境建设）项目和北京市一流专业（会计学）建设项目对本书的付梓出版所做出的贡献。我们不得不感谢所有这些为出资者财务的研究、写作和出版默默无闻、无私奉献的人们。

在科学的道路上，只有那些不畏艰辛、勇于攀登、善于探索的人们才能达到光辉的顶点。

谢志华

2018 年 4 月